KB071816

의심하는   인간

Homo Dubitans

확증편향의 시대, 인간에 대한 새롭고 오래된 대답

의심하는 인간

박규철 지음

추수밭

※ 이 저서는 2017년 정부(교육부)의 재원으로 한국연구재단의 지원을 받아 수행된 연구임.
　(NRF-2017S1A6A01019363)

※ This work was supported by the National Research Foundation of Korea Grant funded by the
　Korean Government.
　(NRF-2017S1A6A01019363)

의심, 철학의 이유

진리는 획득하는 것이 아니라 구하는 것 ●

프랑스의 대문호 앙드레 지드André Gide는 "진리를 구하는 이들을 믿어라. 진리를 찾아내는 이들을 의심하라"라고 말했다. 여기에서 "진리를 구하는 이들"은 누구이고, "진리를 찾아내는 이들"은 누구일까? 여러 가지 해석이 있겠지만, 진리를 찾아내는 이들은 '독단주의자'이고 진리를 구하는 이들은 '회의주의자'라는 해석이 가장 무난할 것이다. 아마 앙드레 지드는 독단주의자의 지적 교만보다, 회의주의자의 지적 겸손이 지성인의 미덕에 더 부합한다고 생각했을 것이다. 하지만 많은 사람들이 진리를 구하기보다는, 진리를 찾아내고 획득하기를 더 욕망한다. 왜 그럴까?

한국 사회에 지적 독단과 아집의 그늘이 점점 짙어지고 있다. 정치·경제·종교의 세계에서 소통과 경청을 강조하는 합리적 회의주의자의 목소리는 사라지고, 불통과 장광설만을 내세우는 독단주의자의 목소리가 힘을 얻고 있다. 그들은 관용의 정신을 망각한 채, 오직 정치적 진영논리와 경제적 무한에 대한 욕망 그리고 종교적 확증편향만을 타자에게 강요한다. 진영논리에 빠진 정치인들은 야만적이고 폭력적인 권력 투쟁에 매몰되고, 물신적 성공 신화에 마취된 경제인들은 세속적인 욕망의 노예가 되어가며, 자신의 종교적 가치에 심취한 종교인들은 타 종교의 가치들에 대해 불통과 불관용으로 일관한다. 정치적 배려, 경제적 절제, 종교적 관용의 태도는 설득력을 상실한 지 오래다. 이러한 공동체 속에서 현대인은 불안하고 불행하다. 이로부터 벗어날 길이 있을까? 있다면 어떤 길일까?

회의주의자들은 삶의 불안과 불행으로부터 벗어날 수 있는 지혜와 방법이 고대 그리스의 회의주의 철학에 있다고 생각했다. 고대 회의주의자들이 천착했던 '호모 두비탄스homo dubitans', 즉 '의심하는 인간'이라는 새로운 인간상이 당대를 살아가는 사람들의 문제를 해결해줄 하나의 대안이라고 여겼던 것이다. 고대 회의주의자들은 사람들이 불행에 빠지고 불안해하는 이유는, 그들이 세상에 대한 충분한 탐구zētēsis를 수행하지 않은 채 세상을 규정지으려는 독단과 아집, 지적 교만에 빠졌기 때문이라고 지적했다. 그리고 대상에 대한 충분한 탐구가 종식되기 전까지는 일체의 판단을 유보하는 것이 행복해지는 길이라 생각했다. 피론Pyrrhon으로부터 시작된 회의주의 철학은 비록 서구 철학의 주된 흐름에서 벗어나 있었지만, 결코 가볍게 보아 넘겨서는 안 되는 중요한 철학적 흐름이었다.

이 책《의심하는 인간》은 고대 그리스의 회의주의 철학자들과 그 영향하에 있었던 중세와 르네상스 시기의 철학자들을 탐구하는 것을 주된 목표로 삼는다. 고대 회의주의는 오늘의 우리에게도 삶의 지혜와 방법을 제시해줄 수 있다. 이를 위해 고대 그리스의 피론부터 시작하여, 중기 아카데미 학파의 아르케실라오스^{Arcesilaus}와 신^新아카데미 학파의 카르네아데스^{Carneades}, 그리고 피론 학파의 창시자인 아이네시데모스^{Aenesidemus}와 피론주의의 완성자인 섹스투스 엠피리쿠스^{Sextus Empiricus}(이하 섹스투스) 등을 논의한다. 나아가 아카데미 학파의 회의주의에 대한 분석과 비판을 통해 새로운 회의주의의 가능성을 보여준 아우구스티누스^{Augustinus}와, 중세 내내 잊힌 철학이었던 피론주의를 부활시켜 자신만의 독특한 피론주의로 만들어내서 르네상스와 근대철학에 전했던 몽테뉴^{Michel de Montaigne}의 새로운 회의주의도 다룬다. 이를 통해 독단과 아집의 세계 속에서 불안하고 불행한 삶을 살고 있는 현대인의 마음에 와닿을 철학적 성찰을 제시하고자 한다.

의심으로 삶의 의미를 구하는 철학자들의 여정 ●

먼저 1부 "고대 회의주의의 의미"에서는 '호모 두비탄스'(의심하는 인간)의 뜻, 회의주의와 회의주의자의 의미, 그리고 고대 회의주의의 기원 등을 간략하게 다룬다. 호모 두비탄스 개념은 '카라바조^{Caravaggio}'라는 예명으로 유명한 16세기 이탈리아 화가 미켈란젤로 메리시^{Michelangelo Merisi}의 작품 〈의심하는 도마〉를 통해 설명한다. 회의주의와 회의주의자에 대해서는 탐구와 탐구가라는 개념과 연관시켜 설명한다. 회의를 뜻하는 그리스어 '스켑시스^{skepsis}'는 원래 '탐구하다^{zētēo}'라는 뜻을 지닌 '스켑토마이skeptomai에서 유래했다. 회의주의자를 뜻하는 '스켑티코이skeptikoi' 역시 '탐구자zētētikoi'라는 의미를 지니고 있었다. 이런 점에서 그리스 회의주의는 일차적으로 우리의 인식 능력을 의심하고 그 한계를 짓는 데 초점을 맞추지만, 본질적으로는 '진리alētheia'에 대한 탐구와 밀접하게 연관되어 있었다. 고대 회의주의의 기원에 대한 논의에서는 아카데미 학파 회의주의의 기원인 소크라테스와, 피론 학파 회의주의의 기원인 피론에 대해 간략히 언급한다. 그리고 아카데미 학파의 영향하에 있는 사상가로 회의주의의 부정적인 측면과 긍정적인 측면을 모두 지닌 아우구스티누스와, 고대 피론주의와 연속하면서도 불연속하는 몽테뉴의 새로운 피론주의에 대한 간략한 설명도 덧붙인다.

2부 "아카데미 학파의 회의주의"에서는 중기 아카데미 학파의 시조인 아르케실라오스의 회의주의와, 신아카데미 학파의 창시자인 카르네아데스의 회의주의에 대해 논의한다. 먼저 논박법elenchos을 강조하는 소크라테스의 비판철학으로부터 많은 영향을 받았던 아르케실라오스의 회의주의를 분석한다. 그는 사물에 대한 '인식 불가능성akatalēpsia'과 '판단유보epochē'라는 회의주의의 두 가지 핵심 원리를 강조한 것으로 유명하다. '인식 불가능성의 원리'는 감각을 통해서든 이성을 통해서든 사물에 대해 확실하게 알 수 있는 방법은 없다는 것이고, '판단유보의 원리'는 인식 불가능성의 원리를 모든 사물에 보편적으로 적용한 것이다. 다음으로 지식의 인식 가능성에 관해 불가지론적인 입장을 견지했던 아르케실라오스의 견해를 수정하여, 오히려 아르케실라오스보다 훨씬 더 광범위한 영역에 적용시켰던 카르네아데스의 회의주의에 대한 분석을 전개한다. 특히 '완화된 회의주의'라는 그의 인식론적 입장을 설명한다. 실제로 카르네아데스는 감각표상의 진실성을 보장해줄 아무런 판명한 증거가 없음에도 불구하고, 그런 감각표상을 믿을 만한 것이나 '개연적인^pithanon 것으로 여겨야 한다고 주장했다. 그는 만약 믿을 만한 감각표상이 존재하지 않는다면, 삶은 전적으로 혼란^chaos에 빠질 것이라 생각했다. 카르네아데스는 '개연적인 감각표상^pithanē phantasia'은 거짓된 것이지만 그럼에도 믿어야 한다고 언급했는데, 그 이유는 우리의 행동과 판단이 대부분 그러한 감각표상들에 의해 결정된다고 생각했기 때문이다. 이처럼 카르네아데스는 아카데미 학파의 외연을 확장시키는 데 크게 공헌했다.

3부 "피론 학파의 회의주의"에서는 피론 학파의 시조인 피론과 그의 제자 티몬^Timon, 피론 학파의 창시자인 아이네시데모스와 피론 학파의 완성자인 섹스투스 엠피리쿠스 등을 다룬다. 먼저 피론은 알렉산드로스 대왕의 동방원정에 동행했을 때, 인도에서 '나체 현자들과 마고스들'을 만나, 그들로부터 '인식 불가능성'과 '판단유보'의 원리를 배웠다고 전해진다. 그는 사람들의 의견과 감정적인 반응으로부터 벗어나, 초연함과 평온함을 성취한 진정한 현자로 평가됐다. 티몬은 스승 피론의 철학을 기록으로 남긴 유일한 제자였다. 그렇지만 피론의 철학이 하나의 학파로 정립된 것은, 피론이 세상을 떠난 지 2~3세기가 지나고 난 뒤 활동한 아이네시데모스 덕분이었다. 그는 원래 아카데미 학파의 일원이었으나, 독단주의로 변질되어가던 아카데미 학파를 떠나 피론을 시조로 하는 새로운 피론 학파를 창시했다. 피론 학파가 아카데미 학파와 어깨를 나란히 할 수 있었던 것은 모두 그의 노력 덕분이었다. 특히 그는 피론의 가르침을 따라 어떤 것을 진리라고 단정 짓는 독단을 거부하고, 하나의 논쟁에서 '힘에 있어서의 평형^isostheneia'을 이루고 있는 서로 대립되는 여러 증거를 수집하여 그 유명한 '10개의 논증방식'으로 정리했다. 그의 10개의 논증방식은 아그리파Agrippa의 5개의 논증방식과 함께, 서구 회의주의 역사상 가장 유명한 논증방식으로 알려져 있다. 마지막으로 피론 학파의 회의주의를 참된 회의주의로 규정하면서, 그것을 다른 학파들과 차별화하는 작업을 완성했던 섹스투스에 대해 다룬다. 이 장에서는 철학을 세 가지 범주, 즉 스토아 학파나 에피쿠로스 학파 같은 '긍정적 독단주의 철학', 아카데미 학파 같은 '부정적 독단주의 철학', 그리고 섹스투스가 속한 피론 학파 같은 '참된 회의주의 철학'으로 삼분하여 설명한다. 그리고 앞의 두 가지 독단주의 철학에서는 진리 탐구가 불가능하고, 오직 피론 학파에서만 진리 탐구가 가능하다는 섹스투스의 주장을 제시한다.

4부 "아우구스티누스와 몽테뉴의 새로운 회의주의"에서는 아우구스티누스의 '새로운 형태의 회의주의'와 몽테뉴의 '새로운 피론주의'를 논의한다. 일반적으로 아우구스티누스는 아카데미 학파의 회의주의를 분석하고 비판한 '반反회의주의자'로 알려져 있다. 하지만 이 장에서는《아카데미아 학파 반박》을 중심으로 그의 철학 안에서 발견되는 회의주의적 요소를 찾아 정리함으로써, 그가 회의주의를 비판하는 반회의주의자인 동시에 중세 초기 그 누구보다도 깊은 회의주의적 문제의식을 지녔던 '새로운 형태의 회의주의자'였다고 제시한다. 다음 장에서는 몽테뉴의 새로운 피론주의를 논의한다. 아우구스티누스로 인해 중세 시기 내내 회의주의는 곧 아카데미 학파라고 여겨졌다. 반면 피론주의는 르네상스 이전까지 서구인의 큰 관심을 끌지 못한 채 잊혔다. 이렇게 망각됐던 피론주의는 섹스투스의 책들이 번역·보급되면서 서구 철학의 중심 무대로 진입했다. 몽테뉴는 그러한 지적 흐름에 힘입어 망각됐던 피론주의를 부활시켜, 자신만의 독특한 피론주의로 완성시켰다. 즉 그는 그리스도교적 신앙주의fideism의 관점에서 고대 피론주의를 재조명함으로써, 르네상스 시기 최초로 신앙주의와 회의주의skepticism 간의 결합을 모색했다.

5부 "21세기에 소환된 고대 회의주의"에서는 고대 회의주의가 현대인의 삶에서 어떤 의미를 가지는지 논의한다. 고대 회의주의 철학자들의 지혜와 정신은 얼핏 보면 고대가 끝나면서 종식됐다고 이해하기 쉽다. 하지만 그들의 지혜와 방법은 여러 시대를 가쳐 지속적으로 계승·발전됐다. 아카데미 학파의 회의주의는 로마의 키케로Cicero와 아우구스티누스를 통해 비판적으로 발전했고, 피론 학파의 회의주의는 르네상스 시기 몽테뉴를 통해 새롭게 계승됐다. 이후 고대 회의주의는 지식의 '확실성certainty'을 지향하던 르네 데카르트Rene Descartes를 비롯한 근대철학자들의 공격에 밀려 많이 위축됐다. 하지만 영국 경험론 철학의 완성자인 데이비드 흄David Hume에 의해 다시 근대철학의 중심으로 부상했고, 프리드리히 니체Friedrich Nietzsche에 의해서도 새롭게 조명됐다. 특히 니체는 자신의 저서 《안티크리스트Der Antichrist》에서 위대한 지성인은 모두 회의주의자이고, 인간 최고의 가치인 자유는 회의를 통해 입증된다고 주장했다. 또 독단주의자들이 말하는 확신은 곧 감옥이라며, 고대 회의주의에 대해 긍정적으로 평가했다.[1] 이처럼 고대 회의주의는 독단주의를 비판하고 견제하면서 서구 철학의 전통 속에서 오늘날까지 살아 숨 쉬는 철학이었다.

이 책을 집필하면서 소크라테스가 말한 '무지의 자각'이 어떠한 것인지 조금이나마 느낄 수 있었다. 고대 회의주의의 역사와 그 영향에 대한 총체적인 정리를 시도했지만, 부족한 부분도 많고 더 연구해야 할 부분도 보인다. 하지만 그런 보충은 이 책의 후속 작업으로 남겨둘 수밖에 없다. 이제 한국 철학계도 서구 철학을 들여와 본격적으로 연구한 지 100여 년이 되는 분기점에 서 있다. 단순히 서구에서 유행하는 철학을 소개하는 단계에서 벗어나, 서구 철학의 주제를 주체적으로 선정하고 천착하는 것이 무엇보다도 중요하다고 생각한다. 이 책은 바로 그러한 철학적 문제의식에서 나온 결과물이다. 서구 철학을 연구하는 분들이나 서구 철학에 관심 있는 분들께 도움이 됐으면 한다.

마지막으로 감사해야 할 분들이 많다. 먼저 2017년 한국연구재단의 저술출판지원사업의 심사를 맡아 이 책의 집필을 허락해주신 익명의 심사위원 선생님들께 감사를 드린다. 그리고 1단계 연차보고서에서 3단계 연차보고서까지 부족한 원고를 심사하고 도움 말씀을 주신 심사위원 선생님들께도 감사를 드린다. 집필 과정에서 자료 부족으로 많은 어려움을 겪었는데, 고대 회의주의와 중세철학 그리고 르네상스철학을 연구하는 여러 선생님의 번역서와 저서, 논문 등이 많은 도움이 됐다. 이 자리를 빌려 그분들께 감사의 말씀을 드린다. 아울러 국민대학교 후마니타스 리더십 연구소 연구원들과 한국동서철학회 회원들께도 감사를 드린다. 마지막으로 어려운 출판 환경에서도 이 책의 출판을 허락해주고 적극적으로 도움을 준 출판사 관계자 분들께도 감사를 드린다.

2022년 6월

낙성대 우거寓居에서

우재愚齋 박규철

진정한 회의론자는 자신의 철학적 확신뿐만 아니라
철학적 의심까지도 의심해야 한다.
_데이비드 흄

연대표

학파	B.C.					
	500	400	300	200	100	0
철학의 스승		469~399 소크라테스 428~348 플라톤(아카데미 1대 원장) 384~322 아리스토텔레스				
아카 데미 학파		438~339/338 스페우시포스(2대 원장) 396/395~314/313 크세노크라테스(3대 원장)	?~270/269 폴레몬(4대 원장) ?~268/264 크라테스(5대 원장) 315~241 아르케실라오스(6대 원장)	214~129 카르네아데스(7대 원장) 187/186~110/109 클레이토마코스(8대 원장)	160~80 라리사의 필론(9대 원장) 140/125~68 안티오코스(10대 원장) 106~43 키케로	
스토아 학파			333/332~262/261 키티온의 제논(300년 스토아학파 설립) 281/276~208/204 크리시포스			
피론 학파			360~270 엘리스의 피론(334~324: 알렉산더 원정 참여) 320?~230? 티몬		100? 아이네시데모스	
중세 철학						
근대 철학						

					A.D.	
0	100	200	300	400	···	1700

100?
아그리파

100?/200?
섹스투스 엠피리쿠스

354~430
아우구스티누스

415
히파티아의 죽음

529
유스티니아누스의 아카데미 폐쇄

1533~1592
몽테뉴

1596~1650
데카르트

1711~1776
흄

3부 피론 학파의 회의주의

1장 피론

2장 아이네시데모스

3장 섹스투스 엠피리쿠스

4장 피론주의의 논증방식

5장 피론 학파와 아카데미 학파의 차이

4부 아우구스티누스와 몽테뉴의 새로운 회의주의

1장 아우구스티누스의 새로운 회의주의

2장 몽테뉴의 새로운 피론주의

5부 21세기에 소환된 고대 회의주의

1부

고대 회의주의의 의미

삶의 불안을 치유하는 철학적 도구　　　　●

"의심하지 않는다면, 어찌 확신이 있을 때의 기쁨이 있으랴." 괴테J. W. von
Goethe 의 말이다. '회의' 또는 '의심'의 중요성을 일깨우는 이 말은, 독단주
의dogmatism 와 자기중심성egocentrism 속에서 살아가는 현대인에게 '어떻게
살 것인가?'라는 철학적 화두를 던진다. 그런데 21세기 한국 사회는 괴테
의 충고와 달리, 강력한 종교적 도그마와 자기중심적인 정치적 이데올로
기의 그늘 아래 놓여 있다. 종교적 관용과 정치적 배려를 잃어버린 세계
속에서, 현대인은 불안하고 불행하다. 과연 불안과 불행으로부터 벗어날
길은 있을까? 있다면 어떤 길인가?

　　이 문제에 대한 답은 '고대 회의주의Ancient Skepticism'에서 찾을 수 있다.

고대 회의주의가 지닌 지혜와 삶의 태도 그리고 자유의 정신은 오늘 우리가 직면한 삶의 문제들, 즉 불안과 불행이라는 문제를 해결하는 데 하나의 통찰을 제공하기 때문이다. 고대 회의주의는 플라톤 아카데미의 후계자들이 중심이 된 '아카데미 회의주의Academic Skepticism'와 피론을 시조로 하여 그의 철학을 복원하려는 '피론주의적 회의주의Pyrrhonian Skepticism'로 나뉜다. 이 두 학파는 모두 독단주의 철학을 전개한 스토아Stoa 철학을 비판했지만, 회의주의 철학의 주도권을 놓고서는 서로 경쟁했다. 특히 피론주의적 회의주의의 완성자인 섹스투스 엠피리쿠스는 카르네아데스를 중심으로 한 아카데미 회의주의에 대해 신랄한 비판을 전개했다.

고대 회의주의에 대한 연구는 그동안 주목받지 못했던 철학의 역사를 열어젖히며 우리의 사고방식을 확장시킨다. 아카데미 회의주의가 어떻게 정립됐는지, 피론과 티몬 그리고 아이네시데모스와 섹스투스 같은 피론 학파의 철학자들이 피론주의 회의주의를 어떻게 완성했는지, 아우구스티누스는 어떻게 고대 회의주의를 비판하는 동시에 진리 탐구의 방법론과 연관시켰는지, 몽테뉴를 비롯한 르네상스 지식인들은 고대 회의주의를 어떻게 재발견하고 부활시켰는지, 그리고 데카르트로 대표되는 근대철학자들의 사유에 고대 회의주의가 어떻게 새로운 영감을 불러일으켰는지 등을 살펴보면, 우리는 오랜 시대에 걸쳐 고대 회의주의가 궁극적으로 지향한 바가 '진리'와 '자유'임을 확인할 수 있다. 이를 통해 오늘날 우리의 삶을 짓누르는 각종 도그마와 이데올로기로부터 벗어날 수 있는 하나의 가능성도 발견할 수 있을 것이다.

고대 회의주의에는 다른 철학과 차별화되는 매력적인 요소가 많다. 그것은 독단주의자들에 의해서 잘못 알려진 '부정적인 철학'이 아니다. 또한 인간과 세계에 대한 허무적인 문제제기에만 매달리는 비학분석 태도도 아니다. 오히려 인간과 세계를 합리적으로 이해하고자 하는 새로운 지적 태도이자 학문적 방법론이다. 이러한 시각에 입각해 고대 회의주의의 양대 산맥인 아카데미 학파와 피론 학파의 사상과 역사 그리고 그 영향을 살펴보고, 궁극적으로 고대 회의주의가 철학적으로 어떤 의미를 갖는지 고찰하고자 한다. 즉 고대에는 '삶의 기술과 지혜'로, 중세에는 '신앙 강화의 도구'로, 근대에는 '새로운 철학적 방법론'으로, 그리고 현대에는 '삶의 불안과 불행을 치유하는 철학적 도구'로 활용되고 있는 고대 회의주의의 의미를 밝히고자 한다.

호모 두비탄스, '의심하는 인간'의 탄생 ●

16세기 이탈리아 화가 미켈란젤로 메리시는 1571년 베르가모의 도시 카라바조에서 태어났다. 그보다 앞서 활동한 천재 작가 미켈란젤로 부오나로티Michelangelo Buonarroti의 명성에 가려질까봐, 그는 본명보다는 카라바조라는 예명으로 더 많이 활동을 했다. 카라바조의 대표적인 작품으로는 〈홀로페르네스의 목을 베는 유디트〉와 〈바쿠스〉 등이 있지만, 이 책의 주제와 연관해 가장 주목할 만한 작품은 〈의심하는 도마〉가 아닐까 싶다. 이 작품에서 사도 도마St. Thomas the Apostle는 의심 가득한 눈으로 부활한 예수를 바라보면서, 손가락으로 예수의 옆구리 상처를 확인하고 있다. 그러면서 도마는 의심과 호기심 그리고 놀라움이 뒤섞인 미묘하고도 복잡한 표정을 짓고 있다.[1] 이 작품을 통해서 우리는 '호모 두비탄스', 즉 '의심하는 인간'의 탄생을 목격할 수 있다.

영어에서는 종종 믿음 없이 의심하는 사람을 '의심하는 도마ᵃ ᵈᵒᵘᵇᵗⁱⁿᵍ ᵀʰᵒᵐᵃˢ'라고 지칭한다. 그런데 그리스도교² 문화권에서 의심이나 회의는 긍정적인 의미보다는 부정적인 의미로 이해됐다. 신앙주의의 관점에서 보면, 의심이나 회의는 신앙의 토대를 흔들 수 있는 위험한 지적 태도였기 때문이다. 하지만 모든 것을 의심하고 회의하는 것은 탈레스 이래 철학의 고유한 기능이자 역할이었다. 의심과 회의를 통하지 않고서는 뮈토스ᴹʸᵗʰᵒˢ에서 로고스ᴸᵒᵍᵒˢ로의 패러다임 전환은 없었을 것이고, 진리ᵃˡēᵗʰᵉⁱᵃ에 대한 추구 자체도 불가능했을 것이기 때문이다. 이런 점에서 의심과 회의는 일반적 원리 내지는 원칙이며,³ 이 책에서 다루고자 하는 회의주의 역시 원칙 내지는 원리로서의 회의주의다.

그런데 회의주의를 원리나 원칙으로 정립하려는 시도는 어쩌면 불가능할지도 모른다. 하나의 원칙이나 원리로 자리매김하는 것은 회의주의가 거부하는 독단주의가 된다는 의미이며, 따라서 자기모순이기 때문이다. 하지만 그럼에도 불구하고 회의주의를 하나의 일반적인 원칙으로 정립하고자 하는 시도는 계속됐다. 그것은 진리를 지향하고 자유를 얻기 위해서 필요불가결한 시도로 이해됐다.

고대 회의주의자들은 절대적인 지식이나 진리가 존재한다거나 그것을 획득할 수 있다고 주장하는 사람들에 맞서, 그들의 독단주의적 사고를 비판했다. 그래서 회의주의적으로 철학한다는 것은 진리라고 믿어온 확실성이 오류로 드러났을 때 그것을 포기하는 용기를 뜻하기도 했다.⁴ 이런 점에서 회의주의적으로 철학하는 사람들은 항상 새로운 진리를 받아들일 준비가 되어 있어야 한다.

회의주의의 길은 탐구의 길　　　●

고대 회의주의에서 언급되는 '회의懷疑, doubt'는 어떤 의미일까? 일반적으로 '회의'란 앎의 문제에 있어서 확실성을 의심하는 지적인 태도를 말한다. 우리말의 회의주의에 해당하는 영어 단어는 'skepticism'이고, 이 말의 그리스어 어원은 '스켑토마이skeptomai'라는 동사로 '…을 탐구하다'라는 뜻이다. 이 말을 좀 더 개념화하면, 대상과 일정한 거리두기를 하면서 지식이나 신념을 믿지 않는 의심 행위나 지적 태도를 말한다고 할 수 있다. 이런 점에서 볼 때, 회의라는 말에는 대상에 대한 인식을 당연시하는 인식론적 독단주의에 대한 비판이 내재되어 있다.

　그런데 서구 철학사에서 회의주의는 여러 가지 모습으로 등장했다. 그것은 신의 존재를 의문시하는 '종교적 회의주의', 도덕성의 근거를 의문시하는 '도덕적 회의주의', 그리고 지식의 확실성을 의문시하는 '인식론적 회의주의' 등으로 범주화될 수 있다. 하지만 이 책에서 논의하고자 하는 회의주의는 이 범주들 중 하나로 치환되지 않는다. '삶의 지혜와 기술'을 제공했던 고대 회의주의를 다룰 뿐이다.

　진리에 대한 추구라는 관점에서 볼 때, 회의 또는 의심은 '탐구zētēsis' 개념과 같은 뜻으로 이해될 수 있다. 즉 '회의하다skeptomai'는 '탐구하다zētēo'와 의미가 동일한 것이다. 회의주의자를 의미하는 '스켑티코이skeptikoi' 역시 '탐구자zētētikoi'와 같은 뜻을 지닌다. 물론 회의라는 개념은 일차적으로 세계에 대해 확실한 인식을 얻고자 하는 우리의 인식 능력을 의심하고 한계 짓는 데 초점을 맞추지만, '탐구하다'라는 어원이 보여주듯이 회의주의는 본질적으로 진리에 대한 탐구와 연관된다. 그래서 섹스투스는 '회의주의skeptikē의 길'을 '탐구zētētikē의 길'이라고 규정지었던 것이다.[5] 다음은 이와 연관된 섹스투스의 언급이다.

회의주의란 어떤 방식으로든 보이는 것들(현상들)과 사유되는 것들을 대립시키는 능력이다. 서로 대립되는 사태들이나 진술들이 힘에 있어서 평형을 이루므로, 우리는 이러한 능력으로 인해서 판단유보에 이르며, 그 후에 마음의 평안ataraxia에 이르게 된다.[6]

회의주의자는 보이는 것들과 생각되는 것들의 불규칙성을 해소함으로써 마음의 평안을 얻고자 했으나, 이런 목적을 이룰 수 없었으므로 판단을 유보했다. 그런데 회의주의자가 판단을 유보했을 때, 마치 물체에 그림자가 따르듯이, 예기치 않게도 마음의 평안이 회의주의자에게 생겨났다. … 회의주의자의 최종 목표가 믿음의 문제와 관련해서는 마음의 평안인 한편, 우리에게 불가피하게 강제되는 것들과 관련해서는 감정의 순화라고 주장하는 것이다.[7]

그리고 섹스투스에 의하면 회의주의의 길은 '아포리아aporia의 길'이자 '판단유보의 길'이기도 하다. 그것은 모든 일에 의문을 품고 탐구하는 길이며, 긍정해야 할지 부정해야 할지 모르는 길이었기에, 그는 '아포리아의 길'이라고 정의했던 것이다. 이러한 아포리아의 길을 따라 우리의 사유는 '사고의 유보'로 이어지는데, 그는 이를 어떤 것도 거부하지도 않고 받아들이지도 않는 '판단유보의 길'이라 명명했다.[8] 이렇게 해서 고대 회의주의에서 가장 강력한 원리인 '판단유보'가 자리를 잡았다.

하지만 이러한 판단유보를 지식은 발견될 수 없다고 생각하는 '지적 무기력증'으로 이해해서는 안 된다. 왜냐하면 회의주의자들에게는 '이론과 체계가 획득될 수 있다'는 지적 자만이 거부의 대상이었듯이, '이론이나 체계가 발견될 수 없다'는 패배주의 역시 거부의 대상이었기 때문이다. 어쩌면 회의주의자에게 가장 어울리는 이름은 '중도中道, golden mean의 철학자'일지도 모른다.

서구 철학사에 등장했던 고대 회의주의는 고전기 그리스Classical Greece 및 헬레니즘 시기 그리스Hellenistic Greece의 철학에 대한 철저한 반성의 산물이었다. 아카데미 학파와 피론 학파의 회의주의는 기원전 3세기에 시작됐고, 피론주의의 완성자였던 섹스투스의 철학은 기원후 2세기에 끝났다. 스토아 철학 및 에피쿠로스 철학과 함께 헬레니즘 철학을 삼분했던 회의주의 철학은, 철학의 주요 문제 중에서 '지식과 신념', '판단유보와 마음의 평안' 그리고 '현상과 진리의 기준' 등을 탐구했다. 현대의 회의주의가 주로 지식의 확실성이나 정당화된 믿음과 같은 인식론적 문제에 관심을 가지는 데 반해, 고대 회의주의는 그보다 더 폭넓은 문제들, 즉 신념doxa(억견)의 본질, 신념이 정신에 나타나는 방식, 그리고 신념과 행동praxis의 관계 등을 규명하는 데 더 많은 관심을 가지고 있었다.

회의주의자들은 특정 이론이나 체계를 주장하지 않았다. 그리고 지식에 대한 획득 가능성도 부정했다. 그런데 독단주의자들은 이러한 태도를 비판하면서, 회의주의자들의 사유 안에 내재된 '불일치성inconsistency'과 '자기반박self-refutation'을 지적했다. 하지만 그것은 기우였다. 회의주의자들은 사물에 대한 체계적인 주장이나 정형화된 이론을 소유하지 않고도, 철학에 대해 유의미한 언급을 할 수 있다고 생각했기 때문이다.

지식의 문제를 두고 회의주의자와 스토아 학파 철학자 사이에 벌어진 논쟁은 '믿음belief, doxa'에 관한 논전으로 확장됐다. 그리스어 'doxa'는 '믿음, 의견, 억견' 등으로 번역된다. 그 뿌리는 '보인다'라는 뜻을 가진 'dokein'이라는 동사다. 이와 연관된 동사인 'doxazein'은 '…으로 여겨진다, 생각된다'라는 뜻이다. 사실 믿음이나 억견에 따라서 존재하는 어떤 것은, 누군가에게는 그렇게 보이고 다른 누군가에게는 그렇게 보이지 않는다. 인식주체가 '감각표상sense impression'에 대해 가질 수 있는 태도로는 '동의'와 '거부' 그리고 '판단유보'가 있는데, 독단주의자들은 셋 중에 동의와 거부라는 단정적 태도에 주목하고, 회의주의자들은 판단유보라는 비단정적 태도에 주목한다.

본래 회의주의자들은 어떤 것에 대해서 긍정도 부정도 하지 않는다. 하지만 이것은 회의주의자들이 어떠한 '믿음(억견)'도 갖지 않는다는 의미는 아니다. 그것은 일종의 '인지적 자살'이 될 수도 있기 때문이다. 따라서 회의주의자들도 신념을 가질 수 있고, 그 신념에 따라서 삶을 살아갈 수 있다.

하지만 독단주의자들은 신념과 실천의 관계에 대한 회의주의자들의 주장에 맞서 아프락시아apraxia, 즉 '행위 불가'라는 지난한 문제를 제기했다. 독단주의자들은 신념 없이는 어떠한 행동도 불가능하다고 전제했다. 즉 그들은 회의주의자들처럼 판단유보의 원리에 따라 신념 획득을 부정한다면, 인간의 정상적인 삶조차 설명할 수 없는 곤란한 지경에 처하게 될 것이라고 생각했다. 사람들이 일상에서 행하는 모든 행위, 즉 먹거나 마시거나 움직이는 일상적인 행위조차 최소한의 신념이나 믿음 또는 억견을 요구하므로, 만약 회의주의자들처럼 신념 획득을 부정한다면 삶의 영역에서 실천이나 행위는 불가능하다는 것이다. 이처럼 독단주의자들은 회의주의자들의 아킬레스건이었던 행위와 실천의 문제를 제기하면서, 지속적으로 그들의 철학적 한계를 노출시키고자 했다.

회의주의자들 역시 이 문제의 어려움을 잘 알고 있었다. 그래서 중기 아카데미 학파의 아르케실라오스는 '합리적인 것eulogon'이란 개념으로, 그리고 신아카데미 학파의 카르네아데스는 '개연적인 감각표상'이나 '설득력 있는(그럴듯한) 감각표상'이라는 개념으로 이 문제를 해결하고자 했다. 피론 학파의 섹스투스는 더 적극적으로 사람들의 일상적인 삶을 가능하게 해주는 네 가지 삶의 기준, 즉 '자연의 인도, 느낌의 필연적 요구, 법률과 관습의 전통, 전문기술 교육'을 제시함으로써 이 문제에 답하고자 했다.[9]

섹스투스에 의하면 회의주의자들은 판단유보의 원리에 따라 무언가가 본성적으로 좋거나 나쁘다는 분명한 입장을 정하지 않고, 어떤 것에 대한 열렬한 기피나 추종을 피하는 지혜로운 사람들이었다.[10] 이에 비해 독단주의자들은 회의주의자처럼 진리의 기준은 없다고 주장한다면, 어떤 행동이 옳은지 알 수 없기에 아무런 행동도 할 수 없게 된다고 주장했던 것이다.[11] 하지만 회의주의자들이 보기에 이러한 비판은 설득력이 없었다. 왜냐하면 회의주의자들에게는 현상들을 주목하면서, 일상적 삶의 규칙에 기대어kata tēn biōtikēn tērēsin, 독단적인 믿음 없이adoksastōs 살아가는 길이 있었기 때문이다.[12] 이처럼 회의주의자들은 모두 신념과 실천의 문제에 관한 독단주의자들의 비판에 맞서 자신의 원리를 관철시켰다.

의심은 극복의 대상이 아닌 삶의 지혜

●

고대 회의주의의 특징은 '진리의 기준kritērion tēs alētheias'에 관한 논의에서 드러난다. 스토아 학파나 에피쿠로스 학파 같은 독단주의자들은 감각지각으로부터 유래한 표상을 무비판적으로 수용했다. 이에 반해 회의주의자들은 '확실성'과 연관된 스토아 학파의 '파악표상katalēptikē phantasia' 개념에 대해 지속적으로 문제를 제기하면서 독단주의자들을 비판했다. 스토아 학파는 사물을 있는 그대로 드러내는 파악표상을 인식론의 핵심으로 강조했다. 그들에게 파악표상은 명석하고 판명한 인상들이었으며 확실성의 토대였던 것이다. 하지만 회의주의자들은 이러한 파악표상을 비판하면서, 그것이 진리의 기준이 될 수 없다고 강조했다.

데카르트 이후 근대철학자들은 지식의 확실성을 획득하기 위해서만 회의주의를 사용했다. 이른바 '방법론적 회의methodological skepticism'였다. 그렇기에 인식 과정에서 그들에게 나타나는 표상들의 불일치성과 그로 인한 자아의 혼란은 제거되어야 할 '부정적인 것'으로 다가왔다. 하지만 고대 회의주의자들에게 표상들의 불일치성과 그로 인한 자아의 혼란은 기꺼이 수용되어야 할 '긍정적인 것'으로 간주됐다. 이처럼 회의주의자들은 표상들의 불일치성으로 인해 고통스러워하는 자아를 목격하는 것을 거부하지 않았다. 즉 그들은 자신의 마음속에 떠오르는 의심이나 회의를 제거하지 않았다. 오히려 그런 마음의 혼란을 기반으로 판단을 유보함으로써, 마음의 평안을 획득하고자 했다. 따라서 우리는 근대철학자들이 지녔던 회의주의에 대한 생각으로부터 고대 회의주의자들의 생각을 조심스럽게 분리해냄으로써, 고대 회의주의의 온전한 의미를 드러내야 할 것이다.

사실 고대 회의주의는 진리를 탐구하고 삶의 자유를 추구했던 많은 회의주의자들에 의해 발전했다. 근대 회의주의가 대부분 회의주의를 극복의 대상으로 설정했던 독단주의자들에 의해 탐구됐던 데 반해, 고대 회의주의는 삶의 지혜와 기술을 지향했던 반독단주의자들에 의해 연구됐다. 아카데미 학파의 회의주의는 고대 회의주의의 기원을 소크라테스에게서 찾았다. '음미되지 않는 삶은 살 가치가 없다'[13]는 말은 아카데미 회의주의의 정신을 잘 보여준다. 피론 학파의 회의주의는 이해 불가능성과 판단 유보를 강조했던 피론으로부터 시작됐다. 이들에 의해 고대 회의주의라는 산맥이 형성될 수 있었다.

누가 고대 회의주의의 기원인가? ●

고대 회의주의의 기원으로 멀리는 호메로스Homeros부터 가까이는 피론까지 여럿을 꼽을 수 있다. 그중에서도 회의주의적 사유를 선보였던 대표적인 철학자로는 크게 네 명이 있다. 그들은 크세노파네스와 고르기아스, 그리고 소크라테스와 피론이었다. 여기선 크세노파네스와 고르기아스는 간단히 다루고, 소크라테스와 피론은 학파와의 연관 속에서 좀 더 길게 다룬다. 소크라테스와 피론은 각각 아카데미 회의주의와 피론주의의 직접적 기원이기 때문이다.

먼저 소크라테스 이전에 회의주의적 사유를 선보였던 자연철학자들 중 가장 대표적인 인물은 크세노파네스Xenophanēs였다. 그는 불가지론에 입각해 당대의 전통적인 신 관념을 비판했다. 그리고 각 나라에 존재하는 다양한 신에 대한 관념들은 모두 그들의 인간적 사고와 문화가 만들어낸 것이라고 주장했다. 그래서 에티오피아 사람들에게 신은 낮은 코와 검은 피부를 가졌고, 트라키아 사람들에게 신은 파란 눈과 붉은 머리카락을 가졌다는 것이다. 따라서 만약 소나 말이 손으로 그림을 그릴 수 있다면, 소는 소의 모습대로, 말은 말의 모습대로 신의 모습을 그릴 것이라고 주장했다.[14]

프로타고라스Protagoras와 고르기아스Gorgias 같은 소피스트들도 회의주의적 사고를 펼친 것으로 유명했다. 그중에서도 가장 유명한 소피스트는 고르기아스였다. 섹스투스가 전하는 바에 의하면, 그는 회의주의적 사유를 체계적으로 선보였던 철학자였다. '아무것도 존재하지 않는다. 어떤 것이 존재하더라도, 우리는 그것을 알지 못한다. 우리가 알더라도, 우리는 그것을 전달할 수는 없다'[15]는 명제는 그의 회의주의적 사유를 상징적으로 보여준다. 하지만 현실 세계에서 그는 회의주의자가 아닌 수사학자로 활동하면서 큰 명성과 부를 획득했다. 외국인 신분으로 아테네에서 활동하면서 고액의 수업료를 받고 수사학을 가르쳤던 것으로 유명했다. 논쟁에도 강해 당대 최고의 논객이라는 찬사도 받았다.[16]

소크라테스도 회의주의적인 사유를 펼쳤던 철학자라는 주장이 있다. 중기 아카데미 학파의 창시자인 아르케실라오스의 주장이었다. 물론 그는 회의주의적 성향의 수사학 교사였던 소피스트들과는 항상 대립했다. 하지만 아르케실라오스는 소크라테스에게서 회의주의적 사유의 원천을 발견했다. 아르케실라오스는 '무지의 지'에 대한 소크라테스의 고백, 다시 말해 자신이 조금도 지혜롭지 않다는 것을 알고syneidenai 있다는 그의 고백에서,[17] 소크라테스가 지닌 회의주의자로서의 면모를 발견했던 것이다.[18] 그 후 소크라테스를 시초로 하는 아카데미 학파의 회의주의는 아르케실라오스와 카르네아데스를 거쳐 키케로까지 이르는 큰 흐름을 형성했다.

아카데미 학파와 달리, 피론 학파에서는 고대 회의주의의 진정한 시조로 피론을 언급했다. 그런데 피론 학파가 학파로서의 모습을 갖추게 된 시기는 피론이 세상을 떠나고 200년이나 지난 뒤였다. 피론 학파를 창시했던 철학자는 아이네시데모스였다. 그는 독단주의로 물들어가던 아카데미 학파에 실망한 나머지, 그들을 떠나 피론을 시초로 하는 새로운 회의주의 학파, 즉 피론 학파를 만들었다. 이후 피론 학파는 아그리파[19]를 거쳐 섹스투스에 이르러 절정을 이루었는데, 그 영향력은 이 책 4부에서 논의되는 몽테뉴에게까지 이르렀다.

아카데미 회의주의와 피론주의 사이에는 어떤 공통점과 차이점이 있을까? 우선 그들은 대상에 대한 '파악 불가능성panta akatalēpta'[20]과 '판단유보'를 공통적으로 전제했다. 그들 모두 '마음의 평안'을 지향했기 때문이다. 하지만 그들 사이에는 차이점도 있었다. 섹스투스에 의하면 피론 학파에서는 모든 논변에서 동일한 힘을 가진 대립적인 논증이 양립 가능하다는 '등치의 방법isostheneia'[21]을 강조했던 데 반해, 아카데미 학파에서는 '개연적인 감각표상'을 강조했다. 고대 회의주의자의 저작들이 대부분 유실된 가운데 섹스투스의 저작만은 온전한 형태로 전해졌는데, 이는 이후 고대 회의주의 학파들에 관한 논쟁에서 피론 학파가 아카데미 학파보다 좀 더 설득력 있게 받아들여진 배경이기도 했다.

고대 후기Late Antiquity[22]로 접어들자, 회의주의는 그리스도교 철학자였던 아우구스티누스에 의해 새롭게 이해됐다. 물론 그는 자신의 저서《아카데미아 학파 반박》에서 아카데미 학파에 대한 분석과 비판을 시도했다. 그 결과 아우구스티누스는 일반적으로 고대 회의주의의 반대 진영에 속한 철학자라고 여겨졌다. 하지만 이 책에서는 이러한 일반적인 해석과 거리를 두면서, 아우구스티누스를 고대 회의주의의 영향권하에 있는 철학자로 위치 짓고자 한다. 아카데미 회의주의에 대한 아우구스티누스의 비판 속에서, 그가 '새로운 형태의 회의주의'에 대해서도 사유했음을 밝히고자 하는 것이다.

다음으로 고대 피론주의와 연속하면서도 불연속했던 몽테뉴의 새로운 피론주의를 다룬다. 중세 동안 고대 회의주의는 사람들의 주된 관심으로부터 멀어지고 망각됐지만, 르네상스 시기에 상황은 급반전됐다. 많은 문헌학자와 철학자의 노력으로 섹스투스의 저작들이 번역되고 난 뒤, 고대 회의주의에 대한 연구가 활발해졌기 때문이다. 섹스투스의 논의를 발전시켜 회의주의와 신앙주의 간의 결합을 모색한 몽테뉴의 시도를 살펴봄으로써, 우리는 몽테뉴가 근대철학에 미친 영향을 깨닫고 오늘을 살고 있는 우리가 얻는 통찰이 무엇인지를 파악할 수 있다.

2부

아카데미 학파의 회의주의

1장

아르케실라오스

후세에 하이브리드 괴물로 취급받은 철학자　●

플라톤의 철학을 계승하고자 했던 후계자들의 노력은 철학사의 흐름에 따라 다양하게 전개됐다. 약 900년에 걸쳐 진행됐던 플라톤주의는 크게 아홉 개의 시기로 나뉜다. 즉 (1) 구아카데미의 '수학적 플라톤주의' 시기, (2) 중기 아카데미와 신아카데미의 '회의주의적 플라톤주의' 시기, (3) 중기 플라톤주의의 '절충주의적 플라톤주의' 시기, (4) 신플라톤주의자 플로티노스Plotinos의 '초월적 플라톤주의' 시기, (5) 포르피리오스Porphyrios가 중심이 됐던 로마 학파의 '관상적theoria 플라톤주의' 시기, (6) 시리아 학파와 연관됐던 이암블리코스Iamblichos의 '주술적theurgia 플라톤주의' 시기, (7) 프로클로스Proclos로 대표되는 아테네 학파의 '체계적 플라돈주의' 시기, (8) 막시무스^{Maximus of Ephesos}와 율리아누스^{Flavius Claudius}

라돈주의' 시기, (8) 막시무스Maximus of Ephesos와 율리아누스Flavius Claudius Julianus 황제로 대표되는 페르가몬 학파Pergamon School의 '이교적 플라톤주의' 시기, (9) 올림피오도로스Olympiodoros로 대표되는 알렉산드리아 학파의 '주석적 플라톤주의' 시기로 구분되는 것이다. 그런데 이러한 플라톤주의의 변천사 가운데에서도 아르케실라오스와 카르네아데스가 이끌었던 중기 및 신아카데미의 '회의주의적 플라톤주의'는 플로티노스의 신플라톤주의가 등장하기 이전까지 헬레니즘 시기의 아카데미 학파를 지배할 만큼 영향력이 매우 컸다. 아르케실라오스는 200년간 지속됐던 아카데미 회의주의 학파를 만들었고, 카르네아데스는 이러한 아르케실라오스의 철학을 계승해 발전시켰다. 이 장에서는 서구 회의주의 철학사에서 '아카데미 회의주의'라 불리는 그들의 철학을 본격적으로 논의해보고자 한다.[1]

물론 초월적 이데아에 대한 객관적 탐구를 강조했던 전통적인 플라톤 철학과, 회의주의를 표방했던 아카데미 회의주의 사이에는 분명 상당한 거리감이 있다. 또한 플라톤 철학에 대해 긍정적인 대부분의 플라톤주의자들 역시 아카데미 회의주의자들의 철학에 대해 부정적이었던 것 또한 사실이다. 하지만 이는 그렇게 간단히 단정 지을 수 없는 지난한 문제다. 왜냐하면 기원전 1세기 아카데미의 원장이었던 아스칼론의 안티오코스Antiochos of Ascalon가 아카데미 회의주의를 포기한 채 구아카데미 학파의 독단주의적 학풍으로 회귀하기 전까지, 플라톤 사후 약 200년 동안 아카데미를 실질적으로 지배했던 철학은 아카데미 회의주의였기 때문이다. 또한 아카데미 회의주의자였던 아르케실라오스와 카르네아데스 역시 진리를 탐구하고자 했기 때문이다. 이런 점에서 볼 때, 아카데미 회의주의를 단순히 전통적인 플라톤 철학으로부터의 이탈이라고 간주하는 것은 서구 회의주의 철학사에 대한 기본적인 이해가 부족한 견해이다.

아카데미 회의주의는 안으로는 수학주의로 기울었던 구아카데미 학파의 독단주의를 비판하고, 밖으로는 감각적 확실성을 절대시했던 스토아 학파의 독단주의적 인식론을 논파하기 위해 소크라테스의 비판정신과 논박법을 새롭게 해석한 철학이었다. 사실 서구 철학사에서 아카데미 회의주의는 그 중요성에도 불구하고 상대적으로 소홀히 취급돼왔다. 이 점은 바로잡혀야 한다. 만약 아카데미 회의주의에 대한 체계적인 연구가 이루어진다면, 그것이 플라톤 철학에 대한 왜곡이라는 잘못된 시각도 불식시킬 수 있을 것이다. 그러면 아카데미 회의주의가 소크라테스의 비판정신과 논박법을 이어받은 철학이라는 점도 명확해질 것이다.[2] 이 장에서는 키케로와 섹스투스 그리고 디오게네스 라에르티오스Diogenes Laertios(이하 라에르티오스) 등의 문헌에 근거해 아카데미 회의주의자들의 사상이 갖는 고유한 의미를 드러낸다. 그 첫 번째 철학자가 바로 아르케실라오스다.[3]

아르케실라오스에 대한 분석에 들어가기 전에, 그리스 신화에 등장하는 '키마이라Chimaera'라는 괴물에 대해 알아보자. 호메로스에 따르면 키마이라는 인간이 아닌 신에게서 태어났으며, 앞쪽은 사자이고 뒤쪽은 뱀이며 가운데는 염소인 형상을 하고 있었다.[4] 게다가 그 괴물은 머리가 세 개였다고 한다. 헤시오도스Hesiodos는 키마이라의 세 머리가 각각 눈을 부라리는 사자, 암염소, 강력한 용이었다고 전한다.[5] 이처럼 키마이라는 그의 부모였던 티폰Typhon이나 에키드나Echidna처럼 '하이브리드 괴물' 또는 '잡종 생명체'였던 것이다.

그런데 서구 철학사에서 키마이라와 같은 존재로 인식됐던 철학자기 있었으니, 그가 바로 아르케실라오스였다. 그에게 그런 야담을 퍼부었던 사람은 스토아 학파의 일원이자 제논의 제자였던 아리스톤Ariston이었다. 그는 아르케실라오스가 앞은 플라톤, 뒤는 피론, 중간은 디오도로스Diodoros Cronos의 모습[6]을 한 철학자였다고 비판했다.[7] 그에게 아르케실라오스의 회의주의는 플라톤 철학에 피론과 디오도로스의 철학이 뒤섞인 것이었다. 즉 플라톤 철학의 순수성이 훼손된 철학으로 보았던 것이다. 그런데 라에르티오스도 그와 비슷한 언급을 전한다. 아리스톤으로 인해 아르케실라오스가 '나는 피론과 괴팍한 디오도로스에게 헤엄쳐 가리'라고 말하게 되었다는 것이다.[8] 이는 아르케실라오스가 피론이나 디오도로스와 밀접하게 연관되어 있었음을 분명하게 보여준다. 그리고 그가 가슴 아래 메네데모스Menedemos of Eretria의 무거운 납추를 단 채로 살찐 피론이나 디오도로스에게 달려갔을 거라는 표현이 보여주듯이,[9] 피론의 제자였던 티몬도 아르케실라오스가 여러 철학자와 연관되어 있었다는 것을 분명히 했다. 이처럼 아리스톤은 아르케실라오스의 회의주의를 아카데미 안의 전통적인 플라톤 철학과 아카데미 밖의 비플라톤적인 철학이 결합된 특이한 철학으로 보고 비판했다.

하지만 아르케실라오스에 대한 아리스톤의 비판에는 많은 문제점이 있다. 무엇보다도 그것은 역사적 객관성을 결여하고 있다. 아르케실라오스에 대해 제대로 평가하기 위해서는, 당대 헬레니즘 철학사 안에서 평가가 이루어져야 한다. 특히 아르케실라오스와 논적 관계에 있었던 스토아 학파의 제논과의 긴 논쟁 속에서 이해되어야 한다.[10]

철학 논쟁사적으로 볼 때, 아르케실라오스의 회의주의는 제논의 유물론적 독단주의와 대립했다. 그들은 모두 자기 철학의 근원을 소크라테스에게 두고 있었고, 이는 소크라테스 철학에 대한 해석의 정통성을 누가 가지고 있는가에 대한 주도권 경쟁을 불러 일으켰다. 제논은 자신이 세운 스토아 학파가 소크라테스의 도덕철학을 온전히 계승했다고 주장했고, 아르케실라오스도 자신이 세운 중기 아카데미 학파가 소크라테스의 비판철학을 온전히 계승했다고 주장했다. 이렇게 시작된 아카데미 학파와 스토아 학파 간의 논전은 무려 200여 년이나 계속됐다. 우리는 이러한 논전의 맥락 속에서 아르케실라오스의 회의주의를 파악해야 한다.

제논의 유물론적 독단주의를 계승한 후계자는 크리시포스Chrysippos였다. 아르케실리오스의 회의주의를 계승한 후계자는 카르네아데스였다. 그런데 두 학파 간의 논쟁의 종말은 예상치 못한 곳에서 발생했다. 신아카데미 학파의 마지막 계승자이자 아카데미의 제10대 원장이기도 했던 안티오코스가 회의주의를 포기하고, 스토아 학파의 영향을 받아 독단주의자로 전향해버렸기 때문이다. 이 전향으로 인해 200여 년간 지속됐던 아카데미 학파의 회의주의적 전통은 역사 속으로 사라지고 말았다.

당대 제일의 철학자이자 아카데미 원장 ●

라에르티오스에 따르면 아르케실라오스는 세우테스Seuthes의 아들로,[11] 소아시아 아이올리스의 피타네 출신이었다.[12] 그는 평생 결혼을 하지 않았고 자녀도 없었다. 아카데미 학원에서 많은 제자를 가르쳤으나, 어떠한 저술도 남기지 않았다. 그가 저술을 남기지 않았던 데는 소크라테스의 영향력이 컸다. 아르케실라오스는 아카데미 학파의 구성원이 되기 전에 수학자 아우톨리코스Autolycus of Pitane의 가르침을 받았다. 그 후 고향 피타네를 떠나 아테네로 가서 음악가 크산토스Xanthus 밑에서 공부를 했다. 다음으로 소요학파Peripatetic school 계통의 철학자였던 테오프라스토스Theophrastos의 제자가 됐다가, 그 후에는 아카데미 학파의 원장이었던 크란토르Crantor 밑에서 철학을 공부했다. 아르케실라오스가 크란토르의 제자로 갔을 때, 제자를 잃은 테오프라스토스는 진정 재능이 뛰어나고 교육적 자질이 있는 젊은이가 자신의 학원을 떠났다며 슬퍼했다고 한다.[13] 테오프라스토스의 예언대로 그는 아카데미 내에서 주목할 만한 인재로 성장했으며, 아카데미의 제5대 원장이었던 크라테스Crates가 세상을 떠나자 그의 뒤를 이어 제6대 원장이 됐다.

철학사적으로 볼 때 아르케실라오스는 사물들이나 진술들 속에 존재하는 상호 모순적인 사태에 근거해 일체의 판단을 유보했던 최초의 철학자였다. 하나의 물음에 대해 찬성과 반대 양편에서 논의를 전개했던 최초의 철학자이기도 했다. 플라톤에 의해 전해져 내려왔던 철학적 이론들을 변증법dialektikē적 방법을 통해 발전시켰으며, 소크라테스가 사용했던 논박법을 회의주의적 방법으로 사용하곤 했다. 철학적 주제를 놓고 그와 대화한 사람들은 모두 그에게 논박당하는 경험을 통해 무지의 상태에 도달했다고 전해진다.[14]

아르케실라오스는 아카데미의 원장이었음에도 불구하고 피론의 회의주의적 방법론을 공부했으며, 디오도로스의 논리학을 배우기도 했다. 그는 논쟁에서 상대방의 반론을 요령 있게 재반박하고 논의의 중심을 현안 문제로 되돌리는 데 탁월한 능력을 보여줬다. 또 어떤 상황에서도 설득력 있는 논의를 전개하는 독보적인 능력을 가지고 있었다. 이처럼 그는 기원

전 3세기 그리스 철학계의 가장 탁월한 논객들 중 한 명이었다.[15]

　아르케실라오스는 자신의 제자들을 엄격하게 가르쳤던 것으로도 유명했다. 그럼에도 불구하고 많은 학생이 그를 찾아와 가르침을 받았다. 수업 중에는 항상 똑 부러진 간결한 말투를 사용했으며, 대화할 때는 낱말의 의미를 잘 구별했다고 한다. 지나칠 정도로 냉소적이었으나, 논제에 대해서는 자신의 생각을 거침없이 표현했다고 전해진다. 하지만 그는 교만하거나 거드름을 피우지 않았다. 학생들에 대해서는 자비와 관용을 배풀었다. 자신의 강의에 만족하지 못했던 학생들에게는 다른 철학자를 소개해주었다. 일례로 키오스에서 왔던 학생이 그의 강의에 만족하지 못한 채 히에로니무스**Hieronymus**의 가르침을 받고 싶다고 하자, 그를 히에로니무스에게 소개해주었다고도 한다. 이처럼 그는 인자한 성격의 철학자였다고 전해진다.[16]

　아르케실라오스는 당대 제일의 철학자이자 아카데미 6대 원장으로서 큰 명성을 얻었다. 그럼에도 그는 권력이나 정치적인 문제에는 전혀 관심을 갖지 않았다. 사실 아르케실라오스가 살았던 기원전 3세기 그리스는 알렉산드로스 대왕의 부하였던 안티고노스**Antigonos** 장군이 지배하고 있었다. 그리스의 모든 사람이 그에게 아부해 출세하고 싶어 했지만, 그만은 예외였다. 오히려 그는 홀로 조용히 집에 칩거하며 철학 공부에 몰두했다고 한다.

　그런데 아르케실라오스가 안티고노스에게 별다른 관심을 보이지 않았던 데는 다른 두 가지 이유도 있었다. 첫째, 안티고노스는 아르케실라오스와 경쟁 관계였던 스토아 학파 제논의 제자였다. 둘째, 아르케실라오스 스스로가 본질적으로 정치에 무관심했다. 이처럼 그는 현실 세계의 정치적인 일을 뒤로한 채, 모든 시간을 신리 탐구에 온전히 바쳤다. 이러한 배경 하에서 중기 아카데미 학파의 회의주의 철학은 꽃을 피울 수 있었다.

회의주의의 바탕은 소크라테스의 논박법 ●

아르케실라오스의 회의주의는 소크라테스와 플라톤 그리고 피론 철학의 영향하에서 형성됐다. 그중에서도 소크라테스의 영향을 가장 많이 받았다. 그는 소크라테스의 논박법에 매료되어, 그것을 자신의 회의주의적 방법론으로 수용했다. 특히 플라톤 대화편에 나타난 소크라테스의 논박법에 대한 탐구를 통해, 스토아 학파의 독단주의를 비판할 수 있는 방법을 배웠다.

아르케실라오스와 경쟁했던 제논의 철학은 유물론적 독단주의를 표방하고 있었다. 그리고 인간의 인식 능력에 대해서 지나칠 정도의 확신을 가지고 있었다. 하지만 아르케실라오스는 제논의 입장에 동의하지 않았다. 오히려 그는 제논과 달리 확신을 가지지 않은 상태에서 진리를 추구할 수 있는 방법을 모색했다. 그 결과 그는 제논보다 세련된 인식론적 입장을 가질 수 있었다. 피론 학파의 완성자였던 섹스투스는 아르케실라오스의 이러한 회의주의를 피론주의와 같은 것으로 해석했다.

왜냐하면 그는 어떤 대상의 존재 혹은 비존재와 관련해서 확언한 적이 없고, 믿을 만함 또는 믿을 만하지 않음과 관련해서 어떤 것을 다른 것보다 선호하지 않았으며, 모든 대상에 관해서 판단을 유보했기 때문이다. 또한 아르케실라오스는

자신의 목표가 판단유보라고 주장하는데, 우리도 말하듯이 판단유보에는 마음의 평안이 뒤따른다.[17]

섹스투스는 '판단유보'와 '마음의 평안'이라는 개념을 매개로 아르케실라오스 회의주의와 피론주의를 동일한 철학으로 이해했다.[18] 그러나 아르케실라오스가 피론을 존경하고 그의 철학을 탐구했던 것은 사실이지만, 그는 자신의 철학을 피론의 철학과 동일시하지는 않았다. 이런 점에서 섹스투스의 주장은 많은 문제점을 함축하고 있다. 그럼 섹스투스는 왜 이런 언급을 했을까? 섹스투스는 아르케실라오스가 피론의 회의주의를 모방했다고 주장함으로써, 아르케실라오스의 회의주의가 그렇게 독창적이진 않다고 주장하고 싶었던 것 같다. 그러나 아르케실라오스에 대한 섹스투스의 해석은 조금 더 신중하게 바라볼 필요가 있다.

아르케실라오스의 회의주의를 온전히 드러내기 위해서는 우선 섹스투스의 해석으로부터 벗어나야 한다. 그래야 그의 회의주의에 대한 객관적인 시각을 확보할 수 있다. 아포리아 사태에 대한 아르케실리오스와 섹스투스의 이해를 살펴보면, 그들 간의 차이가 분명해진다. 아르케실라오스는 소크라테스나 플라톤과 마찬가지로 아포리아 사태를 더 높은 진리를 탐구하기 위한 출발점으로 간주했다. 이에 반해 섹스투스는 아포리아 사태를 진리 탐구의 종착지로 이해했다. 이처럼 아르케실라오스와 섹스투스는 전혀 다른 입장을 제시하고 있는 것이다.[19]

그런데 섹스투스는 아르케실라오스를 이중적인 철학자로 평가하기도 했다. 즉 그는 아르케실라오스를 한편으로는 회의주의자라고 언급하지만, 다른 한편으로는 '독단주의자'라고도 했던 것이다.[20] 회의주의자와 독단주의자는 서로 모순적인 개념인데노, 섹스투스는 아르케실라오스에 대해 그러한 규정을 내리기를 망설이지 않았다. 다음은 섹스투스의 언급이다.

> 아르케실라오스는 처음 보기에는 마치 피론주의자인 듯하지만, 실제로는 독단주의자였다. 또한 그는 아포리아를 제기하는 방법을 통해서, 자신의 동료들이 본성적으로 플라톤의 '이론 체계dogmata'를 받아들일 만한 능력이 있는지 시험해보곤 했다. 이 때문에 아르케실라오스는 아포리아를 제기하는 철학자라고 여겨졌다. 하지만 실제로 그는 자신의 동료들 중 재능 있는 자에게는 플라톤의 가르침을 전수해주었다.[21]

아르케실라오스를 독단주의자로 규정지었던 섹스투스의 해석에는 많은 문제점이 있다. 사실 아르케실라오스가 가장 많은 영향을 받았던 철학자는 소크라테스였다. 그리고 그가 진리를 탐구했던 방법론 역시 소크라테스의 논박법이었다. 그럼에도 섹스투스는 그를 독단주의자로 규정했는데, 이는 그가 아르케실라오스와 소크라테스에 대한 이해를 결여하고 있음을 보여준다.

아르케실라오스는 플라톤으로부터 전해져 내려온 아카데미 학파의 정통성을 이어받았던 아카데미 6대 원장으로서, 기원전 268년 이후 이 학파를 실질적으로 이끌었다. 물론 아카데미의 창시자였던 플라톤은 변증법을 통해 절대적이고 영원한 진리를 확보하고자 했던 이론(체계) 지향적인 철학자였다. 그는 분명 회의주의자는 아니었다. 그럼에도 불구하고 플라톤은 대화편 곳곳에서 회의주의적인 방법론을 잘 보여줬다. 특히 'X

란 무엇인가?'를 탐구했던 초기의 대화편이나《테아이테토스》나《파르메
니데스》 같은 후기의 대화편에서 그러한 회의주의적 방법론의 흔적이 드
러난다. 이처럼 플라톤은 존재론 측면에서는 독단적 체계를 지향했으나,
방법론 측면에서는 회의적 방법론을 사용했다.

아르케실라오스는 플라톤의 아포리아적인 대화편과 논박법에 많은 관
심을 가지고 연구했다. 특히 그는 대화 상대가 지니고 있던 기존의 신념
과 지식을 파괴하는 소크라테스의 논박법에 관한 연구를 통해, 소크라테
스도 '사물에 대한 이해 불가능성'과 '판단유보'를 실천하고 있었음을 발
견하고, 그것을 자신의 회의주의 철학의 근거로 삼았다. 즉 아르케실라오
스는 플라톤의 대화편에 나타난 소크라테스의 비판철학으로부터 새로운
철학의 가능성을 확보했던 것이다. 이런 점에서 아르케실라오스의 철학
은 소크라테스 철학의 부활이라고도 볼 수 있다.[22]

우선 아르케실라오스는 사물에 대한 이해 불가능성과 판단유보의 원
리를 강조했다.[23] 그리고 이 두 가지 원리는 그에 의해서 아카데미 학파의
공식적인 철학 원리로 채택됐다(기원전 268년). 이 원리들은 신아카데미 학
파의 시조였던 카르네아데스가 등장(기원전 155년)하기 전까지 별다른 수
정 없이 그대로 사용됐다. 라에르티오스는 아르케실라오스의 철학사적
의미를 이렇게 규정했다.

반대논증이 성립한다는 이유로 판단을 유보했던 최초의 사람이었고, 또한 하나
의 문제를 (찬·반) 양쪽 측면에서 논증한 최초의 사람이었다. 나아가 플라톤으로
부터 전해져온 체계에 손을 대, 질문과 답변으로 그것을 더욱더 논쟁술eristikē에
가깝게 만든 최초의 사람이기도 했다.[24] … 모든 것에 대해 판단을 유보한 결과,

그는 결코 어떠한 책도 쓰지 않았다.[25]

소크라테스의 계승자로서 아르케실라오스는 자신의 회의주의 철학을 변증법적인 방법론 속에서 철저하게 구현했다. 그는 대화 상대에게 그들의 신념이나 주장이 결코 확실한 근거에 기반해 있지 않다는 것을 보여줬다. 그는 결코 자신의 주장을 먼저 내세우지 않았다. 사실 실재에 대한 파악 불가능성과 판단유보는 타자에게 강요할 문제는 아니었다. 오히려 그것은 대화 상대들이 스스로 깨우쳐야 했다. 이는 아르케실라오스가 소크라테스의 비판철학과 논박법 정신에 얼마나 철두철미했는지를 보여주는 좋은 증거이기도 하다.

그런데 아르케실라오스는 소크라테스의 논박법과 비판철학의 정신을 계승하는 데 만족하지 않고, 그것을 더 확장하여 적용하고자 했다.[26] 유물론과 독단주의가 지배적이었던 당대의 헬레니즘 상황 속에서, 그는 논적이었던 스토아 학파에 대한 비판의 강도를 높여야 할 필요성을 느꼈다. 특히 스토아 학파는 '파악표상 katalēptike phantasia'이란 개념을 인식론적 확실성을 위한 근거로 제시함으로써, 인식론의 측면에서 아카데미 학파보다 우위를 점하고자 했다. 이에 아르케실라오스는 '무지의 지'에 대한 소크라테스의 실존적 고백을 변형해 수용함으로써, 스토아 학파에 맞서는 인식론적 견해를 내세웠다. 주지하다시피 소크라테스는 자신이 조금도 지혜롭지 않다는 것을 알고 있다며 '무지의 지'를 고백했다.[27] 하지만 아르케실라오스는 이런 무지의 지에 만족하지 않고, 소크라테스의 실존적 고백을 더 멀리 밀고 나갔다. 즉 그는 자신이 무지하다는 그 사실조차도 확실하게 알 수 없는 상태, 다시 말해 무지에 대한 지가 아니라 '무지에 대한 무지'를 강조함으로써, 소크라테스의 비판철학을 넘어 자신만의 고유한 회의주의 철학을 펼쳐 보였다.[28]

시종일관 아르케실라오스는 소크라테스의 비판철학을 충실하게 계승·발전시켰다. 스토아 학파의 유물론적 독단주의와의 대결 속에서 더 세련된 인식론적 장치가 필요했던 아르케실라오스는, 소크라테스의 철학에서 아카데미 회의주의의 가능성을 엿보고 현실화시켰던 것이다. 이런 점에서 아카데미 회의주의의 참된 스승은 소크라테스였다. 그가 철학적 저술을 남기지 않았던 것 역시 글보다는 대화 속에서 진리를 찾고자 했던 소크라테스의 태도를 이어받고자 한 결과였다.[29]

스토아 학파의 인식론은 왜 문제인가?　　　　　　　　　●

진리에 대한 아르케실라오스의 변증법적 탐구는 사물에 대한 이해 불가능성과 보편적인 판단유보로 나타났다. 그는 플라톤 철학의 심오함을 훼손시킬 수 있는 제반 철학들을 비판했다. 이런 점에서 그의 철학은 피론의 철학과 닮았다. 하지만 그는 피론과 달리 판단유보를 통한 '마음의 평화'에 안주하지 않았다. 오히려 독단적 이론을 당연시했던 제논의 스토아 철학에 대한 비판을 수행하는 가운데, 참된 철학의 가능성을 발견했다. 그런데 이러한 아르케실라오스의 철학을 더 잘 이해하기 위해서는, 그의 논적이었던 제논의 인식론에 대한 체계적인 비판이 수반되어야 한다.

이 문제에 대해 존 딜런[John Dillon]은 흥미로운 이야기를 들려준다.[30] 그에 따르면, 아르케실라오스는 제논의 스토아 철학이 일반인에게 발전된 플라톤주의로 이해되는 것을 목격하고서 큰 충격을 받았다. 그 자신이 소크라테스 비판철학의 계승자이자 아카데미의 공식적인 후계자라고 자부하고 있었기 때문이다. 이에 아르케실라오스는 소크라테스 철학에 대한 회의주의적 해석을 시도함으로써, 스토아 학파에 대한 아카데미 학파의 우월성을 확보하고자 했다.[31]

제논은 키프로스의 키티온 출신의 철학자였다. 그는 아르케실라오스보다 먼저 소크라테스 철학에 관심을 가졌다. 특히 도덕적이고 금욕적인 측면에 많은 관심을 가지고 연구했다. 그 결과로 아카데미 학파와 숙명적인 경쟁 관계를 형성했던 스토아 학파가 탄생했던 것이다. 사실 제논이 처음부터 철학자는 아니었다. 그는 20대 후반까지 무역 상인으로 활동했다. 그러던 어느 날 풍랑으로 인해 우연히 아테네에 들렀는데, 그때 한 서점에서 크세노폰의 《회상록Memorabilia》을 읽고는 철학자 소크라테스에 대해 큰 관심을 가지게 됐다. 그는 본격적으로 소크라테스 철학을 공부하기로 마음먹고, 견유학파의 크라테스Crates를 찾아갔다. 그 후에는 스틸폰Stilpon과 디오도로스 그리고 필론Philo the Dialectician과 같은 메가라Megara 학파의 철학자들을 찾아가 철학을 배웠다. 이런 고된 과정을 거쳐, 그는 스토아 철학의 창시자가 됐다.

제논의 철학 여정에서 흥미로운 사건 하나는, 그가 회의주의자 피론으로부터도 철학을 배웠다는 사실이다. 하지만 그는 피론으로부터 큰 영향을 받지는 않았다. 그의 눈에 피론의 회의주의는 극단적이고 부정적인 철학으로 비쳤기 때문이다. 회의주의에 대한 제논의 이러한 입장은 그 후 스토아 학파 전체의 입장으로 굳어졌다.

제논은 아카데미에서 플라톤 철학을 공부했으며, 그의 스승은 아카데미의 4대 원장인 폴레몬Polemon이었다. 아르케실라오스도 폴레몬의 제자였기에, 제논과 아르케실라오스는 동문수학한 사이였다. 그런데 그들은 철학적 의견이 상당히 달랐다. 제논은 유물론적 독단주의에 많은 관심이 있었으나, 아르케실라오스는 회의주의적 탐구에 더 많은 관심을 기울였다. 이러한 상황에서 스승 폴레몬이 아르케실라오스의 의견에 힘을 실어주자, 제논은 아카데미를 떠나 유물론적 독단주의를 대변하는 스토아 학파를 만들었다.[32] 아르케실라오스와 제논 간의 논쟁은 이미 아카데미 학원 안에서부터 시작되었던 것이다.

스토아 학파를 만들고 난 뒤, 제논은 자신이 소크라테스의 철학을 계승한 참된 후계자라고 공개적으로 천명했다. 그런데 그의 이러한 주장은 6대 원장으로서 아카데미를 이끌고 있던 아르케실라오스의 자존심을 건드리기에 충분했다. 그 역시 자신이 소크라테스와 플라톤의 철학 전통을 계승했다고 믿었기 때문이다. 특히 그는 소크라테스를 유물론적 독단주의로 해석하는 제논에 대한 강한 반감을 드러냈다. 아르케실라오스는 제논과 그의 제자들이 소크라테스의 철학 안에 내재된 회의주의적인 요소를 인식하지 못했을 뿐만 아니라, 오히려 유물론적 독단주의를 강조함으로써 그의 철학을 심각하게 왜곡시켰다고 비판했다. 이렇게 해서 소크라테스 철학 계승의 주도권을 놓고 200여 년에 걸친 기나긴 논쟁이 시작되었다.

제논의 유물론적 독단주의와 아르케실라오스의 회의주의는 어떤 점에서 차이가 날까? 먼저 제논의 스토아 철학은 소크라테스의 도덕철학을 강조했다. 즉 소크라테스가 강조했던 덕과 행복이 주된 탐구 대상이었다. 이런 윤리학적 개념과 함께, 그는 논박 불가능한 확실한 지식이라는 인식론적 개념도 강조했다. 그런데 그는 이러한 것들이 모두 경험저이고 물질적이라고 언급했다. 영혼도 예외는 아니었다. 하지만 아르케실라오스는 제논의 이러한 유물론적 설명을 거부했다. 그가 보기에 소크라테스나 플라톤의 철학은 유물론이 아니었기 때문이다.

아르케실라오스에게는 제논의 인식론도 비판 대상이었다. 키케로에 따르면 제논의 인식론은 '표상'과 '동의' 그리고 '파악표상'[33]과 '학적 지식'이라는 개념으로 구성됐다.[34] 이 네 가지 중에서 가장 중요한 개념은 파악표상이다. 파악표상만이 지식을 가능케 해주기 때문이다. 그럼 인식은 어떻게 이루어지는가? 먼저 인간의 영혼은 감각을 통해 외부 대상을 파악하고자 한다. 이 과정에서 외부 대상에 대한 '표상phantasia'이 발생한다. 이러한 표상에 이상이 없다고 확인되면 그 표상은 참된 것이라는 승인을 받게 되는데, 이것이 바로 '동의synkatathesis'(승인)의 과정이다. 동의를 받은 표상은 파악표상의 자격을 가지게 된다. 이러한 파악표상은 일체의 오류로부터 벗어난 참되고 자기보증적인 지식의 자격을 갖는다. 즉 파악표상이 지식의 기준이 되는 것이다. 그다음 이러한 파악표상에 기반해 '학적 지식'이 구성된다.[35] 세상의 모든 학문에서 논의되는 것들은 모두 이 학적 지식에 근거하는 것이다. 이처럼 제논은 표상과 동의 그리고 파악표상과 학적 지식이라는 네 가지 개념으로 인식론의 전 과정을 설명했다.[36]

하지만 아르케실라오스는 제논의 이러한 인식론에 부정적이었다. 그의 인식론이 독단주의에 기반해 있다고 판단했기 때문이다.[37] 제논의 인식론에서 가장 큰 문제점은 '표상은 파악 가능하다'는 그의 전제였다. 아르케실라오스가 보기에 표상은 우연적이고 불확실한데도 불구하고, 제논은 표상을 '파악 가능한 것' 내지는 '필연적으로 인식 가능한 것'으로 판단했다. 사실 현실 속에서 파악표상과 파악표상이 아닌 것을 완벽하게 구별해내는 일은 불가능에 가깝다. 우리의 인식은 다양한 형태의 '속임수'와 '착각'에 노출되어 있고, 참된 표상으로 간주되는 것들에는 항상 거짓된 표상이 병행하여 존재하기 때문이다.[38] 이런 점에서 제논의 인식론은 현실성을 결여하고 있다고 볼 수 있다.

아르케실라오스는 '광기 있는 사람'이나 '잠자는 사람' 그리고 '술 취한 사람' 등과 연관된 거짓된 표상들의 사례를 들어, 제논의 인식론을 비판하기도 했다.[39] 그리스 신화에서 헤라클레스Herakles는 광기에 빠져 자신의 부인과 자식을 살해했다. 그가 자신의 가족을 죽일 때, 그들은 그에게 가족이 아니라 철천지원수처럼 표상됐다. 잘못된 표상들에 의한 착각이었던 것이다. 에우리피데스Euripides는 비극 작품인 《헤라클레스》에서 이 이야기를 전한다. 여기에서 헤라클레스는 헤라가 불어넣은 광기로 인해 자기 자식들을 에우리스테우스Eurystheus의 자식으로 착각해 죽이고, 그의 부인 메가라마저 죽이는 만행을 저지르고 만다. 설상가상으로 자기 아버지인 암피트리온Amphitryon마저 죽이려 했으나, 불행 중 다행으로 아버지는 목숨을 구했다.[40] 이 작품 988~1005행에서는 이렇게 노래한다.

"아빠, 저를 죽이지 마세요. 저는 아빠 아들이에요.
아빠가 죽이려는 것은 에우리스테우스의 아들이 아녜요."
그러나 헤라클레스님은 고르고처럼 사납게 눈을 부라리셨어요.
그리고 치명적인 활을 쏘기에는 아들이 너무 가까워,
그분은 발갛게 단 무쇠를 망치질하는 대장장이처럼 몽둥이로
아들의 금발머리를 내리쳐 두개골을 박살내셨어요.

둘째 아들까지 죽인 헤라클레스님은

두 제물에 세 번째 제물을 보태러 가셨어요.

그러나 한발 앞서 가련한 어머니가 아이를 몰래

방으로 데리고 들어간 뒤 문들을 잠가버렸어요.

그래서 그분은 키클롭스들이 쌓은 성벽 앞에 서 있는 양,

문짝들 밑을 파고는 지레로 들어 올려 문설주들을

뜯어내시더니 화살 하나로 아내와 아들들을 쓰러뜨리셨어요.

그러고 나서 그분은 노인을 죽이려고 덤벼드셨어요.

그러자 갑자기 어떤 환영이

ㅡ우리가 보기에는 팔라스 같았는데ㅡ

투구의 깃털 위로 창을 휘두르며 나타나

헤라클레스님의 가슴에 돌덩이를 던지니,

그 돌덩이가 피에 굶주린 광기를 제지하며

그분을 잠들게 했어요.[41]

사실 잠자는 사람들도 거짓된 표상을 가질 수 있다. 예를 들어 로마 시인 엔니우스Quintus Ennius의 《연대기Annales》에서 갈바Servius Galba라는 사람은 꿈에서 시인 호메로스를 만난다. 그리고 엔니우스의 《에피카르무스Epicharmus》에서 시인은 꿈에서 자신이 죽었던 기억을 수상쩍게 회상하기도 한다.[42] 이처럼 우리의 인식에는 비정상적인 상태에서 발생된 잘못된 표상들이 참된 표상들과 구분되지 않은 채 뒤섞여 존재하고 있다. 이런 점에서 볼 때 파악표상만을 진리의 원천으로 간주하는 제논의 인식론에는 문제가 많다.

그런데 정상적인 상태에서 발생된 표상에도 문제는 발생한다. 그중에도 '파악표상이 아닌 것들', 즉 '거짓된 표상들'이 존재하기 때문이다.[43] 우리는 그것을 '쌍둥이'나 '달걀' 그리고 '도장 자국'과 같은 사례들을 통해서 확인할 수 있다. 가령 쌍둥이 A와 쌍둥이 B가 있다고 가정해보자. 두 사람은 너무나 닮아서, 그들을 보았던 사람은 모두 동일한 표상을 획득할 것이다. 만약 제3자가 그들의 차이점을 찾아내려고 노력해도 쉽게 포착되지 않을 것이다. 서로 닮은 달걀이나, 반지도장에 의해서 찍힌 도장 자국들도 마찬가지일 것이다. 즉 비슷해 보이는 것들은 분명 서로 다르지만, 그것들이 가진 차이점이 우리에게 판명하게 드러나지 않는다. 이처럼 우리의 인식은 파악표상, 즉 참된 표상이 아닌 거짓된 표상에 의해서도 쉽게 지배를 받을 수 있다.

피론주의자 섹스투스도 스토아 학파의 감각적 인식론이 가진 문제점을 잘 알고 있었다. 그래서 그는 개별적 대상에 대한 표상의 문제에 있어, 스토아적인 '동의'보다는 아르케실라오스의 '판단유보'가 더 우월하다며 이렇게 옹호했다.

> 한편 아르케실라오스는 개별적 대상에 관한 판단유보는 좋은 반면, 각각에 대한 동의는 나쁘다고 말했다. 하지만 우리는 다음과 같은 점을 지적할 수 있다. 우리는 우리에게 분명히 보이는 현상에 따라서, 확언하지 않으면서 위와 같은 것들을 진술하는 반면, 아르케실라오스는 사물의 본성과 관련해서 위와 같은 내용을 주장하며, 이런 이유로 판단유보가 그 자체 좋은 것인 반면 (불분명한 대상에 대한) 동의는 나쁜 것이라고 말했다.[44]

결과적으로 스토아 학파의 감각적 인식론에는 표상들 간의 '불구별성'이라는 치명적인 문제가 있었다. 즉 참된 표상과 거짓된 표상, 또는 파악표상과 비파악표상 간의 구별이 모호하다는 한계를 지녔던 것이다. 물론 스토아 학파의 입장에서도 반론은 가능했다. 반론 과정에서 그들이 사용했던 원리는 '구별 불가능한 것들의 동일성 원리the principle of the identity of indiscernibles'였다.[45] 이 원리는 세상에 존재하는 모든 판명한 실재들은 원리적으로 식별이 가능하다는 것을 내세웠다. 스토아 학파는 존재하는 모든 것은 자신만의 고유한 속성을 가지고 있기에, 유사하게 보이는 것들도 실제로는 동일하지 않다고 강조했다.

그런데 구별 불가능한 것들의 동일성 원리는 파악표상과 연관된 문제에도 적용 가능했다. 광기 어린 사람이나 잠자는 사람처럼 비정상적인 상태에 있는 사람들의 표상은 구별 불가능한 것으로 간주되지 않았다. 그리고 정상적인 상태에서 유사하게 보이는 표상들도 사실은 동일하지 않기에 구별 불가능한 것으로 간주되지 않았다. 그럼 제논의 이론 체계에서 그러한 것들을 판명하게 구별할 수 있는 능력은 어디에서 찾을 수 있는가? 제논은 그것을 '현자의 존재'에서 찾았다. 제논에게 현자는 '확실한 지식'을 소유한 탁월한 존재자였다. 즉 현자는 보통 사람이 파악할 수 없는 '동일하게 보이는 것들의 차이점'을 명확히 구분해내는 능력을 지닌 존재다. 또한 현자는 항상 최상의 정신 상태를 유지하고 있기에, 거짓된 표상으로부터 참된 파악표상을 구별해낼 수 있다. 이처럼 제논은 현자를 내세워 스토아 학파의 인식론을 옹호했다.[46]

하지만 아카데미 학파는 제논의 현자 개념에 대해 심각한 의문을 제기했다. 그들은 스토아 학파가 파악표상을 획득하는 문제에 있어 현자의 탁월성을 강조한다고 할지라도, 여전히 거짓된 표상의 문제가 미해결 상태로 남는다고 강조했다. 즉 아카데미 학파는 거짓된 표상이 참된 표상 옆에 병행하여 존재할 수 있다고 지적했던 것이다.

스토아 학파의 현자 개념에는 또 다른 문제도 있었다.[47] 아르케실라오스는 아무리 현자라도 그 역시 인간이며, 인간이 지닌 인식론적 한계로부터 자유로울 수 없다고 분명히 했다. 나아가 현자가 불완전한 존재라면, 즉 현자 역시 파악표상에 대한 완벽한 지식을 소유한 존재가 아니라면, 회의주의자들의 충고대로 모든 대상의 표상에 대한 판단을 유보하는 편이 합리적일 것이다.[48] 이처럼 아르케실라오스는 현자 개념에 대한 비판을 통해 판단유보의 원리에 도달했다. 물론 이에 대한 스토아 학파의 반론도 있을 수 있다. 만약 현자의 인식 능력이 항상 최고 상태로 유지될 수 있다면, 그리하여 신적인 단계에 도달할 수 있다면, 스토아 학파의 설명은 설득력이 있을 것이다. 하지만 그러한 경우는 현실적으로 불가능하므로, 스토아 학파의 현자 개념은 한계를 가질 수밖에 없다. 오히려 논의의 결과 유의미하게 남는 것은 회의주의자들의 판단유보 원리일 것이다.[49]

스토아 학파의 인식론에 대한 아카데미 학파의 비판은 성공적이었다. 시종일관 아르케실라오스는 스토아 학파의 파악표상 개념이 지식 탐구의 준거가 되기에는 불충분하다는 점을 드러냈고, 파악표상에 대한 지식을 소유하고 있다고 간주되는 현자의 인식론적 한계를 노출시켰다. 그 결과 아카데미 학파는 스토아 학파의 독단주의를 성공적으로 견제하면서, 자신들의 회의주의를 전개할 수 있었다.

이성적인 확신 없이도 행동할 수 있는 근거   ●

'행위 불가apraxia' 논증이란 아카데미 회의주의자들처럼 대상에 대한 판단을 유보하게 되면 삶에서 어떠한 행위도 할 수 없다는 논증이다.[50] 독단주의자들이 판단유보를 강조하는 회의주의자들을 비판할 때 사용했던 논증으로, 서구 회의주의 철학사에서는 스토아 학파가 아카데미 학파를 비판할 때 처음 사용됐다. 스토아 학파의 이러한 공격에 아카데미 학파도 적극적으로 대응했다. 그 중심에는 아르케실라오스가 있었다. 그는 행위 불가 논증에 맞서, 회의주의적 원리에 근거하더라도 일상적인 행위와 실천이 가능하다는 것을 보여주고자 했다. 즉 그는 회의주의자들이 판단유보의 원리에 입각하더라도, 일반인처럼 일상적인 삶을 영위하고 행복한 삶을 누릴 수 있다는 것을 보여주고자 했다.

어떻게 보면 아르케실라오스는 스토아 학파의 반격에 대응하지 않을 수도 있었다. 그렇게 했다면 그는 자신의 판단유보 원리를 더 일관되게 밀고 나갈 수도 있었다. 하지만 그는 그렇게 하지 않았다. 스토아 학파의 행위 불가 논증을 무시해버린다면, 스토아 학파와의 논쟁에서 자신의 아카데미 학파가 열등한 위치에 서게 될 것이고, 그러면 아카데미의 제자들에게 큰 실망감을 안겨줄 수 있다고 생각했기 때문이다.[51]

그럼 아르케실라오스는 행위 불가 논증에 맞서 어떠한 답변을 제시했는가? 그가 내놓은 답변은 '합리적이라고 간주되는 감각표상to eulogon'이었다.[52] 이 개념에 근거해 그는 인간의 행위 가능성을 설명했다. 그럼 합리적이라고 간주되는 감각표상이 어떻게 행위 가능성의 근거가 될 수 있을까? 이것을 설명하기에 앞서, 우리는 스토아 학파에서는 인간 행위의 가능성을 어떻게 설명하고 있는지부터 살펴봐야 한다.

스토아 학파는 인간 행위를 설명할 때 '표상'과 '충동' 그리고 '동의'라는 세 가지 개념을 언급한다.[53] 여기서 '표상'은 인식주체인 영혼이 감각 지각을 매개로 하여 대상을 반영하는 일차적인 움직임이고, '충동'은 영혼이 표상을 받아들이도록 강제하는 일종의 자극이며, '동의'는 영혼이 표상을 평가하고 수용하는 일련의 활동이다. 이 세 가지 개념 가운데 가장 중요하게 여겨진 것은 동의였다. 그것이 없으면 인간 행위는 설명될 수 없기 때문이다.

인간 행위와 연관된 예를 하나 들어보자. 만약 어떤 사람이 아주 쓴 약을 먹는다고 가정해보자. 이 경우 우리는 그가 그 약을 먹고 싶어 하는 욕망이 있다고 볼 수 있다. 그는 그 쓴 약이 자신의 몸을 건강하게 해주리라는 데 동의했을 것이다. 만약 그것에 동의하지 않았다면, 그는 그 약을 먹지 않을 것이다. 이처럼 스토아 학파에게 동의는 인간 행위를 설명하는 가장 중요한 요소였다.

하지만 아르케실라오스는 스토아 학파의 행위 이론, 특히 동의 개념을 비판적으로 조망했다. 그가 보기에 스토아적인 동의 개념은 인간의 행위 가능성을 설명하는 데 필수적이지 않았다.[54] 그럼 아르케실라오스는 행위 가능성을 어떻게 설명했을까? 그는 스토아적인 동의 개념을 배제한 채, 오직 인상과 충동만으로 인간 행위의 문제를 설명하고자 했다. 다음은 아르케실라오스의 행위 가능성에 대한 플루타르코스Plutarchos의 증언이다.

모든 것에 대해 동의를 유보하는 것은, 그것에 대항하여 자세하게 논의하거나 긴 논증을 작성한 사람들에 의해서도 전혀 흔들리지 않았다. 하지만 스토아 학파의 간점에서 그깃(판단유보)을 고르곤Gorgon과 같은 '행위 불가'와 최종적으로 맞서게 하면서, 그 논증들은 잊혀갔다. 왜냐하면 그들이 모든 것을 시도하고 그 것에 반대했음에도 불구하고, 충동이 동의로 바뀌는 것은 거부됐으며, 국면을 전환시키는 것으로서 감각도 받아들여지지 않았기 때문이다. …

영혼은 세 개의 움직임을 가지고 있는데, 그것은 '표상'과 '충동' 그리고 '동의' 다. (이 세 가지 가운데서) 감각의 움직임은, 설사 우리가 원한다 할지라도 제거할 수 없다. 오히려 사물과 접촉할 때마다, 우리는 표상을 얻게 되고 그것들에 의해서 영향을 받는다. 충동의 움직임은, 그것이 표상에 의해 야기될 때 사람을 적절한 대상에 대해 적극적으로 움직이게 한다. 왜냐하면 저울추가 한쪽으로 기우는 일이나 경향성은 지배적인 능력 안에서 일어나기 때문이다. 그래서 모든 것에 대해서 판단을 유보하는 사람은 이러한 움직임을 제거하지 않고, 오히려 자연스럽게 적절한 것으로 보이는 것들에게로 우리를 이끄는 충동을 이용한다. …

행위는 두 가지를 필요로 한다. 적절한 것에 대한 표상과 현상되는 적절한 대상에 대한 충동이다. 이것들 중 어떠한 것도 판단유보와 충돌하지 않는다. 왜냐하면 논증은 우리를 억견에서 멀리하게 하지만, 표상이나 충동으로부터는 그렇게 하지 않기 때문이다. 그러므로 적절한 어떤 것이 현상될 때마다, 억견이 우리를 그쪽으로 움직여 나아가게 하는 데 요구되지는 않는다. (사실) 충동은 영혼의 과정이자 움직임이기에 직접적으로 일어난다.[55]

플루타르코스가 전해주었던 아르케실라오스의 행위 이론은, 인간의 행위 가능성을 외적 자극에 대한 내적 반응이라는 단순한 과정으로 설명했다. 또한 그는 동물의 행위 과정 역시 인간과 동일한 과정, 즉 외적 자극에 대한 내적 반응으로 설명했다.[56] 즉 행위는 대상에서 파생된 표상에 의해 충동적으로 발생한다고 파악했던 것이다.

일찍이 키케로는 동물이 '자신에게 속하는 것oikeion'으로 나타나는 것에 대한 충동에 실패할 리 없듯이, 인간의 마음도 그것이 보여주는 명료한 것을 승인하는 데 실패할 리 없다고 말했다.[57] 그런데 이 말은 아르케실라오스의 행위 이론을 정확하게 대변해주기도 한다. 어쨌든 아르케실라오스와 키케로는 스토아 학파에서 강조됐던 인식론적 개념들인 동의와 파악표상을 비판하면서, 자신의 행위 이론을 전개했다.[58]

물론 스토아 학파의 생각은 달랐다. 그들은 훌륭한 삶이란 파악표상에 대한 확실한 지식에 근거해 있으며, 그런 지식을 소유한 현자만이 '올바른 행위katorthōma'를 할 수 있다고 주장했다.[59] 나아가 그들은 인간의 인식론적 과정이 동물의 인식론적 과정과 다르며, 인간의 행위 과정 역시 동물의 행위 과정과 다르다고 강조했다. 그리고 만약 인간에게 이러한 인식론적 차원과 행위 가능성이 존재하지 않는다면, 인간의 삶도 동물의 삶과 별반 다르지 않게 된다고 보았다.

이에 대해 아르케실라오스는 강하게 반발했다. 만약 확실한 지식의 획득이 불가능하고 그 지식을 획득한 현자 또한 존재하지 않는다면, 스토아 학파에서 강조했던 올바른 행위도 그 의미를 상실해버리고 말 것이다. 또한 확실한 지식의 소유자인 현자에 의해 이루어지는 '올바른 행위'와 일반인에 의해 이루어지는 '적절한 행위kathēkon'를 구분해주는 제3의 기준이 존재하지 않는다면,[60] 두 가지 행위는 동일하다고 간주될 것이다. 이처럼 아르케실라오스는 스토아 학파의 인식론과 인간 행위 이론에 맞서, 그들의 모순점을 노출시켰다.[61]

주지하다시피 아르케실라오스는 인간 행위의 실천적인 기준으로 '합리적이라고 간주되는 감각표상'을 세시했다. 이는 파악표상을 전제로 한 스토아 학파의 인식론적 정당화와는 다른 개념이었다. 즉 그것은 스토아적인 동의나 파악표상과 같은 독단적인 개념을 전제하지 않는 상태에서 이루어지는 합리적 정당화, 다시 말해 회의주의적 차원에서의 합리적 정당화였다.[62]

물론 스토아 학파의 인식론과 행위 이론이 가지는 장점도 있다. 그리고 스토아 학파의 파악표상과 동의 개념에서 확실한 지식과 올바른 행위의 가능성을 모색했던 철학자들도 있을 수 있다. 하지만 파악표상과 동의를 전제했던 그들의 인식론과 실천철학에는 두 가지 차원에서 심각한 문제점이 있었다. 즉 인식론적 차원에서는 독단주의라는 문제점이, 실천철학적인 차원에서는 변화의 과정 중에 있는 실재를 충분히 설명하지 못한다는 문제점이 있었다. 이로 인해 스토아 학파는 아르케실라오스를 비롯한 회의주의자들의 비판에 시달릴 수밖에 없었다.

아르케실라오스는 이런 문제점들로부터 자유로울 수 있었다. 그는 회의주의적 차원에서의 합리적 정당화를 가설적인 것으로 이해했기 때문이다.[63] 즉 인간은 누구나 삶의 현장에서 잠정적인 가설을 수립할 수 있고, 또한 그 가설에 따라 행동할 수 있다는 것이다. 아르케실라오스의 이러한 가설 개념은 조건과 상황에 따라 항상 변화 가능한 설명의 장치였다. 즉 확실성에 기반을 둔 불변적인 이론 체계가 아니었다. 이런 점에서 아르케실라오스의 합리적 정당화는 정태적인 이론 체계가 아니라 동태적인 가설 개념이라고 평가할 수 있다.

그런데 아르케실라오스는 피론의 회의주의에 대해서도 비판적이었다. 사실 그에게 합리적이라고 간주되는 감각표상은 일상적인 삶이나 인간 행위에 적절한 설명을 제공해주는 유의미한 장치였다. 그런데 이 개념에 근거해서 볼 때, 피론의 회의주의는 일상적인 삶이나 인간 행위를 설명하는 데 많은 한계를 가지고 있었다. 물론 피론이 죽고 4~5세기가 지난 이후에 등장한 세련된 피론주의자였던 섹스투스는 이에 대한 유의미한 설명을 제공했지만, 피론 자신에게는 그러한 설명이 결여되어 있었다. 즉 섹스투스는 인간 실천을 가능하게 하는 네 가지 길로 '자연의 인도, 느낌의 필연적 요구, 법률과 관습의 전통, 전문기술 교육'을 제시했지만,[64] 피론에게서는 그러한 설명이 부재했던 것이다. 전해져 오는 일화 중에서 '피론의 마차 이야기'는 피론이 얼마나 행위나 실천의 문제에 취약했는지를 잘 보여준다. 어느 날 길을 가던 피론이 갑자기 자신을 향해 달려오는 마차와 부딪힐 뻔했다. 위험천만한 상황 속에서도 그는 전혀 마음의 동요를 일으키지 않고 그저 묵묵히 길을 걸어갔다고 한다. 그 장면을 지켜보던 그의 제자들이 보다 못해 그를 구해주었다. 물론 그의 이러한 행동은 외부 대상에 대한 일체의 판단을 유보해야 한다는 회의주의적 입장에서 보자면 일관될지 모르지만, 일반인의 관점에서 보자면 우매하기 짝이 없다. 온건한 회의주의를 지향했던 아르케실라오스는 피론의 그러한 모습에서 피론주의의 한계를 목격했고, 그와는 다른 아카데미 회의주의를 정립하고자 했던 것이다.[65]

아르케실라오스의 회의주의에서 빼놓을 수 없는 개념으로 '자연적인 것'이 있다. 그는 스승 폴레몬의 영향하에 자연적인 삶에서 '최상의 선'을 찾고자 노력했다.[66] 그는 '자연적인 질서' 자체가 최고의 가치이며, 인간은 그때그때 맡겨진 역할을 파악하여 수행하면 행복을 성취할 수 있다고 주장하면서,[67] 합리적이라고 간주되는 감각표상과 그것에 근거한 인간 행위 모두 자연적인 것이라고 강조했다. 아르케실라오스의 사상적 계승자였던 아카데미의 7대 원장 카르네아데스 역시 스승의 사유를 좇아, 최고의 선은 '자연적으로 처음 존재하는 것들과의 친교' 속에 있다고 말했는데, 이 역시 자연적인 삶에서 최상의 선을 발견하고자 했던 아르케실라오스의 생각을 재확인했던 것이다.[68] 이처럼 아르케실라오스는 인식론과 실천철학에 연관된 문제를 자연적인 것에 근거해서 설명하고자 했다.[69]

아르케실라오스는 회의주의적 관점에서 행복론이 어떻게 가능하지를 보여주었다. 스토아 학파도 행복론이 있었지만, 현자만이 행복할 수 있다는 엘리트 중심적인 행복론이었다. 하지만 아르케실라오스는 합리적이라고 간주되는 감각표상에 근거하면 누구든지 행복한 삶을 살 수 있다는 보편적 행복론을 주장했다. 즉 그는 대상에 대한 판단을 유보한 채, 감각표상에 따라 자연적인 삶을 살다 보면 누구든지 행복한 삶을 살 수 있다고 생각했던 것이다.[70] 이처럼 아르케실라오스는 행복에 대한 보편적 이해를 제공함으로써, 헬레니즘 시기 행복론에 대한 논의를 풍부하게 했다.[71]

> 아르케실라오스는 모든 것에 대해 판단유보를 하는 자는 '합리적이라고 간주되는 감각표상'에 의해 어떤 것을 선택하고 회피하며 행동 일반을 다스릴 것이라고 말한다. 그리고 행복은 신중함을 통해서 얻어지고, 신중함은 바른 행동을 낳으며, 바른 행동은 그 내용이 무엇이든지 간에 한 번 행해짐으로써 합리적인 정당화를 얻게 될 것이라고 말한다. 그러므로 그러한 합리적인 것으로 간주되는 표상을 획득한 사람은 올바르게 행동하고 행복해진다.[72]

정리하자면 아르케실라오스는 스토아 학파에 의해서 제기됐던 행위 불가능성의 문제에 대한 답변으로 합리적이라고 간주되는 감각표상에 근거한 실천의 가능성을 모색했다. 스토아 학파의 철학자들은 '파악표상'과 같은 확실한 지식에 근거해 행위 가능성을 설명했지만, 아르케실라오스는 '감각표상'에 의한 실천의 가능성을 보여줌으로써, 회의주의적 원리를 지키면서도 인간 행위의 문제를 설명할 수 있는 길을 확보했다. 그 결과 아르케실라오스는 판단유보의 원리만을 고수했던 피론의 회의주의보다 더 설득력 있는 아카데미 회의주의를 선보일 수 있었다.

평범한 사람들도 행복할 수 있는 길 ●

아르케실라오스의 회의주의는 소크라테스의 비판철학을 충실히 계승한 플라톤 아카데미의 공식적인 철학이었음에도 불구하고, 그동안 서구 철학사에서는 소크라테스와 플라톤의 철학을 왜곡시켰다는 각종 비판에 노출돼 있었다. 하지만 아르케실라오스의 회의주의는 독단적인 스토아 철학과 극단적인 피론 철학을 비판하면서 정립된 새로운 형태의 회의주의 철학이었다. 이런 점에서 그의 철학은 마음의 평안과 자유를 추구했던 헬레니즘 철학의 정신을 충실하게 구현했다고 할 수 있다. 특히 그를 포함한 아카데미 회의주의자들은 인간 불행의 원인이 독단에 있음을 파악하고 비판함으로써, 인간에게 필요한 마음의 평안과 행복을 제공해주고자 했다.

앞에서 언급했다시피 스토아 학파의 제논은 자신의 철학이 아르케실라오스보다 우월하다고 생각했다. 그에 따르면 진리의 기준은 파악표상이며, 오직 현자만이 파악표상을 획득할 수 있다. 즉 현자만이 최상의 정신 상태를 유지한 채 거짓된 표상들로부터 참된 표상을 구별해낼 수 있다는 것이었다. 또한 인간의 행위 가능성을 설명하면서 표상 및 충동과 함께 동의라는 개념을 특별히 강조함으로써, 행위 이론에 대한 체계적 설명을 가능하게 했다.

하지만 아르케실라오스는 스토아 학파의 제논의 설명이 지닌 문제점을 정확히 꿰뚫어보고, 그것을 비판적으로 조망했다. 먼저 그는 파악표상이 진리의 기준이 될 수 없음을 분명히 했다. 왜냐하면 파악표상에도 다양한 속임수와 착각이 수반되고, 참된 표상으로 간주되는 것들에는 항상 거짓된 표상이 병행하여 존재하기 때문이다. 그 결과 파악표상에 대한 독점적 지배권을 갖는다고 여겨지던 현자 역시 실제로는 억견을 소유한 평범한 존재이며, 따라서 그 역시 일반인과 마찬가지로 대상에 대한 일체의 판단을 유보해야만 한다는 것이 드러났다. 나아가 행복은 일상적인 삶 속에서 손쉽게 획득할 수 있는 자연적인 것이고, 자연적인 것으로서 인간 행복은 자극과 반응이라는 단순한 패턴으로 설명할 수 있었다. 이후 아카데미 회의주의는 아르케실라오스의 이러한 이론에 힘입어 200여 년이나 존속할 수 있었다.[73] 줄스 에반스^Jules Evans는 아카데미 회의주의를 포함한 고대 회의주의의 철학적 의미를 이렇게 언급했다.

고대 회의론자들은 고통스러운 감정을 유발하는 주된 원인이 바로 이런 독단이라고 주장했다. 인간은 너무 성급하게 결론으로 나아가고 자신의 믿음을 과신하기 때문에, 지나치게 우울해지거나 즐거워하게 된다는 얘기다. 인간은 신이 인간의 편이며 아무것도 잘못되지 않을 거라고 확신하거나, 반대로 우주는 인간에게 등을 돌리고 있으며 아무 일도 제대로 되지 않을 거라고 생각한다. 신이 인간사에 개입한다고 믿지 않는 에피쿠로스 신봉자라 할지라도, 그 역시 즐거움이 좋은 거라고 독단적으로 주장하며, 괴로움을 겪을 때는 우울해진다.[74]

2장

카르네아데스

'부정적 독단주의자'로 취급된 회의주의자 ●

헬레니즘 시기 서구 철학계는 논전의 시대였다. 그 가운데에서도 단연 으뜸은 아카데미 학파와 스토아 학파의 논전이었다. 그들의 논전은 200년간이나 지속됐다. 이 논전에 제일 먼저 불을 붙였던 이는 제논이었다. 사실 그는 처음에는 아카데미 학파의 일원이었으나, 아르케실라오스의 회의주의에 반기를 든 이후, 새로운 철학을 모색하다가 스토아 학파를 만들게 됐다. 그 역시 아르케실라오스처럼 자기 철학의 근거를 소크라테스에게서 찾았는데, 그의 이러한 태도로 인해 아카데미 학파와는 원수지간이 됐다. 아카데미 학파와 스토아 학파 간의 논전은 소크라테스 철학 계승의 주도권을 놓고 벌어진 철학 전쟁이었다.[1]

아카데미 원장이자 중기 아카데미 학파의 설립자였던 아르케실라오스는 제논의 도전을 심각하게 받아들였다. 그 또한 자신이 소크라테스와 플라톤 철학의 전통을 계승한 진정한 후계자라고 생각했기 때문이다. 그렇지만 두 학파 간의 본격적인 논전은 그들의 제자에 의해서 이루어졌다. 아르케실라오스의 제자였던 카르네아데스와, 제논의 제자였던 크리시포스가 그 주인공이다.

크리시포스가 아르케실라오스의 회의주의를 비판하자, 카르네아데스는 곧바로 크리시포스의 독단주의를 비판했다. 그런데 카르네아데스는 크리시포스와 논전하면서, 아르케실라오스와는 다른 형태의 아카데미 회의주의를 새롭게 구성했다.[2] 회의주의 철학사에서 '신아카데미the New Academy 학파의 회의주의'라 불리는 이 새로운 철학으로 인해 아카데미 회의주의는 전성기를 누리게 됐다.

카르네아데스는 크리시포스의 비판을 재비판하는 과정에서, 스승 아르케실라오스의 회의주의에서 부족했던 부분들을 알게 됐고 그것을 보완했다. 특히 그는 인식론과 실천철학 양 측면에서 아카데미 회의주의를 한 차원 높게 향상시켰는데, 그의 이러한 노력으로 인해 아카데미 회의주의는 스토아 학파의 독단주의를 능가하는 강력한 철학으로 부상했다.

하지만 카르네아데스의 이러한 업적에도 불구하고, 서구 철학사에서 그에 대한 평가는 부정적이다. 여기에는 피론주의의 완성자로서 아카데미 회의주의에 부정적이었던 섹스투스의 해석이 자리를 잡고 있다. 섹스투스는 카르네아데스를 고대 회의주의의 참된 정신을 망각한 철학자로 규정했다. 그런데 카르네아데스에 대한 섹스투스의 평가는 과연 정당한 것일까? 섹스투스는 어떤 논리에 근거해 그러한 비판을 한 것일까?

섹스투스에 따르면 서구 철학사에 존재하는 모든 철학자는 세 가지 범주 중 하나에 속했다.[3] 첫 번째는 '긍정적 독단주의자 dogmatikoi'이고, 두 번째는 '부정적 독단주의자'이며,[4] 마지막 세 번째는 '진정한 회의주의자'이다. 섹스투스 자신은 세 번째 범주인 진정한 회의주의자에 속하지만, 자신이 비판하고 있는 카르네아데스는 두 번째 범주인 부정적 독단주의자에 속한다고 했다.[5] 섹스투스에게 카르네아데스는 회의주의자가 아닌 독단주의자의 범주에 속하는 철학자였다.

계속해서 섹스투스는 이 세 가지 범주에 어떤 철학자가 속하는지 언급했다. 먼저 첫 번째 범주인 긍정적 독단주의자는 이미 '진리 to alēthes를 발견했다'고 주장하면서 진리 탐구의 길을 포기한 사람들이었다. 스토아 학파와 아리스토텔레스 그리고 에피쿠로스의 추종자들이 이런 부류에 속했다. 두 번째 범주인 부정적 독단주의자는 '진리는 발견될 수 없다'고, 즉 진리는 '인식 가능하지 않다'고 주장하면서, 마찬가지로 진리 탐구의 길을 포기한 사람들이었다. 아르케실라오스와 카르네아데스 같은 아카데미 학파의 철학자들이 이런 부류에 속했다. 마지막으로 세 번째 범주인 진정한 회의주의자는 긍정적이든 부정적이든 모든 형태의 독단주의를 배격하면서 '계속 탐구를 진행하는 사람들'로, 이러한 부류에는 섹스투스 자신을 비롯해 피론 학파 대부분의 철학자들이 속했다. 이처럼 섹스투스는 자신이 속한 피론 학파만이 진정한 회의주의를 탐구하고 있다고 강조하면서, 카르네아데스를 비롯한 아카데미 회의주의자들을 독단주의자라고 비판했다.[6]

카르네아데스는 아르케실라오스의 회의주의를 수용해 변형시키는 과정에서 '진리의 개연성'이란 개념을 도입했다. 즉 어떤 감각표상은 개연적이시만 다른 감각표상은 개연적이지 않다는 것이다.[7] 하지만 카르네아데스의 이러한 언급은 피론주의자 섹스투스의 강한 반발을 불러일으켰다.

카르네아데스는 '진리의 개연성' 개념을 통해 아카데미 회의주의의 외연을 넓힐 수 있다고 생각했다.[8] 하지만 섹스투스는 그것이 회의주의의 제 1원리인 판단유보를 훼손시킬 수 있는 위험한 개념이라고 생각했다. 그래서 그는 진리의 개연성 개념이 배제된 상태에서 인간 행위를 설명함으로써, 카르네아데스가 지닌 진리 개념의 한계를 보여주고자 했다.

> 우리는 우리가 주장하는 바가 개연적이라고 생각하면서 말하는 것이 아니며, 단지 우리는 아무런 행동도 하지 않게 되는 일을 피하기 위해서, 독단적 믿음을 가지지 않은 채adoxastos 일상적 삶에 따른다.[9]

섹스투스는 신념이나 이론과 연관된 일체의 독단을 배제한 채, 어떤 것을 집착 없이 그저 수동적으로 용인하면 일상적인 삶이나 인간 행위가 가능하다고 생각했다.[10] 그는 카르네아데스처럼 개연적인 지식에 근거해서 일상적 삶이나 인간 행위를 설명하는 것을 거부했다. 만약 카르네아데스처럼 삶의 행위 가능성을 설명하기 위해 개연적인 지식을 상정한다면, 그것은 회의주의의 기본 정신이나 원리에 위배된다고 판단했기 때문이다.[11] 그래서 섹스투스는 고대 회의주의자의 계보에서 카르네아데스를 배제하고자 했다.

그런데 카르네아데스에 대한 섹스투스의 이러한 비판은 과연 정당할까? 결론적으로 말하자면 그의 비판에는 많은 문제가 있었다. 그것에 대한 본격적인 논의에 들어가기에 앞서, 우리는 아르케실라오스에 대한 섹스투스의 비판을 살펴봐야 한다.

섹스투스는 카르네아데스와 달리 아르케실라오스에 대해서는 상당히 우호적으로 평가했다. 심지어 아르케실라오스에게는 피론의 이론과 공통되는 부분이 있으며, 그와 피론 학파의 가르침이 거의 일치한다는 칭찬까지 했다.[12] 하지만 그는 끝까지 아르케실라오스를 칭찬하진 않았다. 그가 보기에 아르케실라오스도 카르네아데스와 같은 부정적 독단주의자였기 때문이다.[13] 이런 부정적인 평가에도 불구하고, 그가 카르네아데스보다 아르케실라오스를 선호했던 이유는 아르케실라오스가 회의주의의 제1원리인 '판단유보의 원리'를 시종일관 견지했다는 데서 찾을 수 있다.[14] 섹스투스에게는 판단유보의 원리를 견지하는지 여부가 참된 회의주의를 판가름하는 기준이었던 것이다.

이 지점에서 우리는 다시 한 번 의문을 제기할 수 있다. 카르네아데스에 대한 섹스투스의 평가는 과연 정당할까? 그의 비판에 어떤 편향성이 있지는 않을까? 이 장에서는 이러한 물음들에 답하면서, 그동안 서구 철학사에서 경시해왔던 카르네아데스의 회의주의를 긍정적으로 분석하고자 한다. 나아가 카르네아데스의 회의주의에 존재하는 고유한 의미를 드러내고자 한다.[15]

서로 반대되는 연설을 잇달아 행한 탁월한 연설가　●

소크라테스와 아르케실라오스처럼, 카르네아데스도 자신의 철학을 글로 남기지 않았다. 따라서 그에 대한 철학적 논의를 재구성하기 위해서는 그와 관련된 제반 문헌들에 의존할 수밖에 없다.[16] 이를 위해 우선적으로 섹스투스의 《피론주의 개요》와 《학자들에 반대하여》에 근거하여 그의 회의주의가 분석되어야 한다. 물론 그에 대한 섹스투스의 평가에는 많은 문제점이 있다. 그럼에도 그의 저작들에 담긴 카르네아데스 관련 정보들은 검토할 만한 가치가 있다. 이 장에서는 섹스투스의 문헌들을 비판적으로 분석하면서, 카르네아데스의 회의주의를 규명하고자 한다.

섹스투스의 문헌 이외에 참고해야 할 것으로는 키케로의 《신들의 본성에 관하여》와 《아카데미카》 그리고 라에르티오스의 《유명한 철학자들의 생애와 사상》 등이 있다. 이러한 문헌들에 대한 분석을 통해서, 우리는 카르네아데스의 회의주의에 대한 전체적인 그림을 제시할 수 있다.[17]

라에르티오스는 카르네아데스가 에피코모스Epicomos의 아들이거나 알렉산드로스의 《철학자들의 계보》에서 언급된 것처럼 필로코모스Philokomos의 아들이었으며, 키레네 사람이었다고 말한다.[18] 아폴로도로스Apollodoros의 《연대기Chronicle》에 따르면, 그는 85세까지 장수했으며 제162회 올림피아 시기의 네 번째 해에 사망했다고 전해진다.

카르네아데스는 스승이었던 아르케실라오스를 따라 어떠한 저작도 남기지 않았다.[19] 이는 소크라테스의 철학적 전통을 따랐던 결과였다. 소크라테스와 아르케실라오스를 따라, 그는 평생 진리를 추구했으며 동료들이 진리를 추구하는 것도 기꺼이 도왔다. 그 과정에서 그가 가장 심혈을 기울였던 것은 진리 추구에 방해가 되는 것들을 제거하는 일이었다.[20] 라에르티오스는 목숨을 걸고 진리 추구에 매진했던 카르네아데스를 이렇게 평가했다.

한편 그는 다른 누구보다도 부지런한 사람이었지만, 자연학 쪽으로는 성취가 덜하고, 윤리학 쪽에서 성취가 더했다. 때문에 그는 논구logos에 바빠 머리카락이 자라게 내버려 두고 손발톱을 길렀다. 한편 그는 철학에서 월등히 뛰어나 수사학자들마저도 자신의 강의를 접고 그에게 와서 강의를 들을 정도였다.[21]

키케로도 《신들의 본성에 관하여》에서 카르네아데스에 대해 '어떤 확실한 판단도 배제하는 회의주의의 방법을 제시한 철학자'이자, '소크라테스와 아르케실라오스의 뒤를 잇는 철학자'였다고 평가한다. 아울러 진리를 발견하고 싶어 하는 사람들이라면 반드시 통과해야 할 사람이 바로 카르네아데스라고 말한다.[22]

카르네아데스는 스토아 학파의 유물론적 독단주의와 관련된 책들을 읽고 깊이 연구했다. 특히 그는 논적이었던 크리시포스의 책들을 보면서, 그의 주장에 내재된 문제점들을 비판적으로 분석했다. 이를 통해 그는 회의주의 철학자로서 자신의 명성을 획득할 수 있었다. 하지만 그는 매우 겸손하여 자신의 성공을 논적 크리시포스에게 돌리기도 했다. 그래서 크리시포스가 없었더라면 자신도 없었을 것이라고까지 말한다.[23]

카르네아데스는 당대의 그 어떤 철학자보다 더 열정적으로 진리를 탐구했다. 전해지는 바에 따르면, 그의 목소리는 유난히 커서 논적과의 논쟁에서 큰 무기로 작용하기도 했다. 실제 논쟁에서 그를 상대할 수 있는 사람은 없었다고 한다.[24] 이처럼 그는 뛰어난 능력으로 스토아 학파의 유물론적 독단주의를 비판하고 아카데미 회의주의를 옹호했다.

카르네아데스는 철학자로서는 보기 드물게 많은 일화를 남긴 사람으로도 유명했다. 그 가운데 가장 유명했던 일화는 그가 조국 아테네의 대

사로 로마에 갔을 때의 일이다. 기원진 156년, 당시 58세였던 카르네아데스는 스토아 학파의 디오게네스^{Diogenes}와 소요학파의 크리톨라오스^{Critolaus} 등과 함께 로마에 가서, 로마 시민을 대상으로 일련의 연설을 선보였다. 그런데 그의 연설을 들은 로마 시민들은 경악을 금치 못했다. 첫 날에는 플라톤이나 아리스토텔레스의 '정의^{dikaiosynē}' 개념을 옹호하는 연설을 하고, 다음 날에는 전날의 연설을 반박하는 연설을 했는데, 그 두 번의 연설을 모두 성공적으로 수행했기 때문이다. 로마 시민들은 그의 첫 번째 연설을 듣고 큰 감동을 받았으나, 정반대의 두 번째 연설을 듣고서도 큰 감동을 받았던 것이다. 이처럼 그는 타의 추종을 불허하는 탁월한 연설가이기도 했다.[25]

그는 왜 이런 모순된 연설을 했을까? 그것은 플라톤과 아리스토텔레스의 정의 개념 자체를 부정하기 위해서가 아니라, 당대 로마인들이 가지고 있던 정의에 대한 생각이나 믿음이 얼마나 취약한 근거에 기반하고 있는지를 보여줌으로써 그들의 생각을 지적으로 환기시키기 위해서였다. 카르네아데스의 연설은 그의 회의주의적 논증에 근거하고 있었고, 논의되는 문제의 양쪽 측면을 동시에 보여주고자 했던 아카데미 학파의 논증방식을 그대로 재현한 것이기도 했다.[26]

카르네아데스는 평생 진리를 탐구했으며, 그의 회의주의는 이러한 진리 탐구의 방법론이었다. 특히 그는 진리를 찾기 위해서는 무엇이든 시도했던 모험적인 지식인이었다. 물론 이러한 시도 때문에 섹스투스를 비롯한 많은 사람에게 오해를 사기도 했지만, 간과하지 말아야 할 것은 그의 노력으로 인하여 고대 회의주의의 지평이 확장됐다는 사실이다. 키케로는 그를 이렇게 평가했다.

아르케실라오스는 단순히 (스토아 학파인) 제논을 비난하기 위해서가 아니라 진리를 발견하기 위해 제논과 싸웠으며, 카르네아데스는 (위대하고 유명한 철학자인) 이들에 대항해서 정신이 뛰어난 사람들에게 진리를 탐구하고 싶다는 욕망을 불러일으킬 정도로 많은 것을 논의했다.[27]

진리의 개연성을 인정하는 완화된 회의주의 ●

카르네아데스의 회의주의는 '삶의 고통'과 '죽음에 대한 두려움'이 지배하던 헬레니즘 시기에 삶을 억누르고 있던 각종 도그마^{dogma}로부터 벗어나 '참된 자유'를 추구하려던 사람들에게 희망을 제시하고자 했다. 이는 당시 다른 학파의 철학자들도 공유했던 문제의식이었다. 카르네아데스의 회의주의는 크게 두 가지 방향으로 전개됐는데, 한쪽은 크리시포스를 중심으로 한 스토아 학파에 대한 비판이었고, 다른 한쪽은 '진리의 개연성'을 중심으로 한 자신의 새로운 회의주의에 대한 천착이었다. 그의 회의주의는 판단유보라는 제1원리를 포기하지 않으면서도, 사람들이 일상적인 삶을 영위해나갈 수 있는 방안에 대한 답변을 제공해주는 철학으로 이해될 수 있다.

카르네아데스는 아카데미 학파의 회의주의가 지닌 제반 문제점들을 해결하기 위해 고심했다. 그 과정에서 진리와 연관된 '개연적인 감각표상'이란 개념을 상정하고, 그것에 기반하여 회의주의적인 삶과 실천의 가능성을 모색했다. 즉 감각표상들 중에는 더 나은 감각표상과 더 못한 감각표상이 있는데, 사람들은 더 나은 감각표상에 근거해 개연적인 감각표상을 확보하고, 개연적인 감각표상에 근거해 일상적인 삶을 살아갈 수 있다고 보았던 것이다. 하지만 그가 강조했던 개연적인 감각표상은 그 자체로 완벽한 감각표상은 아니었다. 그 감각표상들에도 오류가 존재할 가능성은 항상 있었기 때문이다. 따라서 그는 개연적인 감각표상을 맹신하거나 맹종하는 것을 금지했다. 이것이 스토아 학파나 아르케실라오스의 회의주의와 차별화되는 카르네아데스 회의주의만의 특징이었다.[28]

이런 점에서 카르네아데스의 회의주의는 아르케실라오스의 회의주의와 연속하면서도 불연속했다. 그들이 외부 대상에 대한 파악 불가능성과 감각표상의 불명확성을 대하는 입장이 같았다는 점은 연속하지만, 판단유보라는 회의주의의 제1원리를 대하는 태도가 달랐다는 점은 불연속하는 것이다. 카르네아데스가 보기에 아르케실라오스가 생각했던 판단유보는 모든 대상에 대해 무제약적으로 적용되는 원리였다. 만약 그의 원리를 일반인의 삶에 그대로 적용하면 큰 문제가 발생할 수도 있었다. 판단유보를 문자 그대로 적용했을 때, 일반인의 일상적인 삶 자체가 붕괴될 수도 있었기 때문이다. 이에 카르네아데스는 일상적인 삶에서의 실천 가능성을 확보하기 위해 판단유보의 원리를 유보해야 할 필요성을 인식했고, 그것을 '제약적으로' 수용하는 지혜를 발휘했던 것이다. 이러한 시도와 함께 그는 아르케실라오스와 차별화되는 그만의 새로운 회의주의를 선보일 수 있었다. 하지만 이와 동시에 그는 섹스투스의 가혹한 비판에 노출되어야 했다.

서구 철학사에서 아카데미 회의주의가 아르케실라오스로부터 시작됐다는 것은 자명한 사실이다. 그는 '무지의 지'를 고백했던 소크라테스와 제자 카르네아데스를 매개한 인물이기도 했다. 카르네아데스는 그런 스승을 따라 한편으로는 아카데미 학파의 회의주의적 입장을 충실히 따르면서도, 다른 한편으로는 현실에 부응하는 '새로운 회의주의'의 필요성을 느끼게 됐다. 그 결과 그는 판단유보의 원리를 고수하면서도 진리의 개연성에 대한 탐구를 구체화하는 길을 닦을 수 있었다.[29] 키케로는 모든 것에 대해 비판적으로 논증하고 어떤 사안도 판단하지 않는 아카데미의 회의주의적 방법을 제시한 철학자들을 소크라테스로부터 시작해 아르케실라오스, 카르네아데스를 거쳐 키케로 자신에게 이르는 사상적 계보로 정리한다.[30]

일반적으로 카르네아데스의 철학은 아르케실라오스의 철학과 연속성 차원에서 이해됐다. 라에르티오스에 따르면, 아르케실라오스는 최초로 논의들 사이의 상호모순 때문에 판단을 유보한 사람이었다. 또한 그는 최초로 하나의 물음에 대해 찬성과 반대 양편에서 논의를 전개했다. 아울러 최초로 플라톤에 의해 전해져온 이론을 다듬어서, 문답법을 통해 그 이론을 더욱더 논쟁적으로 만들었다[31]는 평가를 들었다.[32] 나아가 그는 사물에 관한 '파악 불가능성'과 '판단유보'의 원리를 철학적 차원에서 최초로 정립시켰던 철학자이기도 했다.[33] 그 뒤 카르네아데스는 아르케실라오스의 회의주의와 연관된 주장들을 모두 수용해, 자신의 회의주의로 만들었다. 이런 점에서 아르케실라오스의 회의주의와 카르네아데스의 회의주의는 연속성을 지니는 것이다.

하지만 카르네아데스와 아르케실라오스의 철학 안에는 불연속성도 존재했다. 오히려 연속성보다는 불연속성 차원의 해석이 더 강한 설득력을 갖는다. 그 이유는 세 가지로 정리될 수 있다. 첫째, 아르케실라오스의 이론은 '개연적 감각표상'에 대한 탐구를 거부하는 '강경한 회의주의'였으니, 카르네아데스의 이론은 '개연적 감각표상'에 대한 탐구를 강조하는 '완화된 회의주의'였다. 카르네아데스에게는 개연적이고 철저히 검토되었으며 의심의 여지 없는 감각표상들이 있었고,[34] 그것들은 보통 사람의 일상적인 삶을 가능하게 하는 충분한 근거가 될 수 있었다. 둘째, 아르케실라오스의 회의주의가 주로 인식론적 탐구에 집중했다면, 카르네아데스의 회의주의는 인식론적 탐구와 더불어 자연철학과 윤리학 그리고 스토아 신학에 대한 비판까지 그 탐구 영역을 확장시켰다.[35] 셋째, 아르케실라오스도 스토아 학파에 맞서 싸웠으나, 카르네아데스는 그보다 더 치열하게 스토아 학파의 유물론적 독단주의에 맞서 아카데미 회의주의의 유의미성을 논증했다. 라에르티오스도 카르네아데스가 스토아 학파의 책, 특히 크리시포스의 저서들을 열심히 읽고, 적절한 반론을 펼쳐서 큰 성공을 거두었다고 언급했다.[36] 이런 점에서 카르네아데스는 아르케실라오스와 불연속하는 특징을 분명히 지녔다.

카르네아데스의 이러한 업적에도 불구하고, 그에 대한 철학사적 평가는 부정적이었다. 우선 논전의 당사자였던 스토아 학파의 철학자들이 끊임없이 카르네아데스를 비판했다. 같은 회의주의 계열에 있었던 피론 학파의 회의주의자들 역시 그에 대한 긍정적인 평가를 유보한 채, 오히려 그를 회의주의자의 계보에서 배제하고자 했다. 특히 피론주의의 완성자였던 섹스투스는 아카데미 회의주의의 완성자였던 카르네아데스에 대해 부정적인 평가를 서슴지 않았다.

물론 피론주의자였던 섹스투스가 카르네아데스의 회의주의를 비판한 데는 그 나름대로 명분이 있었다. 왜냐하면 카르네아데스처럼 개연적인 감각표상의 존재를 인정하게 되면, 판단유보라는 회의주의의 제1원리가 훼손될 위험성이 있었기 때문이다. 이에 따라 섹스투스는 진리의 개연성을 주장했던 카르네아데스가 순수한 회의주의로부터 일탈했다고 몰아붙였던 것이다. 하지만 섹스투스의 이러한 비판은 행위 가능성의 문제에 천착했던 카르네아데스의 문제의식을 이해하지 못한 결과이기도 했다. 따라서 결코 카르네아데스에 대한 섹스투스의 비판이 불편부당하다거나 문제점이 없다고 볼 수만은 없다.

아카데미 회의주의자들과 피론주의자를 포함한 고대 회의주의자들은 '행위 불가'의 문제를 제기했던 스토아 학파 철학자들의 비판에 맞서, 회의주의를 견지하는 동시에 인간 행위의 실천 가능성을 제시해야 했다. 그러므로 행위 가능성은 카르네아데스의 문제였을 뿐만 아니라, 섹스투스 자신의 문제이기도 했다. 사실 섹스투스도 행위 불가의 문제에 대해 '자연의 인도, 느낌의 필연적 요구, 법률과 관습의 전통, 전문기술 교육'이라는 네 가지 삶의 기준을 피론주의의 관점에서 제시함으로써, 일상적인 삶의 영역에서 회의주의의 실천 가능성을 보여줬다. 그럼에도 섹스투스는 자신과 유사하게 행위의 실천 가능성을 설명하기 위한 장치(개연적 감각표상, 판단유보의 원리 제한)를 제안했던 카르네아데스에 대해서는 부정적이었다. 이런 점에서 카르네아데스와 섹스투스는 행위 불가능성이라는 공통된 문제를 다른 방법으로 해결하고자 했던 회의주의자였다고 볼 수 있다. 섹스투스만 진정한 회의주의자고, 카르네아데스는 반회의주의자로 보는 것은 정당한 해석이라 할 수 없는 것이다.

행동할 때는 판단하고, 진리에 대해서는 판단을 유보한다 ●

섹스투스가 보기에 스토아 학파와 에피쿠로스 학파 그리고 아리스토텔레스주의자들은 '진리는 파악 가능하다'고 주장하는 긍정적 독단주의자들이었고, 카르네아데스와 클레이토마코스 그리고 아카데미 학파의 철학자들은 '진리는 인식 불가능하다'고 주장하는 부정적 독단주의자들이었다.[37] 아카데미 학파의 철학자들은 대상의 인식 불가능성을 독단적으로 주장함으로써, 진리 탐구에 있어 회의주의자가 가져야 할 지적 태도를 결여하고 있었다.[38] 특히 그는 진리의 개연성을 주장했던 카르네아데스에 대해 적대적이었다. 카르네아데스가 강조했던 진리의 개연성은 곧바로 회의주의의 제1원리인 판단유보에 대한 포기를 의미한다고 생각했기 때문이다.[39]

판단유보는 피론주의자들이 가장 중요하게 생각하던 회의주의의 원리였다. 그러므로 섹스투스는 회의적 사유의 전 과정에 그 원리를 충실하게 적용시켜야 한다고 주장했다. 만약 어떤 철학자가 그 원리를 충실하게 적용한다면, 그에게 회의주의자의 자격이 주어질 수 있다. 하지만 그 원리를 충실하게 적용하지 못한다면, 그에게는 회의주의자의 자격이 주어질 수 없다. 그런데 섹스투스가 보기에 카르네아데스는 사유의 전 과정에서 판단유보의 원리를 등한시했다. 비록 그 원리를 사용했다 할지라도, 아주 엄격하게 적용하지는 않았다. 이런 점에 근거해 섹스투스는 카르네아데스를 순수한 회의주의자의 계보에서 제외시키고자 했다.

하지만 섹스투스의 이러한 비판은 카르네아데스에 대한 심각한 오해에 기인하고 있었다. 카르네아데스는 회의주의의 핵심 원리인 판단유보의 개념을 결코 폐기한 적이 없었기 때문이다. 오히려 그는 '이원적 판단유보'라는 개념하에, 한편으로는 행위 불가의 문제를 해결하기 위해 판단유보를 제한적으로 사용했고, 다른 한편으로는 독단주의를 비판하기 위해 판단유보의 원리를 지속적으로 적용시켰다. 특히 스토아 학파의 신론을 비판하는 과정에서 지속적으로 판단유보의 원리를 적용시켰는데, 이는 그가 섹스투스 못지않은 회의주의자임을 보여준다.

스토아 학파의 신론을 비판하기 위해서는 '유물론적 범신론'에 대한 분석과 비판이 필요했다. 또 키케로의 《신들의 본성에 관하여》와 섹스투스의 《학자들에 반대하여》에 대한 분석과 비판도 필요했다. 먼저 스토아 학파에 따르면, 세계는 오직 '물질'로 이루어져 있고, 그러한 물질 안에는 영혼과 정신 그리고 이성이 깃들어 있다.[40] 신 역시 물질 안에 있다. 신이 물질인 동시에, 물질이 곧 신인 것이다. 신이면서 물질인 세계는 전 우주에 걸쳐 존재한다. 따라서 스토아 학파에서 언급되는 신에 관한 이론은 결국 '유물론적 범신론'으로 귀착된다. 그런데 카르네아데스가 보기에 스토아 학파에서 언급되는 신은 세계와 연속된 존재, 즉 분리 불가능한 존재로, 신과 세계 사이의 분리를 가능케 하는 그 어떤 경계도 존재하지 않았다. 신과 세계 사이에 경계가 존재하지 않는다면, 신에 대한 인식 또한 명확하지 않을 것이다. 스토아 학파의 논리대로 하자면, 신에 대한 명확한 인식은 존재할 수 없기에, 오히려 신에 대한 모든 판단은 유보되어야만 하는 것이다. 섹스투스의 《학자들에 반대하여》에 등장하는 카르네아데스의 다음 논증에는 판단유보에 대한 그의 생각이 잘 반영되어 있다.

제우스가 신이라면, 그의 형제인 포세이돈 또한 신일 것이다. 포세이돈이 신이라면 아켈로오스Achelous (그리스 아이톨리아의 강) 또한 신일 것이다. 아켈로오스가 신이라면 네일로스Neilos (나일강)도 신일 것이다. 네일로스가 신이라면 모든 강은 신일 것이다. 모든 강이 신이라면 하천들도 신일 것이다. 하천들이 신이라면 급류들도 신일 것이다. 하지만 하천들이 신은 아니다. 그러므로 제우스 또한 신이 아니다. 그런데 만약 신들이 있었다고 가정한다면, 제우스 또한 신으로 있었을 것이다. 그러므로 신들은 존재하지 않는다.[41]

섹스투스의《학자들에 반대하여》에 등장하는 카르네아데스의 논증은 '신들은 존재하지 않는다'는 무신론적 결론으로 마무리됐다.[42] 하지만 이 결론이 카르네아데스가 무신론자라고 확증하는 것은 아니다. 그가 이 논증을 펼쳤던 이유는 '신은 존재한다'라는 스토아적 명제를 절대화했던 크리시포스에 맞서 '신은 존재하지 않는다'라는 반대 명제의 성립 가능성을 보이고, 궁극적으로 신에 관한 판단 자체를 유보하고자 했기 때문이다. 먼저 신에 관한 크리시포스의 유신론적 주장부터 살펴보자.

만일 사물들의 본성 가운데 인간의 지성이, 추론이, 힘이, 인간의 능력이 이루어낼 수 없는 어떤 것이 있다면, 그것을 이루어낸 것은 확실히 인간보다 더 우월한 존재다. 한데 천체들과 그 질서가 영원한 모든 것은 인간에 의해 만들어질 수 없다. 따라서 저것들을 조성한 것은 인간보다 우월한 존재이다. 이것에 대해 신이라 부르는 것보다 더 나은 호칭이 있겠는가? 진정코 만일 신들이 없다면, 사물들의 본성 가운데 인간보다 우월한 무엇이 있을 수 있는가? 내가 이런 말을 하는 것은, 인간에게만 이성이 있는데, 그것보다 더 뛰어난 그 무엇도 존재하지 않기 때문이다. 하지만 온 세계에 자신보다 우월한 게 아무것도 없다고 생각하는 사람이 있다면, 이는 어리석은 오만이다. 그러므로 무엇인가 더 우월한 것이 있다. 따라서 진실로 신은 존재한다.[43]

신에 대한 크리시포스의 논의는 '신은 존재한다'라는 명제로 끝난다. 그리고 그의 이러한 신관은 스토아 학파 철학자들이 공통적으로 가지고 있던 전제이기도 했다. 하지만 카르네아데스는 그러한 주장과 동일한 힘을 가진 반대 주장, 즉 '신은 존재하지 않는다'는 명제의 성립 가능성을 보여주며 신에 대한 크리시포스의 생각이 독단적이라 비판하고, 나아가 신에 대한 어떠한 판단도 유보되어야 한다고 주장했다. 키케로도 카르네아데스의 주장에 힘을 실어주면서, 카르네아데스가 정신이 민활한 사람들에게 진리 탐구의 욕망을 불러일으킬 정도로 많은 것을 논의했다고 말했다.[44] 스토아 학파의 신론에 대한 카르네아데스의 본격적인 비판은《신들의 본성에 관하여》에 등장한다.

만일 어떤 물체도 불멸이 아니라면, 그 어떤 물체도 영원하지 않습니다. 한데 어떤 물체도 불멸이 아니며, 나눠지지 않는 것도 없고, 쪼개지거나 분해되지 않는 것도 없습니다. 그리고 모든 생명체는 뭔가를 느끼는 본성을 지니고 있기 때문에, 그들 중 어느 하나도 외부의 무엇인가를 수용하는 일을, 이를테면 어떤 자극을 당하고 느끼는 일을 도저히 피할 수가 없습니다. 그리고 모든 생명체가 그러하다면, 불멸인 것은 존재하지 않습니다. 따라서 마찬가지로 만일 모든 생명체가 잘리고 나뉠 수 있다면, 그들 중 어느 것도 분해 불가능하지 않으며, 어느 것도 영원하지 않습니다. 한데 모든 생명체는 외부의 힘을 받아들이고 겪을 준비가 되어 있습니다. 따라서 모든 생명체는 필멸이고 분해 가능하며 나뉠 수밖에 없습니다.

… 그리고 설사 우리가 이런 논변을 도외시한다 하더라도, 그래도 역시 태어난 것이 아닌, 그리고 영원히 존재할 생명체란 결코 발견할 수가 없을 것입니다. … 아주 크지만 전혀 필요치 않았던 수고를 제논이 제일 먼저 떠맡았고, 다음으로 클레안테스가, 그다음으로 크리시포스가 그랬습니다. … 왜냐하면 신이라 불리는 저것들은, 사물들의 성질이지, 신들의 모습은 아니기 때문입니다. … 그러므로 우리가 불멸의 신들에 대해 논의하면서 그들에게 어울리는 것만 언급하자면, 그러한 모든 오류는 철학에서 축출되어야 합니다. 이들에 대해서, 저 자신이 생각하는 바는 있습니다만, 당신께 동의할 것은 없습니다. 당신은 넵투누스가 지성을 가지고서 온 바다에 퍼져 있는 정신이라고 말씀하십니다. 케레스에 대해서도 마찬가지고요. 하지만 바다나 땅의 저 지성이란 것을 저는 정신으로 파악하지 못할 뿐만 아니라, 짐작으로 건드리는 것조차도 전혀 못하겠습니다. 그러니 저는 신들이 존재한다는 것과, 그들이 어떠하다는 것을 말할 수 있는 방도를 다른 어딘가에서 찾아야만 합니다. (왜냐하면) 그들이 그러하다고 당신이 믿는 대로라는 걸 저는 알아볼 수가 없기 때문입니다.[45]

키케로의 《신들의 본성에 관하여》에서 아카데미 학파의 회의주의에 대한 대변자 역할을 수행했던 코타Cotta는, 카르네아데스의 회의주의와 탐구 방법론을 이렇게 적극적으로 옹호한다. 즉 그는 신들을 제거하려는 것이 아니라(이는 철학자에게 어울리지 않는 목표라고 부언한다), 스토아 학파 사람들이 신들에 대해 아무것도 설명하지 못했음을 입증하려는 것이라고 주장한다.[46] 카르네아데스는 스토아 학파의 신론에 대한 신랄한 비판을 통해, 궁극적으로 스토아 학파 철학자들이 신에 대한 판단 자체를 유보하게

끔 이끌었다.

키케로의《신들의 본성에 관하여》와 섹스투스의《학자들에 반대하여》에 나타난 논의에 근거해보면, 카르네아데스가 판단유보의 원리를 폐기했다는 섹스투스의 비판은 잘못된 해석이다.

사실 평생 진리를 탐구했던 카르네아데스 앞에는 두 가지 시대적 과제가 놓여 있었다. 하나는 독단주의자들의 행위 불가 논증에 맞서 회의주의적 관점에서 행위 가능성의 근거에 천착하는 것이었고, 다른 하나는 회의주의적 탐구 방법론에 따라 진리 그 자체를 탐구하는 것이었다. 그런데 전자를 강조하려면 판단유보의 원리를 제한적으로만 수용해야 했고, 후자를 강조하려면 판단유보의 원리를 지속적으로 강조해야 했다. 이러한 구조하에서 카르네아데스는 판단유보의 원리를 이원적으로 이해했고, 또한 이원적으로 적용시켰다. 반면 섹스투스는 피론주의의 관점에서 판단유보의 원리를 일률적으로 적용시키고자 했고, 그 결과 카르네아데스를 고대 회의주의자의 계보에서 빼려는 잘못된 판단을 내렸던 것이다.

감각표상에도 종류가 있다　　　　　　　　　●

아카데미 학파와 스토아 학파 사이의 철학적 논전에서 가장 중요한 문제는 행위 불가였다. 일찍이 스토아 학파는 이 문제가 아카데미 학파의 아킬레스건임을 잘 파악하고 있었다. 그들은 이 문제를 집중적으로 부각시키면 아카데미 학파를 무너뜨릴 수 있다고 생각했다. 아카데미 학파 또한 자신들의 약점을 잘 알고 있었다. 그래서 이 문제만 잘 방어하면 스토아 학파에 대한 철학적 우위를 확실히 점할 수 있다고 생각했다. 특히 카르네아데스는 자신이 주장했던 '개연적인 감각표상'[47]이란 개념이 행위 불가 문제를 해결할 수 있는 대안이라고 확신하고 있었다.[48]

아르케실라오스와 함께 카르네아데스는 플라톤의 아카데미를 고대 회의주의의 성지로 만들었다. 그들로 인해 아카데미의 회의주의적 전통은 200여 년 이상 지속됐다. 그런데 논적이었던 스토아 학파의 철학자들은 아카데미 학파를 향해 스스럼없이 '무위도식'하는 사람들이라며 악담을 퍼부었다. 회의주의자의 판단 보류는 행동을 취하지 않는 것과 마찬가지이며, 따라서 삶이 무의미해진다는 것이다.[49] 이런 스토아 학파의 집요한 비판에 대응해, 카르네아데스는 개연적인 감각표상이란 대안을 제시했고, 이 개념에 근거해 일상적인 행위와 삶의 행복을 설명했다. 그 결과는 성공적이었다.

사실 카르네아데스가 성공적으로 제시했던 개연적인 감각표상이란, 스토아 학파의 '파악표상'에 대한 분석과 비판의 결과물이었다.[50] 고대 인식론에서 언급됐던 감각표상이란 개념은 '개연적인 감각표상'과 '비개연적인 감각표상'으로 나뉘고, 개연적인 감각표상은 정도에 따라 '개연성이 높은 감각표상'과 '개연성이 낮은 감각표상'으로 나뉘었다. 카르네아데스는 이 중에서 개연성이 높은 감각표상에 주목하고, 그것을 '개연적인 감각표상'이라 명명했다.[51] 그리고 사람들이 자신이 제시하는 개연적인 감각표상에 근거해서 살아간다면, 스토아 학파에서 강조하는 독단적인 믿음이나 억견을 가지지 않고도 충분히 행복한 삶을 누릴 수 있으리라 생각했다.[52]

스토아 학파의 인식론에 대한 카르네아데스의 공격은 '모든 것은 파악 불가능하다'는 것을 보여주는 데 집중하는 것처럼 보일 수 있다. 하지만 카르네아데스의 공격에서 우선적으로 이해돼야 할 것은 '파악 불가능하다akatalēpton'는 명제가 곧바로 '불명확하다adēlon'라는 명제와 동일하지는 않다는 것이다. 키케로에 따르면, 카르네아데스는 자신의 모든 논의에서 '불명확한 감각표상들'과 '파악 불가능한 감각표상들'을 명확하게 구분했다.[53] 이러한 구분은 스토아 학파에서는 시도되지 않았다. 카르네아데스는 감각표상에도 종류가 있어서 보다 선명하게 다가오는 것이 있으며, 사람들은 보다 개연성 있는 감각표상을 따라 행동하는 경향이 있다고 보았다. 카르네아데스는 비록 우리에게는 참된 감각표상들을 온전히 파악할 능력이 없지만, 그러한 감각표상들을 설득적이거나 '개연적인 것to pithanon'으로 이해할 수 있는 능력이 있으며,[54] 그러한 능력에 근거하여 삶을 영위해나갈 수 있다고 주장했다. 이것이 바로 아카데미 회의주의의 완성자였던 카르네아데스의 철학이었다.[55]

카르네아데스는 '판단을 유보하는 회의주의자가 어떻게 동시에 행복한 삶을 살아갈 수 있는가?'라는 반회의주의자들의 집요한 비판에 맞서, 적절한 반론을 펼쳐야 한다는 심한 압박감에 시달렸다. 그는 개연적인 감각표상이라는 효과적인 대안을 제시했지만, 오히려 이 개념으로 인해 피론 학파 회의주의자들의 강력한 비난에 직면하고 말았다. 피론주의자들이 보기에 회의주의적 논의에서 중요한 것은 판단유보라는 핵심 원리이지, 개연적인 감각표상은 아니었기 때문이다.

카르네아데스나 클레이토마코스를 추종하는 사람들은 그들 스스로 강렬한 이끌림을 느끼면서 이를 따른다고 말하고, 또 어떠한 감각표상이 개연적이라고 주장하는 반면에, 우리는 어떠한 집착 없이 단순하게 어떤 것을 (수동적으로) 인정한다고 밀한다는 점에서 아카데미아 철학자들과 다르다. 그리고 삶의 목표와 관련해서도 우리는 아카데미아 학파와 다르다. 일상생활에서 개연성을 채택하는 아카데미아 학파의 이론을 수용하는 자들과 달리, 우리는 독단적인 믿음 없이 법률 및 관습 그리고 자연스러운 느낌에 의하여 삶을 살아가기 때문이다.[56]

섹스투스를 비롯한 피론주의자들의 비난에도 불구하고, 고대 회의주의의 역사에서 카르네아데스가 차지했던 비중은 결코 가볍다고만은 할 수 없다. 그로 인해 고대 회의주의의 난제였던 인간 행위의 실천praxis 가능성에 대한 적절한 대안이 마련됐기 때문이다. 이런 점에서 그는 강경한 회의주의자 또는 급진적 철학자가 아니라, '완화된 회의주의자' 또는 '온건한 철학자'였다.[57]

진리의 기준은 파악표상인가, 감각표상인가?　　　●

스토아 학파의 크리시포스는 자신의 인식론에서 '파악표상' 개념을 강조했으나,[58] 카르네아데스는 그 개념을 집중적으로 비판했다.[59] 그는 실재하지 않는 사물로부터 참되지 않은 감각표상이 발생할 수도 있다는 가능성을 고찰함으로써, 크리시포스가 강조했던 파악표상 개념의 본질적 한계를 노출시켰다.[60]

일찍이 스토아 학파의 창시자 제논은 파악표상 개념을 진리의 기준으로 제시했다.[61] 하지만 중기 아카데미 학파의 아르케실라오스는 제논의 파악표상 개념에 부정적이었다. 섹스투스는 친절하게도 제논에 대한 아르케실라오스의 비판을 네 가지 명제로 요약한다.⁶² (1) 스토아 학파의 진리 기준은 파악^{katalēpsis}이다. (2) 파악의 존재는 파악표상^{kataleptikē phantasia}의 존재에 의존한다. (3) 파악표상은 존재하지 않는다. (4) 스토아 학파의 진리 기준^{kritērion}도 존재하지 않는다.

하지만 크리시포스는 아르케실라오스의 이러한 비판에 반발해, 이 네 가지 명제들 중 세 번째인 '파악표상은 존재하지 않는다'를 거부했다. 그를 포함한 스토아 학파 철학자들에게 파악표상 개념은 진리의 기준이었을 뿐만 아니라, 그 어떠한 경우에도 포기할 수 없는 핵심 개념이었기 때문이다. 라에르티오스도 안티파트로스와 아폴로도로스의 말처럼 스토아 학파의 진리의 기준은 파악 가능한 인상, 즉 실제 있는 것에서 오는 인상이었다고 확인해줬다.⁶³

> 인상 중에서 어떤 것은 직접 감각에서 온 것을 전달하는 것^{kataleptiken}이고, 어떤 것은 직접 감각에서 오지 않은 것을 전달하는 것^{akatalepton}이다. 직접 지각에서 온 것을 전달하는 인상은 그들이 사물들의 기준이라고 말하는 것으로서, 실제로 있는 것^{hyparkon}에서 생겨나며 실제로 있는 것 바로 그대로^{kat'auto to hyparchon} 각인되고 날인되는 것이다. 반면에 직접 감각에서 오지 않은 것을 전달하는 인상은 실제로 있는 것에서 오지 않거나, 실제로 있는 것에서 오더라도 실제로 있는 것 바로 그대로 되지는 않은 것이다. 즉 그것은 분명하지도 않고 확연하지도 않다.⁶⁴

크리시포스는 제논의 제자로서 그의 사상을 계승한 철학자였으나, 파악표상과 연관된 논의에서만큼은 제논보다 강경한 실재론자의 입장을 견지하고 있었다. 이전에 제논이 강조했던 파악표상 개념이 억견과 지식을 구별하는 '인식론적 척도'로 사용됐다면, 크리시포스는 파악표상 개념을 실재 아닌 것과 실재를 식별하는 '존재론적 척도'로 사용했던 것이다.[65] 라에르티오스는 마그네시아의 디오클레스Diocles가 스토아 학파의 인식론에 대해 언급했던 내용을 정리한다.

> 스토아 학파에서는 인상과 감각에 대한 논의를 맨 앞에 놓는 것이 좋다고 생각하는데, 그것은 사물의 진리를 인식하는 기준이 일반적으로 인상이란 이유에서다. 그리고 다른 논의들보다 앞서는 승인synkatathesis에 관한 논의와 파악과 생각noēsis에 대한 논의도 인상 없이는 성립되지 않는다는 이유에서다. 왜냐하면 인상이 앞장서고, 그다음에 표현할 줄 아는 사고dianoia가 인상에 의해 겪은 것을 말로 꺼내놓기 때문이다.[66]

로마의 키케로도 크리시포스에 대한 카르네아데스의 비판을 잘 요약하고 있다.[67] 그의 비판은 다섯 가지 명제로 요약된다. (1) 어떤 표상들은 참되고, 어떤 표상들은 거짓되다. (2) 거짓된 표상들은 파악 불가능하다. (3) 모든 참된 표상은 그와 똑같은 종류의 거짓된 표상이 나타날 수 있다. (4) 두 표상 사이에 서로 아무런 차이가 없다면, 그 가운데 어떤 것들은 파악 가능한데 어떤 것들은 파악 불가능할 수는 없다. (5) 파악 가능한 어떠한 표상도 없다.

그런데 이 다섯 가지 명제에서, 카르네아데스와 크리시포스는 '모든 참된 표상은 그와 똑같은 종류의 거짓된 표상이 나타날 수 있다'라는 세 번째 명제를 수용할 것인가 거부할 것인가를 놓고 강하게 충돌했다. 스토아 학파의 리더였던 크리시포스는 파악표상이 실재들로부터만 생겨나고, 실재 아닌 것으로부터는 생겨나지 않는다고 생각했기에, 세 번째 명제를 거부했다. 하지만 아카데미 학파의 리더였던 카르네아데스는 파악표상이 실재로부터 생겨나는 것은 맞지만, 실재 아닌 것으로부터도 생겨날 수 있다고 생각했기에, 세 번째 명제를 수용했다. 카르네아데스는 스토아 학파에 일정 부분 동의하겠지만, 파악표상이 실재 아닌 것으로부터 생겨나지 않는다는 주장에는 동의하지 않을 것이다.[68]

진리론과 연관해서 볼 때, 크리시포스는 진리대응설correspondence theory of truth을 고수했다. 이에 반해 카르네아데스는 진리대응설 자체를 거부했다. 그래서 유물론적 독단주의자였던 크리시포스가 '파악표상은 실재 아닌 것으로부터는 생기지 않는다'라는 전제를 인정했던 데 반해, 회의주의자였던 카르네아데스는 그 전제 자체를 거부했다. 카르네아데스와 크리시포스는 파악표상과 실재와의 연관성 문제에 있어서 평행선을 달렸다. 그런데 이 두 가지 입장 중에서 어떤 입장이 더 설득력이 있을까?

실재로부터는 참된 표상만 존재하고 거짓된 표상은 전혀 존재하지 않는다는 크리시포스의 주장보다는, 실재로부터도 거짓된 표상이 존재할 수 있다는 카르네아데스의 주장이 더 설득력 있어 보인다. 《학자들에 반대하여》에서 섹스투스는 에우리피데스의 《오레스테스Orestes》를 언급하면서, 외부 대상에 대한 지각과정에서 발생된 감각표상이 인식주체에 올바르게 전달되지 않을 수도 있다는 것을 설득력 있게 보여준다.[69]

이 작품의 주인공 오레스테스는 아버지 아가멤논Agamemnon을 죽인 어머니 클리타임네스트라Clytaimnestra와 그녀의 정부 아이기스토스Aegisthus를 죽인다. 오레스테스는 아버지를 살해했던 원수들을 모두 죽였지만, 그 벌로 복수의 여신들Erinyes의 추격을 받게 된다. 그는 밤낮으로 고통스러워하다가, 결국에는 정신착란에 빠지고 만다. 정신착란 상태에서 그는 급기야 자신을 간호해주었던 누이 엘렉트라Electra를 보고, 그녀가 복수의 여신들 중 한 명이며 자신을 타르타로스에게 던질 것이라며 헛소리를 한다.[70] 그런데 오레스테스가 엘렉트라를 보고 복수의 여신으로 착각한 것은, 곧 참된 실재로부터 거짓된 표상이 발생할 수 있다는 하나의 사례였다. 이와 관련해 섹스투스는 다음과 같이 증언했다.

> 참이면서 거짓인 감각표상은 오레스테스가 넋이 나가 엘렉트라를 잘못 알아보게 될 때 가지게 되는 표상이다. 오레스테스가 실재하는 것에 관한 잘못된 표상을 가졌다는 측면에서 그의 표상은 참이다. 그때에도 엘렉트라는 실제로 존재하기 때문이다.[71]

오레스테스는 분명 실존하는 엘렉트라를 눈앞에서 목격하고 있는데도 불구하고, 그에게 그녀는 엘렉트라로 표상되지 않았다. 오히려 엘렉트라와 무관한 복수의 여신으로 표상됐던 것이다. 하지만 복수의 여신은 참된 표상이 아니라 거짓된 표상이었다. 이처럼 실존하는 대상에 대한 감각표상이 인식주체에 언제나 올바르게 전달되지 않을 수도 있다는 것은 자명해 보인다.[72]

개연적인 감각표상을 믿지 않고도 행동할 수 있는가? ●

크리시포스를 논박하는 과정에서 카르네아데스가 가지고 있었던 철학적 입장은 무엇이었을까? 이 물음에 대한 두 가지 답변이 있다. (1) 카르네아데스는 진지하게 개연적인 감각표상을 전제하고 있었으며, 그러한 전제하에서 크리시포스를 비판했다는 입장이다. (2) 카르네아데스는 단지 크리시포스를 논박하기 위해 개연적인 감각표상을 전제하고 있다. 즉 변증법적 전략하에서 개연적인 감각표상을 채택했다는 것이다.[73]

만약 (1)의 입장이라면, 카르네아데스의 회의주의는 아르케실라오스와 불연속하는 '완화된 회의주의mitigated scepticism'로 이해될 수 있다. 만약 (2)의 입장이라면, 카르네아데스의 회의주의는 아르케실라오스와 연속하는 '완화되지 않은 회의주의unmitigated scepticism'로 이해될 수 있다. 그런데 이 문제에서 가장 중요하게 고려돼야 할 것은 '판단유보의 원리'다. 만약 그가 판단유보의 원리에 충실했다면, 그는 아르케실라오스의 회의주의와 연속했을 것이다. 만약 그가 판단유보의 원리에 충실하지 않았다면, 그는 아르케실라오스의 회의주의와 불연속했을 것이다.

카르네아데스가 사망한 후, 이 문제는 그의 제자들 사이에서 열띤 논쟁거리가 됐다. 논쟁의 중심에는 클레이토마코스Clitomachus(제8대 원장)와 필론(제9대 원장) 및 메트로도로스Metrodorus of Stratonicea가 있었다.[74] 먼저 클레이토마코스는 카르네아데스가 아르케실라오스의 판단유보의 원리를 철저하게 계승했다고 보았다. 즉 카르네아데스를 아르케실라오스와 연속하는 '철저한 회의주의자'로 이해했던 것이다. 이와 달리 필론과 메트로도로스는 카르네아데스가 아르케실라오스의 판단유보의 원리를 제한적으로 수용했다고 보았다. 즉 카르네아데스를 아르케실라오스와 불연속하는 '완화된 회의주의자'로 이해했던 것이다. 이는 카르네아데스가 지닌 회의주의의 진면목을 보다 잘 보여주는 해석이라고 할 수 있다. 그러나 이러한 결론은 일단 제쳐두고, 그의 회의주의와 연관된 기본적인 논의부터 살펴보기로 하자.

클레이토마코스는 카르네아데스가 크리시포스와의 논전에서 개연적인 감각표상을 강조하고 억견을 긍정했던 것은 모두 그의 진실된 의견이 아니라, 단지 스토아 학파를 논박하기 위한 과정에서 형성된 것일 뿐이라고 주장했다. 이에 반해 필론과 메트로도로스는 그것이 카르네아데스의 속마음을 반영한 것이었다고 주장했다. 만약 카르네아데스와 아르케실라오스 철학 간의 연속성이 강조된다면, 클레이토마코스의 입장이 우세할 것이다. 하지만 그 사이의 불연속성이 강조된다면, 필론과 메트로도로스의 입장이 우세할 것이다. 여기서 아카데미 회의주의에 내재된 철학적 문제가 드러나는데, 그것은 개연적인 감각표상을 수용해 참된 것으로 인정하는 것은 판단유보의 원리와 위배된다는 것이었다. 이 논의는 원칙과 현실 사이를 어떻게 매개할 것인가 하는 문제와 연관되면서 복잡한 양상을 띠게 됐다.

카르네아데스의 회의주의의 내재된 철학적 문제에 접근하는 데는 크게 두 가지 길이 있다.[75] (1) 먼저 필론과 메트로도로스의 해석에 힘을 실어주는 길이 있다. 개연적인 감각표상들을 수용하고 강조함으로써, 카르네아데스가 판단유보의 영역을 크게 제한했다고 보는 것이다. (2) 다음으로 클레이토마코스의 해석에 힘을 실어주는 길이 있다. 클레이토마코스는 스승 카르네아데스가 개연적인 감각표상들을 수용하고 인정했던 것을 필요에 따른 방법론적 차용이라고 이해했다. 그는 카르네아데스가 판단유보의 원리를 전혀 제한하지 않았다고 생각했다. 이 두 가지 접근 방향 중에서 어떤 것이 더 의미 있을까?

이러한 의문에 대해 키케로는 유의미한 정보를 제공한다. 그에 따르면 카르네아데스는 '동의assent'라는 개념을 두 가지로 구분하여 사용하는데, 이 구분에 주목할 필요가 있다. 만약 개연적인 감각표상들이 회의주의적으로 수용될 만하다면, 현자는 그것에 동의할 것이다. 하지만 개연적인 감각표상들이 회의주의적으로 수용될 만하지 않다면, 예를 들어 독단적인 표상이나 오류로 가득 찬 표상 같은 것이라면, 현자는 자신의 동의를 유보할 것이다.[76]

> 현자가 동의를 유보하는 두 경우가 있다. 하나는 어떤 것도 동의하지 않을 때이며, 다른 하나는 스스로를 억제하여 "예" "아니오" 같이 어떤 것을 긍정하거나 부정하는 표시를 일체 나타내지 않을 때이다. 이러한 구별을 감안할 때, 현자는 전자의 의미에서는 동의에 대한 유보를 뜻하며, 그 결과 그 어떠한 것에도 동의하지 않는다. 그러나 후자의 의미에서는 자신의 동의를 유지하는 것을 뜻하며, 설득력이 있는 현존하거나 불충분한 것을 따름으로써, 그 결과 "예" 또는 "아니오"로 대답하게 된다.[77]

이처럼 키케로는 동의 개념의 의미를 두 가지로 해석함으로써, 카르네아데스 회의주의가 유의미하다고 옹호했다.[78] 그런데 여기에서 우리는 하나의 물음을 던질 수 있다. 과연 주어진 감각표상을 진실된 것으로 간주하지 않으면서도, 감각표상에 동의를 표하는 일이 가능한 것일까? 아마 불가능할 것이다. 어떠한 감각표상이 개연적이려면 그 안에 행위를 유발하는 무언가가 존재하거나, 아니면 적어도 무언가가 자신이 예측한 대로 이루어지리라는 기대감을 불러 일으켜야 하기 때문이다. 그러므로 어떤 감각표상이 개연적이라고 인식된다는 것은 그것에 설득력이 존재한다는 의미이며, 설득력이 있다는 것은 그 감각표상에 어느 정도의 진리성이 내포되어 있다는 의미이다. 즉 진리에 대한 최소한의 동의가 전제되어 있어야만, 주어진 감각표상을 개연적이라고 간주할 수 있을 것이다. 누군가가 사람이 어떤 대상의 진리성을 받아들이지 않으면서, 단순히 그것을 즐기려는 차원에서 어떠한 가설이나 개념을 제시하거나 수용하는 일은 있을 수 없을 것이기 때문이다.

예를 하나 들어보자. 만일 바닥에 똬리를 틀고 있는 뱀처럼 보이는 물체를 보고, 막대기로 내리쳤다고 가정해보자. 이때 그 물체를 내리쳤던 이유는 진짜 뱀인지 가짜 뱀인지를 확인하기 위해서였을 것이다. 막대기를 가지고 장난치기 위해서 그러지는 않았을 것이다.[79] 이처럼 주어진 감각표상을 개연적인 감각표상으로 간주한다는 것은 그것에 동의한다는 의미이며, 그러한 동의는 곧바로 그것을 진실된 것으로 수용했다는 말일 것이다.

사람들은 누구나 자신의 생각을 이야기하고, 그것과 연관된 가설을 세우고자 한다. 그리고 그것이 최소한 의미 있거나 현실세계에서 충분히 실현될 수 있으리라는 전제하에서 그런 가설을 수립한다. 만약 그것이 실현될 수 없다거나 무의미하다고 여겨진다면, 그 가설을 진지하게 생각하거나 받아들일 사람은 없을 것이다.

다른 예를 들어보자. 어떤 사람이 즉석복권을 샀다. 아마도 그 사람은 큰 돈이든 작은 돈이든 벌 수 있으리라 기대하면서 즉석복권을 샀을 것이다. 어떠한 보상도 기대하지 않은 채 즉석복권을 사는 사람은 없을 것이다. 만약 그러한 사람이 있다면, 상식적인 범주에 속하는 사람은 아닐 것이다. 그러므로 누군가가 즉석복권을 샀다면, 그 사람은 돈을 벌기를 기대하거나 그 구매 자체가 자신에게 큰 만족감을 준다고 생각하기에 그렇게 했을 것이다.

또 다른 예를 하나 들어보자. 국내 경주마 대회에서 여러 차례 우승했던 '당대불패'라는 유명한 말이 있다.[80] 그 말이 경주마 대회에서 우승하리라 믿고 있는 어떤 사람이 있다고 가정해보자. 만약 그 사람이 자신의 생각이 옳다고 믿거나 그럴듯하다고 생각한다면, 그는 자신이 믿거나 생각하는 정도에 따라서 그 말에게 돈을 걸 것이다. 하지만 만약 그 말이 우승하리라고 믿거나 기대하지 않는다면, 그는 그 말에 돈을 걸지 않을 것이다. 그리고 그 말이 우승을 하든 못 하든, 그 후의 일에 대해서는 관심도 갖지 않고 놀라지도 않을 것이다. 이처럼 사람들은 누구나 자신이 옳다고 믿거나 그럴듯하다고 생각하는 바에 따라 판단하고 행동하지, 믿거나 기대하지 않는 것에 대해서는 판단하지도 행동하지도 않을 것이다.[81]

억견은 부정적 지식이 아닌 일상의 상식 ●

카르네아데스는 억견들을 허용하고 개연적인 감각표상들을 수용함으로써, 회의주의자들의 제1원리인 판단유보를 제한적으로 수용했다. 그가 위험을 무릅쓰면서까지 판단유보를 제한한 이유는, 이러한 시도가 행위 불가 논쟁에 대한 하나의 대안이 될 수 있다고 생각했기 때문이다. 물론 그것은 회의주의자로서는 고육지책이었겠지만, 크리시포스에 대한 반격의 카드로는 충분했다.[82]

사실 카르네아데스가 강조했던 개연적인 감각표상은 내부분 일상적인 삶에 관한 것들이었다. 구체적으로 똬리를 튼 물체가 밧줄인지 뱀인지,[83] 항해를 떠날지 말지, 결혼을 할지 말지, 씨앗을 뿌릴지 말지[84] 등과 같은 것이었다. 이러한 일상에 관계된 것들은 모두 구체적인 결과를 예상할 수 있다. 예를 들어 바다를 항해할지 말지를 결정할 때, 나는 우선 항해에 이용될 배가 안전한지 아닌지를 점검할 것이다. 만약 내가 진심으로 항해할 생각이 있다면, 이는 항해가 안전하고 성공적일 것이라는 기대감과 믿음을 가졌기 때문일 것이다. 만약 내가 항해할 생각이 없다면, 이는 그 항해가 안전하고 성공적일 것이라는 기대감이나 믿음을 가지지 못했기 때문일 것이다.

카르네아데스의 반격에 스토아 학파도 가만히 있지 않았다. 스토아 학파는 '현자[ho sophos]' 개념에 입각해 반격을 시도했다. 그들에 따르면 현자는 비파악표상들로부터 '파악표상'을 구분할 수 있는 탁월한 인식의 소유자다.[85] 특히 현자는 완벽한 신적인 지식을 가지고 있으며, 오류에 노출되는 일반인과 달리 확실한 지식을 획득한 존재다.[86] 그야말로 현자는 대상을 완벽하게 파악하고 어떠한 상황에서도 실수를 저지르지 않는 전지전능한 존재로 인식됐다. 섹스투스에 따르면 스토아 학파는 열등한 사람은 무지하며, 오직 스토아적인 현자만이 진리를 말하고 참된 것에 대해 확고한 지식을 가질 수 있다고 말했다.[87]

하지만 스토아 학파 철학자들의 말을 전적으로 수용한다 해도, 여기에는 풀리지 않는 문제가 하나 있다. 그것은 우리의 현실세계에 그러한 현자가 실제로 존재하는지 여부다. 백 번 양보해서 그런 현자가 존재한다 가정하더라도, 현실세계의 문제는 풀리지 않는다. 또한 현자가 대상에 대한 절대적 인식 능력을 가지고 있다고 보증해줄 어떠한 장치도 존재하지 않는다.[88] 물론 스토아 학파의 철학자들은 그 가능성을 찾아 제시하려 할 것이다. 하지만 그들을 제외하고는, 이 물음에 대해 긍정적 답변을 제시하는 철학자는 아무도 없을 것이다.

당연히 카르네아데스는 현자의 존재에 대해 부정적인 답변을 내놓았다. 그가 보기에 현자가 신적 인식의 소유자라는 자신의 정체성을 획득하기 위해서는 파악표상이 아닌 것들로부터 파악표상을 완벽하게 구분해내는 검증의 과정을 거쳐야 하는데, 그러한 검증 과정을 다시 검증할 수 있는 제3의 완벽한 존재는 있을 수 없기 때문이다. 현자 자신이 자신을 검증할 수 있다는 답은 어불성설일 뿐이다. 이런 점에서 스토아 학파의 현자 개념은 그들의 인식론적 난점을 해결해주는 장치가 아니라, 오히려 더 복잡하게 만들어버리는 모순적 개념이다.

카르네아데스는 계속해서 스토아적인 현자 개념을 비판했다. 사실 그도 스토아적인 현자의 존재 자체를 부정하지는 않았다. 일반적인 사람보다 더 현명하고 지혜로운 사람이 존재한다는 것은 엄연한 사실이기 때문이다. 또한 스토아적인 현자가 일반인보다 더 나은 인식을 가지고 있다면, 더 바르게 행동할 수도 있다는 것도 사실이다. 그러면 카르네아데스는 왜 그토록 스토아적인 현자 개념에 대해서 날선 비판을 했을까? 그것은 '현자도 억견을 가질 수 있는가?'라는 문제를 두고서 의견이 갈렸기 때문이다. 스토아 학파는 현자가 완전한 지식을 소유했기 때문에, 일반인이 가지고 있는 억견으로부터 자유롭다고 생각했다. 이에 반해 카르네아데스는 현자도 유한한 인식 능력을 지닌 인간이고, 신과 같은 절대적 인식 능력이 없기에, 인식 과정에서 그런 억견으로부터 자유로울 수 없다고 생각했다. 이러한 생각에 따라 카르네아데스는 현자도 억견을 갖는다고,[89] 또는 현자도 '올바르게 검증된 개연적인 감각표상들'에 따라 행동한다고 주장했던 것이다.[90] 이처럼 카르네아데스는 스토아 학파와 달리 '억견을 가진 현자' 또는 '인식의 오류 가능성을 가진 현자' 개념을 제시함으로써, 새로운 아카데미 회의주의를 선보였다.[91]

> 만약 현자가 어떤 것에라도 동의하게 된다면, 그는 때때로 억견을 갖게 될 것이다. 하지만 현자는 절대로 억견을 가지지 않는 존재다. 따라서 그는 어떠한 것에도 동의하지 않을 것이다. 대전제와 보조전제를 모두 받아들인 아르케실라오스는 이 논변에 찬성했다. 하지만 카르네아데스는 다음을 보조전제로 인정했다. '현자도 때때로 억견을 가진다.'[92]

주지하다시피 스토아 학파의 철학자들은 파악표상을 중요하게 생각했다. 그들은 파악표상만 동의의 대상으로 생각했고, 파악표상이 아닌 것들은 동의의 대상으로 생각하지 않았다. 그리고 일상적인 행위 역시 파악표상에 근거해서 설명했다. 카르네아데스는 스토아 학파의 이러한 논리에 심각한 문제점이 있음을 간파했다. 스토아 학파의 현자가 어떤 행위를 하기 위해서는 필연적으로 파악표상에 대한 동의의 과정을 거쳐야 하는데, 이 과정에서 그는 자신이 획득하고자 하는 파악표상과는 별도로 파악표상이 아닌 것들도 획득하게 되는 모순적인 상황에 직면할 수밖에 없기 때문이다. 즉 스토아적인 현자는 유한한 존재로서의 인식론적인 한계로 인해 불완전한 억견까지도 획득하는 모순적 상황에 빠지게 되는 것이다. 현자 역시 억견을 가질 수밖에 없다는 카르네아데스의 비판은 스토아 학파를 인식론적 차원에서 곤경에 빠뜨렸을 뿐만 아니라, 실천철학적 차원에서도 그들을 '무능력자'의 상태, 즉 어떠한 행동도 할 수 없는 상태에 빠뜨리고 말았다.

사실 아카데미 내에서 억견은 부정적인 개념으로 간주됐다. 아카데미 밖에서도 사정은 마찬가지였다. 하지만 카르네아데스는 조금 다른 생각을 가지고 억견을 이해했다. 만약 억견이 올바르게 검증된 것이라면, 비록 그것이 불완전하다 할지라도, 우리가 일상적인 삶을 살아갈 수 있게 해주는 유의미한 개념이 될 수 있으리라 생각했던 것이다. 그래서 그가 '현자도 억견을 갖는다' 또는 '현자도 올바르게 검증된 개연적인 감각표상들에 근거해서 행동한다'라고 말할 때, 그가 언급했던 억견이라는 개념은 스토아 학파가 생각했던 부정적·불완전한 의미의 억견이 아니라, 상식 있는 사람이라면 누구나 인정할 만한 '긍정적·상식적 차원의 억견'이었다. 이처럼 카르네아데스는 스토아 학파가 보지 못했던 억견의 새로운 의미에 주목함으로써, 고대 회의주의의 발전에 기여했다.

3부

피론 학파의 회의주의

1장

피론

고대 회의주의 역사상 가장 중요한 인물 ●

고대 회의주의는 이오니아해에 있는 엘리스 출신의 피론으로부터 시작됐다. 그는 고대 회의주의 역사에서 첫 번째 자리를 차지하는 중요한 인물이다. 아카데미 학파의 시조인 아르케실라오스보다 약 45년 정도 먼저 태어나 활동했으며, 기원전 1세기 아이네시데모스에 의해서 창설된 피론 학파의 사상적 시조이기도 하다.

피론이 시도했던 고대 회의주의는 그 이전의 그리스 철학과는 다른 독특한 분위기를 연출했다. 그는 인간과 삶의 문제에 있어서는 '초연함adiaphoria, indifference'과 '태연함apatheia, impassivity' 그리고 '마음의 평안ataraxia, tranquility'이라는 가치를 강조했다. 이는 헬레니즘 시기 모든 철학자가 추구하던 개념이었다. 특히 그는 원리적 차원에서 유난히 외부 대상에 대한 '이해 불가능성acatalepsia'과 '판단유보'를 강조했다. 이는 헬레니즘 시기 철학자들이 파악하지 못했던 피론만의 통찰이었다. 그 후 헬레니즘 철학계는 피론의 통찰을 수용하는 쪽과 거부하는 쪽으로 나뉘어 논전을 벌였다. 전자에 속하는 집단으로 아카데미 학파가, 후자에 속하는 집단으로 스토아 학파가 있었다.

사실 철학자 피론의 모습을 온전히 규명하는 것은 불가능에 가깝다. 그도 소크라테스와 아르케실라오스처럼 어떠한 글도 남기지 않았기 때문이다. 우리가 알 수 있는 것은 피론의 수제자 티몬이 남긴 이야기뿐인데, 이마저도 전해지는 문헌이 없기에 다른 학자들의 글을 통해서 확인할 수밖에 없다. 그래서 피론에 대한 연구는 그가 언급된 여러 문헌에 대한 연구로 이어질 수밖에 없다. 이 중 주목해야 할 문헌으로는 라에르티오스의《유명한 철학자들의 생애와 사상》, 아리스토클레스Aristocles의《철학에 대하여》, 에우세비오스Eusebius의《복음의 준비》그리고 테오도시우스Theodosius의《회의주의적인 장들Skeptical Chapters》등이 있다.

이 장에서는 피론의 회의주의가 후대의 피론주의에 어떠한 영향을 끼쳤는지를 논의한다. 우선 피론의 회의주의가 후대 피론 학파의 회의주의와 동일하지 않다는 테오도시우스의 주장과, 피론의 회의주의가 오히려 독단주의에 가깝다는 누메니오스Numenius의 주장을 비판적으로 살펴보면서, 그의 회의주의가 오늘날 지니는 의미를 살펴본다. 그리고 결론적으로 피론의 회의주의가 후대 피론 학파의 회의주의와 연속하는 참된 회의주의 철학임을 논한다.[1]

어떤 상황에서도 평정심을 유지한 철학자 ●

피론은 고대 회의주의의 최대 학파였던 피론 학파의 창시자인 동시에 피론주의라는 새로운 철학의 정신적 지주이기도 했다. 비록 그의 이름을 딴 피론 학파는 그가 세상을 떠나고 난 뒤 약 2~3세기 뒤에야 출현했지만, 고대 회의주의의 역사가 그로부터 시작됐다는 사실은 부정할 수 없다. 물론 고대 회의주의의 단초를 제공했던 사람들은 많았다. 우리는 그것을 이미 1부의 "누가 고대 회의주의의 기원인가?"에서 다뤘다. 하지만 고대 회의주의와 관련된 보다 본격적인 논의는 피론으로부터 시작됐다고 봐도 무방하다.

피론은 펠로폰네소스 반도에 위치한 엘리스에서 태어났다. 철학을 공부하기 전에 그는 화가였다고 한다. 그렇지만 철학을 공부하고 나서는 그림을 그만두고 본격적인 철학자의 길을 걸었다. 처음에는 그리스 메가라 학파의 철학자인 스틸폰Stilpon의 아들이었던 브리손Bryson에게서 철학을 배웠다.[2] 그다음에는 아낙사르코스Anaxarchus 문하에서 철학을 공부했다. 그런데 아낙사르코스는 자신과 같은 고향인 압데라 출신의 선배 철학자 데모크리토스Democritus의 원자론atomism을 추종했다. 이러한 배경하에서 피론은 데모크리토스 원자론의 영향을 많이 받았고, 또한 데모크리토스의 철학을 좋아하고 자주 언급했다.[3]

라에르티오스에 따르면 아낙사르코스의 성격은 매우 거칠었다고 한다.[4] 철학적으로 그는 인간 영혼의 평화로운 상태, 즉 '마음의 초연함'을 강조했으며, 이것을 인간 영혼의 가장 이상적인 상태로 바라봤다. 그가 피론을 특별히 좋아했던 이유도, 피론이 다른 제자들과 달리 마음의 초연함을 질 유지했기 때문이라고 한다. 한편 아낙사르코스는 알렉산드로스 대왕과도 친분이 있어서, 그의 동방원정에 참여하기도 했다. 피론 또한 스승을 따라 원정길에 올랐는데, 도중에 그는 새로운 철학과 조우한다.

피론은 인도와 페르시아에서 그 전에는 경험하지 못했던 새로운 철학을 접했다. 그곳에서 그는 '인도의 나체 현자들gumnosophistai'과 '마고스들 magos'을 만났다.[5] 압데라의 아스카니오스Ascanius of Abdera는 이에 대해서 흥미로운 증언을 한다. 피론과 아낙사르코스가 인도의 현자들과 페르시아의 박사들로부터 고대 회의주의의 핵심 개념인 외부 대상에 대한 '파악 불가능성'과 '판단유보'라는 새로운 철학적 원리를 배웠다는 것이다. 동방원정 이후 피론이 그리스 사회에 자신의 새로운 철학적 원리를 전파하면서 피론주의가 탄생했다.[6]

> 압데라 사람 아스카니오스가 말하는 것처럼, 그는 파악 불가와 판단중지의 형태를 도입해 참으로 고귀하게 철학 활동을 한 것으로 보인다. 그는 어떤 것도 아름답지도 추하지도 않고, 정의롭지도 부정의하지도 않다고 말하기 때문이다. 또한 마찬가지로 모든 경우에 어떤 것도 진실로 그런 것은 없고, 사람들은 법과 관습에 따라 모든 것을 행한다고 말했다. 하나하나의 것이 이렇기보다 저렇다고 할 것이 없기 때문이란 것이다.[7]

아이네시데모스는 피론을 '최초의 회의주의자'로 언급했다. 이후 이것은 후대 피론 학파의 공식적인 입장으로 자리 잡았다. 아카데미 회의주의의 창시자였던 아르케실라오스도 피론의 영향을 강하게 받았다.

서구 회의주의 철학사에서 피론은 '현상들phainomenōn'을 철학적 탐구의 제1영역으로, 그리고 '마음의 평안'을 철학적 탐구의 제1목표로 설정했던 철학자였다.[8] 하지만 이러한 의견과 결을 달리하는 해석들도 존재한한다. 그럼 그를 둘러싼 해석에는 어떤 것들이 있을까?

우선 피론은 어떠한 악조건 속에서도 항상 '마음의 평안'을 강조했던 현자와 같은 인물이었다. 잘 알려져 있듯이 피론은 한편으로는 평생 진리를 탐구하고 독단의 함정과 허무의 늪지대를 피해 중도를 추구했으나, 다른 한편으로는 어떠한 상황에서도 마음의 평안을 유지해야 한다는 강박관념으로 인해 일반인으로부터 기인 취급을 받았다. 특히 후자와 연관된 일화가 많은데, 그중 하나로 '마차 이야기'가 있다. 어느 날 피론이 길을 가는데, 그의 앞으로 마차가 달려왔다. 그럼에도 그는 몸을 피하지 않은 채 유유히 길을 걸어갔다. 그가 사고를 당하기 직전, 옆에서 그 광경을 지켜보던 그의 제자들이 몸을 날려 그를 구했다. 자칫하면 크게 다치거나 죽을 수도 있는 상황이었다. 또 다른 일화에 따르면 피론이 물에 빠져 허우적거리는 사람을 보고서도 부동심을 유지한 채 묵묵히 자기 길을 걸어갔다고 한다. 이 이야기는 듣는 사람에 따라 큰 오해를 불러일으킬 수 있었다. 피론이 피도 눈물도 없는 사람으로 보일 수 있기 때문이다. 하지만 이 이야기가 강조하는 바는 어떠한 상황하에서도 마음의 평안을 견지했던 피론의 담대함이다. 이러한 일련의 일화들을 통해, 우리는 피론이 자신의 철학적 원리를 현실세계에 끝까지 투영하고자 했던 철학자라는 것을 확인할 수 있다.[9]

피론의 회의주의를 체계적으로 파악하는 일은 결코 쉽지 않다. 어떻게 보면 서구 철학사에 등장하는 철학자들 중 그만큼 파악하기 힘든 인물도 없을 것이다.[10] 그에 대한 다방면의 해석 가운데 잘 알려져 있는 것은 그가 '회의주의자'나 '인식론자' 또는 철학의 '구루Guru'(스승)라는 것이다. 이는 가장 일반적인 해석이기도 하다. 이와 동시에 그는 '형이상학자' 또는 '윤리학자'로도 알려져 있다. 일반적인 해석은 아니다. 또 다른 해석으로는 그가 회의주의자가 아니라, 오히려 '독단주의자'라는 주장도 있다. 이는 매우 특이한 해석이다. 이처럼 피론에 대한 해석은 매우 다양하다.

상황이 이렇다 보니, 연구가들 중에는 역사적 피론에 대한 완벽한 그림을 그리는 것은 불가능에 가깝다는 의견을 피력하는 사람도 있다.[11] 하지만 그것은 빈약한 문헌과 상충되는 해석들로 인한 부차적인 문제지, 탐구자체와 연관된 본질적인 문제는 아니다. 피론은 역사적으로 실존했으며, 피론주의의 발전에 지대한 영향을 끼친 철학자였다. 그러므로 우리는 아이네시데모스가 피론을 시조로 하는 피론 학파를 만들었고, 섹스투스가 그의 이론을 체계화시켰다는 사실에 근거해, 그에 대한 전체적인 그림을 그려낼 수 있다.

하지만 피론에 대한 의문들 중에는 아직까지 풀리지 않는 것이 많다. 특히 심각한 것은 피론을 '극단적인 독단주의자'로 규정하는 해석이다. 이는 2세기 후반에 활동했던 그리스 철학자 누메니오스에 의해 제기됐다. 그보다 더 심각한 해석은 2세기 그리스의 천문학자이자 수학자였던 테오도시우스에 의해 제기됐다. 그는 피론이 회의주의자가 아니며, 고대 회의주의자들의 목록에서 피론을 제외해야 한다고 주장했다.

먼저 누메니오스의 해석부터 살펴보자. 누메니오스는 아파메아(현재 시리아의 힘스) 출신으로 중기 플라톤주의를 대표하는 철학자였다.[12] 그는 플라톤의 철학이 플로티노스의 신플라톤주의로 넘어가던 과정에서 큰 역할을 수행했고, 플라톤 철학의 기원을 이집트 등의 고대 근동에서 찾았다. 라에르티오스에 따르면, 누메니오스에게 피론은 '독단적 주장을 했다dogmatisai'고 알려진 철학자였다.[13] 즉 누메니오스는 피론을 사물의 본성에 관해 독단주의적 해석을 했던 형이상학자로 이해했던 것이다.[14] 하지만 누메니오스의 이러한 해석에는 결정적인 문제점이 있는데, 그것은 피론이 왜 회의주의자가 아닌 독단주의자인가에 대한 구체적인 설명이 빠져 있다는 것이다. 이와 관련한 더 이상의 자료가 없기에, 누메니오스의 피론에 대한 논의는 여기서 멈출 수밖에 없다.[15]

다음으로 테오도시우스의 해석을 음미해보자. 테오도시우스는 비티니아(현재 터키 아나톨리아 반도 서북부) 출신으로, 기원전 2세기에 활동했던 철학자였다. 그가 집필한 책으로는《회의주의적인 장들》이 있다. 라에르티오스에 따르면, 테오도시우스에게 피론주의는 회의주의와 동일하지 않았다. 왜냐하면 피론은 회의주의와 연관된 그 어떠한 이론도 가지고 있지 않았기 때문이다. 테오도시우스는 피론이 회의주의를 최초로 발견하지도 않았고 어떤 학설도 가지고 있지 않았다면서, 피론을 회의주의자로 볼 수 있는 근거가 없다고 주장했다.[16] 하지만 그의 이러한 해석은 상식적이지 않으며 설득력 또한 떨어진다. 그의 말대로 만약 피론이 회의주의에 관한 구체적인 학설을 만들고 체계적으로 구축했다면, 그것이야말로 독단주의로 가는 지름길이었을 것이기 때문이다. 이런 점에서 테오도시우스의 해석 또한 많은 문제점이 있다.

역사적 피론에 대한 논의는 누메니오스와 테오도시우스의 극단적인 해석이 보여주듯 매우 복잡하고 난해한 양상을 띤다. 피론이라는 인물이 과연 실제로 존재했는지에서부터 회의주의자로서의 그의 철학적 위상에 이르기까지 다양한 문제가 노출될 수밖에 없는 것이다. 그럼에도 불구하고 현대의 피론 연구자들 사이에 공유되는 하나의 전제가 있는데, 그것은 피론은 독단주의자가 아니라 회의주의자고, 학파로서의 피론주의는 사실상 그로부터 시작됐다는 것이다.[17] 라에르티오스는 피론 회의주의의 특징을 다음과 같이 정리했다.

다시 독단주의자들은 그 사람들(회의주의자들)이 삶을 구성하는 모든 것을 내다버리면서 삶조차 제거한다고 말한다. 하지만 그 사람들은 그들이 거짓말을 한다고 말한다. 자신들은 본다는 것 자체를 제거하는 것이 아니라, 어떻게 보는지를 모른다고 말한다는 것이다. 우리는 나타나는 것을 설정하지만, 실제로 그러하다고 설정하지는 않는다. 우리는 불이 연소한다는 것을 지각한다. 하지만 불이 연소의 본성을 갖는지에 대해서는 판단을 중지한다. 우리는 누군가가 운동하고 소멸하는 것을 바라본다. 하지만 이것들이 어떻게 해서 일어나는지는 알지 못한다. 그래서 우리는 나타나는 것들과 공존하는 불확실한 것들에 대답할 뿐이라고, 그 사람들은 말한다. 우리가 영상이 돌출되어 있다고 말할 때, 우리는 그것이 나타나는 것임을 명확히 한다. 하지만 우리가 영상이 돌출되어 있지 않다고 말할 때, 우리는 더 이상 나타나는 것이 아니라 다른 것을 말한다. 이런 근거로 티몬 역시 《퓌톤》에서 자신이 관습을 벗어난 게 아니라고 말한다. 또한 《현상Indal-moi》에서 이렇게 말한다. "하지만 나타나는 것은 그것이 가는 모든 방향에서 힘을 갖는다." 그리고 《지각에 대하여》에서는 "나는 꿀이 달콤하다고 간주하지 않지만, 그렇게 나타난다는 데는 동의한다"고 말한다.[18]

그런데 피론을 둘러싼 이러한 복잡한 현상이 발생한 데는 무엇보다도 피론 자신의 책임이 크다. 그가 문헌을 통해 자신의 회의주의 철학을 분명하게 밝히지 않았기 때문에, 문제가 더 복잡해졌던 것이다. 물론 소크라테스와 아르케실라오스 그리고 카르네아데스 또한 저서를 남기지 않았다. 하지만 그들에게는 관련된 문헌들이나 증언들이 상당 부분 남아 있다. 그래서 그들의 삶과 이론을 재구성하는 일은 그리 어렵지 않다. 그렇지만 피론의 경우 1차 문헌 자체가 너무 빈약하다 보니, 그의 삶과 이론을 재구성하는 것 자체가 지난할 수밖에 없다. 피론에 대한 논의는 그에게 내재된 복잡성과 신비스러움 그리고 연관된 해석들의 난해함으로 인해, 논의 자체가 불투명하다는 특징을 띤다.

그나마 피론에 대해 투명성을 제공하는 것은 제자 티몬이다. 그의 존재로 인해 피론 철학의 불투명성은 어느 정도 해소될 수 있었다. 소크라테스에게 수제자 플라톤이 있었듯이, 피론에게도 수제자 티몬이 있었다. 티몬은 피론 밑에서 철학을 배웠으며, 그의 삶과 철학을 생생하게 기록으로 남기기도 했다. 하지만 불행하게도 그가 남겼던 저서들은 현재 우리에게 전해지지 않는다. 1세기 메세네 출신의 철학자였던 아리스토클레스의 주저 《철학에 대하여》에 그와 연관된 이야기들이 일부 남아 있었지만, 이마저 사라져버리고 없다. 대신 그 문헌의 내용은 3~4세기 교부철학자였던 에우세비오스의 《복음의 준비》에 일부분 남아 있다. 우리는 그것을 토대로 티몬의 철학을 재구성해볼 수 있다.

이 장에서는 에우세비오스의 《복음의 준비》에 나타난 피론에 대한 논의를 통해, 그가 삶에 있어서 '초연함'과 '태연함' 그리고 '마음의 평안'이라는 가치를 강조한 철학자였으며, '이해 불가능성'과 '판단유보'라는 새로운 원리를 주장했던 최초의 회의주의자였다는 것을 밝힌다.[19]

상황에 지배받지 않는 평온함의 힘 ●

라에르티오스도 그의 주저 《유명한 철학자들의 생애와 사상》에서 피론의 삶과 철학에 대한 다양한 이야기를 언급했다.[20] 특히 그는 기원전 3세기 카리스토스의 안티고노스Antigonus of Carystus가 전하는 이야기를 인용하면서 피론의 삶과 철학을 소개했다.

라에르티오스에 따르면 피론은 엘리스에서 태어나 아낙사르코스 밑에서 철학을 공부했다. 앞에서도 언급했듯 피론은 아낙사르코스와 함께 동방원정에 참여했고, 그 길에서 인도의 현자들과 페르시아의 박사들을 만나 새로운 철학의 가르침을 받았다. 동방원정이 끝나고 난 후, 그는 자신이 새롭게 깨달았던 회의주의적 원리들을 고대 그리스 세계에 설파하면서 회의주의의 꽃을 피울 수 있었다. 피론은 평생 철학을 가르치다가 90세에 세상을 떠났다고 한다.[21]

피론이 깨달았던 회의주의적 진리는 수제자 티몬이 계승했다. 그 뒤 피론과 티몬의 회의주의는 몇 세기가 지난 뒤 아이네시데모스가 계승했다. 처음에 아이네시데모스는 아카데미 회의주의자를 표방했으나 점점 독단주의로 변해가는 아카데미에 실망했고, 결국 피론을 시조로 하는 새로운 철학 학파를 만들었다. 피론 학파는 아이네시데모스로 인해 공식적인 철학 학파로서 모습을 갖추게 됐던 것이다. 그 뒤 피론 학파는 아카데미 학파와 함께 고대 회의주의의 양대 산맥을 형성했다. 피론주의자들 중 한 사람이었던 섹스투스는 자신의 주저 《학자들에 반대하여》에서, 피론이 '현상'[22]을 강조하는 철학자였다고 언급했다.[23]

진실로 나는 각각의 사실을 그것이 나에게 현상하는 대로 관계시킬 것이다. 진리에 대한 올바른 기준을 가지면서, 이 속에서 나의 말을 전할 것이다. 즉 신의 본성과 신성의 본성은 어떻게 영원히 머물며, 어떻게 사람들이 평등하고 정의로운 삶을 살아가는지.[24]

그런데 섹스투스가 전해주었던 피론의 철학을 자세히 들여다보면, 우리는 놀라운 사실 하나를 발견할 수 있다. 그것은 피론이 '자연의 본성physis'에 대해 이야기했다는 것이다. 즉 섹스투스는 피론을 논하면서, 그의 형이상학자적인 측면을 언급했던 것이다. 이 지점에서 우리는 하나의 의문을 제기할 수 있다. 만약 피론과 관련하여 정말로 자연의 본성과 연관된 형이상학적인 언급들이 있다면, 피론에게도 독단주의적 철학의 흔적이 있다고 할 수 있을까? 누메니오스가 피론을 독단주의자로 규정했던 건 어쩌면 일리 있는 주장이지 않을까? 물론 이는 최초의 회의주의자로서 피론의 철학적 위상을 심각하게 훼손시킬 수 있는 가설이다. 하지만 만약 피론의 철학에서 그러한 형이상학적 언급이 발견된다면, 그를 독단주의자로 해석할 수 있는 길을 열어줄 것이다. 다음은 자연의 본성과 연관된 티몬의 언급이다.

또 본성상 좋은 것도 나쁜 것도 없다. 어떤 것이 본성상 좋거나 나쁘다면, 눈이 누구에게나 차갑듯이, 모든 것은 내재적으로 좋거나 나빠야 한다. 하지만 어떤 것도 모두에게 공통으로 좋거나 나쁘지 않다. 따라서 본성상 좋거나 나쁜 것은 없다. 누군가에 의해 좋다고 판단된 모든 것은 그렇다고 말해야 하거나, 모든 것이 그렇지 않다고 말해야 한다. 그리고 동일한 것이, 에피쿠로스에 의해 그렇게 되듯이 누군가에 의해 좋다고 판단되고 안티스테네스에 의해 그렇게 되듯이 누군가에 의해서는 나쁘다고 판단된다. 그렇게 해서 동일한 것이 좋으면서 나쁘다는 결론이 나올 것이다. 하지만 우리가 누군가에 의해 좋다고 판단된 모든 것을 모두에게 다 좋은 것이라고 말할 수 없다면, 그 판단들을 구분하는 것이 필요할 것이다. 하지만 동등효과 때문에 그것은 가능하지 않다. 그리하여 본성상 좋은 것은 인식되지 않는다.[25]

그런데 아리스토클레스 역시 누메니오스와 비슷한 시각에서 피론을 형이상학자로 해석했다. 그는 피론이 사물들이란 모두 똑같이 무구별적이고 불안정하며 미결정적이라는 점을 밝혔다고 증언했는데,[26] 이 언급 역시 피론이 형이상학적 독단주의자임을 확인시켜준다. 이처럼 누메니오스와 아리스토클레스는 피론을 회의주의자가 아니라 독단주의자로 해석하고 있다.

하지만 피론에 대한 독단주의적 해석이 확대되거나 절대시돼서는 곤란하다. 앞에서 언급된 누메니오스와 아리스토클레스를 제외하면, 피론을 독단적 형이상학자로 보는 철학자는 존재하지 않기 때문이다. 피론과 관련한 현존하는 문헌들은 대부분 그가 회의주의자라고 명백하게 뒷받침해준다. 라에르티오스도 아이네시데모스가 《피론의 논변Pyrrhōneoi logoi》 제1권에서 피론은 반대논변을 이유로 아무것도 독단적으로 규정하지 않지만 현상에는 따른다고 말했다면서,[27] 피론이 독단주의자가 아니라 회의주의자였음을 분명하게 증언했다. 섹스투스도 회의주의가 피론주의로도 불리는 이유는 그가 이전 그 누구보다 명백하게 회의주의로 나아갔기 때문이라며,[28] 피론이 피론주의의 시조임을 증언했다. 피론은 명백히 독단주의자가 아니라 회의주의자로 보인다.

회의주의자로서 피론이 가장 강조했던 개념은 '마음의 평안'이었다. 이 개념은 한편으로는 일상적인 삶에서 이루어지는 마음의 초연함으로 이해됐지만, 다른 한편으로는 일상적인 삶에서 이루어지기 힘들었던 부동심으로도 이해됐다. 특히 어떤 것에도 흔들리지 않는 마음의 자세를 일컫는 부동심은 종종 피론을 평범하지 않은 인간으로 묘사하게 했다. 경우에 따라서는 그를 기이하고 비정상적인 철학자로 각인시키기도 했다.

우선 피론은 보통 사람들과 달리 인간의 오감에 대해 부정적이었다고 알려졌다. 죽음을 눈앞에 둔 극한의 상황에서도, 그는 오감에 따라 판단하거나 행동하지 않았다. 타인이 강제하는 정형화된 삶의 방식으로 살지도 않았다. 그는 이러한 초인적인 모습으로 인해, 어떠한 상황에도 굴복하지 않는 마음을 지녔던 이상적인 현자로 인식됐다. 그것은 보통 사람들이 쉽게 따라하거나 실천할 수 없는 삶이었다. 그럼에도 불구하고 그의 삶을 사랑했던 제자들과 추종자들은 피론이 보여준 초인적인 모습에 매료되어 회의주의 철학의 궁극적인 목표를 마음의 초연함으로 설정했고, 실제로 그 목표를 달성하기 위해서 노력했다. 티몬은 그의 저서 《현상》에서 피론을 마음의 초연함을 실천했던 이상적인 인물로 칭송했다.

피론이여, 나의 심정은 이것을 듣기를 열망하나니,

도대체 어떻게 그대는 인간으로서 그토록 쉽게 평정을 유지하며 사는지,

인간들 사이에서 그대만이 오로지 신들과 같은 방식으로 그들을 인도하면서 말이오.[29]

하지만 피론도 유한한 신체를 가진 인간이기에 종종 마음의 초연함을 유지하지 못하기도 했다. 특이하게도 그는 개를 무서워했다고 전해지는데, 어느 날에는 자신을 향해 달려오던 개를 보고서 도망을 가는 바람에 주위에 있던 많은 사람들로부터 빈축을 사기도 했다고 한다.[30] 피론의 인간적인 면을 보여주는 하나의 사례라고 생각된다.

그렇지만 개와 연관된 일화를 제외하면, 피론은 모든 문제에 있어서 마음의 초연함을 유지했던 초인적인 인물로 그려졌다. 라에르티오스에 따르면, 피론의 친구들과 제자들은 그를 온갖 위험으로부터 구해주었다. 만약 그들이 나서서 구해주지 않았다면 목숨을 잃을 뻔했던 사건이 한두 번이 아니었다고 한다.[31] 예를 하나 들어보자. 어느 날 피론은 자신의 스승이었던 아낙사르코스가 늪에 빠진 것을 보았다. 하지만 그는 전혀 마음의 동요를 일으키지 않은 채 그 자리를 그냥 지나쳤다. 이 이야기를 들었던 사람들은 그의 행동을 비난했지만, 당사자였던 아낙사르코스는 오히려 피론의 부동심을 칭찬했다고 한다. 그가 보기에 피론은 자신의 가르침에 따라 어떠한 상황에서도 마음의 초연함을 잃지 않았기 때문이다.[32]

그런데 피론과 연관된 일화를 언급할 때에 우리는 조심해야 한다. 그 속에는 신화적인 요소가 많기 때문이다. 연구자들 중에는 일화의 신빙성에 의문을 제기하는 사람들도 있다. 카차 포그트Katja Maria Vogt도 그중 한 명이다. 그는 피론과 연관된 일화들 자체에 대해서 강한 의문을 제기했다. 그는 에버러드 플린토프Everard Flintoff의 의견을 따라,[33] 피론의 전기傳記는 피론의 삶을 현자, 즉 동방으로 간 여행자라는 도식에 꺼맞추려 했다고 비판했다.[34] 이런 점에서 볼 때 피론과 연관된 일화들을 그 자체 역사적 사실로 받아들이기는 힘들다.

그럼에도 불구하고 라에르티오스에 의해 언급되는 피론의 이야기들은 상당히 믿을 만하다. 그는 피론을 언급하면서 마음의 평안과 연관된 개념들을 강조했다. 그는 '마음의 초연함(무심)'이나 '마음의 태연함(무감정)' 또는 '마음의 평온함'과 연관된 인물이었다. 그는 산파였던 누이동생 필리스타Philista와 함께 살았으며, 닭이나 돼지를 길러 시장에 내다 팔면서 생계를 이어갔다. 집안 청소도 직접 했고, 기르던 돼지도 직접 목욕시킬 정도로 소탈했다고 한다.[35] 어느 날 피론은 몸에 상처가 나서 의사로부터 절개와 지짐술 치료를 받아야 했는데, 이때도 그는 아무런 두려움 없이 마음의 평안을 유지한 채 치료를 받았다고 전해진다.[36]

그런데 마음의 평온함과 연관된 빼놓을 수 없는 피론의 일화로 이른바 '피론의 돼지'가 있다.[37] 폭풍우가 치던 바다 한가운데 사람들을 태운 배가 떠 있었다. 배 안에 있던 사람들은 모두 두려움에 벌벌 떨었지만, 오직 새끼 돼지 한 마리만은 마음의 평정을 유지한 채 무심하게 먹이를 먹고 있었다. 피론은 마음의 평온함이란 바로 이러한 것이라며, 진정한 평온만이 현자를 현자답게 만든다고 역설했다.[38] 결국 피론은 마음의 유약함으로 인해 발생한 공포와 두려움을 통제하는 것이 '평온함'이라고 보았으며, 그러한 통제의 장치가 바로 '이성Logos'이라고 생각했다.

언젠가 개가 덤벼들었을 때 겁을 먹은 피론을 탓하는 사람들에게, 그는 "인간에서 완전히 벗어나기란 얼마나 어려운가"라고 말했다고 한다. 하지만 그는 "할 수 있는 한 사실에 맞서 행동으로 대항해야 하지만, 그게 안 되면 '이성 logos'(지은이 수정)으로라도 대항해야 한다"고 말했다고 한다.[39]

피론의 철학에 대한 상반된 해석　　　　　●

아이네시데모스가 피론 학파를 수립한 이후 피론은 서구 회의주의 철학사에서 빼놓을 수 없는 가장 중요한 인물로 각인됐다. 그는 평생 한 줄의 글도 남기지 않았으나, 그의 제자였던 티몬은 그의 삶과 철학을 책으로 남겼다. 티몬은 많은 책을 집필했으나, 현재까지 그가 썼다고 알려진 건 《실로이Silloi(풍자)》와 《현상》 등을 포함한 소수의 책들뿐이다. 더군다나 이 책들은 그저 '있었다'는 것만이 확인될 뿐, 전체적인 내용은 거의 알려지지 않았다. 대신 우리가 확인할 수 있는 것은 아리스토클레스의 《철학에 대하여》에 나타난 단편적인 내용들인데,[40] 이것마저 에우세비오스의 《복음의 준비》를 통해서 살펴볼 수 있을 뿐이다.

　결국 피론의 철학을 온전히 밝혀내기 위해서는 에우세비오스에서 출발해, 아리스토클레스를 거쳐, 티몬으로 올라가는 길을 택해야 한다. 물론 이러한 접근 방법이 모든 문제를 해결해주진 않는다. 기원후 3~4세기에 활동했던 에우세비오스의 기록이 그보다 수 세기 전에 활동했던 피론 철학을 온전히 담보하기에는 많은 문제가 있을 것이기 때문이다. 오랜 시간에 걸쳐 학자들에 의해 전해지는 과정에서 변질·왜곡되었을 가능성이 농후하다. 이런 한계에도 불구하고, 우리는 에우세비오스의 문헌과 그 문헌에 나타난 아리스토클레스와 티몬의 증언을 신뢰할 수밖에 없다. 우리에게 주어진 증언들을 거부한다면, 피론 철학을 재구성할 수 없기 때문이다.

　에우세비오스의 문헌에는 피론 철학에 대한 아리스토클레스의 언급이 여섯 개의 토막글로 나타나 있다. 비록 이 토막글들은 분량이 적고 내용도 난해하지만, 피론 철학에 대한 매우 유의미한 내용들을 함축하고 있

다.[41] 우리는 여기에 근거하여 그의 철학을 고찰할 수 있다.[42]

(1) 무엇보다 먼저 우리 자신의 앎에 관해 탐구해야 한다. 왜냐하면 만약 우리가 본성상 어떤 것도 알 수 없다면, 다른 것들을 탐구하는 일은 불필요할 것이기 때문이다. 옛날 사람들 중에 이런 이야기를 하는 사람들을 아리스토텔레스는 반박했다. 엘리스의 피론 또한 이와 같은 내용을 말하면서 명성을 얻었다.[43]

(2) 하지만 그 자신은 어떤 저술도 남기지 않았다. 반면 그의 제자 티몬은 행복하고자 하는 자는 다음과 같은 세 가지를 살펴야 한다고 말한다. 첫째, 사물들이 본성상 어떠한가hopoia pephyke ta pragmata? 둘째, 우리는 이들에 대해 어떤 태도를 취해야 하는가tina chre tropon hemas pros auta diakeisthai? 마지막으로 이러한 태도를 가진 사람들에게 어떤 유익이 있을 것인가ti periesthai tois houtos echousi?

(3) 티몬은 말하기를, 피론은 사물들이 동일하게 *adiaphora*(규정지어질 수 없는)하고 *astathmeta*(측정 불가능한)하며 *anepikrita*(미결정적인)하다고 주장한다.[44]

(4) 이런 이유로 우리의 감각이나 신념들은 진실을 말하는 것도 아니고 거짓말을 하는 것도 아니다.[45]

(5) 따라서 이러한 이유로 이들을 믿어서는 안 되며, 신념을 가지지 않고 한쪽으로 쏠리거나 동요하지도 않아야 한다. 우리는 각각의 대상에 관해 그것이 그렇지 않다고 말하기보다는 그러한 것은 아니라고 말하거나, 혹은 그런 동시에 그렇지 않다고 말하거나, 혹은 그렇지도 않고 그렇지 않지도 않다고 말해야 한다.[46]

(6) 디몬은 이러한 태도를 취하는 사람들에게 있어서 첫 번째 유익이 단언하지 않음aphasia, nonassertion이며,[47] 다음 유익은 마음의 평안ataraxia일 것이라고 말하는데, 아이네시데모스는 즐거움hedone을 유익이라고 말한다. 말해지는 바의 요점[48]은 위와 같다.

(1)에서 아리스토클레스는 피론을 언급하면서, 그의 철학적 입장을 '우리는 본성상 어떤 것도 알 수 없다'[49]는 명제로 요약했다.[50] 사물의 본성에 관한 주장과 연관된 이러한 언급을 통해, 아리스토클레스는 피론을 형이상학적 사유를 전개했던 철학자로 묘사했다. 하지만 아리스토클레스의 이러한 언급은 피론주의자들에게는 수용 불가능했다. 피론을 부정적 독단주의자로 규정하는 것이었기 때문이다.[51]

아리스토클레스에 따르면 피론은 어떠한 글도 남기지 않았다. 아리스토클레스는 (2)에서 인간 행복과 연관된 티몬의 질문, 즉 '행복하고자 하는 사람은 어떤 것을 살펴야 하는가?'라는 철학적 질문을 언급했다. 아울러 그는 티몬의 이러한 질문을 세 가지 구체적인 질문으로 재구성했다. 첫째 '사물의 본성에 대한 질문', 둘째 '사물의 본성을 대하는 우리의 태도에 관한 질문', 셋째 '이러한 태도를 가진 사람들에게 발생하는 유익에 대한 질문'. 첫 번째 질문에 대한 답변은 (3)에서, 두 번째 질문에 대한 답변은 (5)에서, 세 번째 질문에 대한 답변은 (6)에서 각각 제시됐다. 그런데 첫 번째 질문과 두 번째 질문이 어떻게 연결될 수 있는가 하는 문제에 대해서는 논의가 분분할 수 있다.[52] 이것은 아마도 아리스토클레스가 피론과 티몬 철학을 잘못 이해한 데서 파생된 문제일 가능성이 높다.

티몬은 앞에서 언급된 세 가지 질문들 중 첫 번째인 '사물의 본성에 대한 질문'의 답변을 피론의 입을 통해 소개했다. (3)은 (4)와 함께 연구자들 사이에서 많은 논란을 야기한 토막글이기도 한데, 그 이유는 원문 자체가 난해하기도 하고, 관점에 따라 양립 불가능한 두 가지 해석이 동시에 존재할 수 있기 때문이다.[53] 원문에 대한 해석으로는 '객관적 해석'과 '주관적 해석'이 있을 수 있다.[54] 이때 객관적 해석이란 사물 자체가 불확정적이라는 입장과 연관되고, 주관적 해석이란 인식 주체는 사물이 어떤 것인지를 결정할 수는 없다는 입장과 연관된다. 그래서 객관적 해석은 '형이상학적 해석'과 같고, 주관적 해석은 '인식론적 해석'과 같다고 이해될 수 있다.[55]

인식론적(주관적) 해석을 지지하는 연구가들은 사람에게는 사물의 본성을 파악하는 능력이 존재하지 않는다고 보았다. 그래서 인식론적 해석자들은 (3)에 등장하는 세 개의 형용사, 즉 '아디아포라adiaphora', '아스타쓰메타astathmeta' 그리고 '아네피크리타anepikrita' 중에서 세 번째 '아네피크리타'라는 형용사를 '미결정적undecidable'이라는 뜻으로 해석했다. 그들의 이러한 해석은 피론을 섹스투스와 연결시키는 방법이기도 했다. '아네피크리타'라는 개념을 통해 사물의 본성을 결정지을 수 있는 인식론적 능력이 우리 인간에게는 결핍되어 있다는 식으로 해석하게 되면, 반독단주의를 매개로 피론과 섹스투스를 연결시킬 수 있었다. 이런 점에서 인식론적 해석은 피론과 후대의 피론주의자들 간의 연속성을 강조했던 철학자들의 지지를 이끌어낼 수 있었다.

그런데 이러한 인식론적 해석에도 문제점이 하나 있다. 원문을 일부 수정해야 이러한 해석이 가능하다는 점이다.[56] 그래서 E. 젤러는 (4)의 원문에서 '이런 이유로'라는 뜻을 가진 '디아 투토dia touto'를 '…때문에'라는 뜻을 가진 '디아 토$^{dia\ to}$'로 수정할 것을 제안했다. 하지만 젤러의 이러한 제안은 피론주의를 일관되게 설명해준다는 점에서는 긍정적이나, 원문을 인위적으로 수정해야만 설득력 있는 해석이라는 점에서는 부정적이다.

젤러가 원문을 수정하기 전까지는 (4)가 (3)의 결론이었다. 하지만 젤러가 원문을 수정하고 난 이후에는 오히려 (4)가 (3)의 전제가 됐다. 즉 '(3) 티몬이 말하기를, 피론은 사물들이 동일하게 adiaphora하고 astathmeta하며 anepikrita하다고 주장한다. (4) **왜냐하면** 우리의 감각이나 신념들은 진실을 말하는 것도 아니고 거짓말을 하는 것도 아니기 **때문이다**'라는 문장으로 바뀌었던 것이다.

이에 반해 형이상학적(객관적) 해석자들에게는 원문을 수정해야 하는 부담은 없었다. 그들은 주어진 원문 안에서 피론의 생각을 읽어내고자 했다. 하지만 그들에게도 큰 문제가 있었다. 형이상학적 해석론자들의 견해를 쭉 쫓아가다 보면, 피론은 더 이상 회의주의자가 아니라 독단주의자로 드러나기 때문이다. 형이상학적 해석에 따르면 인간의 인식 능력과 상관없이 사물의 본성은 존재하고, 피론은 그러한 사물의 본성에 관해 형이상학적 견해를 가지고 있었다. 이것이 사실이라면 (3)에서 언급된 세 가지 형용사들 역시 형이상학적 의미를 강하게 함축하고 있는 개념, 즉 '무차별적이며, 안정적이지 않고, 결정지을 수 없는'이라는 의미로 해석해야 한다.[57] 이처럼 형이상학적 해석 또한 인식론적 해석과 마찬가지로 큰 문제를 안고 있다.

형이상학적 해석을 지지하는 연구가들로는 스바바르손$^{S.\ H.\ Svavarsson}$과 리처드 베트$^{Richard\ Bett}$ 등이 있다. 그들은 (3)에 있는 세 개의 형용사, 즉 'adiaphora(규정지어질 수 없는), astathmeta(측정 불가능한), anepikrita(미결정적인)'가 모두 사물의 객관적 속성을 언급한다고 보았다. 하지만 그들의 이러한 해석은 피론을 후대 피론주의자들과 단절시키는 위험한 해석이기도 하다. 피론을 아이네시데모스 및 섹스투스와 불연속하게 만들어, 그의 철학을 독단적 형이상학으로 규정해버릴 수도 있는 것이다.

형이상학적 해석론자인 베트에 따르면 사물의 본성은 '미결정적'이라는 것이 피론의 생각이었고, 그의 형이상학에서 사물들은 고정되고 한정적인 특성을 가지고 있는 것으로 간주됐다.[58] 그런데 베트의 이러한 해석은 종국에는 피론을 독단적 형이상학자로 만들 위험성이 있다. 만약 그렇게 된다면, 그는 더 이상 회의주의자도 아니고 피론주의의 시조도 아니게 될 것이다.

이처럼 스바바르손이나 베트의 의견에 따라 피론을 형이상학적으로 해석할 때 야기될 위험성은 명약관화하다. 자칫 잘못하다간 회의주의자로서 피론의 정체성마저 붕괴시킬 위험성이 있는 것이다. 이런 점에서 사물의 본성에 집착하는 형이상학적 해석은 회의주의자로서 피론을 조명하는 데 있어 부적합해 보인다. 그렇기에 피론에 대한 해석은 형이상학적 해석자들과 일정한 거리를 두면서 반反형이상학적 관점에서 조망돼야 한다.[59]

복잡한 논쟁을 불러일으켰던 (3)과 달리 원문 (4)는 간단한 구조로 이루어져 있다. 여기서 피론은 (3)으로부터 파생된 하나의 추론, 즉 '이런 이유로 우리의 감각이나 신념들은 진실을 말하는 것도 아니고 거짓말 하는 것도 아니다'라는 추론을 이끌어내었다. 즉 그는 어떤 것을 'A'라고 혹은 'A 아닌 것'이라고 단정적으로 말해서는 안 된다고 언급했던 것이다. 물론 인식론적 해석자들은 원문을 수정하여 (4)를 (3)의 전제로 재조정했다. 하지만 원문은 수정 없이 (4)가 (3)의 결론으로 파악되어야 한다.

　원문 (5)는 '우리는 이들에 대해 어떤 태도를 취해야 하는가?'라는 두 번째 질문에 대한 답변으로 이해됐다.[60] 여기서 피론은 사물의 본성에 대한 우리의 태도는 무엇인가라는 물음에 대해 '우리는 각각의 대상에 대해 그것이 그렇지 않다기보다 그러한 것은 아니라고 말하거나, 혹은 그런 동시에 그렇지 않다고 말하거나, 혹은 그렇지도 않고 그렇지 않지도 않다고 말해야 한다'라는 답변을 제시했다. 그런데 이것을 언급하기 전에, 티몬은 피론이 강조했던 '감각과 의견에 대한 불신', '신념에 대한 거부', '편향에 대한 거부', 그리고 '동요에 대한 거부' 등을 언급했다. 원문 (5)와 연관된 개념들에 번호를 붙이면 다음과 같이 표현될 수 있다. '따라서 이러한 이유로, ① 이들을 믿어서는 안 되며, ② 신념을 가지지 않고adoxastous, ③ 한쪽으로 쏠리지도 않으며aklineis, ④ 동요하지도 않아야akradantous 한다.'

　먼저 '① 이들을 믿어서는 안 되며'는 인간의 지각과 의견을 불신했던 피론의 회의주의적 태도를 잘 보여준다. 이에 대한 증거들은 피론과 연관된 문헌들, 특히 라에르티오스의 문헌에서 확인할 수 있다.[61] 다음으로 '② 신념을 가지지 않고'는 섹스투스의 《피론주의 개요》에서 '독단적 믿음을 갖지 않고'[62]라는 부사적 표현과 같은 것으로, 섹스투스의 저작들에서 반복적으로 등장한다. 이러한 것들에 근거해 볼 때, 피론은 독단적 믿음을 거부했던 순수한 회의주의자였으며, 그의 이러한 모습은 섹스투스에게 그대로 계승되어 피론주의의 전통으로 자리 잡았다.

　그런데 '③ 한쪽으로 쏠리지도 않으며'는 무엇을 의미했을까? 우리는 이미 원문 (4)에서 '이런 이유로 우리의 감각이나 신념들은 진실을 말하는 것도 아니고 거짓말을 하는 것도 아니다'라는 피론의 언급을 통해, 어떤 것을 'A'라고 말해서도 'A 아닌 것'이라고 말해서도 안 된다는 것을 이미 확인했다. 섹스투스도 본성적으로 무엇이 좋고 나쁜지 분명하게 결정하지 않은 사람은 열렬하게 기피하거나 추종하지 않기 때문에 마음의 평안을 얻는다면서,[63] 독단주의를 배격하여 얻는 마음의 평안에 대해 언급했다. 이처럼 피론과 섹스투스 모두 독단주의를 배격하면서 어떠한 것도 긍정하지도 부정하지도 않았다.

그리고 '④ 동요하지도 않아야'를 통해 피론이 현실에 존재하는 대립자들의 힘의 균형을 중시했고, 그러한 균형이 파괴되는 것을 경계했음을 알 수 있다. 즉 'A'와 그 대립자인 'A 아닌 것' 사이에서 힘의 균형이 존재해야 한다. 만약 대립자들 중 어느 한쪽으로 힘이 쏠리게 된다면, 힘의 균형은 파괴될 수밖에 없다. 피론의 이러한 생각은 그 후 피론주의자들의 공통된 생각으로 간주됐으며, '마음의 평안' 내지는 '마음의 동요가 없거나 고요한 상태'로 이해됐다.[64]

마지막으로 행복과 연관된 세 번째 질문, 즉 '이러한 태도를 가진 사람들에게 어떤 유익이 있을 것인가?'라는 질문에 대해, (6)에서 '첫 번째 유익이 단언하지 않음이며,[65] 다음 유익은 마음의 평안일 것이라고 말하는데, 아이네시데모스는 즐거움[hedone]을 유익이라고 말한다'라는 답변을 제시했다. 이 답변에서 가장 핵심적인 개념인 '단언하지 않음'과 '마음의 평안' 그리고 '즐거움'은 인간이 회의주의적 태도를 견지하면 얻을 수 있는 세 가지 유익함이며, 피론은 이를 통해 궁극적으로 인간이 행복을 성취할 수 있음을 보여주려 했다.[66]

그런데 (6)에서 가장 주목되는 개념은 '단언하지 않음'이었다. 단언하지 않음이란 긍정으로든 부정으로든 어느 한 쪽으로 치우쳐서 확신에 찬 말을 하지 않는 것이다. 피론은 어떤 것을 언급하면서 그것을 'A'라고 혹은 'A 아닌 것'이라고 단언하지 않았다. 그는 '단언하지 않음'이란 개념을 통해 사람들이 '마음의 평안'이라는 유익에 도달할 수 있다고 주장했다. 섹스투스 역시 피론의 이러한 개념을 매개로 하여 자신의 회의주의 이론을 정교하게 만들었다.[67] 즉 그는 긍정과 부정을 포함하는 광의의 주장을 거부한 채, 어떤 것에 대해 긍정도 부정도 하지 않았던 것이다.[68] 이처럼 '단언하지 않음'이란 개념은 섹스투스에 의해 적극적으로 수용됐으며, 그 후 피론주의자들에게 가장 중요한 개념이 됐다. 또한 이 개념은 판단유보의 원리를 표현하기 위한 주된 장치로도 언급됐다.[69]

고대 회의주의 철학사에 나타난 피론의 모습은 매우 다양했다. 경우에 따라서는 기이하고 신비스러우며 모순적이기까지 했다. 난해하게만 여겨졌던 이러한 해석들을 정리하고자, 이 장에서는 피론을 회의주의자의 반열에서 제외시키려 했던 테오도시우스의 해석과 그를 독단주의자로 묘사했던 누메니오스의 해석을 배격하면서, 그가 회의주의적 원리에 충실했던 순수한 회의주의자임을 강조했다.

이 장에서는 티몬과 아리스토클레스 그리고 에우세비오스의 문헌들에 나타난 피론의 철학을 살펴보면서, 서로 대조되는 스바바르손과 베트의 형이상학적 해석과 젤러의 인식론적 해석을 비교·분석했다. 그 결과 우리는 형이상학적 해석을 강조하면 텍스트를 수정할 필요가 없다는 장점이 있으나 피론과 후대 피론주의자들과의 연속성이 담보되지 못하는 단점이 있고, 인식론적 해석을 강조하면 피론과 후대 피론주의자들 간의 연속성이 담보되는 장점은 있으나 텍스트를 일부 수정해야 하는 단점이 있음을 확인했다. 또한 피론을 회의주의자로 파악하는 것을 불가능하게 하는 형이상학적 해석과 일정한 거리를 두면서, 인식론적 해석에 근거하여 피론을 회의주의자로 위치 짓고자 했다.

2장

아이네시데모스

아카데미 바깥에서 피론 학파를 창시한 철학자 ●

아이네시데모스는 고대 피론 학파의 창시자로, 고대 회의주의 철학사에서 가장 중요한 인물들 가운데 한 사람으로 평가받고 있다. 그는 본래 아카데미 학파의 일원이었으나, 안티오코스에 의해 독단주의로 물들어가던 아카데미에 회의를 느껴 그곳을 떠나 새로운 회의주의 학파를 세웠는데, 이때 그가 모델로 삼았던 인물이 바로 수 세기 전의 회의주의자 피론이었다. 고대 피론 학파는 피론이 사망하고 나서 수 세기가 지난 뒤, 아카데미 학원의 이탈자였던 아이네시데모스에 의해 만들어졌던 것이다.

아이네시데모스는 피론주의와 연관된 저작인《피론의 논변Pyrrhōneoi logoi》을 썼으나, 현재는 그 책이 전해지지 않는다. 그 대신 섹스투스의《피론주의 개요》, 포디우스의《도서관》, 라에르티오스의《유명한 철학자들의 생애와 사상》 그리고 에우세비오스의《복음의 준비》 등에 나타난 아리스토클레스의 언급에서《피론의 논변》에 관한 내용들이 단편적으로 전해질 뿐이다. 그런데 아이네시데모스 관련 내용에 있어서 섹스투스와 라에르티오스의 저작은 믿을 만하지만, 포티우스와 아리스토클레스의 저작은 많은 문제점을 안고 있다. 그들은 아이네시데모스를 자기모순적인 존재로 해석했기 때문이다. 따라서 이 장에서는 포티우스와 아리스토클레스보다는, 라에르티오스와 섹스투스의 해석을 중심으로 아이네시데모스의 회의주의를 논의한다.

아이네시데모스의 회의주의는 '이소스테네이아^{isostheneia}'와 '10개의 논증방식'이란 개념들을 중심으로 전개됐다. 이때 '이소스테네이아' 개념은 우리말로 '힘에 있어서의 평형',[1] '등치^{等値}의 방법', 또는 '양립^{兩立}의 기술' 등으로 번역된다. 특히 이 개념은 논의되는 대상에 대해 동일한 힘을 가진 대립 항이 존재하기에, 즉 대상에 대한 긍정적인 논증과 부정적인 논증이 동시에 성립되기에, 어느 한 논증을 절대적이라고 간주해서는 안 된다는 것을 보여준다. 나아가 이 개념은 우리를 논의되는 대상에 대한 판단유보의 상태에 이르게 하고, 궁극적으로 마음의 평안도 획득하게끔 해준다.

특히 아이네시데모스는 당시 논의되던 논증방식들을 수집하고 정리하여 '10개의 논증방식'으로 범주화했다. 그의 이러한 범주화 작업은 고대 회의주의 역사에서 논증방식에 대한 최초의 체계적인 이해이기도 했다. 특히 그는 딜레마적인 형태를 갖춘 이 10가지 파괴적인 논증방식을 통해, 사람들이 가진 인식론적 독단을 제거하고 마음 속 혼란을 잠재우고자 노력했다. 이처럼 그의 회의주의는 마음의 평안을 거쳐 궁극적으로 인간의 행복을 지향했다.

이 장에서는 피론 학파의 창시자였던 아이네시데모스의 세련된 회의주의와 그의 정교한 논증방식에 대한 분석을 통해, 피론 학파의 창시자로서 그의 회의주의를 깊이 있게 다룬다. 비록 그의 회의주의는 완벽한 체계를 갖추진 못했지만, 초기 피론주의를 확립하는 데는 부족함이 없었다. 이후 아이네시데모스의 회의주의는 섹스투스에게 큰 영향을 끼쳤으며, 섹스투스는 그에 성숙한 피론주의를 완성할 수 있었다.

섹스투스는 고대 회의주의 철학사에 등장했던 아카데미 학파를 다음 다섯 가지로 정리했다. 제1아카데미는 플라톤이 세웠던 학파였고, 제2아카데미는 아르케실라오스[2]가 세웠던 중기 아카데미 학파였으며, 제3아카데미는 카르네아데스와 클레이토마코스의 신아카데미 학파였고, 제4아카데미는 필론과 카르미다스가 이끌었던 학파였으며, 마지막으로 제5아카데미는 안티오코스가 이끌었던 학파였다. 이 가운데에서 제2아카데미부터 제4아카데미까지는 모두 회의주의를 표방했으나, 제5아카데미는 학원의 원장이었던 안티오코스가 스토아주의에 이끌려 전향하는 바람에 학파 전체가 스토아 학파의 독단주의에 물들고 만다. 그 결과 200여 년간 지속됐던 아카데미 회의주의는 아카데미 내에서 영원히 자취를 감추게 됐다.

사실 필론의 제자였던 안티오코스는 그 자신이 아카데미의 10대 원장이었음에도 불구하고, 학원의 주된 철학이었던 회의주의에 비판적이었다. 그래서 그는 구아카데미의 플라톤주의에 스토아 철학과 소요학파 등의 여러 이론을 결합시키는 절충주의적 철학을 전개하다가, 급기야는 구아카데미의 독단적 교리를 더 선호하는 경향을 보였다. 회의주의에서 벗어나 점차 독단주의로 기울어가던 안티오코스는, 결국 아카데미 학파의 공식적인 철학이었던 회의주의를 포기하고 스토아주의 철학자로 전향해버린다. 이렇게 아카데미 회의주의가 역사 속으로 사라지면서, 기원전 1세기 이후 아카데미 학원은 독단주의의 지배하에 머물게 된다.[3]

그런데 독단주의에 물들었던 아카데미에 이의를 제기하고 안티오코스에 반기를 든 철학자가 있었으니 그가 바로 아이네시데모스였다. 아카데미의 원장이었던 안티오코스가 회의주의를 버리고 독단주의를 선택했다면, 아카데미의 학생이었던 아이네시데모스는 독단주의를 버리고 새로운 회의주의 학파를 만들었던 것이다. 이처럼 아이네시데모스와 안티오코스는 정반대의 길을 걸었다.

아이네시데모스는 피론으로부터 새로운 철학의 영감을 제공받았다. 주지하다시피 피론은 그리스 최초의 회의주의 철학자였다. 아리스토텔레스가 그리스 합리주의를 완성하던 시기에, 그는 자신만의 회의주의 연구에 매진했다. 특이하게도 플라톤의 후계자였던 아이네시데모스가 새로운 철학의 가능성은 피론에게서 찾았던 것이다. 고대 회의주의의 한 축을 담당했던 피론 학파는 이렇게 탄생했다.

피론 학파를 만들고 난 뒤, 아이네시데모스는 피론 학파의 회의주의를 집약한 저서인《피론의 논변》[4]을 집필했다. 총 8권으로 구성된 이 책은 현재 전해지지 않는다. 여기서 그는 인간의 유한한 인식 능력에 대한 비판에 근거하여 모든 대상에 대한 일체의 판단을 유보할 것을 주장했다. 그 후 그의 책은 섹스투스의《피론주의 개요》[5]의 기초가 되기도 했다.

그렇다면 이 책에 대한 정보는 어떻게 확보할 수 있을까? 우리는 그 내용을 9세기 비잔틴의 총대주교였던 포티우스의《도서관》[6]에서 얻을 수 있다.[7] 하지만 그곳에서도 아이네시데모스의 책에 대해 요약된 내용만을 확인할 수 있을 뿐이다. 물론 에우세비오스의《복음의 준비》[8]와 라에르티오스의《유명한 철학자들의 생애와 사상》[9] 그리고 섹스투스의《피론주의 개요》 등에서도 아이네시데모스의 저작에 대한 언급들이 존재한다. 하지만 그 분량은 그리 많지 않다. 이러한 한계에도 불구하고, 이 장에서는 포티우스의《도서관》에 수록된 내용들에 기반하여 아이네시데모스의 회의주의에 대한 개략적인 이해를 시도했다.

아이네시데모스 회의주의를 논하는 데 있어 가장 중요한 것은 10개의 논증방식이다. 이는 딜레마적인 형태를 갖춘 파괴적인 논증방식들이었다. 아이네시데모스의 이러한 탐구로 인해 회의주의자들은 가장 강력한 논리학적 무기를 확보하게 됐던 것이다.

이 장에서는 고대 회의주의 철학사에서 가장 중요한 위치를 차지하고 있음에도 그동안 연구가 미진했던 아이네시데모스에 대한 논의를 통해, 고대 피론 학파의 탄생을 생생하게 묘사한다. 이를 통해 아리스토클레스와 포티우스의 해석은 비판적으로 분석될 것이고, 아이네시데모스의 회의주의는 보다 명확하게 드러날 것이다.

피론주의 부활을 위한 세 가지 개념   ●

피론의 회의주의를 처음 계승했던 철학자는 티몬이었다. 하지만 티몬 사후에 피론의 회의주의는 더 이상 계승되지 못했다. 수 세기가 흐른 뒤 끊겼던 피론주의의 맥을 이은 철학자가 있었는데, 그는 피론이나 티몬의 제자가 아닌 플라톤의 제자에 속했던 아이네시데모스였다.

사실 아이네시데모스가 피론으로부터 어떤 영감을 어떻게 받았는지에 대한 정확한 기록은 남아 있지 않다. 피론이 철학적 문헌을 남기지 않았기 때문에, 문헌에 근거해 그의 회의주의를 분석하는 것은 불가능하다. 비록 그의 제자였던 티몬이 피론의 철학을 전해주었으나, 티몬의 글 속에서 과연 어떤 것이 피론의 생각이고 어떤 것이 티몬의 생각인지를 구분하기는 쉽지 않다. 이와 연관된 논의 역시 복잡한 양상을 띠고 있다.[10]

이러한 난점에도 불구하고 피론과 아이네시데모스를 연결하는 매개체가 있다. 라에르티오스는 티몬 일파와 아이네시데모스 일파가 판단중지에는 그림자처럼 평정심이 뒤따른다고 말했다고 증언한다.[11] 또한 그는 아이네시데모스가 피론에 대해 판단중지의 원칙에 따라 철학을 했지만 매사를 예측할 수 없게 행동하진 않았다고 말했다는 추가적인 증언도 한다.[12] 포티우스 역시 피론의 철학을 공부했던 사람들은 완전한 행복을 즐길 수 있을 것이라는 아이네시데모스의 견해를 보고한다.[13] 이렇게 볼 때 피론과 아이네시데모스의 철학 사이에는 연속되는 것들이 많다고 판단할 수 있다.

라에르티오스는 아이네시데모스의 《피론의 논변》에 대한 논의를 전개하면서, 아이네시데모스 철학의 특성을 '반대논변', '독단적으로 결정하지 않음' 그리고 '현상'이라는 세 가지 개념을 중심으로 정리했다.

아이네시데모스도 《피론의 논변》 1권에서 피론은 '반대논변antilogia' 때문에 '어떤 것도 독단적으로 결정하지 않지만ouden orizein dogmatikos' '현상들ta phainomena'을 **따른**다고 말한다. 이 말을 그는《지혜에 따라서》에서나《탐구에 대하여》에서도 한다. 그뿐 아니라《이중논변에 관하여》에서 아이네시데모스의 제자인 제욱시스Zeuxis도,《아그리파스》에서 라오디케이아 사람인 안티오코스도, 그리고 아펠라스도 그들이 현상들만을 설정한다고 말한다. 따라서 아이네시데모스도 말하듯이, 회의주의자들에 따르면 현상이 기준이다. 엠페도클레스도 이런 식으로 말했다. 한편 데모크리토스는 **현상들 중에 어떤 것들은 있고, 어떤 것들은 없다**고 말한다.[14]

아이네시데모스의 회의주의에서 첫 번째로 강조됐던 개념은 '반대논변'이었다. 그는 서로 다른 감각의 표상들 사이에 존재하는 반대논변과, 철학자들의 이론적 논쟁 속에 존재하는 반대논변을 모두 강조했다. 사실 피론 학파의 철학자들에게 회의적 능력이란 보이는 것들과 사유되는 것들이 대립하게 하는 능력이었고,[15] 그러한 능력으로 인해 성립된 것이 반대논변이었다. 이를 통해 피론 학파의 철학자들이 궁극적으로 보여주고자 했던 것은, 서로 대립되는 사태들이나 진술들이 '힘에 있어서 평형'을 이루고 있다는 것이었다.[16] 이처럼 아이네시데모스는 반대논변의 성립 가능성을 최초로 규명했다. 특히 그는 현상적인 것들과 사유되는 것들 속에 존재하는 반대논변들을 10개의 논증형식으로 범주화함으로써, 독단주의자들의 논리를 반박할 수 있는 강력한 무기를 손에 넣을 수 있었다.[17]

아이네시데모스의 회의주의에서 두 번째로 강조됐던 개념은 '독단적 결정에 대한 거부'였다. 이는 어떠한 것도 독단적으로 결정하지 않는다는 뜻이다. 그런데 그는 독단적 결정에 대한 거부 역시 독단적으로 강조되어서는 안 된다고 분명히 했다. 그의 이러한 주장은《지혜에 따라서》와《탐구에 대하여》라는 다른 저서에서도 나타나며, 그의 제자였던 제욱시스가 강조하기도 했다. 아이네시데모스가 독단적 결정에 대해 이중으로 완강히 거부했던 이유는, 회의주의적 사유는 근본적으로 표현 자체가 불가능하다고 생각했기 때문이다. 그래서 그는 '피론주의자에게는 그와 같은 생각을 표현할 방법이 없다'는 말로 표현 불가능성에 대한 자신의 생각을 나타냈다.[18] 섹스투스 역시 아무것도 결정돼서는 안 된다고 반복적으로 강조함으로써,[19] 결정 불가능성에 대한 아이네시데모스의 생각에 동의를 표했다.

아이네시데모스의 회의주의에서 세 번째로 강조됐던 개념은 '사물의 현상이 삶의 기준'이라는 것이다. 사실 아이네시데모스가《피론의 논변》에서 말하듯이, 피론주의의 논변은 곧 감각에 나타나거나 생각되는 것들에 대한 기억이다. 이러한 인식 과정에 나타나는 사물의 현상들은 우리 삶의 기준이 되며, 피론주의는 바로 그것을 탐구했다.[20] 그런데 아이네시데모스의 이러한 삶의 태도는 독단론자들의 반론에 대한 회의주의적 대안이라는 성격을 가지고 있었다.[21] 독단론자들은 회의주의자들이 모든 일에 판단을 유보해야 한다고 주장함으로써 행동 불가의 문제에 직면했다고 비판했지만, 아이네시데모스는 이러한 비판에 맞서 회의주의자들 역시 현상에 대한 감각표상들에 근거하면 충분히 행동하고 삶을 영위할 수 있다고 주장했다.[22] 이러한 맥락에서 볼 때, 그가 이렇게 언급하는 건 매우 의미심장하다. 즉 관습에 따라 무언가를 선택하거나 회피하고 법을 이용하는 데 있어 어떤 사람들에게는 부동심이, 다른 사람들에게는 유연함이 작동하는데, 이것들이 회의론자들이 주장하는 행위의 근거이자 최종목적이라는 것이다.[23]

라에르티오스가 잘 정리해주었듯이 '반대논변'과 '독단적 결정에 대한 거부' 그리고 '사물의 현상'은 아이네시데모스의 회의주의를 이해할 수 있게 해주는 가장 중요한 세 가지 개념이다. 우리는 이 개념들을 통해 피론 학파의 회의주의에 내재된 하나의 공통 원리를 발견할 수 있는데, 섹스투스는 그것을 이렇게 설명했다.[24]

> 회의주의는 어떤 방식으로든 보이는 것들(현상들)과 사유되는 것들nooumena을 대립시키는 능력dunamis이며, 서로 대립되는 사태들이나 진술들이 힘에 있어서 평형dia tēn isostheneian을 이루므로, 우리는 이러한 능력으로 인해서 우선 판단유보에 이르게 되며, 그 후에 마음의 평안에 이르게 된다. 우리는 여기서 '능력dynamis'이라는 말을 현묘한 의미로 사용하는 것이 아니라, 단순히 '어떠어떠한 것을 할 수 있음'이라는 뜻으로 사용한다. 또한 우리는 여기서 '보이는 것들phainomena'을 '감각 가능한 것들aisthēta'이라는 의미로 사용한다. 그렇기 때문에 이들은 사유되는 것들과 서로 대조된다.[25]

아이네시데모스의 10개의 논증방식　●

아이네시데모스 회의주의의 중심에는 '이소스테네이아', 즉 '힘에 있어서의 평형'이나 '등치의 방법' 또는 '양립의 기술'이 있다.[26] 그는 이 개념을 통해 모든 문제는 긍정적인 논증방식tropos과 부정적인 논증방식이 동일한 값을 가지거나 동시에 성립될 수 있다는 것을 보여주었다. 즉 하나의 논의 대상에 대해 동일한 힘을 가지고 있는 대립 항들을 동시에 성립시킴으로써 대상에 대한 판단유보를 이끌어내는 동시에, 사물에 대한 양립 가능한 대립 항들 중 한쪽만을 절대시하는 독단주의로부터 벗어날 것을 강하게 주문했다.

아이네시데모스의 이소스테네이아 개념과 필연적으로 연결되어 있는 개념은 '논증방식들 tropoi'이었다. 특히 그는 하나의 논의 대상에 대해 서로 대립하며 동등한 힘을 이루고 있는 여러 논증방식을 10개의 범주로 나누어 정리했다.[27] 섹스투스는 그것들을 다음과 같은 순서로 정리했다. (1) '생물들의 다양성에 기인한 논증',[28] (2) '사람들 간의 차이에 기인한 논증', (3) '감각기관의 다양한 구조에 기인한 논증', (4) '주변 상황에 기인한 논증', (5) '위치와 거리 그리고 장소에 기인한 논증', (6) '감각의 혼합에 기인한 논증', (7) '감각 대상들의 양과 구조에 기인한 논증', (8) '상대성에 기인한 논증', (9) '발생 또는 조우가 빈번한지 드문지에 기인한 논증', (10) '행동규범과 관습, 법률, 신화에 대한 믿음, 그리고 독단적인 신념에 기인한 논증'.[29]

아이네시데모스는 이러한 10개의 논증방식에 기초하여 회의주의자가 일체의 판단을 유보해야 하는 이유와 그로 인해 무엇을 얻을 수 있는지를 명확히 보여주었다.[30] 그의 뒤를 이어 섹스투스도 《피론주의 개요》와 《학자들에 반대하여》에서 이 10개의 논증방식을 언급했으며, 라에르티오스는 《유명한 철학자들의 생애와 사상》에서 이를 언급했다.[31]

섹스투스와 라에르티오스가 각각 정리한 것들을 비교하면 다음과 같다. 먼저 일치하는 논증방식은 여섯 가지로, 제1논증, 제2논증, 제3논증, 제4논증, 제6논증 그리고 제9논증 등 여섯 가지 논증방식이 일치한다. 나머지 네 가지 논증방식은 순서가 다르게 정리되어 있다. 섹스투스가 제5논증으로 언급했던 것을 라에르티오스는 제7논증으로, 섹스투스가 제7논증으로 언급했던 것을 라에르티오스는 제8논증으로, 섹스투스가 제8논증으로 언급했던 것을 라에르티오스는 제10논증으로, 섹스투스가 제10논증으로 언급했던 것을 라에르티오스는 제5논증으로 정리했던 것이다.

그런데 섹스투스는 이 10개의 논증방식들을 다시 세 가지 상위 논증방식으로 분류했다.[32] 즉 그는 제1~4논증방식은 '주체에 근거한 논증'으로, 제7논증방식은 '판단대상에 근거한 논증'으로, 그리고 제5~6논증방식과 제8~9논증방식은 '주체와 대상 양자에 근거한 논증'으로 분류했던 것이다. 그리고 이 세 가지 상위 논증방식은 또 다시 하나의 '최상위 논증방식', 즉 '상대성에 근거한 논증'으로 수렴한다.[33] 이처럼 섹스투스는 아이네시데모스의 10개의 논증방식을 그 구조적 특성에 근거해 체계적으로 정리했다.[34]

아이네시데모스는 사물의 현상들과 인간의 사유 속에서 존재하는 대립자들의 등치 또는 양립의 구조를 통해, 존재하는 것들과 사유되는 것들을 포함한 모든 것에 대한 판단유보를 이끌어내기 위한 전략적 차원에서 이 10가지 논증방식을 범주화했다. 그 결과 그는 딜레마적인 형태를 지닌 이 복잡하고도 파괴적인 10가지 논증방식을 매개로, 피론주의가 지향했던 '마음의 평안'을 성공적으로 획득했다. 이런 점에서 볼 때 그는 피론을 시조로 하는 피론주의를 최초로 만들었던 철학자인 동시에, 피론주의의 회의적 방법론을 최초로 체계화시켰던 인물이기도 했다.

아이네시데모스의 철학을 부정적인 규정으로부터 구출하기 ●

아이네시데모스의 회의주의에 대한 논의는 에우세비오스의《복음의 준비》와 포티우스의《도서관》그리고 라에르티오스의《유명한 철학자들의 생애와 사상》과 섹스투스의《피론주의 개요》등에 근거하여 전개돼야 한다. 그런데 에우세비오스의 문헌에 기록된 아리스토클레스와 포티우스의 증언에는 많은 문제점이 존재한다. 따라서 우리는 그들의 증언을 비판적으로 음미하면서, 아이네시데모스의 본 모습을 찾아야 할 것이다.

먼저 아리스토클레스의 해석부터 음미해보자. 아리스토클레스는 1세기 시칠리아 메세네 출신으로 알려져 있다. 그는 소요학파의 한 사람이었으며, 아리스토텔레스의 주석가로 유명했던 아프로디시아의 알렉산드로스Alexander of Aphrodisias의 스승이기도 했다. 여러 권의 책을 저술했다고 하나, 그의 책은 현재 전해지지 않는다. 대신 그 책들에 대한 언급은 에우세비오스의《복음의 준비》에 나타난 단편적인 내용들을 통해서 확인 가능하다. 그런데 이를 통하여 우리가 확인할 수 있는 것은 모두 아이네시데모스의 철학적 독창성을 부정하는 내용들이다. 아이네시데모스가 대상에 대한 충분한 지식을 가지고 주장을 하는지, 아니면 아무런 지식도 없이 주장하는 것인지 묻는 에우세비오스의 언급에서도 확인되듯이,[35] 아이네시데모스에 대한 그의 평가는 부정적이었다.

> 만일 그(아이네시데모스)가 아무것도 모른다면, 왜 우리가 그의 말을 믿어야 하는가? 그러나 만일 그에게 충분한 지식이 있다면, 그와 동시에 모든 것이 불확실하다고 주장하는 것은, 그의 지식을 고려할 때 정말 '어리석은 주장'일 것이다.[36]

아리스토클레스는 아이네시데모스가 '어리석은 주장'을 펼쳤다고 비판했다. 만약 회의주의자가 어떤 대상에 대한 지식을 가지지 못했다면, 그의 말은 신뢰받지 못할 것이다. 이와 반대로 만약 회의주의자가 어떤 대상에 대한 지식을 가지고 있다면, 이는 회의주의자가 강조했던 인식 불가능성의 원리와 충돌할 것이다. 이처럼 아리스토클레스는 아이네시데모스의 말이 자기모순적이라며 강하게 비판했다.

하지만 아리스토클레스의 이러한 비판은 '논점 일탈의 오류'에 가깝다. 무엇보다 아리스토클레스는 피론 학파의 창시자였던 아이네시데모스의 철학에 대한 기본적인 이해를 결여하고 있었다. 또한 '판단유보'와 '10개의 논증방식' 그리고 '마음의 평안' 등을 포함한 피론주의의 핵심적인 개념들에 대한 이해가 부족했다. 반면에 섹스투스는 아리스토클레스의 해석에 맞서 아이네시데모스 회의주의의 유의미성을 확인했다. 섹스투스의 책《피론주의 개요》에서는 회의주의를 자신에게 대상이 어떻게 보이는지를 느낀 바대로 단순히 기술하고 전달하는 철학이라고 규정하는데,[37] 이는 어떠한 독단도 만들지 않으면서 현상을 기술하고 전달했던 아이네시데모스 회의주의의 정수를 잘 보여준다.[38]

다음으로 아이네시데모스에 대한 포티우스의 해석을 음미해보자. 포티우스는 9세기 동로마 제국을 대표했던 학자이자 총대주교[Patriarch]였다. 그는 고대 그리스 고전에 조예가 깊었으며, 고대 문헌들을 수집하고 정리하는 데 탁월한 능력을 보였다. 특히 그는 고대 문헌 약 280권에 대한 서평을 모아《도서관》이란 책으로 만들었다. 아이네시데모스에 대한 포티우스의 언급 역시 여기에 실려 있는데, 그 언급은 상당히 부정적이었다고 전해진다.

포티우스는 아이네시데모스를 고대 회의주의 역사상 가장 독특한 인물로 평가했다. 아이네시데모스의 저작에는 감각에 의해서든 이성에 의해서든 확실한 지식은 존재하지 않는다[39]는 회의주의적 명제가 중심을 이루고 있다는 것이다.[40] 하지만 그의 저작에는 회의주의와 연관된 다양한 개념과 표현이 등장했다. 특히《도서관》제1~4권에서는 아이네시데모스의 회의주의와 연관된 내용들이 개략적으로 소개됐다.

먼저 포티우스의《도서관》제1권에서는 아이네시데모스의 핵심 사상을 '피론주의자들은 어떤 것도 단정짓지 않는다'는 표현으로 소개했다.[41] 그런데 그의 이런 언급은 '아무것도 결정하지 않는다$^{ouden\ horizō}$'[42]는 섹스투스의 언급과 일맥상통하기도 한다.[43] 그러므로 섹스투스가 회의주의자들은 자신의 견해에 대해 확신을 가지고 독단적으로 주장하는 것이 아니라, 자신에게 주어진 대상이 어떻게 보이는지를 느끼는 바대로 단순히 기술하고 전달할 뿐이라고 언급한 것[44] 역시 아이네시데모스의 철학에 근거해 있었다.

사실 피론과 아이네시데모스 그리고 섹스투스를 비롯한 피론주의자들은 독단주의와 연관된 일체의 것들을 거부했다. 피론주의자들은 그들의 주장을 정당화하는 그 어떠한 독단적인 이론도 주장하지 않았다. 설사 제3자의 눈에 피론주의자들이 독단적인 이론을 주장하는 것처럼 보인다 할지라도, 그것은 독단적인 이론으로 간주되어서는 안 된다.[45] 피론주의자들은 '아무것도 결정하지 않는다'라는 그들의 원리에 근거해, 그 어떠한 경우에도 독단적인 이론을 주장하지 않기 때문이다. 즉 피론주의자들은 '아무것도 결정하지 않는다'라는 바로 그 주장마저도 판단유보하고 있는 것이다. 이런 점에서 볼 때 피론주의자들이야말로 고대 회의주의의 정신

에 철저한 철학자라 할 수 있다.[46]

포티우스의《도서관》제2권에는 어떠한 내용이 있을까? 여기서 아이네시데모스의 회의주의는 제1원리, 원인들, 느낌들, 움직임, 탄생, 퇴화 그리고 그것들의 반대자들을 다루며, 열정적인 논증을 통해 그것들이 지닌 난점들aporon과 파악 불가능성akatalēpton을 보여주는 철학으로 소개됐다.[47] 즉 아이네시데모스의 회의주의가 피론주의에서 다루는 회의주의의 핵심 개념들, 즉 논의되는 대상에 대한 대립자들의 양립 가능성과 사물에 대한 인식 불가능성을 다루고 있다는 점을 확인해준다.

포티우스의《도서관》제3권에서는 지각된 것들이나 사유된 것들에 대한 접근 불가능성 또는 이해 불가능성에 관한 논의가 전개됐다. 즉 사유와 지각 그리고 개별 특징과 그와 모순되는 특징을 언급하면서, 이러한 개념들 역시 접근 불가능하고anephikton 이해 불가능하다고 주장했다.[48] 이것은 제4권에서 언급되는 존재하는 것들에 대한 파악 불가능성과 더불어 피론주의의 핵심 원리로 자리 잡았다.

마지막으로《도서관》제4권에서는 존재하는 것들에 대한 파악 불가능성이 언급됐다. 즉 여기서는 전체로서의 우주, 자연, 신들과 같은 존재에 대한 고려에서 발생하는 전형적인 어려움은, 우리가 그중 어느 하나도 진정으로 파악할 수 없다는 데 있다는 아이네시데모스의 언급이 논의됐던 것이다.[49] 이처럼 포티우스는 존재하는 것들과 사유된 것들에 대한 아이네시데모스의 언급을 통해 이해 불가능성 또는 파악 불가능성이 피론주의의 핵심 원리임을 확인시켜줬다.

아이네시데모스에 대한 긍정적인 증언에도 불구하고, 포티우스의 전반적인 평가는 부정적이었다. 긍정적인 증언보다 부정적인 증언에 더 큰 비중을 두었던 것이다. 그런데 포티우스의 증언과 연관된 가장 중요한 문제는, 그가 아이네시데모스의 회의주의를 부정적인 인식론이란 범주 안에 가두어버렸다는 점이다. 포티우스는 아이네시데모스에 대해 아리스토클레스보다 더 가혹하게 비판했다. 포티우스는 아이네시데모스의 회의주의를 어리석고 공허하다고 단정 지었을 뿐만 아니라,[50] 그의 논의가 플라톤에 의해서 곧바로 논파될 취약한 논증이라고 비판했기 때문이다.[51] 하지만 포티우스의 이런 비판은 그가 아이네시데모스에 대해 잘못 알고 있었다는 걸 방증한다. 아이네시데모스야말로 독단을 배제하면서 그 어떠한 것도 단정적으로 보지 않았던 참된 피론주의자였기 때문이다. 참된 피론주의자로서 아이네시데모스의 모습은 그의 회의주의적 표현법에서 잘 드러난다. 회의주의적 표현법을 정리하면 다음과 같다.[52]

> 요약해서 말하면 다음과 같다. (1)"참되지도 않고 거짓되지도 않으며, 그럴듯하지도 않고 그럴듯하지 않지도 않으며, 존재하지도 않고 존재하지 않지도 않았다."(2)"가끔 그러하고 가끔 그러하지 않았다." (3)"어떤 사람에게는 이러한데, 다른 사람들에게는 그렇지 않다." 그러므로 피론주의자들은 그 어떠한 것도 단정 짓지 않았으며, 그 어떠한 것도 단정 짓지 않는다는 이 명제 역시 단정 짓지는 않았다(그가 말하길, "그것은 이러한 방법 말고는 그것을 표현할 방법이 없기 때문이었다").[53]

포티우스는 아이네시데모스의 이러한 회의주의적 표현법을 다음 세 가지 명제로 요약했다.

(1) 참되지도 않고 거짓되지도 않으며, 그럴듯하지도 않고 그럴듯하지 않지도

않으며, 존재하지도 않고 존재하지 않지도 않는다.

(2) 가끔 그러하고 가끔 그러하지 않다.

(3) 어떤 사람에게는 이러한데, 다른 사람들에게는 그렇지 않다.

섹스투스는 아이네시데모스의 세 가지 표현법을 다음 세 가지 범주로 유형화했다.

(A) 더 … 하지 않는다ou mallon.[54]

(B) 한편으로는 아마도 어떠어떠하며, 다른 한편으로는 아마도 어떠어떠하지 않다.[55]

(C) 한편으로는 어떠어떠한 것이 가능하며, 다른 한편으로 어떠어떠하지 않은 것이 가능하다.[56]

여기에서 아이네시데모스의 세 가지 표현법과 섹스투스의 세 가지 범주를 연결하면 다음과 같다.

아이네시데모스의 명제 (1)은 섹스투스의 명제 (A)와 동일하고, 아이네시데모스의 명제 (2)는 섹스투스의 명제 (B)와 동일하며, 아이네시데모스의 명제 (3)은 섹스투스의 명제 (C)와 동일하다.

그런데 섹스투스의 명제 (A)의 "우 말론ou mallon"은 피론주의자들이 즐겨 사용했던 표현법이다. 라에르티오스는 피론주의자들의 표현법에 대해, 그들은 어떤 것도 아름답거나 추하지 않고 정의롭거나 부정의하지 않다고 말하는데, 이는 하나하나의 것이 이렇기보다 저렇다고 할 수 없기 때문이라고 설명한다.[57] 아이네시데모스와 섹스투스를 중심으로 한 피론 주의자들이 이러한 '우 말론'의 방법을 고수했던 것은 존재하는 것들의 '등치의 방법' 또는 '양립의 기술'에 기반한 당연한 귀결이었으며, '마음의 평안'을 얻기 위한 가장 효과적인 방법이기도 했다. 섹스투스는 그것이 전달하고자 하는 효과를 더 분명하게 해주며, 주어진 대상들의 균등함으로 인해 평형상태를 유지한다고 표현했다.[58] 이처럼 피론주의자들에게 '우 말론'이라는 표현 방식은 보편적이었다.

그런데 섹스투스의 세 가지 명제와 달리, 포티우스에 의해 언급된 아이네시데모스의 세 가지 명제는 조심스럽게 이해될 필요가 있다. 특히 명제 (1)은 (2), (3)과 구분해서 이해되어야 한다. 명제 (1)은 명백하게 인식의 독단주의적 태도를 거부하는 회의주의와 연관되지만, 명제 (2)와 (3)은 독단주의적 태도에 대한 하나의 입장, 즉 다른 믿음이나 신념의 존재를 허용하는 상대주의적 태도를 보여주기 때문이다.[59] 뿐만 아니라 명제 (2)와 명제 (3)은 아이네스데모스의 회의주의에서 가장 핵심적인 아이디어로 간주되는 '모든 것이 이해 가능하거나 이해 가능하지 않다고 말하지 않는다'[60]는 명제와 명백하게 충돌한다.[61] 이런 점에서 볼 때, 아이네시데모스의 회의주의를 명제 (1)~(3)으로 소개했던 포티우스의 언급에는 많은 문제점이 있다. 특히 명제 (2)와 (3)은 순수한 피론주의와는 부합될 수 없는 부적합한 명제이다.

피론주의자들은 시종일관 독단을 거부했다. 회의주의적 표현법에 있어서도 '단정'이나 '단언'을 완강하게 거부했다. 다음 인용문은 단정이나 단언을 거부했던 피론주의자들의 특성을 잘 보여준다.

우리는 위의 표현법들을 중립적이고 느슨한 의미로 사용한다. 내가 생각하기에는 우리의 표현법들이 단언하지 않음을 가리킨다는 점은 명약관화하다. 이를테면 아마도 어떠어떠하다라고 말하는 사람은 그 대상이 진짜 어떠어떠한지에 대해 단언하지 않음으로써 사실상 자신이 언표한 것과 대립하는 명제, 즉 아마도 어떠어떠하지 않다는 것을 은연중에 주장하고 있다.[62]

독단주의를 철저하게 거부한 피론주의의 수호자 ●

아이네시데모스의 회의주의에 대한 연구는 아직도 현재진행형이다. 관련 문헌이 부족하고, 그마저도 회의주의자로서 아이네시데모스의 모습을 제대로 드러내지 못하기 때문이다. 현재 우리는 아리스토클레스와 포티우스가 전해주는 증언에 의존할 수밖에 없다. 하지만 그들의 증언에는 아이네시데모스의 회의주의와 연관된 모순적 내용들이 다수 포함되어 있다. 그러므로 이 문헌들에 나타난 아이네시데모스 관련 사항들에 대해서는 비판적 시각이 유지되어야 한다.[63]

주지하다시피 아이네시데모스는 독단을 거부하면서 진리를 추구했던 참된 철학자들 중 한 사람이었다. 그는 시종일관 회의주의에 기반해 진리를 탐구했다. 아카데미 학파의 일원이었음에도 불구하고, 독단주의로 물들어가던 아카데미를 과감하게 비판했다. 그리고 피론을 시조로 하는 새로운 피론주의를 만들었다. 즉 아카데미의 원장이었던 안티오코스가 스토아 학파에 경도된 채 아카데미를 독단주의로 물들이자, 그는 과감하게 안티오코스에게 반기를 들면서 아카데미를 뛰쳐나와 새로운 회의주학파를 만들었다. 이런 점에서 그는 진리만을 탐구하는 참된 철학자의 모습을 보여줬다.

무엇보다도 아이네시데모스는 고대 피론주의의 기본 방향과 이론적 체계를 완성했다. 그는 존재하거나 논의되는 모든 것에는 대립자들이 존재하고, 대립자들 사이의 힘이 평형을 유지하고 있다는 것을 발견했다. 만약 존재하는 모든 것에서 힘의 균형이 유지된다면, 우리 인간이 취할 수 있는 가장 지혜로운 태도는 외부 대상에 대한 일체의 판단을 유보하는 것이었다. 그래야만 마음의 평안을 얻고 궁극적으로 행복할 수 있기 때문이다.

특히 아이네시데모스는 존재하거나 논의되는 모든 것에 내재된 논증 방식들을 10가지 유형으로 범주화함으로써, 피론주의를 체계적으로 이해할 수 있는 길을 마련했다. 아울러 이 10가지 논증방식에 대한 강조를 통해, 그는 사물의 한쪽 측면만을 강조했던 독단주의를 비판했다. 나아가 그는 언어와 실재의 동일성을 거부했다. 언어가 존재나 실재를 반영하는 도구라는 생각을 비판했던 것이다. 독단주의자들은 언어에 의해서 사물의 본질이나 마음의 본성이 파악될 수 있다고 전제했다. 피론주의에서는 그 어떠한 것도 독단적으로 긍정되지도 부정되지도 않았다. 심지어 독단적으로 결정되어서는 안 된다는 그 언급마저도 단정적이 되어서는 안 됐다. 그것이 피론주의자 아이네시데모스의 생각이었다. 그렇다고 그가 현상에 대한 설명 자체를 거부했던 것은 아니다. 회의주의자들에게 주어진 회의적 표현법에 따라 표상된 것들을 기술하거나 전달하는 것은 허용됐기 때문이다.

정리하면 아이네시데모스는 피론의 철학을 부활시켜 피론 학파라는 새로운 학파를 만들었다. 그는 고대 회의주의의 의미와 정신을 정립했으며, 독단주의자들을 견제할 수 있는 구체적인 장치까지 마련했다. 그 후 섹스투스를 비롯한 후대의 피론주의자들은 모두 그가 이룩한 철학적 성과에 힘입어 자신의 철학을 전개시킬 수 있었다.

3장

섹스투스 엠피리쿠스

고대 회의주의를 체계화한 철학자 ●

고대 회의주의는 섹스투스에 의해서 집대성됐다. 그는 피론주의를 체계화했을 뿐 아니라, 고대 회의주의의 대미를 장식하는 인물이기도 했다. 피론주의의 완성자로서 그의 회의주의는《피론주의 개요**Pyrrhōneioi hypotypōseis**》와《학자들에 반대하여**Adversus Mathematicos**》에 잘 나타나 있다.[1] 특히 그의 저작들은 피론주의를 비롯한 고대 회의주의를 연구하는 데 있어 가장 중요한 문헌으로 인정받고 있다. 이 장에서는 이 문헌들을 중심으로 섹스투스의 회의주의를 논의한다.

사실 섹스투스는 고대 회의주의자들 중에서 가장 많은 문헌을 남긴 철학자로 유명했다. 그의 주저인《피론주의 개요》는 총 3권으로 이루어져 있고,《학자들에 반대하여》는 총 11권으로 구성돼 있는데, 이 두 문헌은 모두 고대 회의주의 관련 내용을 집대성했다는 평가를 받고 있다. 섹스투스 연구자들 사이에서는 두 문헌 중 어느 것이 섹스투스 철학의 진수를 더 잘 보여주는지에 관한 논쟁이 벌어지기도 한다. 하지만《학자들에 반대하여》보다《피론주의 개요》가 섹스투스의 회의주의를 더 잘 보여주고 있다는 해석이 더 설득력 있다.

《피론주의 개요》는 문헌학적으로《학자들에 반대하여》보다 이후에 집필됐을 뿐만 아니라, 회의주의 관련 내용들이 더 체계적으로 정리돼 있다. 그래서 섹스투스 회의주의의 진수에 접근하기 위해서는《학자들에 반대하여》보다《피론주의 개요》에 더 주목해야 하며,[2] 특히《피론주의 개요》제1권에 집중해야 한다. 1권이 섹스투스 회의주의의 특징을 집약적으로 보여줄 뿐만 아니라, 피론주의의 핵심적인 개념인 '판단유보'와 '마음의 평안' 그리고 '단언하지 않음'을 체계적으로 소개하고 있기 때문이다. 그럼 이 세 가지 개념들은 어떻게 연결될까?

먼저 섹스투스는 아이네시데모스를 따라 '단언하지 않음'과 '판단유보' 개념에 주목했다. 즉 그는 어떤 것도 단언적으로 긍정하지도 부정하지도 않으면서, 탐구되는 대상들과 진술들에 내재된 대립자들의 동일한 힘에 주목했다. 그 결과 탐구되는 대상들과 진술들에 대한 일체의 판단을 유보하는 것이 회의주의의 고유한 방법임을 깨달았다. 그리고 외부 대상에 대한 일체의 판단을 유보한 회의주의자들에게는 마음의 평안이 찾아오며, 이것이 회의주의자가 획득할 수 있는 인간의 궁극적인 행복임을 확인했다.

섹스투스는《피론주의 개요》에서 한편으로는 인식론적 독단주의를 강하게 비판하면서도, 다른 한편으로는 회의주의적 표현들을 비독단적으로 진술할 수 있는 방법론을 찾는 데 고심했다. 물론 회의주의자들에게 '존재하는 것들'과 '회의주의적인 표현법' 사이의 완전한 일치는 있을 수 없다. 그럼에도 불구하고 섹스투스는 회의주의자들이 회의주의적인 표현법으로 현상을 어떻게 표현할 수 있을까라는 문제에 집중했다.

단적으로 말해 섹스투스의 회의주의는 피론주의의 완성태이자 고대 회의주의의 결정체다. 그는 사람들에게 회의주의적으로 생각하고 실천하는 것이 인간 행복과 어떻게 연결되는지를 잘 보여줬다. 이런 점에서 그의 회의주의는 사람들이 독단과 편견 그리고 아집으로부터 벗어나 진정한 자유를 획득할 수 있는 길을 제시했다.

다른 회의주의자들과 비슷하게, 섹스투스의 삶에 관해서도 알려진 바가 거의 없다. 섹스투스는 '경험주의자empiricist'를 뜻하는 '엠피리쿠스Empiricus'라는 별명과 함께 언급됐는데, 이는 그가 경험주의적 성향을 띠는 의학학교에 소속되어 있었기 때문이다.[3] 다른 회의주의자들과 달리 그의 저작들은 거의 완벽한 상태로 전승됐는데, 이는 헬레니즘 시기 철학자들 사이에서는 매우 희귀한 사례다.[4] 사실 고대철학사에서 철학자의 전체 저작이 완벽하게 전승된 경우는 플라톤이나 마르쿠스 아우렐리우스 그리고 플로티노스를 제외하곤 거의 존재하지 않는다. 우리는 그러한 전승에 힘입어 고대 회의주의의 온전한 모습을 재현할 수 있다.

하지만 섹스투스의 이러한 업적에도 불구하고, 그의 회의주의에 대해 부정적인 평가를 하는 연구자들이 있다. 그중 한 명이 리처드 팝킨Richard Popkin이다. 그는 섹스투스가 모호하고 독창적이지 않은 헬레니즘적인 작가였다고 비판한다.[5] 하지만 팝킨의 비판과 달리, 섹스투스가 헬레니즘 시기나 고대 회의주의 철학사에서 차지하는 비중은 결코 가볍지 않다. 그는 고대 회의주의 연구에 있어서 대체 불가능한 문헌의 원작자일 뿐만 아니라, 고대 회의주의를 체계화시킨 철학자였기 때문이다.

다른 피론주의자들과 마찬가지로 섹스투스는 평생 독단주의자들이 강조했던 신념을 문제 삼았다. 보통 현대의 회의주의자들은 '지식의 성립 가능성' 문제에 관심을 갖지만, 고대의 피론주의자들은 '신념의 성립 가능성'을 문제로 삼아 집중적으로 연구했다. 섹스투스 역시 신념에 내재된 독단주의를 거부하면서, 모든 신념에 대한 일체의 판단이 유보되어야 한다고 강조했다. 이처럼 그의 피론주의는 아이네시데모스가 강조했던 판단유보의 원리를 철학의 전 영역에 보편적으로 적용시키고자 했다.

주요 저작들에 나타난 피론주의 철학의 지도 ●

섹스투스의《학자들에 반대하여》에는 문법학, 수사학, 기하학, 산술학, 천문학 그리고 음악학을 포함한 당대 여섯 가지 개별 학문 및 자연학과 윤리학 그리고 논리학 분야의 독단주의자들에 대한 강력한 비판이 담겨 있다.[6] 전체 11권으로 구성된《학자들에 반대하여》에는 각각 고유한 이름이 붙어 있다.

먼저《학자들에 반대하여》는 제1부와 제2부로 나뉜다. 제1부는 전반부로 제1권에서 제6권까지 해당되고, 제2부는 후반부로 제7권에서 제11권까지 해당된다. 제1부에는 각각 제1권 "문법학자들에 반대하여Pros grammatikous", 제2권 "수사학자들에 반대하여Pros rhetorikous"라는 제목이, 제

3권 "기하학자들geometrikous", 제4권 "산술가들arithmetikous", 제5권 "천문학자들astrologous" 그리고 제6권 "음악가들mousikous"에 반대한다는 제목이 붙어 있다.

《학자들에 반대하여》제2부에서는 자연학, 논리학 그리고 윤리학 분야의 독단주의자들에 대한 섹스투스의 강력한 비판이 전개됐다. 제7권과 제8권에는 "논리학자들에 반대하여Pros logikous"라는 제목이, 제9권과 제10권에는 "자연학자들physikou", 제11권에는 "윤리학자들ethikous"에 반대한다는 제목이 붙어 있다. 이 때문에 제7~11권은 "독단주의자들에 반대하여Against the Dogmatists"라는 또 다른 이름으로 불리기도 한다.

이에 반해《피론주의 개요》는 총 3권으로 구성되어 있고, 분량 또한 《학자들에 반대하여》보다 현저하게 적다. 각 권의 주된 내용들을 살펴보면, 먼저 제1권에서는 피론주의에 관한 핵심적인 사항들이 언급된다. 즉 '회의주의의 명칭', '본질', '원칙들', '목표', '회의주의자의 판단기준' 그리고 '회의주의자가 견해를 가지는가' 등을 비롯해 피론주의의 핵심 개념들이 소개됐다. 다음으로 제2권에서는 논리학적 독단주의자들에 관한 회의주의자들의 비판이 소개돼 있다. 이 부분은《학자들에 반대하여》제7~8권인《논리학자들에 반대하여》에서 전개된 내용과 유사하다. 마지막으로 제3권에서는 윤리학과 자연학 분야의 독단주의 철학자들의 입장과 그에 대한 회의주의자들의 비판이 주를 이루고 있다. 여기서는《학자들에 반대하여》제9~11권과 비슷한 내용이 다뤄진다. 이런 점에서《피론주의 개요》는《학자들에 반대하여》와 밀접한 연관성을 가지고 있다.

20세기 들어 섹스투스를 연구하는 학자들 사이에서는《피론주의 개요》와《학자들에 반대하여》사이의 관계에 대한 다양한 논쟁이 있다. 먼저 키렐 야나체크^{Karel Janáček} 같은 학자는 섹스투스 철학의 정수가 《피론주의 개요》보다는 《학자들에 반대하여》에 있고, 특히 제1~4권에 더 잘 담겨 있다고 주장한다.[7] 하지만 리처드 베트와 맬컴 스코필드^{Malcolm Schofield} 그리고 피에르 펠레그린^{Pierre Pellegrin}은 야나체크의 이러한 주장에 반대한다.[8] 오히려 그들은 회의주의자로서 섹스투스의 생각이 《학자들에 반대하여》보다 《피론주의 개요》에 더 잘 담겨 있으며, 집필 시기 또한 《피론주의 개요》가 더 이후라고 주장했다. 자크 브룬지윅^{Jacques Brunschwig} 역시 《피론주의 개요》가 나중에 작성되었다고 강조했다.[9] 그는 다음 두 가지 근거에 입각해서 이러한 주장을 펼쳤다.

(1) 《학자들에 반대하여》 제1~4권과 제11권에는 '확실한 것은 파악될 수 없다'는 부정적 독단주의자들의 주장이 존재하지만, 《피론주의 개요》에는 그러한 주장이 존재하지 않는다.[10] 오히려 《피론주의 개요》는 긍정적 독단주의자들은 물론, 부정적 독단주의자들도 비판한다.

(2) 《피론주의 개요》의 논의와 《학자들에 반대하여》 제7~10권까지의 논의는 거의 동일한 내용과 형식을 취하고 있지만, 간결함과 세련됨은 《피론주의 개요》가 《학자들에 반대하여》를 앞선다. 특히 《피론주의 개요》 제1권에는 섹스투스 철학의 고유성 또는 피론주의의 정수가 고스란히 담겨 있지만, 《학자들에 반대하여》에는 그러한 내용이 담겨 있지 않다.

이 두 가지 근거에 입각해 볼 때 《피론주의 개요》가 더 이후에 작성되었고, 섹스투스 회의주의의 핵심적인 내용이 더 잘 정리된 문헌이라는 것이 분명해 보인다. 특히 《피론주의 개요》 제1권에 나오는 핵심 사항들은 《학자들에 반대하여》에서는 발견되지 않으며, 섹스투스 피론주의의 핵심을 파악하고자 하는 이들에게 유익한 정보를 제공한다.

섹스투스는《피론주의 개요》제1권에서 피론주의적 회의주의의 독창성에 대한 언급과 함께, 고대 회의주의 전반에 대한 논의를 전개했다.[11] 구체적으로 그는 제1권의 내용을 4개의 부문으로 나누어 논했는데, 1부(1~12장)에서는 피론주의적 회의주의에 대한 개관이라고 할 수 있는 회의주의의 '개념과 원칙들', '논쟁과 기준들' 그리고 '목적' 등이 소개된다.[12] 제2부(13~17장)에서는 판단유보의 여러 양식들이 소개된다.[13] 제3부(18~28장)에서는 '회의주의적인 표현들'이 자세하게 소개된다.[14] 마지막으로 제4부(29~235장)에서는 '회의주의적인 방식들'과 철학적 체계들에 대한 전반적인 검토가 전개된다.[15] 제1권에서 가장 많은 분량을 차지하고 있는 부문이기도 하다. 제1권의 제1~3부는 회의주의에 대한 일반적인 설명이 주된 내용을 이루고 있기에 '일반적인 논의katholou logos'라 명명됐고,[16] 제4부는 다른 철학자들의 이론에 대한 그의 반론이 주를 이루고 있기에 '개별적인 논의eidikos logos'라 명명됐다.[17] 특히 후자의 논의에서는 독단주의와 대비되는 피론주의적 회의주의의 고유성이 언급되기도 했다.[18] 이처럼《피론주의 개요》제1권에서는 섹스투스의 피론주의적 특성과 함께 고대 회의주의의 전체적인 그림이 제시되고 있다.

섹스투스가 말하는 회의주의의 핵심 ●

섹스투스가 고대 회의주의를 논하면서 '일반적인 논의'와 '개별적인 논의'를 구분 지은 것은 라에르티오스의《유명한 철학자들의 생애와 사상》에서는 결코 찾아볼 수 없는 독창적인 접근방법이다. 이는 섹스투스의《피론주의 개요》가 라에르티오스의《유명한 철학자들의 생애와 사상》 제9권에 서술된 고대 회의주의자들에 대한 단순한 증언을 뛰어넘는 본격적인 철학서임을 방증한다.[19] 이때 섹스투스 회의주의의 핵심은 존재하는 것들과 논의되는 것들 사이에 있는 힘에 있어서의 평형에 근거하여 판단유보의 상태에 이르고, 판단유보에 근거하여 마음의 평안이라는 인간 행복을 획득해야 한다는 것이었다. 다음은 회의주의에 대한 섹스투스의 정의다.

> 회의주의란 어떤 방식으로든 보이는 것들(현상들)과 사유되는 것들을 대립시키는 능력이며, 서로 대립되는 사태들이나 진술들이 힘에 있어서 평형을 이루므로, 우리는 이러한 능력으로 인해서 우선 판단유보에 이르게 되며, 그 후에 마음의 평안에 이르게 된다.[20]

이처럼 섹스투스는 회의주의를 '어떤 방식으로든 보이는 것들과 사유되는 것들을 대립시키는 능력'으로 규정했다.[21] 즉 그는 회의주의가 현상을 다른 현상들과 혹은 사유되는 것을 다른 사유되는 것들과 대립시키거나, 이들을 교차시켜 대립하게 만드는 능력이라고 이해했던 것이다. 그런데 그는 '대립되는 진술들'을 긍정적이거나 부정적인 어떤 것을 가리키는 개념으로 받아들이지는 않았다.[22] 나아가 그는 '힘에 있어서의 평형'이라는 말을 믿을 만함과 믿을 만하지 않음이 동일한 가치를 갖는다는 의미로 언급했는데, 이는 그가 상충하는 진술들 가운데 어떤 진술이 다른 진술보다 믿을 만하다고 간주되지 않아야 한다는 자신의 회의주의적 원칙을 분명하게 밝힌 것이기도 했다.[23]

섹스투스는 '회의주의의 원칙들'에 관해 언급할 때도, '모든 논의에는 가치가 동일한 논의가 대립된다antikeisthai'는 회의주의를 구성하는 주된 원칙anchē을 분명히 했다. 그런데 이때도 그는 모든 사람이 독단적 믿음을 중단하는 상태에 이르러서야 마음의 평안이라는 행복에 도달할 수 있다고 강조했다.[24] 이처럼 섹스투스에게 회의주의는 판단유보를 가능케 하는 대립적 논증방식들을 만들어낼 수 있는 능력이었다. 그리고 회의주의자들에게는 이러한 회의주의적 능력이 우선적으로 요구되었다.

섹스투스는《피론주의 개요》에서 '견해 또는 믿음dogma'이라는 말을 두 가지 의미로 구분하여 사용했다. 첫 번째는 '일반적으로 어떤 대상들을 용인하는 것eu dokein', 즉 감각표상들을 수동적으로 받아들인다는 의미인데, 섹스투스는 이를 긍정적으로 평가했다.[25] 두 번째는 '불분명한 학문적 대상에 대해 동의하는 것', 즉 감각표상들을 능동적으로 받아들인다는 의미인데, 섹스투스는 이것에 대해서는 부정적인 입장을 표명했다. 그것은 피론주의자들이 금기시했던 독단적인 견해 및 믿음과 연관되기 때문이다. 이처럼 섹스투스는 믿음(견해)에 대해서 회의주의자들이 수용할 수 있는 긍정적인 것과 수용할 수 없는 부정적인 것으로 나누어 이해하는 지혜를 선보였다.[26] 예를 들어 회의주의자들은 '뜨거워지거나 차가워지는 느낌'은 받아들일 수 있지만, 논쟁의 여지가 있는 학문적 탐구에 대해서는 결코 어느 편에 따라 동의하거나 받아들일 수 없는 것이다.[27]

섹스투스에게 회의주의자는 어떠한 존재인가? 이에 대해 섹스투스는 회의주의자를 독단적 믿음을 갖지 않고 스스로 느끼는 바를 보고하며, 외부 대상에 대해 결코 확언하지 않는 철학자라고 정의했다.[28] 그런데 독단적 믿음을 갖지 않는다는 건 무슨 의미인가? 섹스투스는 이 말을 통해 피론주의적 회의주의 안에 독단주의가 들어올 수 있는 여지를 원천적으로 봉쇄하고자 했다. 하지만 그가 믿음(견해) 자체를 완전히 거부한 것은 아니었다. 왜냐하면 감각표상에 의해 필연적으로 생겨나는 느낌 같은 비*독단적인 믿음에 대해서는 언제나 열린 태도를 가졌기 때문이다.[29] 이처럼 섹스투스는 독단적 믿음에 대해서는 시종일관 부정적인 입장을 취했지만, 그렇지 않은 믿음에 대해서는 항상 긍정적인 태도를 견지했다.

회의주의의 주요 개념들　　　　　　　　　　●

회의주의의 핵심적인 개념으로는 '대립'과 '판단유보' 그리고 '마음의 평안' 등이 있다. 먼저 '대립' 개념은 '모든 논변logos에는 가치가 동일한 논변이 대립된다antikeisthai'라는 문장으로 강조됐다.[30] 그런데 여기에서 우리가 주목해야 할 것은 우리말 '대립된다'에 대응하는 그리스말 '안티케이스타이antikeisthai'라는 부정사가 평서문의 의미로 사용됐다는 것이다.[31]

> 내가 '모든 논변에는 그것과 (가치가) 동일한 논변이 대립된다'라고 말할 때, 사실상 나는 이렇게 말하고 있는 것이다. '내가 독단적으로 검토할 때, 이러한 독단적 논변 각각에는 다른 어떤 내용을 독단적으로 확립하고자 하는 논변들이 대립되며, 대립하는 두 논변은 믿을 만함이나 믿을 만하지 않음과 관련해서 동일한 가치를 지니고 있는 것처럼 나에게 보인다.' 그렇다면 이러한 논의의 언표는 그 자체로 독단적인 것이 아니라, 인간의 '내적 느낌pathos', 즉 이런 느낌을 가지는 사람에게 명백히 드러나는 바를 보고하는 것이다.[32]

그런데 섹스투스는 다음 구절에서 대립을 '대립된다antikeisthai'라는 평서문의 형태 대신, '대립시키자antitithōmen(대립시켜야 한다)'라는 명령문의 형태로 표현했다. 즉 그는 대립적 논변의 문제에 있어서, 모든 논변에는 가치가 동일한 논변이 대립되어야 한다는 생각을 강조했던 것이다. 그래서 섹스투스는 회의주의자들에게 이렇게 권고했다.

그런데 어떤 이들은 모든 논변에는 그것과 〈가치가〉 동일한 논변이 대립되어야 한다는 표현법을 다음과 같은 권고의 의미로 사용한다. **"어떤 것을 독단적으로 확립시키려는 모든 논변에 대항해서, 다른 것을 독단적으로 탐구하는 논변―이 논변은 믿을 만함 또는 믿을 만하지 않음과 관련해서 처음 논변과 동일한 가치를 지니는 반면, 그 논변과 서로 양립 불가능하다―을 대립시키자."** 왜냐하면 이들은 비록 동사 청유형 antitithōmen('대립시키자') 대신 부정사 antikeisthai('대립시킴')을 사용하기는 했으나, 자신의 논의를 회의주의자를 향해 제안한 것이기 때문이다.

이들이 이와 같은 것을 회의주의자에게 권고한 까닭은 혹시나 그가 독단주의자에게 미혹되어 회의주의적 탐구를 포기하고, 경솔함에 빠진 나머지 회의주의자들에게 명백하게 드러나는 마음의 평안을 간과하게 되지 않을까 우려했기 때문이다. 앞서 우리도 언급한 바 있듯이, 그들은 마음의 평안이란 모든 대상에 대한 판단유보에 곧이어 뒤따르는 것이라고 간주한다.[33]

그럼 섹스투스는 회의주의자들에게 왜 이러한 권고를 했을까? 그 이유는 명약관화했다. 회의주의자들이 독단주의자들의 잘못된 논리에 빠져 진리에 대한 탐구를 포기하는 경우가 생기지 않았으면 하는 노파심 때문이었다. 섹스투스는 회의주의자들이 회의주의의 고유한 방법론에 근거하여 진리를 탐구하기를 소망했던 것이다.

다음으로 살펴보아야 할 것은 '판단유보' 개념이다. 섹스투스는 모든 논변에는 대립적 구조가 존재하므로, 그것들에 대한 일체의 판단을 유보시키라고 강하게 주문했다. 즉 섹스투스는 탐구 대상들의 가치가 동등해서 긍정도 부정도 할 수 없게 된 상황하에서, 회의주의자를 포함한 모든 사람에게 대립되는 것들 중 어느 한쪽만을 편들거나 단언하지 말 것을 주문했는데, 이것이 바로 판단유보였다. 그렇기에 섹스투스에게 '나는 판단을 유보한다'라는 말은 주어진 대상 중에서 무엇을 믿고 무엇을 믿지 않아야 하는지 분별할 수 없다는 지적 고백과 동일하며, 자신이 회의주의자임을 표명하는 발언이기도 했다.[34]

섹스투스는 원인의 실재성과 연관된 논의에서도 판단유보의 원리를 강조했다. 이러한 언급은 《피론주의 개요》 제3권의 초반부에 등장하는데, 여기에서 섹스투스는 원인의 실재성과 연관된 두 가지 대립적 논변을 소개하고, 그 둘 각각이 동일한 설득력을 지니고 있음을 지적했다. 어떤 일에 대한 원인이 반드시 존재한다는 입장이 설득력이 있는데, 원인이 반드시 존재하는 것은 아니라고 주장하는 입장 또한 설득력이 있다면, 우리는 두 입장 가운데 무엇이 더 나은지 알 수 없다. 이 경우 원인의 실재성에 대한 어떠한 판단도 독단이기에, 우리는 일체의 판단을 유보시킬 수밖에 없다.[35]

원인의 실재성 여부와 관련하여, 섹스투스는 진정한 회의주의자는 원인이 실재한다고도 실재하지 않는다고도 말하지 않는다면서, 원인의 실재성에 관한 일체의 단언적 주장을 거부했다. 물론 그의 이러한 태도는 양비론적으로 보일 수도 있겠지만, 섹스투스가 이러한 판단유보를 통해서 강조하고자 했던 것은 실재의 본성을 단정적으로 규정지으려 했던 인간의 지적 교만hybris에 대한 비판이었다.

그런데 판단유보라는 개념을 섹스투스가 최초로 언급했던 것은 아니다. 그 개념은 섹스투스보다 약 500년이나 앞서 활동했던 아카데미 학파의 아르케실라오스에 의해 최초로 언급됐다. 그래서 섹스투스는《피론주의 개요》제1권 후반부에서 아르케실라오스를 긍정적으로 평가했다. 중기 아카데미 학파의 수장이자 피론과 일부 비슷한 철학을 지닌 아르케실라오스는 어떤 대상이 존재하는지 또는 존재하지 않는지에 관해 확신하지 않고, 믿을 만한 것과 믿을 만하지 않은 것들 가운데 어느 하나를 선호하지 않으며, 자신의 목표를 판단유보로 설정하고 마음의 평안은 판단유보에 뒤따르는 것으로 생각했기 때문이다.[36]

피론주의의 완성자로서 섹스투스는 아카데미 회의주의에 대해 부정적인 생각을 가지고 있었다. 특히 진리의 개연성을 주장했던 카르네아데스에 대해서는 매우 비판적이었다. 이에 반해 아카데미 회의주의의 창시자였던 아르케실라오스에 대해서는 긍정적이었다. 하지만 그는 피론주의와 아르케실라오스의 회의주의를 동일시하지는 않았다. 심지어 아르케실라오스를 '독단주의자'라고 비판하기까지 했다. 그에게 아르케실라오스는 겉보기에는 아포리아를 제기하는 철학자로 여겨졌지만, 실제로는 독단적 형이상학을 강조했던 플라톤의 이론 체계를 가르친 독단주의자들 중 한 사람이었기 때문이다.[37] 그래서 섹스투스는 자신이 아르케실라오스와 다르다고 언급했다.

한편 아르케실라오스는 개별적 대상에 관한 판단유보는 좋은 반면, 각각의 동의sygkatathesis(불분명한 대상에 대한 독단적 동의)[38]는 나쁜 것이라고 말했다. 하지만 우리는 다음을 지적할 수 있다. 우리는 우리에게 분명히 보이는 현상에 따라서, 확언하지 않으면서 위와 같은 것들을 진술하는 반면, 아르케실라오스는 사물의 본성과 관련해서 위와 같은 내용을 주장하면서, 이런 이유로 판단유보가 그 자체로 좋은 것인 반면 (불분명한 대상에 대한) 동의는 나쁜 것이라고 말했다.[39]

섹스투스가 보기에 아르케실라오스는 회의주의자가 아니라 부정적 독단주의자였다. 피론주의에서는 그 어떠한 것도 긍정되지도 부정되지도 않았지만, 아르케실라오스의 회의주의에서는 진리에 대한 인식 불가능성이 강조됐기 때문이다.[40] 물론 독단주의자들과 비교해볼 때는, 둘 다 회의주의자의 모습을 하고 있다. 하지만 섹스투스는 사물의 본성과 관련하여 확정된 주장을 하는 아르케실라오스의 부정적 독단주의를 비판하고, 그 자신과 아르케실라오스와의 동일화를 거부하면서 피론주의의 우월성을 강조했다.

섹스투스는《피론주의 개요》첫 문장에서부터 피론주의를 독단주의와 차별화하고자 했다. 사실 대부분의 철학자는 자신이 진리를 추구한다고 주장한다. 하지만 섹스투스가 보기에 철학자들은 '긍정적 독단주의', '부정적 독단주의' 그리고 '회의주의 철학'이라는 세 가지 유형으로 분류될 수 있었다. 여기서 '긍정적 독단주의'에 속했던 이들은 스토아 학파였고, '부정적 독단주의'에 속했던 이들은 아카데미 학파였으며, '회의주의 철학'에 속했던 이들은 피론 학파였다. 이처럼 섹스투스는 회의주의 철학에 속하는 철학자들을 피론주의자들로 한정함으로써, 부정적 독단주의에 속하는 아카데미 회의주의자들과의 차별화를 시도했다.

섹스투스에 따르면 긍정적 독단주의는 '진리를 발견했다'고 주장하는 사람들의 철학으로, 스토아 학파를 비롯해 아리스토텔레스와 에피쿠로스와 같은 독단주의자들이 속해 있었다. 부정적 독단주의는 진리의 인식 불가능성을 주장했던 사람들의 철학으로, 아르케실라오스와 함께 클레이토마코스와 카르네아데스 같은 아카데미 학파의 회의주의자들이 속해 있었다.[41] 물론 아카데미 회의주의자들은 섹스투스의 이러한 범주화에 동의하지 않을 것이다. 우리는 이미 이와 관련된 내용들을 2부 "아카데미 학파의 회의주의"에서 다뤘다. 어쨌든 섹스투스는 피론주의의 우월성을 논증하는 과정에서, 아카데미 회의주의를 독단주의의 일종으로 비판했던 것이다.[42]

섹스투스에게는 피론주의만이 참된 회의주의였다. 판단유보의 원리 역시 피론주의의 시각에서 가장 잘 이해됐다. 사실 섹스투스에게 '나는 판단을 유보한다'는 표현은 긍정적 판단이든 부정적 판단이든 어떠한 결론도 내리지 않고, 주어진 대상들 중에서 무엇을 믿고 무엇을 믿지 말아야 할지 분별할 수 없다는 뜻으로 이해됐던 것이다.[43] 궁극적인 진리에 대한 탐구 역시 이러한 회의주의적 시각에서 이해됐다. 그에게 진리 탐구는 각각의 논의 대상이 현재 우리에게 어떻게 보이는지를 단순히 연대기적으로 보고하는 것이었다.[44] 참된 진리는 사람들의 인식 능력 안에서 이해될 수 있는 것이 아니었기 때문이다.

회의주의와 연관된 다양한 명칭은 《피론주의 개요》 제1권 초반부에 잘 정리되어 있다. 회의주의 철학은 '아포리아의 길aporētikē', '판단유보의 길ephetikē', '회의주의의 길skeptikē agōgē' 그리고 '탐구의 길zētētikē agōgē'로 명명됐다.[45] 먼저 회의주의가 '아포리아의 길'로 불린 이유는 사람들이 판단을 긍정해야 할지 부정해야 할지에 관해서 어찌할 바를 몰랐기 때문이고,[46] '판단유보의 길'인 이유는 탐구되는 대상들에 내재된 가치의 동등함에 근거해 그 어떤 것도 긍정되지도 부정되지도 않기 때문이며, '회의주의의 길'인 이유는 그것이 긍정적 독단주의와 부정적 독단주의를 모두 배격했기 때문이고, 마지막으로 '탐구의 길'인 이유는 계속해서 진리를 탐구해야 했기 때문이다. 이처럼 섹스투스는 회의주의를 가리키는 네 가지 명칭을 언급하면서, 회의주의가 어떠한 철학을 지향하는지를 명확하게 보여줬다.

회의주의를 표현하는 법 ●

섹스투스가 진리를 탐구하면서 고민했던 문제는, 어떻게 하면 독단주의에 사로잡히지 않으면서 자신의 회의주의적 철학을 표현할 수 있을까였다. 고민의 결과, 그는 독단주의자들의 '단언적 표현법들'과 차별화되는 회의주의자들의 '회의적 표현법들'을 강조했다.

독단주의자들은 그들의 단언적 표현법들이 실재와 일대일로 대응한다고 믿거나, 그들이 믿고 있었던 대상들과 완전히 일치한다고 가정했다. 하지만 그들과 달리 섹스투스는 회의주의적 표현법들이 실재와 일대일로 대응한다고 생각하지 않았고, 자신이 믿고 있었던 대상과 온전히 일치한다고도 생각하지 않았다.

섹스투스는 회의주의와 연관된 회의적 표현법들에 다양한 방법으로 천착했다. 천착의 결과, 그는 감각표상들을 독단적인 것으로 만들지 않으면서 현상되는 그대로 표현할 수 있는 다양한 방법을 확보할 수 있었다. 《피론주의 개요》제1권에서 언급됐던 회의주의적 표현법들은 바로 이러한 탐구의 결과였다. 그럼 여기서 언급된 회의주의적 표현법으로는 어떤 것들이 있을까? 가장 먼저 주목해야 할 표현법으로는 '단언하지 않음'이 있다.[47] 섹스투스는 어떤 일에 대한 '주장phasis'을 '일반적 의미'와 '특수한 의미'로 나누어 이해할 수 있다고 설명한다. 일반적인 의미의 주장은 '지금은 낮이다', '지금은 낮이 아니다'와 같이 어떤 일을 긍정하거나 부정할 때 사용한다. 특수한 의미의 주장은 긍정의 의미('지금은 낮이다')만을 가리키며, 부정문('지금은 낮이 아니다')은 주장으로 받아들여지지 않는다.[48] 결국 '단언하지 않음'이란 일반적 의미의 주장을 삼가고, 어떤 것도 긍정하거나 부정하지 않는 채 우리가 가지는 느낌 혹은 감정에 따라 '우리를 강제적으로 동의로 이끄는 힘'을 따르는 것이다.[49]

이처럼 섹스투스는 '단언하지 않음'이라는 개념의 의미를 우리의 내면적 느낌, 즉 인간의 '파토스'에서 규명하고자 했다.[50] 그에게 단언하지 않음은 대상에 대한 일체의 독단적 단언을 거부한다는 것이며, 이는 자신의 내적 느낌에 드러난 것만을 곧바로 충실히 표현한다는 뜻이었다.

섹스투스는 회의주의적 표현법과 관련해, 느낌이나 감정을 촉발하고 강제적으로 동의하도록 이끄는 것들에 따르는 것이라고 했는데,[51] 이것은 회의주의적 표현법을 이해하고자 하는 사람들에게 매우 중요한 언급이다. 그가 강조한 회의주의적인 표현법들이 대상에 대한 독단적 단언을 강화시켜주는 장치가 아니라, 단지 대상에 대한 비독단적 느낌을 기술하게 하는 도구임을 보여주기 때문이다. 이런 점에서 섹스투스는 회의주의적

표현법이 우리가 지닌 회의주의적 경향성과 우리 마음이 느끼는 바를 드러낸다고 강조했다.[52]

섹스투스의 피론주의적 특성이 잘 드러나 있는 회의주의적 표현법들은 다음 네 가지 유형으로 정리된다.

(1) 더 …하지 않는다[ou mallon].[53]

(2) '아마도[tacha]'와 '…이 가능하다[eksesti]' 그리고 '그럴 법하다[endechetai]'.[54]

(3) 나는 판단을 유보한다[epechō].[55]

(4) 아무것도 결정하지 않는다[ouden horizō].[56]

여기서는 유형 (1)과 유형 (4)를 중심으로 회의주의적 표현법을 논의하려 한다. 먼저 첫 번째 유형인 '더 …하지 않는다'라는 범주에 관한 섹스투스의 설명부터 들어보자.

'모든 것이 거짓이다'라는 표현이나 '어떤 것도 참이 아니다'라는 진술이 다른 모든 것과 더불어 그 문장 자체도 거짓임을 말하듯이, '더 …하지 않는다'라는 표현 또한 다른 진술과 마찬가지로 그 진술 자신도 다른 진술들보다 더 사실인 것은 아니라고 주장하고 있으며, 이런 이유로 이 진술은 다른 진술들과 함께 그 자체의 진리 주장을 무효화하고 있다고 회의주의자는 추정하기 때문이다. 우리는 나머지 회의주의적 표현법들에 대해서도 같은 논의를 적용할 수 있다. 따라서 만약 독단적인 믿음을 가지고 있는 사람은 자신이 믿고 있는 바를 실제적인 것으로 놓는 반면에, 회의주의자는 자신의 진술이 암묵적으로 그 스스로의 진리성을 무효화하도록 자신의 의사를 표현한다면, 회의주의자는 자기 의사를 표현

함에 있어서 독단적 견해를 가지지 않는다고 말할 수 있다.[57]

사실 '더 …하지 않는다'는 섹스투스가 가장 많이 사용했던 표현법 중에 하나였다. 특히 이것은 상호 대립되는 주장들 사이에서 판단을 유보해야 할 경우에 많이 사용됐다.[58] 나아가 그는 이러한 표현법을 통해 타자에 관한 진술이 가지는 독단성을 부정했을 뿐만 아니라, 자신의 진술이 가지는 독단성도 부정했다. 다시 말해 그는 '어떤 것도 참이 아니다'라는 언급을 통해서 대상에 대한 타자의 독단적 진술이 거짓이라는 점과, 그것이 거짓이라는 자신의 언급 또한 거짓이라는 점을 드러내보이고자 했다.[59] 그의 이러한 표현법에는 신념과 실재를 일대일 대응관계로 보았던 독단주의자들의 '진리대응설적 진리관'이 철저하게 배제돼 있다. 이처럼 섹스투스는 처음부터 끝까지 독단주의적 오류로부터 벗어나고자 했다.

다음으로 네 번째 유형인 '아무것도 결정하지 않는다'는 일체의 독단을 배제하고자 했던 섹스투스의 생각이 잘 드러난 회의주의적 표현법이다. 다음은 이 표현법에 대한 그의 언급이다.

'결정한다horizō'는 말은 단순히 어떤 것을 말한다는 뜻이 아니라, 불분명한 대상을 언표하는 동시에 동의한다는 의미이다. '결정한다'가 이런 의미를 가진다고 할 때, 회의주의자는 아무것도 결정하지 않는다는 사실이 발견될 것이다. 심지어 그는 "나는 아무것도 결정하지 않는다"는 말조차 단정적으로 주장하지 않는다. 왜냐하면 회의주의적 표현은 독단적 신념, 다시 말해 불분명한 대상에 대한 동의가 아니며, 단지 우리의 내적인 느낌을 명확히 표현한 것에 불과하기 때문이다. 따라서 회의주의자가 "나는 아무것도 결정하지 않는다"고 말할 때, 그가 의도하는 바는 '나는 현재 탐구의 대상으로 주어진 것들 중 어떤 것에 대해서도 독단적으로 긍정하거나 부정하지 않겠다는 느낌pathos을 가지고 있다'라는 것이다. 회의주의자가 이런 말을 할 때, 그는 확신을 가지고 자신의 견해를 독단적으로 주장하는 것이 아니라, 주어진 대상이 자신에게 어떻게 보이는가에 관해 자신이 느끼는 바를 단순히 기술하고 전달할 뿐이다.[60]

'아무것도 결정하지 않는다'는 표현을 언급하면서, 섹스투스는 주어진 대상을 언급할 때 회의주의자가 반드시 갖추어야 할 것이 독단적 이론이나 단언적 주장이 아니라, 비독단적 느낌 또는 회의주의적 파토스라고 강조한다. 이때 비독단적 느낌이란 주어진 대상에 대한 수동적 반응과 그에 대한 정확한 기술(전달)로 이해될 수 있는데, 섹스투스는 이러한 회의주의적 표현법이 궁극적으로 인간의 행복에 기여할 수 있다는 점을 보여주고자 했다.[61] 다음은 '모든 것은 미결정적이다'에 대한 섹스투스의 언급이다.

'미결정성aoristia'이라는 말은 우리 사고의 어떤 느낌pathos dianoias이며, 이로 인해 우리는 독단적 탐구 대상들, 다시 말해 불분명한 것들에 대해 부정도 긍정도 하지 않게 된다. 따라서 회의주의자가 '모든 것은 미결정적이다panta estin aorista'라고 말한다면, 그는 '그에게 …처럼 보인다phainesthai'를 '…이다esti'라는 말로 나타내고 있는 것이며, '모든 것panta'이라는 단어는 존재하는 대상 모두가 아닌, 그가 검토한 대상, 즉 독단주의자들의 탐구 대상인 불분명한 것들을 의미한다. 한편 '미결정적aorista'은 대상들이 자신과 상반되는 것들 또는 일반적으로 자신과 상반되는 것들보다, 믿을 만함이나 믿을 만하지 않음과 관련하여 우월하지 않다는 의미이다. … 그러므로 '모든 것은 비결정적이다'라는 표현은 다음과 같은 의미이다. '내가 검토한 바, 독단적으로 탐구되는 대상들은, 내가 생각하기에 그 어떤 것도 자신과 상충되는 대상보다 믿을 만함이나 믿을 만하지 않음에 있어서 우월하지 않게 보인다.'[62]

섹스투스는 회의주의자가 회의주의적 표현법들을 사용할 때 가장 먼저 준수해야 할 것으로 '회의주의적 규칙들'을 언급했다. 이때 그가 강조한 회의적 규칙들은 독단적 단언을 거부한 채 현상적인 것만을 기술하는 것이었다.

하지만 가장 중요한 것은 다음과 같다. 회의주의자는 회의주의적 표현들을 진술할 때 자신에게 보이는 것을 기술하고, 독단적 믿음을 가지지 않고서 자신이 느끼는 바를 보고하며 apanggelei, 외부 대상[63]에 관해서는 결코 확언하지 않는다.[64]

곧이어 섹스투스는 회의주의적 표현법들과 연관된 '설사약의 비유'를 앞서 언급했던 회의주의적 규칙들의 보조적 수단으로 사용했다. 즉 설사약이 몸 안의 해로운 물질들을 배출시키듯이, 회의주의적 표현법들 역시 철학적 논의 안에 있는 불필요한 논증들을 제거해줬던 것이다.

이들이 이와 같은 것을 회의주의자에게 권고한 까닭은, 혹시나 그가 독단주의자에게 미혹되어 회의주의적 탐구를 포기하고, 경솔함에 빠진 나머지 회의주의자들에게 명백히 드러나는 마음의 평안을 간과하지 않을까 우려했기 때문이다. 앞서 우리도 언급한 바 있듯이,[65] 그들은 마음의 평안이란 모든 대상에 대한 판단 유보에 곧이어 뒤따른다고 간주한다. … **마치 설사약이 몸 안에서 해로운 물질**

들을 배출시키는 동시에 그 자체도 배출되는 것처럼, 회의주의적인 표현법들 역시 그것들의 회의가 적용되는 곳에 이미 그것들 자체도 포함되어 있기에, 결국에는 스스로를 논박할 수도 있게 되는 것이다.[66]

이처럼 섹스투스는 회의주의의 규칙들과 비유들을 통해서, 회의주의자가 가슴에 새겨야만 할 것들을 자세하게 언급했다. 아울러 회의주의적 표현법들이 그 어떠한 상황에서도 독단화돼서는 안 된다고 강조했다.

우리가 여기에서 말한 것을 토대로 나머지를 논의하는 것이 가능하기 때문에, 그것들은 개요에서 다룰 문구로 충분할 것이다. 모든 회의주의적인 표현법에 대해, 우리는 그것들이 참되다는 것을 절대적으로 긍정하지 않는다는 것을 당신들은 이해해야만 한다.[67]

이처럼 섹스투스는 회의주의적 표현법들이 회의주의자가 자신의 생각을 표현하는 데 있어 가장 효과적인 방법이라고 이야기했다. 하지만 동시에 그는 회의주의적인 표현법들이 절대화되는 것을 거부했다.

회의주의가 제시하는 행복의 조건 ●

섹스투스는 왜 회의주의자들에게 단언하지 말라고 주문하고 회의주의적 표현법들을 강조했을까? 그런 강조를 통해 얻고자 한 것은 무엇일까? 그에 대한 답변으로 섹스투스는 '인간의 궁극적인 행복'을 단적으로 제시했다. 물론 다른 학파의 철학자들도 행복을 지향했지만, 여기서 중요한 것은 과연 섹스투스가 강조한 '행복의 조건'이란 무엇인가이다. 섹스투스에게 행복이란 모든 삶에 대해 극단적으로 냉담해야만 확보할 수 있으며, 인식론적으로 그러한 냉담한 태도는 오로지 회의주의적인 바탕 위에서만 획득될 수 있었다.[68] 일찍이 섹스투스는 회의주의자들을 보이는 것과 생각되는 것 사이의 불규칙성을 해소하여 '마음의 평안'을 얻으려는 사람들로 규정했다.[69] 또한 회의주의자가 지향했던 행복 역시 마음의 평안과 같은 것이라고 분명히 했다.[70] 이처럼 섹스투스는 회의주의를 통해 마음의 평안, 즉 진정한 행복을 얻고자 했다.

섹스투스가 인간의 행복과 마음의 평안에 대해 언급하는 내용은 모두 피론에 그 기원을 두고 있다. 일찍이 피론은 마음의 평안을 언급하면서, 그것이 달콤한 목소리로 전하는 어떤 학문적 이야기에도 마음을 빼앗기지 않는 상태라고 강조했다.[71] 현대 회의주의 연구가인 스바바르손도 마음의 평안에 대해서 이와 비슷한 언급을 했다.

> 인간의 오감을 통한 지각과 의견이란 참된 것도 거짓된 것도 아니라는 사실을 깨닫는 것, 그래서 그 어떤 것에 대해서도 확고한 결정을 내리지 않는 태도를 취하는 것이 마음의 평안을 가져온다.[72]

그런데 피론과 섹스투스가 강조했던 '마음의 평안' 개념을 이해하기 위해서는 세심한 주의가 요구된다. 마음의 평안이란 판단유보에 의해서 필연적으로 도출되는 인과적 결과물이나 정형화된 공식이 아니라, 단지 부수적으로 얻게 되는 우연적 파생물이기 때문이다. 섹스투스는 그것을

'화가 아펠레스Apelles의 일화'를 통해 소개한다.[73] 어느 날 아펠레스가 거품을 입에 문 생동감 넘치는 말 그림을 그리고자 했는데, 그 거품을 표현하기가 쉽지 않았다고 한다. 그는 결국 물감을 제거할 때 쓰는 스펀지를 집어 들어 그림을 향해 던져버렸다. 그런데 스펀지가 말의 입 언저리에 정확히 닿으면서 놀랍게도 거품 모양이 그려졌다. 섹스투스는 회의주의자가 마음의 평안을 얻는 방식이 이와 같다고 주장했다. 즉 그는 판단유보에 뒤따르는 마음의 평안이 반드시 일어나야 하는 일이 아니라 뜻하지 않게 일어날 수 있는 일, 특별한 인과 없이도 발생할 수 있는 일이라고 주장했다.[74] 이렇게 함으로써 그는 판단유보와 마음의 평안 사이에 독단적인 생각이나 절대적인 판단이 들어설 수 있는 가능성 자체를 봉쇄했다.

여기서 우리는 하나의 의문을 던질 수 있다. 과연 판단유보와 마음의 평안 사이에는 우발적이고 우연적인 관계만 있을까? 우리의 지성에 의해서 파악될 수 있는 패턴은 없는 것일까? 이러한 물음에 대해 섹스투스가 명확하게 설명해주지는 않는다. 대신에 그는 하나의 비유allegory를 사용해, 마치 사물에 그림자가 생겨나듯 별안간 회의주의자들의 마음에 나타날 수 있는 것이 바로 마음의 평안이라고 이야기한다.[75]

섹스투스는 판단유보와 마음의 평안의 관계를 '물체와 그림자의 관계'와 비슷한 것으로 언급했다. 즉 그는 물체에 그림자가 '자연스럽게' 따라오듯이, 독단적 믿음에서 자유로워지면 마음의 평안이 자연스럽게 찾아온다고 생각했다.[76] 이처럼 섹스투스는 철학자들이 어떠한 독단적인 믿음도 가지고 있지 않아야 비로소 마음의 평안이라는 행복감을 맛볼 수 있다고 주장했다.

이 지점에서 던져야 할 질문이 있다. 만약 판단유보와 마음의 평안의 관계가 물체와 그림자의 관계와 유사하다면, 이 두 개념 사이의 우연적 관계는 단순히 일회적인 사건으로 끝나는 것일까? 만약 그것이 한 번이 아니라 반복적으로 나타난다면, 이것은 독단주의자들이 이야기하는 인과관계 내지는 필연성과 어떻게 차이가 날까? 물론 패턴이 있다 할지라도, 독단주의자들의 생각하는 규칙성과 동일하진 않을 것이다. 만에 하나 누군가가 독단주의자들의 규칙성과 같은 것으로 판단유보와 마음의 평안의 관계를 설명하고자 한다면, 그 사람은 더 이상 회의주의자로 평가받지는 못할 것이다. 어쨌든 회의주의자였던 섹스투스에게 가장 중요한 것은 독단에 얽매이지 않은 채 얻을 수 있는 행복의 길이었다.

섹스투스의 이러한 통찰에도 불구하고, 현실을 살아가는 사람들의 삶은 행복하지 않다. 비독단적인 믿음을 가지고 살아가야 하는데도 불구하고, 사람들은 독단적인 믿음을 버리지 못한 채 그 굴레 속에서 살아간다. 이 독단의 굴레로부터 벗어나기 위해 우리는 무엇을 해야 하는가? 이에 섹스투스는 실천과 연관된 네 가지 길을 제시했다.[77] 물론 이 길은 스토아 학파를 포함한 독단주의자들의 행위 불가 논증에 맞서기 위해서 고안된 방어기제였지만, 다른 한편으로는 회의주의적 원리를 배운 사람들이 행복한 삶을 살기 위한 필수적인 장치이기도 했다. 이에 대해 섹스투스는 이렇게 말했다.

그러므로 우리는 현상들을 주목하면서, 일상적인 삶의 규칙에 의거하여, 독단적인 믿음을 가지지 않고서 살아간다. 왜냐하면 아무런 행동도 하지 않을 수는 없기 때문이다. 일상적인 삶의 기준은 넷으로 나뉜다고 생각된다. 그중 하나가 '자연의 인도함hyphēgēsis physeōs'이고, 다른 하나는 '느낌의 필연적 요구anagkē pathōn'이며, 또 다른 하나는 '법률과 관습의 전통paradosis nomōn te kai ethōn'이고, 마지막은 '전문기술 교육didaskalia technōn'이다. 자연의 인도를 통해서, 우리는 본 성적으로 감각하고 사유할 수 있게 된다. 그리고 느낌의 필연적 요구가 있기 때문에, 배고픔이 우리를 먹을 것으로 인도하고 목마름이 우리를 마실 것으로 인도한다. 한편 법률과 관습의 전통이 있기 때문에, 우리는 일상생활에서 경건함을 좋은 것으로 여기고 불경함을 나쁜 것으로 받아들이게 된다. 마지막으로 전문기술 교육이 있기에, 우리는 전수받은 기술들을 이용해서 살아갈 수 있다. 우리는 이러한 모든 삶의 기준에 관해 어떠한 독단적 믿음도 없이 기술한다.[78]

섹스투스는 인간 행위와 행복의 근거로 '자연의 인도함'과 '느낌의 필연적 요구' 그리고 '법률과 관습의 전통'과 '전문기술 교육'이라는 네 가지 방법을 제시했다. 이 네 가지 길에 어떠한 특징들이 있는지 살펴보자.

첫째, '자연의 인도함'이란 무엇일까? 그것은 존재하는 것들의 외적인 영향력에 대해 사람들이 본능적으로 반응하는 것이다. 섹스투스에 따르면 회의주의자들은 자연이 그들을 인도하는 대로 지각하고 행동해야 하는데, 이는 감각표상에 따라 본능적으로 행동하는 것과 동일하다. 회의주의자들도 일반인과 동일한 감각표상을 가지고 그것에 근거하여 행동하기 때문이다.

둘째, '느낌의 필연적 요구'란 무엇일까? 그것은 사물의 외적인 영향력에 대해 사람들이 가지게 되는 생리적 현상이다. 회의주의자도 파토스의 필요성에 의해 목이 마르면 물을 마시고, 배가 고프면 음식을 먹는다.[79] 이처럼 회의주의자들은 일반인과 동일한 감각표상을 가지고 있고, 그러한 감각표상에 따라서 살아간다.

셋째, '법률과 관습의 전통'이란 무엇일까? 그것은 공동체에서 형성된 윤리적 규범이나 도덕적 신념과 같은 것이다. 섹스투스는 회의주의자들이 기존의 법률이나 관습을 존중하기에, 그것들에 근거해 자신의 삶을 영위할 수 있다고 주장했다. 만약 공동체 내부에 신을 믿는 전통이 있다면, 회의주의자들은 그러한 전통에 순응해 신을 믿고 신의 가르침을 따르며 살아갈 것이다. 만약 공동체 내부에 신을 믿는 전통이 없다면, 회의주의자들도 그러한 전통에 순응해 신을 전제하지 않은 채 살아갈 것이다. 이처럼 회의주의자들에게 신에 관한 문제는 형이상학적인 것이 아니라 문화적 전통과 같은 것으로 받아들여졌다. 독단적 의견을 갖지 않고 일상적인 삶의 규칙들을 따르기에, 섹스투스는 신들이 존재한다고 믿고 그들을 경외하며 그들이 우리의 삶을 섭리한다고 생각한다 말했다.[80] 여기서 섹스투스의 언급이 독단적 단언으로 간주돼서는 안 된다. 그가 말하는 신들의 존재와 섭리란 독단주의자들의 도그마와 같은 것이 아니라, 공동체의 관습이나 습관이기 때문이다. 이렇게 그는 독단주의자들의 이론적 체계를 도입하지 않고도, 신들에 대한 존중과 인간의 행위 가능성을 설명할 수 있는 유의미한 장치를 확보했다.[81]

넷째, '전문기술 교육'이란 무엇일까? 섹스투스는 그것을 지성을 가진 인간이 공동체에서 배워서 알고 있는 전문적인 기술이나 지식으로 이해했다. 회의주의자들이 이러한 전문적인 지식과 기술을 배워 완전히 체화시킬 수만 있다면, 그들은 자신의 삶을 훌륭하게 살아갈 수 있다는 것이다. 예를 들어 누군가가 옷이나 구두를 만들 줄 아는 전문적인 기술을 가졌다고 가정해보자. 그는 많은 시행착오를 거쳐 옷이나 구두를 만드는 기술을 습득할 수 있다. 그렇게 습득된 기술은 평생 그 기술자의 것으로 남을 것이다. 이처럼 회의주의자들은 일반적인 기술지와 마찬가지로 행복한 삶을 살아갈 수 있다. 섹스투스는 삶의 실천 및 인간 행복과 연관된 네 가지 길을 제시함으로써, 그동안 회의주의자들에게 제기돼왔던 문제점을 해결할 수 있었다.

그런데 섹스투스의 논의는 여기서 끝나지 않았다. 그는《피론주의 개요》제2권에서 '징표semeion'와 '믿음doxa'의 관계를 언급하면서,[82] 우리의 일상적인 삶의 세계에서 나타나는 다양한 징표들이 믿음의 대상이 될 수 있음을 '조심스럽게' 제시했다.[83] 여기서 '조심스럽게'라는 부사를 넣은 이유는, 앞에서도 언급했듯 회의주의자들에게 징표와 믿음의 관계는 독단주의자들이 강조했던 절대적인 인과관계나 필연적인 패턴 속에서 이루어지지 않기 때문이다.

섹스투스는 징표와 믿음의 관계를 설명하기 위해 재미있는 사례들을 언급했다. 만약 어떤 사람이 연기가 나는 현상을 목격했다면, 그것은 어디선가 불이 났다는 징표라 할 수 있다. 만약 누군가의 몸에 흉터가 있다면, 이것도 그 사람의 몸에 예전에 어떤 상처가 났었다는 하나의 징표일 수 있다. 회의주의자들은 이 같은 징표들을 통해 어떤 원인을 추론할 수 있고, 그 결과 어떤 믿음을 얻을 수 있다. 하지만 이러한 추론 과정에서 회의주의자들은 독단주의자들이 범하는 오류를 반복하지 않기 위해 조심하고 또 조심해야 한다. 즉 연기가 나는 것을 보고 '아마도' 어디선가 불이 났으리라 믿는 것은 가능하고, 흉터를 보고 '아마도' 그 사람의 몸에 상처가 났으리라 믿는 것도 가능하지만, 그러한 믿음을 가능케 하는 추론이 절대적인 인과관계를 통해 필연적으로 이루어졌다고 생각하는 것은 잘못이다. 따라서 추론 과정에서는 어떠한 독단적인 믿음도 전제돼서는 안 되며, 추론 과정이 정형화된 규칙이나 공식으로 자리매김돼서도 안 된다. 대신 회의주의자들은 불이 났다는 하나의 징표로서 연기를, 상처가 났었다는 하나의 징표로서 몸의 흉터를 인정하고, 그것을 단순히 기술하고 전달하는 데 집중해야 하는 것이다. 이것이 징표와 믿음에 대한 섹스투스의 생각이었다.

섹스투스는 회의주의자들의 삶의 방식이 독단주의자들의 삶의 방식보다 더 낫다는 것을 일관되게 보여주고 싶어 했다. 그에게 회의주의적 삶은 인간이 지향할 수 있는 최상의 삶의 방식이었고, 인간의 행복도 회의주의적 삶의 방식에 근거해야만 얻을 수 있었다. 그 과정에서 독단적인 삶의 방식은 거부될 것이다. 이런 점에서 섹스투스의 회의주의는 앎의 문제만을 탐구했던 소박한 인식론이 아니라, 삶의 지혜와 행복의 기술을 천착했던 심오한 인간학이었다.

4장

피론주의의 논증방식

독단주의에 맞서는 회의주의의 방법론　●

피론주의에서 언급되는 '트로포이tropoi'는 우리말로 '논증방식들'로 풀이되며, '논증방식'을 뜻하는 그리스어 '트로포스tropos'의 복수형이다. 그리고 이는 '방향을 바꾸다'를 뜻하는 그리스어 동사 '트리페인trepein'과 어원적으로 연관된 개념이기도 하다. 일반적으로 피론주의에서 언급되는 논증방식이란 회의주의자가 현상과 사유를 대립 속에 놓을 때 활용하는 논변 형식으로,[1] 섹스투스는 회의주의자들이 '논증방식tropos'의 동의어로 '논변logos'이나 '논점topos'을 사용했다고 말한다.[2]

회의주의적 논증방식들은 고대 회의주의의 역사에서 가장 중요한 논리적 장치들 중 하나로 자리 잡고 있다. 이를 통해 회의주의자들은 독단주의에 맞서 싸울 수 있는 회의주의적 방법론을 구축했다. 회의주의자들이 발견하고 사용했던 논증방식들에는 아이네시데모스의 10가지 논증방식과 아그리파의 5가지 논증방식이 있다.[3] 섹스투스는 여기에 아그리파에 기원을 두고 있는 2가지 논증방식과 아이네시데모스에 기원을 두고 있는 8가지 논증방식을 덧붙이기도 했다.

이 네 가지 유형 중에서 가장 유명하고 세련된 것은 아이네시데모스가 제시한 10가지 논증방식이다. 그의 논증방식은 존재하는 것들과 사유되는 것들에 내재된 대립되고 '상충하는 현상'에 대한 회의주의적 분석의 결과물이었다.[4] 이 논증방식은 다음과 같다. (1) 생물들의 다양성에 기인한 논증, (2) 사람들 간의 차이에 기인한 논증, (3) 감각기관의 다양한 구조에 기인한 논증, (4) 주변 상황에 기인한 논증, (5) 위치와 거리 그리고 장소에 기인한 논증, (6) 감각의 혼합에 기인한 논증, (7) 감각 대상들의 양과 구조에 기인한 논증방식, (8) 상대성에 기인한 논증, (9) 발생 또는 조우가 빈번한지 드문지에 기인한 논증, (10) 행동규범과 관습, 법률, 신화에 대한 믿음, 그리고 독단적인 신념에 기인한 논증.

아그리파의 5가지 논증방식은 아이네시데모스의 10가지 논증방식을 새로운 범주를 동원하여 개선한 것이었다. 즉 아그리파의 논증방식은 기존에 존재했던 10가지 논변 내지 증명에 대한 논리적 비판의 결과물이었다.[5] 그 결과 아그리파의 5가지 논증방식은 아이네시데모스의 10가지 논증방식보다 더 세련되고 더 강력해졌다. 이 논증방식은 다음과 같다. (1) 불일치성에서 파생된 논증, (2) 무한소급에서 파생된 논증, (3) 상대성으로부터 파생된 논증, (4) 가설에서 파생된 논증, (5) 순환성에서 파생된 논증.[6]

여기서는 섹스투스의 논의를 중심으로, 먼저 아이네시데모스의 10가지 논증방식들을 다루고, 다음으로 아그리파의 5가지 논증방식들을 다루고자 한다.

아이네시데모스의 10가지 논증방식들 ●

제1논증방식: 생물들의 다양성에 기인한 논증

아이네시데모스의 첫 번째 논증방식은 생물들 간의 차이 때문에, 감각 대상이 동일하더라도 동일한 감각표상이 생겨나지는 않는다는 것을 보여준다.[7] 이 논증에 따르면 세상에 존재하는 모든 생물은 서로 다르며, 이 차이 때문에 즐거움과 고통 그리고 해악과 이익에 대한 모든 표상을 각자 다르게 가진다. 섹스투스는 만일 동일한 대상이 어떤 생물에게는 불쾌하지만 다른 생물에게는 유쾌하게 여겨져, 유쾌함과 불쾌함이 감각표상에 의존한다면, 각각의 생물은 외부 대상에 대해 서로 다른 감각표상을 갖는다고 주장했다.[8] 아이네시데모스는 이 첫 번째 논증방식에 입각해 세상에 존재하는 것은 모두 상대적이라는 회의주의적 원리에 도달하게 됐다.

아이네시데모스가 보기에 모든 생물은 다양하고 상대적이다. 심지어 자기 자신과 연관된 감각표상 또한 다양하고 상대적이다. 따라서 동일한 존재자로부터 필연적으로 동일한 감각표상이 나온다고 믿는 것은 큰 착각일 수 있다. 결론적으로 아이네시데모스는 모든 생물에 대한 판단을 유보해야 한다고 주장했다. 섹스투스는 생물의 다양성 때문에 동일한 대상이 (서로 다른 생물들에게) 다르게 보인다면, 우리는 외부 대상이 우리에게 어떻게 보이는지는 말할 수 있지만, 그 대상의 본성이 어떤지에 대해서는 판단을 유보해야 한다고 주장했다.[9] 이것이 첫 번째 논증의 핵심이다.

그런데 다른 논증방식과 달리 첫 번째 논증방식에 대한 아이네시데모스의 논의는 매우 길다. 우선 '생물들이 탄생되는 방식의 차이'로부터 일련의 논의들이 전개된다.[10] 암컷과 수컷 사이의 성적 결합을 통해 탄생하는 생물들이 있는가 하면, 그러한 결합 없이 생겨나는 작은 벌레들도 있다. 고여 있는 물에서 나오는 모기, 포도주에서 생겨나는 각다귀, 흙에서 나타나는 메뚜기, 습지에서 튀어 오르는 개구리, 진흙에서 기어 나오는 지렁이를 보면 생명체가 탄생하는 방식이 매우 다양하다는 것을 알 수 있다.[11]

다음으로 생물의 신체 구조적 다양성으로부터 도출되는 일련의 논의들이 이어진다.[12] 여기서 아이네시데모스는 생물의 신체적 차이, 특히 본성적으로 판단과 감각을 제공하는 기관들의 차이는 감각표상을 얻는 데 매우 큰 차이를 낳는다는 사실에 주목했다.[13] 이때 그가 생물의 감각기관들 중에서 가장 먼저 주목했던 것은 '시각'이었다. 그는 시각의 여러 형태를 통해 감각표상의 다양성과 상대성을 설명한다. 황달에 걸리면 온 세상이 누렇게 보이고, 눈이 충혈되면 모든 것이 핏빛으로 보인다. 처한 조건에 따라 제각각 다른 색깔의 눈을 가지고 있는 생물들에게도 세상은 매우 다양한 색깔로 보일 것이다. 아울러 햇빛에 반응하는 낮의 동물과 눈에서 강한 빛을 발산하는 밤의 동물 사이에도 감각기관의 현격한 차이가 있다.[14] 이처럼 인간을 포함한 모든 생물의 시각적 감각표상은 다양하고 상대적이다. 이에 근거하여 아이네시데모스는 대상을 어떻게 감각하는가는 그것을 수용하는 눈이 어떤 영상을 만들어내는가에 달려 있다고 설명

한다.[15]

그런데 감각표상의 다양성과 상대성에 대한 아이네시데모스의 논의는 시각에서 끝나지 않았다. 그 논의는 '촉각과 청각 그리고 미각'으로 확장됐다. 비늘을 가진 생물과 조개껍질로 둘러싸인 생물, 피부가 있는 생물과 가시로 뒤덮인 생물의 촉각은 결코 동일하지 않을 것이다. 소리를 전달하는 통로가 좁은 생물과 넓은 생물 사이에도 받아들이는 청각 정보에 분명한 차이가 있을 것이다. 거칠고 건조한 혀를 지닌 생물과 젖어 있는 혀를 가진 생물도 서로 확연히 다른 맛을 느낄 것이다. 똑같이 리라의 줄을 튕겼지만 어떤 줄에서는 저음이 나고 다른 줄에서는 고음이 나는 것처럼, 생물들의 감각표상은 신체 구조가 상이한 만큼 무수히 다르게 나타날 것이다.[16]

이처럼 아이네시데모스는 촉각과 청각 그리고 미각의 영역에서도 감각표상들의 상대성을 다양하게 보여줬다. 그 결과 그는 감각표상을 받아들이는 신체 구조가 서로 다르면, 각 생물에게 외부 대상도 서로 다르게 감각되는 게 이치에 합당하다는 회의주의적 결론에 도달하게 된다.[17] 하지만 아이네시데모스는 첫 번째 논증에 대한 논의가 어느 정도 이루어지고 나서도, 동일한 대상에 대한 감각표상들이 상이하게 나타나는 사례를 통해 감각표상의 상대성에 대한 자신의 생각을 심화시켜나갔다. 일례로 생물들이 선호하거나 기피하는 양상이 얼마나 다른지 살펴볼 수 있다. 올리브기름은 사람에게 매우 유익하지만, 말벌이나 꿀벌에게는 그렇지 않다. 바닷물은 사람이 마시면 매우 위험하지만, 물고기에게는 그렇지 않다. 사람에게는 깨끗한 물이 좋지만, 돼지에게는 냄새나고 더러운 진흙탕이 더 반갑다. 풀을 먹는 생물, 관목을 먹는 생물, 씨앗을 먹는 생물, 육식을

하는 생물, 우유를 먹는 생물이 모두 다른 감각을 지닌다.[18]

사실 동일한 대상도 그것을 지각하는 존재자에 따라 각기 다른 감각표상들이 생긴다. 경우에 따라서는 정반대의 감각표상이 생기기도 한다. 그러므로 동일한 대상이 어떤 생물에게는 불쾌하지만 다른 생물에게는 유쾌하며, 이런 유쾌함과 불쾌함이 감각표상에 의존하는 사태가 발생하는 것이다. 여기서 아이네시데모스는 생물이 각각 외부 대상에 대해 서로 다른 감각표상을 받아들인다는 사실에 주목했다.[19] 같은 대상으로부터 다른 감각표상들이 얼마든지 생겨날 수 있다는 것이다. 따라서 외부 대상에 대한 판단은 긍정적이든 부정적이든 단언적으로 이야기돼서는 안 되고 유보돼야만 한다.

> 만일 생물의 다양성으로 인해서 동일한 대상이 (서로 다른 생물들에게) 다르게 보인다면, 우리는 외부 대상이 우리에게 어떻게 보이는지는 언표할 수 있지만, 그 대상의 본성이 어떠한지와 관련해서는 판단을 유보할 것이다. 왜냐하면 우리는 자신의 감각표상과 다른 생물들의 감각표상 가운데 어떤 것을 택해야 할지 스스로 판가름할 수 없기 때문이다. 즉 우리 자신이 논쟁의 당사자이기 때문에, 우리 스스로 판단하기에 적합하다기보다는 논쟁을 판가름해줄 제3의 심판관을 필요로 하는 것이다. 더구나 우리는 증거가 있건 없건 간에, 다른 비이성적 생물들에게 생겨나는 감각표상보다 우리 자신의 감각표상을 더 선호할 수 없다. … 우리는 비이성적이라고 말해지는 생물들에게 생겨나는 감각표상보다 우리 자신의 감각표상을 선호해야 함을 입증해주는 증거를 획득할 수 없다. 만약 이처럼 생물의 다양성으로 인해서 각 생물의 감각표상이 서로 다르게 되고, 이러한 여러 감각표상 중 어떤 것을 택해야 할지 판가름할 수 없다면, 우리는 외부 대상에 관해

서 반드시 판단을 유보해야 할 것이다.[20]

　그런데 아이네시데모스의 첫 번째 논증은 여기에서 끝나지 않았다. 첫 번째 논증의 후반부에 '추가논변periousia'도 언급하기 때문이다. 이때 추가논변이란 어떤 문제에 대한 심각한 논의 후에 마무리를 짓는 익살맞은 논변 방식으로,[21] 그가 다소 길게 이어온 첫 번째 논증을 마무리하기 위해 도입한 것으로 보인다.

　아이네시데모스가 추가논변을 통해서 이야기하고자 했던 것은, 과연 인간이 가진 감각표상과 동물이 가진 감각표상 사이에 질적인 차이가 존재하는가였다. 그는 인간과 동물 사이에는 질적인 차이가 전혀 존재하지 않는다고 말했다. 단적인 예로 그는 개가 인간보다 감각표상의 신뢰성 측면에서 전혀 열등하지 않다는 것을 보여주고자 했다.[22] 얼핏 생각하면 이성적인 인간이 비이성적인 개보다 감각표상의 신뢰성 측면에서 훨씬 더 우월하다고 생각할 수도 있다. 하지만 실제로는 개가 인간보다 더 뛰어난 감각표상을 가지고 있다는 것은 상식적 차원에서도 확인 가능하다. 일례로 그리스 신화에는 개가 가진 후각 능력에 관한 재미있는 일화가 하나 있다. 그것은 이타카Ithaca의 왕이었던 오디세우스의 충견 아르고스Argos에 대한 이야기다. 《오디세이아》 제17권 291~327행에 따르면, 오디세우스는 고향을 떠난 지 20년 만에 트로이 전쟁의 영웅이 되어 고향 이타카로 돌아온다. 그를 항상 보호해주던 아테네 여신은 안전을 위해서 그를 거지 노인으로 변장시켜준다. 이타카에 있던 사람들은 영웅 오디세우스를 알아보지 못한다. 오로지 충견 아르고스만이 그가 누구인지 단박에 알아본다.

그때 개 한 마리가 누워 있다가 머리를 들고 귀를 쫑긋 세우니

참을성 많은 오디세우스의 개 아르고스였다.

그 개는 전에 오디세우스가 길렀으나 재미는 보지 못했다.

그러기 전에 그는 신성한 트로이아로 갔던 것이다.

전에는 젊은이들이 야생 염소와 사슴과 토끼를 향해 그 개를 부추기곤 했지만

지금은 주인이 떠나고 없는지라 그 개는 돌보는 이 없이

노새들과 소들의 똥 더미에 누워 있었으니,

대문 앞에는 오디세우스의 하인들이 그의 넓은 영지에 거름을 주려고

치우지 않았던 똥 더미들이 잔뜩 쌓여 있었던 것이다.

아르고스는 벌레투성이가 되어 그곳에 누워 있었다.

지금 그 개는 오디세우스가 와 있음을

알아차리고 꼬리치며 두 귀를 내렸으나

주인에게 더 가까이 다가갈 힘이 없었다.

…

그러나 이십 년 만에 주인 오디세우스를 다시 보는

바로 그 순간 검은 죽음의 운명이 그 개를 덮쳤다.[23]

아이네시데모스는 개가 감각의 측면에서 인간을 능가한다는 점을 강조할 뿐만 아니라, 합리적 추론^{logos}이나 정의감에 있어서도 사람만큼, 또는 그보다 훨씬 탁월한 부분이 있다는 점을 입증한다. 스토아 학파가 정의하는 내면적 추론이란 자신의 본성에 고유한 것들^{oikeia}을 선택하고 자신과 다른 것들을 회피하는 일인데, 개도 이 같은 추론을 똑같이 실행하여 사냥술을 통해 자신에게 필요한 것들을 취하고 이질적인 것들에 대해

서는 경계 태세를 보인다. 뿐만 아니라 개는 자기 집안 식구를 지켜주고 자신이나 식구를 괴롭히는 적에 대해서는 망설임 없이 공격함으로써, 인간과 유사한 정의감 또한 선보인다. 아이네시데모스는 호메로스 시에서 등장한 아르고스의 사례를 언급하며, 이타카의 일반 국민과 달리 충견 아르고스는 신체상의 변화로 인한 왜곡을 피했으며, '대상을 분명히 인식하게 하는 감각표상kataleptikē phantasia'[24]을 잃어버리지 않았다고 이야기한다.[25]

그런데 아이네시데모스는 개가 가진 감각표상 능력을 강조하는 데 있어 크리시포스와 의견을 같이 했다. 앞에서도 언급했듯이, 크리시포스는 아이네시데모스의 논적이었다. 그는 스토아 학파의 대표적인 철학자 중 한 사람이었다. 하지만 아이네시데모스는 그가 가진 철학적 통찰력을 과감히 수용하여, 개가 가진 후각 능력을 강조했다. 그를 따라 아이네시데모스가 강조했던 것은 개가 인간과 동일하게 변증술의 능력을 가지고 있으며, 논리적 추론 또한 수행할 수 있다는 것이었다. 아이네시데모스는 그것을 개가 야생동물을 쫓는 사례를 들어 구체적으로 설명했다. 개가 야생동물을 쫓다가 삼거리에 이르는 경우를 가정해보자. 이때 그 개는 세 갈래 길 중에서 야생동물이 지나가지 않은 두 길을 냄새로 확인한 후, 곧바로 냄새도 맡지 않은 세 번째 길을 따라 그 동물을 쫓아갈 것이다. 바로 이것이 개가 인간과 동일하게 변증술적 능력을 가지고 있다는 증거이다. 그에 따르면, 그 짐승은 이 길이나 저 길 혹은 제3의 길로 갈 것이다. 그런데 그는 이 길이나 저 길로 가지 않으며, 제3의 길로 간다는 것이다.[26] 이처럼 아이네시데모스는 개가 가진 탁월한 감각표상 능력을 언급하면서 다음과 같은 결론을 제시했다.

우리는 동물의 사례를 통해서 논의를 전개했는데, 만일 동물도 자신에게 적절한 것oikeia을 선택하고 자신에게 해가 되는 것을 기피하며, 자신에게 적절한 것들을 얻게 해주는 전문적 능력technē을 소유하고 있으며, 자신의 정념pathos을 인지하는 동시에 누그러뜨릴 수도 있을 뿐 아니라, 탁월함aretē을 결여하고 있지도 않다면, 바로 이러한 것들에 의해서 내면적인 추론의 완성도가 결정되므로, 결국 개도 이런 측면에 있어서 완전하다고 말할 수 있다. 내가 생각하기에는, 철학에 종사하는 사람들 중 어떤 이들도 바로 이와 같은 이유로 이 동물의 이름으로 스스로를 지칭하면서 영광스럽게 여겼던 것 같다.27

아이네시데모스는 개의 음성적 능력도 긍정적으로 평가했다. 그는 개의 음성을 비이성적이라고 평가절하하지 않았고, 인간의 언어보다 열등하다고 간주하지 않았다. 오히려 개의 음성이 인간의 언어와 동등한 가치를 지닌다고 간주했다.28 사람들을 쫓아낼 때, 울부짖을 때, 매를 맞을 때, 아양 부릴 때 내는 개의 음성이 각기 다르다는 것을 언급하며, 놀랍게도 그는 개를 비롯한 동물들이 말(언어)을 가지고 있다고 볼 만한 이유가 차고 넘친다고 주장한다. 동물들은 감각의 정확성에 있어서 사람보다 못하지 않다는 것이다.29

아이네시데모스의 논의는 개에만 한정되지 않았다. 개 이외의 모든 동물에게서도 인간과 같이 언어를 구사할 수 있는 능력을 확인하고자 했다. 즉 그는 비이성적이라고 간주되는 모든 동물에게서 언어 사용의 가능성을 발견하고자 했다. 이를테면 그는 새들이 울음소리를 통해 다양한 신호를 보내고 이러한 신호들을 해석할 수 있는 누군가에게 그 의미를 전달함으로써, 현재뿐 아니라 미래의 일들까지 알릴 수 있다고 주장한다.30

이처럼 아이네시데모스는 첫 번째 논증방식에서 생물들의 상대성과 다양성에 관한 긴 논의를 통해, 비이성적이라고 간주되는 동물들의 감각표상이 이성적인 인간의 감각표상과 비교해봐도 전혀 열등하지 않다는 것을 설득력 있게 보여줬다. 논의의 결과, 우리는 외부 대상이 우리의 감각지각에 어떻게 현상하는지에 대해서는 이야기할 수 있으나, 외부 대상의 본성에 대해서는 일체의 판단을 유보해야 한다는 회의주의적 결론에 도달하게 된다.[31]

제2논증방식: 사람들 간의 차이에 기인한 논증

아이네시데모스의 두 번째 논증방식은 '사람들 간의 차이에 기인한 논증'이었다. 이성적 존재로서 인간은 크게 신체와 정신으로 구성된다. 그런데 인간은 신체적인 혹은 정신적인 모든 측면에서 각기 다른 모습을 하고 있다.[32] 신체적인 측면에서 볼 때, 인간은 겉모습이나 체질에 있어 서로 다른 모습을 보인다. 정신적인 측면에서 볼 때도, 인간은 각기 다른 특징을 보인다.

사람들의 다양성에 따라서 동일한 대상이 각 사람에게 상이한 영향을 행사한다면, 이런 경우에도 아이네시데모스는 판단유보를 하는 것이 합리적이라고 주장했다. 왜냐하면 우리에게 외부 대상이 어떻게 보이는가는 말할 수 있지만, 그 대상의 본성이 어떠한지는 단언할 수 없기 때문이다.[33] 즉 그는 존재하는 것들의 현상에 대해서는 이야기할 수 있지만, 존재하는 것들의 본성에 대해서는 이야기하는 것 자체가 지적 월권이라고 생각했던 것이다. 이처럼 그는 인간 사이에 존재하는 다양성이나 차이성에 입각해, 외부 대상에 대한 일체의 판단을 유보해야 한다고 주장했다. 이것이

바로 두 번째 논증의 핵심 사항이다.[34]

그런데 아이네시데모스는 부차적으로 사람들 사이에 존재하는 신체적 다양성에 주목했다. 사실 사람들의 신체는 매우 다양하며 체질 또한 각기 다르다. 그는 그런 다양성을 신체 속에 존재하는 체액의 비율로 설명했다. 즉 사람 안에 있는 체액의 비율에 따라 인간의 감각표상들 또한 다양하게 나타난다는 것이다. 또한 체액 구성의 비율로 인해 사람들이 외부 대상을 선택하고 기피하는 데도 큰 차이가 발생한다.[35]

또한 체질의 다양성으로 인해 사람들 사이에 신체적인 다양성이 발생한다. 사람들 중에는 소고기를 좋아하는 사람도 있고, 물고기를 좋아하는 사람도 있다. 저마다 식성이 다르기 때문이다. 치사량에 가까운 독을 먹고도 죽지 않는 사람이 있는가 하면, 치사량보다 훨씬 적은 양의 독을 먹고도 죽는 사람이 있다. 사람들마다 독에 대한 내성이 다르기 때문이다. 또 포도주를 한 잔만 마셔도 설사가 나는 사람이 있는 반면, 독당근을 30드램dram [36]이나 먹었지만 무사했다는 사람도 있다.[37]

이와 마찬가지로 사람들 사이에는 정신적 차원에서의 다양성도 존재한다. 그런데 이것은 다양성이 무한할 정도로 전개된다는 특징이 있다. 아이네시데모스는 '사고적 측면dianoia'에서의 무한한 다양성에 대한 강력한 증거를 독단주의자들의 다양한 주장, 즉 그들이 여러 문제에 대해서, 특히 우리가 어떤 것을 선택하고 기피해야 하는가에 관해서 다양한 주장을 제기한다는 바로 그 사실에서 찾았다.[38] 이와 연관해 섹스투스는 핀다로스와 호메로스 그리고 에우리피데스의 시를 인용하면서 사고적 차원 또는 정신적 차원의 다양성이 어떻게 전개됐는지를 보여준다.

"어떤 이는 기뻐한다. 폭풍처럼 빠른 발을 가진 말들의 영예와 화환으로 인해서…. 그리고 다른 이들은 황금으로 뒤덮인 아름다운 방에서 사는 일에 기뻐한다. 또 다른 사람은 즐거워한다. 물결치는 바다 위에 빠른 배를 타고 항해하는 것을…"[39] 한편 다른 시인은 말한다. "서로 다른 사람들이 서로 다른 일들로 인해 기뻐한다."[40] 비극 또한 이와 유사한 구절들로 가득하다. 이를테면 "만일 모든 이에게 동일한 대상이 아름답고 또한 현명했더라면, 사람들 사이에 논쟁을 불러 일으키는 불화는 없었을 것이다." 다른 비극에는 다음과 같은 구절이 있다. "이상한 일이로다. 동일한 대상이 죽음을 피할 수 없는 존재들 중 어떤 이에게는 즐거운 반면, 다른 이에게는 혐오스러우니 말이다."[41]

여기서 언급된 것처럼, 아이네시데모스는 동일한 대상에 대해서 모든 사람이 동일하게 선택하거나 기피하는 것이 아니라, 어떤 사람은 선택하고 다른 사람은 기피하기에, 동일한 대상이 사람들에게 서로 다른 영향력을 행사한다는 데 주목했다. 이러한 사실에 근거해 그는 대상이 우리에게 어떻게 현상되는가에 대해서는 언급할 수 있지만, 대상의 본성에 대해서는 단언할 수 없다고 분명히 했다. 그 결과 그는 외부 대상에 대한 우리의 판단은 유보돼야만 한다고 주장했던 것이다.

만일 사람들의 다양성에 따라서 동일한 대상이 각 사람에게 상이한 영향을 행사한다면, 이런 경우에도 판단유보가 도입되는 것이 합리적이다. 왜냐하면 아마도 우리는 각각의 외부 대상이—각 대상의 다양성과 관련해서—**우리에게 어떻게 보이는가**는 말할 수 있지만, 그 대상이 **본성상 어떠한지**는 단언할 수 없을 것이기 때문이다. 왜냐하면 우리는 모든 사람을 신용하거나 적어도 몇몇 사람을 믿어야 하는데, 만약 모든 사람을 믿을 경우 우리는 서로 모순적인 주장까지 받아들임으로써 불가능한 일을 시도하게 될 것이고, 반대로 몇몇 사람을 믿을 경우 독단주의자들은 도대체 우리가 누구의 말에 동의해야 하는지 가르쳐주어야 할 것이기 때문이다. 즉 플라톤주의자는 '플라톤의 말에 따라야 한다'고 주장할 것이고, 에피쿠로스주의자는 에피쿠로스의 말에 따를 것을 요구할 것이며, 다른 이들도 이와 비슷한 주장을 전개할 것이다. 결국 이처럼 이들의 논쟁을 해소할 길이 없으므로, 이들은 또다시 우리를 판단유보로 이끌게 된다. 더구나 다수의 견해에 따라야 한다고 주장하는 사람이 있지만, 그의 제안은 유치하기 짝이 없다. 왜냐하면 모든 사람을 만나서 이야기를 나눈 후 대부분의 사람이 무엇을 선호하는지 밝힐 수 있는 경우는 거의 없기 때문이다. 다시 말해 우리가 잘 알지 못하는 어떤 민족이 있어서, 우리에게 드문 특성이 그들에게는 일반적으로 속하는 반면, 우리 대부분에 속하는 속성이 그들에게는 드물게 존재할 가능성도 있다. 가령 대부분의 사람이 독거미에 물려도 고통을 느끼지 않지만, 어떤 이들은 간혹 고통을 느끼며, 우리가 앞에서 논의한 것처럼 상이한 체질적 특징 idiosugkrasiai과 관련해서도 이와 유사한 현상이 발생한다. 그러므로 사람들의 다양성도 필연적으로 판단유보를 야기하는 또 다른 이유다.[42]

그런데 아이네시데모스나 섹스투스와 같은 회의주의자들과 달리, 스토아 학파 계열의 독단주의자들은 자아에 도취되거나 교만에 빠져 참된 진리의 탐구와는 정반대의 길을 걸어갔다. 그들은 자신의 생각이나 판단이 절대적으로 옳다는 전제하에서 진리를 단언적으로 규정했으며, 진리를 탐구하기 이전에 이미 자신들이 생각하고 있던 것을 절대적인 진리로 간주했다. 이런 점에서 그들은 '선결문제 요구의 오류fallacy of begging the question',[43] 즉 논증돼야 할 것을 전제에 포함시켜 자신의 논증을 합리화하려는 오류를 범했던 것이다. 이러한 논의를 통해 아이네시데모스는 외부 대상에 대한 일체의 판단은 유보되어야 한다고 주장했다.[44]

제3논증방식: 감각기관의 다양한 구조에 기인한 논증

아이네시데모스의 세 번째 논증방식은 '감각의 차이에 기인한 논증' 또는 '감각기관의 다양한 구조에 기인한 논증'이었다.[45] 이 논증은 인간이 가진 감각표상들이 서로 다르고 다양하기에, 감각표상들 안에서는 일치된 현상이 발견되지 않는다는 사실에 근거한다. 예를 들어 만일 꿀이 혀에 닿는다면 사람들은 그 꿀을 달다고 느끼겠지만, 눈에 들어간다면 불쾌하게 느끼고 제거하고자 할 것이다. 비슷한 예로 향유는 우리의 후각을 즐겁게 하지만, 마셨을 때는 불쾌한 느낌만 준다. 빗물도 눈에는 이로울 수 있지만, 기관지나 폐에는 좋지 않은 영향을 준다. 우리는 그 꿀의 본성이 달콤함인지 불쾌함인지에 대해 단언적으로 말할 수 없으므로, 꿀에 대한 판단을 유보해야만 한다.[46] 이것이 세 번째 논증방식의 핵심이다.[47]

아이네시데모스에 따르면 감각에 주어지는 현상은 각각 다양한 인상을 제공한다.[48] 사람들은 외부 대상의 본성 그 자체에 대해서는 말할 수 없지만, 감각을 통해서 주어지는 현상들이 주어진 상황하에서 어떻게 느껴지는가에 대해서는 얼마든지 말할 수 있다. 섹스투스는 사과의 사례를 들어 그것을 설명했다. 사과는 달콤하고 향기롭고 노란색이고 부드럽다는 등 여러 특징을 지니고 있지만, 이것이 사과가 지닌 하나의 속성이 다양한 감각기관을 통해 드러난 것인지, 아니면 사과가 그만큼 여러 속성을 지니고 있는 가운데 일부만 드러내 보이는 것인지(감각에 장애가 있는 사람들의 경우 사과의 일부 속성만 받아들일 수 있을 뿐이다)에 대해서는 불분명하다.[49] 즉 사람들은 사과라는 대상에 현상되는 다양한 감각표상들은 이해할 수 있으나, 그 대상의 본성 자체는 이해할 수 없는 것이다. 사과의 본성이 무엇인지에 대해 우리로서는 알 수 있는 길이 없다. 그러므로 아이네시데모스는 감각을 통해서든 사고를 통해서든 외부 대상에 대한 일체의 판단은 유보돼야만 한다고 주장했던 것이다.[50]

제4논증방식: 주변 상황에 기인한 논증

아이네시데모스의 네 번째 논증방식은 '주변 상황들peristaseis에 따른 논증'이다. 여기서 '주변 상황'이란 '주어진 조건들diatheseis(혹은 상태)'을 말한다. 이 네 번째 논증방식을 통해 그는 지각하는 사람의 감정이나 신체 상태의 차이가 외부 대상에 대한 감각지각에 많은 영향을 주고 있다는 것을 보여주고자 했다. 구체적으로 그는 이 논증방식에서 자연스러운 상태와 부자연스러운 상태, 깨어 있는 상태와 잠자는 상태, 나이에 따른 상태, 운동과 정지, 증오와 사랑, 부족함과 충족됨, 취한 상태와 제정신인 상태, 선행 조건prodiatheseis, 용기와 두려움의 상태, 우울함과 기쁨 등 관련 있는 다양한 사례를 언급했다.

이를테면 우리가 처한 게 정상적인 상태인지 비정상적인 상태인지에 따라서, 대상들이 우리에게 상이한 인상을 준다. 즉 광기에 빠졌거나 신들린 사람들은 정령들의 음성—우리는 이런 소리를 듣지 못하지만—을 듣는다고 여긴다. 이와 마찬가지로 그들은 때때로 소합향이나 유황 냄새 혹은 이와 유사한 향기를 맡을 뿐 아니라 다른 많은 것을 지각한다고 주장한다. 우리는 그런 것들을 지각하지 못하는데도 말이다. … 만약 어떠한 체액들의 혼합으로 인해, 비정상적인 정신 상태를 가진 사람들이 외부 대상으로부터 부적절한 감각표상을 얻는다고 주장하는 사람이 있다면, 우리는 다음과 같이 대답해야 할 것이다. … 건강한 사람들이 자신의 관점에서 볼 때는 자연스러운 상태에 처해 있으나 아픈 사람의 관점에서 보면 자연스럽지 않은 상태에 처해 있는 것과 마찬가지로, 아픈 사람들은 건강한 사람의 관점에서 보면 부자연스러운 상태에 처해 있으나 아픈 사람의 관점에서 보면 자연스러운 상태에 처해 있는 것이다. 따라서 우리는 아픈 사람들도 상대적인 관점에서 볼 때 pros ti 자연스러운 상태에 처해 있다고 믿어야 한다. [51]

아울러 우리는 잠자고 있을 때와 깨어 있을 때 매우 다른 감각표상들을 지닌다. 이는 잠자고 있을 때의 표상 방식과 깨어 있을 때의 표상 방식이 서로 다르기 때문이다. 따라서 대상이 실제로 존재하는지 여부는 절대적인 것이 아니라 상대적인 것이다.

감각표상은 나이에 따라서도 달라진다. 같은 공기라도 노인들에게는 차갑게 느껴지고, 젊은이들에게는 따뜻하게 느껴진다. 노인들에게는 색깔이 희미하게 보이지만, 젊은이들에게는 분명하게 보인다. 똑같은 소리가 노인들에게는 불분명하게 들리지만, 젊은이들에게는 분명히 들린다. 결론적으로 동일한 대상일지라도 나이에 따라 그것을 받아들이는 감각표상이 다르게 나타난다. [52]

사실 사랑하거나 미워하면 동일한 대상이 다르게 보이는 것도 마찬가지다. 어떤 사람은 돼지고기를 극단적으로 혐오하지만, 다른 사람은 돼지고기 먹기를 매우 즐기는데, 이것은 동일한 돼지고기를 두고서도 혐오와 선호라는 극단적인 감각표상이 형성될 수 있다는 것을 보여주는 좋은 사례다. 또한 많은 이들은 자기 애인이 추녀여도 이 세상에서 가장 아름답다고 여긴다. 이 역시 동일한 여인을 두고서도 추녀와 미녀라는 극단적인 감각표상이 형성될 수 있다는 것을 보여준다.[53] 같은 음식이라도 배고픈 사람에게는 당장 먹고 싶은 것으로 나타나지만, 배부른 사람에게는 형편없어 보일 수 있다. 술이 취했을 때는 거리낌 없이 부끄러운 행동을 하지만, 제정신일 때는 금세 수치를 느낀다. 고소공포증이 있는 사람은 높은 곳에 올라가면 두려움을 느끼지만, 평범한 사람들은 무서움을 느끼지 못한다. 동일한 일이 어떤 사람들에게는 비탄을 자아내지만, 다른 사람들에게는 기쁨이 된다.[54] 이 같이 주변 상황들 또는 주어진 조건들에 따라 동일한 대상으로부터 상이한 감각표상들이 얼마든지 생길 수 있는 것이다.

아이네시데모스는 네 번째 논증방식에서 주변 조건에 따라 감각표상에 불규칙성이 생겨난다면, 외부 대상이 각자에게 어떻게 느껴지는가는 쉽사리 말할 수 있지만, 그 대상 자체가 어떤지는 말할 수 없다고 함으로써, 대상의 본성에 관한 일체의 판단을 유보해야 한다고 주장했다.[55] 물론 독단주의자들은 끊임없이 감각표상의 불규칙성을 해결하고자 시도하겠지만, 회의주의자들이 보기에 그러한 시도는 필연적으로 실패할 수밖에 없다. 감각표상의 불규칙성을 해결하려는 독단주의자들의 시도는 판단기준과 증거를 요구할 것이고, 그것은 또 다른 판단기준과 증거를 요구할 것인데, 종국에는 이 모든 시도 자체가 설득력을 상실한 채 비결정 상태에 머물고 말 것이기 때문이다.

감각표상의 불규칙성을 해결하려고 시도하는 사람은 앞서 언급한 주변 조건들 중 어떤 조건하에 처해 있거나, 아무런 조건에도 처해 있지 않을 것인데, 그가 결코 아무런 조건에도 처해 있지 않다—다시 말해 그가 건강하지도 아프지도 않으며, 움직이지도 정지해 있지도 않으며, 일정한 나이도 없고, 다른 조건들도 결핍되어 있다—고 말하는 것은 완전히 어불성설이다. 반면 그가 감각표상들을 평가하고자 할 때, 어떤 조건에 처해 있다면, 그 자신이 (어떤 감각표상이 올바른지 평가할 수 있는 위치에 있는 것이 아니라) 논쟁의 당사자가 될 것이다.

 … 감각표상들의 불규칙성이 해결 불가능한 이유가 또 있다. 어떤 감각표상을 다른 감각표상보다 선호하거나 어떤 주변 상황peristasis을 다른 주변 상황보다 더 선호하는 사람은, 증거도 없이 무비판적으로 그렇게 행동하는 게 아니면 증거를 제시하면서 판단을 내려야 어떤 선택지를 선호하게 될 텐데, 증거도 제시하지 않으면서 어떤 감각표상이나 주변 상황을 선호할 수는 없을뿐더러—왜냐하면 그럴 경우 설득력이 없게 될 테니까—증거를 제시하면서 어떤 감각표상을 선호할 수도 없기 때문이다. 그 이유는 다음과 같다. 감각표상에 대해 판단을 내리려면 반드시 어떤 판단기준kritērion에 따라서 판정해야 한다. 그렇다면 그는 이러한 판단기준이 참이거나 거짓이라고 말해야 할 것이다. 그런데 판단기준이 거짓되다고 말한다면 그의 판단은 설득력을 잃게 되는 반면, 그의 판단기준이 참되다고 주장하면 또다시 그는 증거를 제시하지 않고서 자신의 판단기준이 참이라고 말하거나 아니면 증거를 제시하면서 그렇게 주장하는 셈일 것이다. … 그러나 우리는 그 판단기준에 대한 증명(또는 증거)을 또다시 요구할 것이며, 이를 위한 판단기준을 또다시 요구할 것이다. 왜냐하면 증거란 항상 그 정당성을 확증시켜주는 판단기준을 필요로 하며, 판단기준은 또 다시 그것이 참임을 입증하기 위해서 증거를 필요로 하기 때문이다. 참된 판단기준이 선차적으로 존재하지 않는다면 증거가 건전할 수 없고, 설득력 있는 증거가 먼저 주어지지 않는다면 판단기준이 참일 수 없다.[56]

이처럼 감각표상의 불규칙성을 해결하고자 하는 독단주의자들의 시도, 즉 판단기준과 증거에 대한 요구는 필연적으로 '순환논증circular reasoning'이라는 논리적 오류를 낳는다. 주지하다시피 순환논증은 전제로 제시된 명제로부터 결론이 도출되고, 그렇게 해서 도출된 결론이 또다시 전제의 타당성을 뒷받침하는 논리적 구조로 되어 있다. 그런데 네 번째 논증방식처럼 판단기준과 증거를 요구하는 독단주의자들의 모든 시도는 필연적으로 이러한 순환논증의 오류에 빠질 수밖에 없고, 또한 그것에 대한 설득력 있는 해결 방안도 존재하지 않는다.[57] 사정이 그러하다면, 우리는 외부 대상의 본성과 연관된 일체의 판단을 유보해야만 하는 것이다.[58]

제5논증방식: 위치와 거리 그리고 장소에 기인한 논증

아이네시데모스의 다섯 번째 논증방식은 '위치thesis와 거리diastema 그리고 장소topos에 기인한 논증'이었다. 예를 들어 동일한 탑을 멀리서 보면 둥글지만 가까이서 보면 네모난데, 이것은 '거리'의 차이에 기인한 현상이다. 노櫓는 물속에서는 굽어 보이지만 물 밖에서는 똑바르게 보이는데, 이는 '장소'의 차이에 기인한 현상이다. 비둘기는 목을 어느 방향으로 돌리는가에 따라서 그 색깔이 변하는데, 이는 '위치'의 차이에 기인한 현상이다.[59] 또한 같은 배라도 멀리서 보면 작고 정지해 있는 듯하지만 가까이서 보면 크고 움직이는 듯 보이는데, 이는 '거리'의 차이에 기인한 현상이다.[60] 이처럼 사물들에 대한 감각표상은 거리와 장소 그리고 위치에 따라 다르기에, 어느 한 감각표상을 그 사물의 본성이라고 말하는 것은 불가능할 뿐만 아니라 어리석기도 하다. 그러므로 아이네시데모스의 다섯 번째 논증 역시 우리로 하여금 사물에 대한 일체의 판단을 유보하도록 강제한다.

위치와 거리 그리고 장소라는 세 가지 요인은 사람들이 사물에 대한 감각표상을 획득하는 데 큰 영향을 미치기에, 우리는 모든 대상의 본성에 대한 일체의 판단을 유보해야만 한다. 모든 감각표상이 상대적이고 불완전한 상황에서는, 어느 하나의 감각표상을 다른 감각표상보다 더 설득력 있다고 주장할 그 어떠한 근거도 존재하기 않기 때문이다.[61] 그럼에도 불구하고 독단주의자들은 자신이 선호하는 감각표상을 다른 감각표상들보다 더 낫다고 주장할 것이다. 그렇지만 그러한 시도는 필연적으로 실패할 수밖에 없다. 어떤 감각표상이 다른 감각표상들보다 낫다고 주장하는 사람은 자신의 주장에 대한 또 다른 증거를 요구받을 것이고, 그러한 요구는 또 다른 증거에 대한 요구로 이어질 것인데, 만약 그러한 '증거 찾기'가 한 번으로 끝나지 않은 채 무한히 반복된다면, 그것은 결국 증거 찾기 자체가 불가능하다고 입증하는 꼴이 되고 말 것이기 때문이다. 그래서 섹스투스는 무한소급의 문제를 이렇게 정리했다.

그렇다면 모든 감각표상은 어떠어떠한 곳에서, 어떠어떠한 거리로부터, 그리고 어떠어떠한 위치에서 관찰되는 것이며, 이러한 요인들 각각은 감각표상의 획득과 관련해서 지대한 차이를 산출하므로, 앞서 언표했던 바와 같이 우리는 이러한 논증방식으로 인해서 판단유보에 도달하도록 강제될 것이다. 왜냐하면 이러한 감각표상들 중 어떤 것을 더 선호하려는 사람은 불가능한 일을 시도하는 셈이기 때문이다. 다시 말해 만일 그가 증거를 제시하지 않으면서 단순히 자신의 주장을 강변한다면, 그는 누구도 설득하지 못할 것이다. 반면 그가 증거를 제시하고자 하더라도, 만약 자신이 제시하는 증거가 허위라고 말한다면 스스로를 논박하게 될 것이고, 만약 자신의 증거가 진실이라고 말한다면 우리는 그것이 진실임을 입증할 증거를 보이라고 다시 요구할 것이며, 이 증거에 대한 증거를 또 다시 제시하라고 요구할 것이다. 왜냐하면 그 증거 또한 진실이어야 하기 때문이다. 이렇게 해서 결국 무한소급에 빠지게 된다. 하지만 증거를 무한하게 제시하는 일은 불가능하다.[62]

그런데 아이네시데모스는 증거 찾기의 과정에서 감각표상에 대한 구체적인 증거가 제시됐다 할지라도, 제시된 증거는 어떤 감각표상이 다른 감각표상들보다 더 낫다는 것을 증명할 수 없다고 했다. 그럼 이러한 상황에서 우리는 무엇을 할 수 있을까? 아이네시데모스는 첫 번째 논증방식부터 네 번째 논증방식까지 일관되게 언급해온 것처럼, 대상의 본성과 관련된 일체의 판단은 유보돼야 한다고 주장한다.[63]

제6논증방식: 감각의 혼합에 기인한 논증

아이네시데모스의 여섯 번째 논증방식은 '혼합^{epimixia}(혹은 매개)에 기인한 논증'이다. 아이네시데모스는 존재하는 모든 것은 '그 자체로$^{kath' heauto}$' 사람들의 감각기관에 나타나는 것이 아니라, 항상 '어떤 것과 결합해서^{sun} ^{tini}'(즉 어떤 매개물을 통해서) 사람들에게 현상된다고 주장했다. 그러므로 사람들은 외부 대상과 매개물의 혼합물이 어떠한지에 대해서는 이야기할 수 있지만, 외부 대상 그 자체가 어떤 것인지에 대해서는 이야기할 수 없는 것이다.[64] 이를테면 우리의 피부는 공기의 온도에 따라 다른 색깔로 반응하고, 똑같은 소리도 공기의 밀도에 따라 다르게 들리며, 우리의 귀를 비롯한 각종 기관 속에는 오염 물질이 있어서 특정한 대상을 순수하게 파악하지 못한다.[65] 따라서 아이네시데모스는 존재하는 것들의 본성에 대한 일체의 판단은 유보돼야만 한다고 주장한다.

존재하는 것들은 그 자체로 순수하게 현상되는 것이 아니라, 다양한 매개체와 함께 나타난다. 즉 그것들은 모두 감각주체에 따라 서로 다르게 현상되기에, 사람들은 감각에 의해서든 사고에 의해서든 대상들을 순수한 상태로는 파악할 수 없는 것이다. 따라서 아이네시데모스는 대상에 대한 일체의 판단은 유보돼야만 한다고 주장한다. 섹스투스는 그것을 이렇게 정리했다.

> 이러한 혼합으로 인해서, 우리 감각은 외부 대상이 정확히 어떠한 것인지 파악하지 못한다. 그렇다고 해서 사고가 외부 대상을 정확히 인식할 수도 없다. 왜냐하면 사고의 안내자, 즉 감각조차 외부 대상을 있는 그대로 인식하는 데 성공하지 못하기 때문이다. … 따라서 여섯 번째 논증방식에 따르면, 우리가 외부 대상의 본성에 대해서 언표할 수 없기 때문에, 우리는 (그 본성에 대해) 판단을 유보하도록 강제된다.[66]

제7논증방식: 감각 대상들의 양과 구조에 기인한 논증

아이네시데모스의 일곱 번째 논증방식은 '감각되는 실재 대상들의 양과 구조skeuasia에 근거한 논변'이다. 여기에서 언급되는 '구조'란 '구성 방식 일반'을 가리킨다. 아이네시데모스는 이 논증방식을 통해 존재하는 것이 동일하다 할지라도, 그것의 분량과 구조의 차이로 인해 다양한 감각표상이 현상될 수 있다는 것을 보여주고자 했다. 예를 들어 염소 뿔은 잘게 썰어놓으면 희게 보이지만, 뿔의 모습으로 한데 모으면 검게 보이고, 반대로 은銀을 잘게 부수어 놓으면 검은색으로 보이지만, 은 덩어리를 놓고 보면 흰색으로 보인다.[67] 쓰이기에 따라 약초가 되기도 독약이 되기도 하는 크리스마스로즈는 가루로 만들어 복용했을 때는 질식 등의 이상을 일으키지만, 거친 입자로 만들었을 때는 아무런 문제도 일으키지 않는다.[68] 이같이 아이네시데모스는 사물의 분량과 구조의 차이로 인해 다양한 감각표상이 발생한다는 사실에 입각해, 외부 대상의 본성 그 자체에 관한 일체의 판단은 유보돼야 한다고 주장했다.

존재하는 것들에 내재된 분량과 구조의 다양성으로 인해 감각표상들의 불규칙성이 발생한다. 포도주를 적당량 마셨을 때에는 힘을 불어넣지만, 너무 과음하면 몸을 마비시키는 것이 그 구체적인 사례이다.[69] 이처럼 외부 대상에 존재하는 양과 구조는 존재하는 것들의 '실제적 모습hyparksis'을 불투명하게 하고, 존재하는 것들의 본성에 관한 단언을 불가능하게 만든다.[70] 그러므로 존재하는 것들에 관한 일체의 판단은 유보돼야만 한다.[71]

제8논증방식: 상대성에 기인한 논증

아이네시데모스의 여덟 번째 논증방식은 '상대성pros ti에 기인한 논변'이다. 이 논증방식은 아이네시데모스의 10가지 논증방식 중에서 가장 중요하며, 넓게는 10가지 논증방식 전부를, 좁게는 첫 번째 논증방식에서 일곱 번째 논증방식까지를 포함한다. 사실 세상에 존재하는 모든 것은 상대적이다. 그렇기 때문에 사람들은 존재하는 것들이 '그 자체로apolytōs'(절대적으로) 그리고 '본성과 관련해서hōs pros tēn physin' 어떤 것인지에 대해서 단언할 수 없다.[72] 만약 존재하는 것들을 그 본성과 관련해 단언할 수 없다면, 우리는 존재하는 것들에 대한 일체의 판단을 유보해야만 한다. 이것이 여덟 번째 논증방식의 핵심이다.

> 모든 것은 상대적이므로, 우리는 사물이 그 자체로(혹은 절대적으로) 그리고 본성과 관련해서 어떠한 것인가에 대해 판단을 유보하게 될 것이다. 하지만 이때 우리는 한 가지 사실을 명심해야 한다. 즉 다른 경우와 마찬가지로, 여기서도 우리는 '…이다esti'라는 용어를 '…처럼 보이다phainetai'라는 말 대신 사용하고 있다는 점이다. 그러므로 ("모든 것이 상대적이다"라고 말할 때) 우리가 의미하는 바는 "모든 것이 상대적인 것처럼 보인다"이다.[73]

그런데 아이네시데모스의 '상대성'이라는 말은 이중적인 의미를 지닌다. 즉 존재하는 대상과 관련해서도 상대적이지만(대상은 어떤 구조나 양을 가지느냐에 따라 상대적으로 다른 특성을 지닌다), 존재하는 대상을 지각하는 판단 주체와 관련해서도 상대적이다(대상은 판단 주체의 특정한 조건에 따라 상대적으로 다르게 감각된다).[74] 이처럼 아이네시데모스는 존재하는 것들의 상대성에 주목하고, 존재하는 모든 것이 상대적임을 입증하고자 했다. 그에 따르면 독립적인 존재자들이라고 언급되는 것들 역시 상대적이다. 이와 함께 모든 유類와 종種 역시 상대적이며, 이를 드러내는 징표와 드러나는 것 또한 상대적이다. 나아가 존재하는 것들의 상대성을 부정했던 사람들의 주장 역시 상대적이다. 이처럼 아이네시데모스에게 존재하는 모든 것은 상대적인 것으로 드러난다.

> 독단주의자들이 주장하는 바에 따르면, 존재하는 것들 중에서tōn ontōn 어떤 것들은 최고류anōtatō genē이고, 다른 것은 최하의 종esckta eidē이며, 나머지 것들은

유gene인 동시에 종eide이다. 그런데 모든 유와 종은 상대적이므로, 그 결과 모든 대상도 상대적이게 된다. 그뿐 아니라 독단주의자들이 주장하듯이, 어떤 존재자들은 완전히 자명하고prodēla 다른 것들은 불분명하며, 우리에게 드러나는 현상들phainomena은 불분명한 것들을 드러내는 징표sēmainonta인 반면, 불분명한 것은 현상들을 통해서 드러나는 바sēmainomena다. 왜냐하면 독단주의자들에 따르면, 현상이란 불분명한 것들을 보게 해주는 시야opsis이기 때문이다. 하지만 드러내는 징표sēmainon와 드러나는 바sēmainomenon는 서로 상대적이다. 따라서 모든 것은 상대적이다. 그뿐 아니라 존재하는 것 중 어떤 것들은 유사한 반면 다른 것들은 유사하지 않고, 어떤 것들은 똑같은 반면 다른 것들은 같지 않다. 그런데 이것은 모두 서로 상대적이므로, 결국 모든 대상은 상대적이다. 모든 것이 상대적이진 않다고 주장하는 사람이 있다면, 그는 스스로 모든 것이 상대적임을 확증하는 셈이다. 왜냐하면 그는 우리를 반박하는 논변을 전개함으로써, "모든 대상이 상대적이진 않다"라는 자신의 주장이 보편적인 주장katholou이 아니라 우리에 대해 상대적임pros ti pros hēmas을 입증하고 있기 때문이다.[75]

아이네시데모스의 여덟 번째 논증방식의 결론은 단순하고 명확했다. 존재하는 것들의 본성 그 자체에 대한 언급은 불가능하지만, 그것들이 어떻게 현상되는가에 대한 언급은 가능하다는 것이다. 그렇기 때문에 우리는 다른 논증방식들에서 언급된 바와 마찬가지로, 존재하는 것들의 본성에 대한 일체의 판단을 유보해야만 한다.[76]

제9논증방식: 발생 또는 조우가 빈번한지 드문지에 기인한 논증
아이네시데모스의 아홉 번째 논증방식은 '어떤 대상과의 조우가 지속적인지 드문지에 근거하고 있는' 논변, 즉 '발생 또는 조우가 빈번한지 드문지에 기인한 논증'이다.[77] 이는 대상과의 만남이 지속적인지 드문지에 따라, 동일한 대상이 어떤 경우에는 경이롭거나 값지다고, 다른 경우에는 그렇지 않다고 간주된다는 점을 생각해보면 금세 이해되는 논변이다. 예를 들어 금은 분명히 돌보다 값지다. 하지만 만약 금이 돌처럼 흔해서 길거리에 널려 있다면, 금은 더 이상 귀하다고 여겨지지 않을 것이다. 태양은 혜성보다 훨씬 더 귀한 존재이지만, 태양이 항상 그 자리에 있고 혜성은 아주 드물게 나타나기에 우리는 태양보다 혜성을 보다 진귀하게 여기곤 한다. 바다를 자주 보거나 지진을 많이 경험한 사람은 그것들을 대단치 않게 보지만, 바다와 지진을 처음 목격하거나 경험한 사람은 놀라움을 감추지 못한다. 만약 지천에 널려 있는 물이 마르고 가뭄이 든다면, 우리는 다이아몬드나 값비싼 귀중품을 던져버리고 물부터 찾으러 나설 것이다.[78]

이처럼 아이네시데모스는 존재하는 것들이 사람들에게 빈번히 발생하는가 아니면 드물게 발생하는가에 따라서 그 현상에 대해서 이야기할 수 있지만, 그 본성이 어떠한지에 대해서는 이야기할 수 없다고 주장했다. 따라서 아홉 번째 논변에서 역시 그 이전의 논변과 마찬가지로, 대상들에 대한 일체의 판단은 유보돼야만 한다.[79]

제10논증방식: 행동규범과 관습, 법률, 신화에 대한 믿음, 그리고 독단적 신념에 기인한 논증

마지막으로 아이네시데모스의 열 번째 논증방식은 윤리학과 연관된 논변이다. 그는 '행동규범^{agōgē}과 관습^{ethē}, 법률, 신화에 대한 믿음, 그리고 독단적인 신념$^{dogmatikai\ hupolēpseis}$ 등에 근거한 논변'을 제시했다.[80] 여기서

'행동규범'은 개인이나 공동체에 의해 채택되어 공유되는 생활방식이고, '관습'은 공동체의 구성원들이 공유하는 행동양식이며, '법률'은 정치공동체의 구성원들이 공유하는 성문화된 규범이다. 참고로 법률과 관습이라는 개념은 명확히 구분된다. 관습은 공동체 구성원이 어겨도 처벌받진 않지만, 법률을 어기면 그에 상응하는 법적 처벌을 받는다. 네 번째로 언급된 '신화에 대한 믿음'이란 만들어진 이야기인 신화를 참되다고 믿는 것과 연관된다. 일례로 그리스인은 크로노스와 관련된 신화를 진실이라고 믿었다. 마지막으로 언급된 '독단적인 신념'이란 추론이나 증명을 통해 입증된 특정 사실을 믿는 것과 연관된다. 이를테면 '원자 atoma는 존재하는 것들의 구성 요소stoicheia'라는 논리적인 언급이 바로 독단적인 신념과 관련된다.[81] 이처럼 아이네시데모스는 행동규범이나 관습, 법률, 신화에 대한 믿음, 그리고 독단적인 신념 등에 근거하여, 세상에 존재하는 것들이 다양하면서도 불규칙하게 드러나는 현상에 주목함으로써, 그 본성에 관한 일체의 판단이 유보돼야 한다고 주장했다.[82]

그런데 아이네시데모스는 행동규범, 관습, 법률, 신화에 대한 믿음, 그리고 독단적인 신념이라는 다섯 가지 요소를 상호 대립시키거나, 하나의 요소를 동일한 요소와 대립시키면서, 이것들에 존재하는 다양성과 상대성을 보여주는 데 집중했다. 동일한 요소들이 대립하는 사례들은 다음과 같다. 에티오피아에는 어린아이에게 문신을 새기는 관습이 있지만, 그리스에는 그러한 관습이 없다. 로마에서는 법률적으로 아들이 아버지 재산의 상속을 포기한 경우 그의 빚을 갚지 않아도 되지만, 로도스에서는 아들이 아버지의 빚까지 갚아야 한다. 많은 곳에서 제우스가 신들의 아버지로 여겨지지만, 《일리아스》에 따르면 신들의 기원은 오케아노스와 테튀스로 일컬어진다.[83] 어떤 사람은 증명할 수 없는 독단적인 신념을 가지고 영혼이 영원하다고 주장하지만, 다른 사람은 영혼도 죽을 수밖에 없다고 주장한다. 어떤 곳에서는 신화에 등장하는 신들의 섭리에 따라 살아야 한다고 주장하는 반면에, 다른 곳에서는 신들의 섭리 없이도 살아갈 수 있다고 주장한다.[84]

다음으로 아이네시데모스는 다섯 가지 요소를 상호 대립시킴으로써, 그러한 대립 속에 존재하는 다양성과 상대성을 보여주고자 했다. 예를 들어 그는 동성애를 인정하는 페르시아의 관습과 동성애를 법으로 금지하는 로마의 법률을 대립시킴으로써, 궁극적으로 동성애 그 자체는 좋은 것도 나쁜 것도 아니라는 것을 보여주고자 했다. 이처럼 열 번째 논증방식에서 아이네시데모스가 궁극적으로 보여주고자 한 것은 어떠한 논제에 대한 판단은 결국 그것을 이해하고 평가하는 공동체 구성원들의 상대적인 인식에 따라 결정된다는 것이다. 다음은 그 구체적인 사례들이다.

- 관습과 관습의 대립: 그리스에서는 간통이 금지되지만, 마사게타이 사람들에게 간통은 관습적으로 허용된다.
- 관습과 행동규범의 대립: 대부분은 사적인 장소에서 부부 간 성관계를 갖지만, 크라테스는 공개적인 장소에서 부인과 성관계를 했다.
- 관습과 신화에 대한 믿음의 대립: 크로노스는 자기 자식을 삼켜버렸지만, 우리는 자식을 보호하는 것이 관습이자 상식이다.
- 관습과 독단적 신념의 대립: 신들에게 좋은 것을 구하는 것이 우리의 관습이지만, 에피쿠로스는 신이 우리를 돌보지 않는다고 주장한다.
- 행동규범과 법률의 대립: 사람을 때리면 안 된다는 법률이 있지만, 판크라티

온 경기에 나선 선수들은 서로를 때린다.

- 신화에 대한 믿음과 행동규범의 대립: 헤라클레스는 사람이라면 하지 못할 만한 행동을 많이 저질렀지만, 그의 행동규범은 고결하다고 평가받는다.
- 행동규범과 독단적 신념의 대립: 운동선수들은 명예를 위해서라면 어떤 일도 감내하지만, 철학자들은 명예가 쓸데없다는 독단적 견해를 가진다.
- 법률과 신화에 대한 믿음의 대립: 시인들은 신이 동성애를 즐긴다고 노래하지만, 법률은 동성애를 금지한다.
- 법률과 독단적 신념의 대립: 크리시포스는 어머니나 누이와 성관계를 맺는 것을 대수롭지 않게 여겼지만, 법률은 그것을 금지한다.
- 신화에 대한 믿음과 독단적 신념의 대립: 시인들은 제우스가 하늘에서 내려와 인간 여자와 관계를 맺는 것을 노래하지만, 철학자들은 그것이 불가능하다고 주장한다.[85]

다소 긴 논의를 통해 아이네시데모스는 존재하는 것들에 공통적으로 존재하는 불규칙성과 다양성 그리고 상대성을 강조했다. 그리고 그는 특정한 행동규범이나 관습, 법률, 신화에 대한 믿음, 그리고 독단적인 신념과 관련해서 존재하는 것들이 우리에게 어떻게 현상되는가에 대해서는 어느 정도 이야기할 수 있지만, 존재하는 것들의 본성 그 자체에 대해서는 어떠한 이야기도 할 수 없다고 분명히 했다. 이런 점에서 볼 때, 존재하는 것들의 본성에 관한 일체의 판단은 유보될 수밖에 없다. 이는 10가지 논증방식의 공통된 결론이기도 하다.

아그리파의 5가지 논증방식들   ●

기원전 1세기 말에 활동한 아그리파는 고대 회의주의의 역사에서 빠뜨릴 수 없는 철학자들 중 한 사람이다. 비록 그에 대해서는 알려진 정보가 거의 없지만, 그나마 확실한 것은 아이네시데모스의 10가지 논증방식을 단순화시킨 5가지 논증방식을 선보였다는 것이다.[86] 아그리파가 남긴 논증방식들은 서구 회의주의 철학사에서 가장 잘 알려진 논변으로 유명했으며,[87] 또한 철학적 회의주의의 꽃이라는 평가도 받았다.[88] 이런 점에서 아그리파의 5가지 논증방식은 주목할 만한 가치가 있다.

구체적으로 아그리파는 '인간이 감각적 증거와 이해 가능성 모두를 의심하면서, 지식을 얻을 수 있는 출발점은 없다'는 회의주의적 원칙을 최초로 천명한 철학자였다.[89] 물론 그의 5가지 논증방식은 아이네시데모스의 10가지 논증방식 없이는 성립 불가능한 것이었다. 하지만 분명 더 강력하고 세련된 논변으로 구성되어 있었다. 아그리파는 아이네시데모스가 의심한 감각지각만이 아니라 존재하는 모든 것을 의심하고자 했고, 또한 그것을 철저히 관철시키고자 한 회의주의자였기 때문이다. 섹스투스는 《피론주의 개요》에서 '최근의 회의주의자들'[90]의 회의주의적 논변을 총 다섯 가지로 소개했다.[91]

아그리파의 첫 번째 논증방식은 '불일치성diaphonia에서 파생된 논증'이다. 사실 우리가 가진 철학적 생각이나 믿음에는 다양한 불일치성이 존재한다. 이러한 불일치성은 과거에도 존재했고, 현재에도 존재하며, 미래에도 존재할 것이다. 불일치성이 지배하는 현실 속에서 우리는 어느 한쪽으로 결정되지 않은anepikriton 채 상충되는 많은 사물을 목격할 수 있다.[92] 나아기 그것들 안에서 정답이나 기준은 존재하지 않는다는 것을 발견할 수 있다. 아그리파는 삶의 세계나 철학적 견해들에 존재하는 다양한 불일치성을 통해, 어느 한쪽을 선택하지도 양쪽 모두를 버리지도 말라고 강조했다. 이처럼 우리는 대상에 대한 일체의 판단을 유보해야만 하는 것이다.[93]

아그리파의 두 번째 논증방식은 '무한소급eis apeiron ekballonta에서 파생된 논증'이다. 어떤 의견(믿음)이나 주장이 있고 그것을 논증한다고 할 때, 뒷받침해줄 근거로 제시된 것 역시 또 다른 근거를 요구받게 되고, 이러한 근거 찾기의 과정은 한 번으로 끝나지 않은 채 무한히 계속될 것이다. 그리고 이렇게 의견이나 주장을 논증하는 과정이 무한히 계속된다면, 근거를 찾고자 하는 일련의 시도는 실패하고 말 것이다. 이 같은 무한소급regress(배진)의 문제에 빠지면 어떤 의견이나 주장의 근거를 찾을 수 없기에, 근거 찾기에 대한 우리의 판단 역시 유보해야만 하는 것이다.[94]

아그리파의 세 번째 논증방식은 '상대성(관계성)에서 파생된 논증'이다.[95] 그는 이 세 번째 논증방식을 통해 현상이나 사유를 포함한 존재하는 모든 것이 상대적이라고 규정했다. 어떤 것은 대상을 바라보는 주관과의 관계에서 상대적이고, 다른 것은 관찰되는 대상과의 관계에서 상대적이라는 것이다. 이처럼 존재하는 것들은 주체 및 대상과의 관계에서 상대적으로만 현상된다. 그러므로 우리는 사물의 현상에 대해서는 말할 수 있으나, 본성 그 자체에 대해서는 일체의 판단을 유보해야만 한다.[96]

그런데 아그리파의 세 번째 논증방식은 다른 네 가지 논증방식보다 더 중요한 것으로 간주됐다. 다른 모든 논증방식을 아우를 수 있는 가장 상위의 논증방식이었기 때문이다. 이것은 세 번째 논증방식만의 고유한 특징이기도 하다.

아그리파의 네 번째 논증방식은 독단적인 가설을 전제하는 '가설적 논증'이다. 사실 독단주의자들은 무한소급의 오류에 빠지지 않기 위해 논증을 제시하지 않은 채anapodeiktōs '그냥' 증명되지 않은 가설이나 증명 불가능한 독단적인 가설을 논증의 출발점으로 가정해버렸다. 하지만 이런 논변은 큰 문제를 안고 있었다. 독단적인 가설과 동등한 힘을 가진 반대가설도 가정될 수 있었기 때문이다. 예를 들어 독단주의자들이 '신은 존재한다'는 가설을 독단적으로 가정한다고 해보자. 이렇게 되면 이 가설과 동등한 힘을 가진 반대가설, 즉 '신은 존재하지 않는다'라는 가설도 얼마든지 가정할 수 있다. 이처럼 독단적인 가설을 전제하는 가설적 논증방식은 많은 문제점을 안고 있으므로, 우리는 그에 대한 일체의 판단을 유보해야 하는 것이다.[97]

마지막으로 아그리파의 다섯 번째 논증방식은 순환성을 폭로하는 '순환적 논증'이다. 그런데 이는 두 번째 논변인 '무한소급의 논증'과 네 번째 논변인 '독단적인 가설을 전제하는 논증'이 지닌 위험성을 회피하는 과정에서 채택된 논증방식으로, 기본적으로 순환논증의 구조를 가지고 있다. 순환논증이란 전제를 뒷받침하기 위해 결론을 요구하고, 결론을 뒷받침하기 위해 다시 전제를 요구하는 논증방식이다. 다시 말해 주장을 뒷받침하기 위해 근거를 요구하고, 근거를 뒷받침하기 위해 다시 주장을 요구하는 것을 뜻한다. 그런데 이러한 논증방식은 사태를 진정으로 해명한다기보다는 증명과 증명 기준, 근거와 근거 지어진 것 사이의 지루한 교체를 의미할 수 있다. '닭의 원인은 달걀이고, 달걀의 원인은 닭'이라는 식의 논변이 될 수 있는 것이다.[98] 하지만 증명과 증명의 기준, 또는 근거와 근거 지어진 것 가운데 어느 하나를 확립하기 위해 다른 하나를 가정할

수는 없다. 따라서 우리는 두 가지 요소에 대한 모든 판단을 유보해야만 한다.[99]

주지하다시피 앞에서 언급되었던 아이네시데모스의 10가지 논증방식은 '상충하는 현상'과 관련된 일련의 논증들이다. 하지만 아그리파의 5가지 논증방식은 '논변이나 증명과 관련된' 논증들, 즉 현상된 것이든 사유된 것이든 간에 존재하는 모든 것에 대한 보편적인 논증방식이다.[100] 아그리파 이후 모든 회의주의자는 이 5가지 논증방식에 힘입어 독단주의자들의 제반 주장을 효과적으로 논파할 수 있었다.

정리하자면 아그리파의 논증방식들은 독단주의에 사로잡힌 사람들의 신념이나 주장들을 효과적으로 논박할 수 있는 가장 강력한 무기들 중 하나로 간주됐다. 그러므로 회의주의자라면 누구든지 이러한 논증방식들을 우선적으로 이해해야 하며, 나아가 자유자재로 사용할 수 있어야 한다. 왜 의심해야 하는지 아는 회의주의자만이 확신과 독단의 늪에 빠진 사람들을 치유할 수 있기 때문이다.

2가지 논증방식과 8가지 논증방식 ●

섹스투스는《피론주의 개요》에서 아이네시데모스의 10가지 논증방식과 아그리파의 5가지 논증방식과 함께, '2가지 논증방식'과 '8가지 논증방식'도 소개한다.[101] 하지만 그는 앞에서 설명된 논증방식들과 달리, 이에 대해서는 비교적 간단히 다루었다. 앞의 것들에 비해 할애된 분량도 적고 논변의 무게감도 약하다.

먼저 2가지 논증방식에 대해서 알아보자. 이것은 가장 단순한 회의주의적 논증방식이다. 섹스투스는 그것을 이렇게 언급했다.

그들(회의주의자들)은 또한 판단유보에 관한 두 가지 다른 논증방식을 제공한다. 즉 이해된 모든 것은 그 자체로 이해되거나 다른 것에 의해서 이해된다고 생각되기에, 그들은 그 자체로 이해되거나 다른 것에 의해서 이해되는 것은 없다는 것을 보임으로써, 모든 것에 관한 아포리아를 선보인다고 여겨진다.[102]

이 2가지 논증방식은 하나의 명제로 표현될 수 있다. '이해된 모든 것은 그 자체로 이해되거나, 다른 것에 의해서 이해된다.'[103] 그런데 이 문장은 생략됐다고 간주되는 '독단주의자들'을 넣어, '(독단주의자들에 의해) 이해된 모든 것은 그 자체로 이해되거나, 다른 것에 의해서 이해된다'라고 해석하는 편이 더 낫다. 이 명제를 기본으로 삼아 섹스투스의 증언을 정리하면 이렇다. 회의주의자가 보기에 이해된 것들은 '그 자체로 이해되거나' '다른 것에 의해서 이해된다.' 그런데 이 두 가지는 모두 문제가 있다. 이해된 것들은 모두 그 자체로 존재하지도, 다른 것에 의해 존재하지도 않기 때문이다. 따라서 독단주의자들의 이러한 판단은 유보되어야만 하는 것이다. 이것이 바로 2가지 논증방식에 대한 섹스투스의 간략한 정리다.

그런데 이 2가지 논증방식들에 대해 주목할 만한 다른 해석도 존재한다. 그것은 조너선 반스Jonathan Barnes에 의해 시도됐는데, 그는 이 논변들이 아그리파로부터 유래했을 것이라 추측한다.[104] 즉 아그리파는 자신의 5가지 논증방식(불일치성, 무한소급, 상대성, 독단적 가설, 순환성)을 단순화시킨 더 깔끔하고 세련된 논증방식을 갖고 싶어 했고, 이 과정에서 도출된 것이 바로 2가지 논증방식이라는 것이다.[105] 구체적으로 말해 아그리파는 자신의 논증력을 희생시키지 않는 범위 내에서 5가지 논증방식을 단순화하여 '불일치성 논증방식', '무한소급 논증방식' 그리고 '순환성 논증방식'이라는 3가지 논증방식을 제시했지만, 그것이 명명되는 과정에서 잘못 전해져 2가지 논증방식으로 언급되었다는 추측이다. 다른 가설도 있을 수 있지만, 어쨌든 중요한 것은 이러한 논증방식이 효과적인 논증방식을 천착했던 회의주의자들의 고뇌의 산물이었다는 것이다.[106]

마지막으로 '8가지 논증방식'을 살펴보자. 섹스투스는 포티우스의 전언에 근거해 이 8가지 논증방식을 소개했다. 이 역시 아이네시데모스가 만든 것으로, 그 목적은 '인과관계'에 관한 독단주의자들의 설명을 논박하기 위해서였다. 섹스투스는 이 8가지 논증방식들을 다음과 같이 언급했다.

(1) 명백한 동의나 확인을 받지 않았기에 명석하지 않은 인과적 설명을 한다.

(2) 다양한 방법으로 설명할 수 있음에도 한 가지 방법만 사용한다.

(3) 질서 있는 사물들에게 질서를 드러내지 않는 모호한 원인을 부여한다.

(4) 명백하지 않은 일들을 자신만의 특수한 방식으로 설명한다.

(5) 사물들에 대해 일치된 방법이 아닌 자신의 가설에 따라 설명한다.

(6) 가설에 일치하는 것들만 택하고, 역행하는 것들은 거부한다.

(7) 종종 자신의 가설과 상충되는 것을 원인으로 지목한다.

(8) 아포리아에 처한 명제들에 자신의 설명을 갖다 붙인다.[107]

섹스투스는 8가지 논증방식이 모두 독단주의자들의 인과적 설명이 실패할 수밖에 없는 이유를 보여준다고 언급했다. 그러면서 판단유보에 관한 아그리파의 5가지 논증방식이 사물의 인과관계에 대한 최종적인 결론으로 충분하다고 강조하기도 했다.

정리하면 고대 회의주의의 역사에서 2가지 논증방식과 8가지 논증방식은 나름대로의 철학적 의미를 가지고 있으나, 앞에서 언급했던 아이네시데모스의 10가지 논증방식이나 아그리파의 5가지 논증방식에 비하면 완성도와 무게감이 떨어지는 것 또한 사실이다. 섹스투스도 이를 부정하지 않았다. 회의주의적 논증방식들에 대한 탐구가 아이네시데모스와 아그리파의 논증방식에 집중되었던 것은 어찌 보면 당연하고 합리적인 현상이라고 할 수 있다.

5장

─────────────

피론 학파와
아카데미 학파의 차이

섹스투스는 시종일관 회의주의자가 탐구자라고 강조했다. 사실 회의주의적으로 탐구하지 않았던 사람들은 독단주의자들이라 할 수 있다. 진리에 대해 탐구하기보다는 진리에 도달했다고 자만하는 사람들이 독단주의자이다. 또한 진리는 파악될 수 없다고 자포자기했던 사람들도 독단주의자이다. 전자는 긍정적 독단주의자이고, 후자는 부정적 독단주의자이다. 그리고 회의주의자는 양 독단주의에 빠지지 않으면서 성실하게 진리를 탐구하는 사람들이다.[1]

이와 관련해 섹스투스는 철학을 세 가지 범주로 나누어 이해했다. 바로 '독단주의 철학, 아카데미 철학, 그리고 회의주의 철학'이었다.[2] 우선 독단주의 철학에는 스스로 진리를 발견했다고 여기는 긍정적 독단주의자인 아리스토텔레스나 에피쿠로스의 추종자들 그리고 스토아 철학자 등이 속했다. 다음으로 아카데미 철학에는 진리의 인식 불가능성을 주장했던 부정적 독단주의자들인 아르케실라오스와 카르네아데스 그리고 클레이토마코스 등이 속했다.[3] 이에 반해 회의주의 철학에는 피론 학파와 같이 진리에 대해 계속 탐구했던 피론과 아이네시데모스 그리고 섹스투스 등이 속했다.

《피론주의 개요》에서 독단주의 철학에 대한 비판은 제2권 초반부에 등장하고, 아카데미 철학에 대한 비판은 제1권 후반부에 등장한다. 여기에서는 아카데미 학파의 철학 및 그것과 차별화되는 피론 학파의 철학이 논의된다.

철학사적으로 아카데미 학파는 하나의 학파로 한정되지는 않는다. 한편으로는 세 종류의 아카데미 학파가, 다른 한편으로는 다섯 종류의 아카데미 학파가 존재했다고 알려져 있기 때문이다. 먼저 세 종류의 아카데미는 플라톤의 아카데미, 아르케실라오스의 중기 아카데미, 그리고 카르네아데스의 신아카데미로 나뉜다. 다섯 종류의 아카데미에는 앞의 세 아카데미에 필론과 카르미다스의 제4아카데미와 안티오코스의 제5아카데미가 더해진다. 이처럼 아카데미 학파는 역사의 흐름에 따라 각기 다른 모습을 하고 있었다.

제1아카데미: 플라톤 철학의 양면성 ●

일반적으로 아카데미의 창설자인 플라톤에 대해서는 세 가지 주장이 있다. 첫째는 플라톤이 '독단적 사상가'라는 주장이고, 둘째는 그가 '아포리

아를 제기하는^{aporētikos} 철학자' 또는 '회의주의적인 철학자'라는 주장이
며, 셋째는 그가 '독단적 사상가인 동시에 아포리아를 제기하는 철학자'
였다는 주장이다.[4]

　주지하다시피 플라톤의 대화편에서 소크라테스는 여러 가지 모습을
하고 있다. 그리고 그 속에 등장하는 소크라테스가 역사적 소크라테스인
지, 아니면 플라톤이 재창조한 드라마 속 인물인지에 대한 논쟁 또한 현
재진행형이다. 이에 대해 지은이는《소크라테스의 변명》에 나타난 소크
라테스는 역사적 인물이지만, 그 외 대화편에 나타난 소크라테스는 플라
톤이 그린 드라마상의 인물이라는 입장을 가지고 있다.[5] 하지만 모든 플
라톤 연구가가 이런 입장을 공유하는 것은 아니다. 일반적인 플라톤 연구
가들은 플라톤의 초·중기 대화편에 나타난 소크라테스와 후기 대화편에
나타난 소크라테스의 차이에 주목한다. 그들은 초기 대화편에서는 소크
라테스가 대화 상대와의 논의를 대부분 아포리아 상태로 끝내지만, 후기
대화편에서는 소크라테스가 논의되는 주제에 대해 장광설을 늘어놓고
있다는 점을 주된 차이점으로 꼽는다.

　물론 이런 해석이 잘못됐다고 볼 수는 없다. 실제로 초·중기 대화편에
서 플라톤은 우리 마음을 훈련시키는^{gumnastikos} 동시에 아포리아를 제기
하는 회의주의적 특성을 보여주지만, 후기 대화편에서는 소크라테스와
티마이오스 또는 다른 등장인물들의 입을 빌려서 어떤 것들을 심각하게
설파하는 독단적인 특성도 보여주기 때문이다. 하지만 섹스투스는 이런
이중적인 특징 자체가 플라톤 철학이 회의주의가 아님을 말해준다고 보
았다.[6] 섹스투스는 다음과 같이 말하면서 자신이 속한 피론주의를 플라톤
철학과 차별화하고자 했다.

플라톤이 형상이나 신적 섭리의 존재 여부 혹은 덕스러운 삶이 악행을 일삼는 삶보다 더 선호할 만하다는 견해에 관해 자신의 입장을 주장했을 때, 만일 그가 이런 생각들을 사실이라고 여기고서 이에 동의했다면, 그는 독단적인 견해를 가지게 된다. 반면 만일 플라톤이 다른 것들보다 위와 같은 생각들을 더 설득력 있는 것으로 생각해서 이를 선호했다면, 그는 회의주의의 고유한 성격을 버리게 된다. 왜냐하면 그가 믿을 만함 혹은 믿을 만하지 않음과 관련해서 특정한 입장을 다른 어떤 입장보다 더 선호하고 있기 때문이다. 이러한 태도가 우리에게 낯선 것이라는 사실은 이미 논의된 바로부터 자명하다. 설령 플라톤이—사람들이 말하듯이—'정신을 훈련시키고 있을gumnazetai' 때, 어떤 것을 회의주의적 방식으로 언표했다 하더라도 이로 인해 그가 회의주의자가 되는 것은 아니다. 왜냐하면 어떤 한 가지 주제에 대해 독단적 견해를 주장하거나, 일반적으로 말해서 믿을 만함과 믿을 만하지 않음과 관련해 어떤 감각표상을 다른 감각표상보다 선호하거나, 아니면 불분명한 어떤 대상에 관해 (독단적 주장을) 단언하는 자는 이로 인해 독단주의적 풍모를 가지게 되기 때문이다.[7]

사실 섹스투스의 눈에는 플라톤 철학이 독단주의로 보일 수밖에 없었을 것이다. 그래서 그는 플라톤 철학을 회의주의로 규정하고자 했던 메노도토스와 아이네시데모스에 대항해서,[8] 플라톤이 회의주의자가 아니라고 주장했던 것이다. 그가 보기에 플라톤은 대상의 본성에 대한 판단을 유보하는 회의주의자가 아니라, 적극적으로 대상의 본성에 대해 판단하는 독단주의자였기 때문이다. 다음은 섹스투스의 언급이다.

플라톤도 때로는 어떤 문제들에 관해서 아포리아를 제기하지만, 그럼에도 불구하고 그가 회의주의자는 아니라는 사실은 명백하다. 왜냐하면 플라톤은 어떤 문제들에 있어서 불분명한 대상들의 실재성에 관한 자기 의견을 단언하거나, 믿을 만함과 관련해서 어떤 불분명한 것을 다른 불분명한 것보다 선호하기 때문이다.[9]

제2아카데미: 아르케실라오스의 회의주의 ●

제2아카데미는 중기 아카데미 학파를 말한다. 이 학파는 아카데미의 제6대 원장이었던 아르케실라오스에 의해 처음 만들어졌는데, 그로부터 시작된 아카데미 회의주의는 200년 동안이나 지속됐다. 섹스투스는 아르케실라오스의 회의주의에 대해 상당한 호의를 가지고 긍정적으로 평가했다. 또한 피론 학파의 회의주의와 중기 아카데미 학파의 회의주의 사이에는 이론상의 유사성도 존재한다고 언급하기까지 했다.[10] 다음은 섹스투스의 말이다.

> 그는 어떤 대상의 존재 혹은 비존재와 관련해서 확언한 적이 없고, 믿을 만함 또는 믿을 만하지 않음과 관련해서 어떤 것을 다른 것보다 선호하지 않았으며, 모든 대상에 관해서 판단을 유보했기 때문이다. 또한 아르케실라오스는 자신의 목표가 판단유보라고 주장하는데, 우리도 말하듯이 마음의 평안이 판단유보에 뒤따른다.[11]

하지만 이런 긍정적인 평가에도 불구하고, 섹스투스는 그의 회의주의를 독단주의로 평가절하했다. 그가 보기에 아르케실라오스의 회의주의

안에는 독단주의 철학의 흔적이 많이 남아 있었다. 많은 사람들이 아르케실라오스가 처음에는 마치 피론주의자처럼 보였지만, 실제로는 독단주의자였다고 언급했다.[12] 피론주의자들에게 독단주의는 진리 탐구의 방해물이었다. 그러므로 섹스투스에게 아르케실라오스는 비판 대상이었다.

그런데 키오스 출신의 철학자 아리스톤도 섹스투스와 비슷한 맥락에서 아르케실라오스를 비판했다. 그는 아르케실라오스를 가리켜 앞은 플라톤, 뒤는 피론, 중간은 디오도로스의 모습을 한 기이한 철학자라고 했던 것이다.[13] 이처럼 그는 섹스투스보다 훨씬 더 강한 어조로 아르케실라오스를 공격했다.

하지만 아르케실라오스에 대한 섹스투스와 아리스톤의 비판은 지나친 면이 있다. 진리 탐구의 방법론을 놓고 학파들 간의 의견 차이가 첨예한 상황에서, 한 학파의 의견에 기대어 다른 학파의 의견을 평가하는 것은 객관적이지 않기 때문이다. 그렇기에 우리는 '자비의 원리principle of charity'을 가지고 철학자 한 사람 한 사람을 이해하고 평가하는 자세를 가져야 할 것이다.

제3아카데미: 카르네아데스의 회의주의　　　　　　●

제3아카데미는 카르네아데스의 신아카데미 학파를 말한다. 섹스투스는 플라톤의 첫 번째 아카데미와 아르케실라오스의 중기 아카데미 학파보다 더 강하게 카르네아데스의 신아카데미 학파를 비판했다. 카르네아데스에 대한 그의 비판은 다음 네 가지 이유에 근거해 이루어졌다.

첫째, 섹스투스는 카르네아데스가 피론주의자들처럼 '모든 대상이 인식 불가능하다'라는 명제를 동일하게 주장할지라도, 그 명제가 함축하는 의미는 완전히 다르다고 지적함으로써, 자신의 피론주의를 신아카데미의 회의주의와 차별화하고자 했다. 사실 섹스투스가 보기에 카르네아데스의 철학에서 문제가 됐던 점은, 그가 모든 대상에 대한 인식 불가능성이라는 회의주의적 명제를 언급하면서도, 여전히 그것을 '단언적으로' 진술한다는 데 있었다. 다시 말해 피론주의자들과 섹스투스 자신은 인식 불가능성이란 명제를 확언하지도 단정하지도 않았지만, 카르네아데스는 단정적으로 언급했다고 보았던 것이다. 이처럼 섹스투스는 회의주의자의 관점에서 '어떤 대상에 대한 인식 가능성도 있을 수 있다'는 겸손한 입장을 표했다.[14]

둘째, 섹스투스와 카르네아데스의 차이점은 대상의 좋음과 나쁨의 문제를 이야기할 때 가장 잘 드러난다. 섹스투스가 보기에 카르네아데스와 신아카데미 학파의 철학자들이 가진 문제점은 '개연성pithanon'의 관점에서 대상의 좋음과 나쁨을 언급했다는 것이다. 즉 카르네아데스와 신아카데미 학파 철학자들은 좋은 것이 좋지 않은 것보다 더 낫다고 했을 때, 그것이 실제 좋을 개연성이 크다고 믿었기에 그렇게 주장했다는 것이다. 하지만 섹스투스와 피론주의자들은 대상의 좋음과 나쁨을 개연성의 관점에서 설명하지 않았다. 대신 그들은 자신이 아무런 행동도 하지 않게 되는 걸 피하기 위해, 독단적 믿음을 가지지 않은 채adoksatōs 일상적 삶에 따른다고 주장했다.[15] 그들에게는 개연성도 독단의 일종이었기 때문이다. 이런 점에서 카르네아데스가 개연성을 매개로 현실의 구체적인 회의주의 철학을 전개한 데 반해, 섹스투스와 피론주의자들은 개연성을 거부함으로써 기본 원칙에 충실한 회의주의 철학을 전개했다고 볼 수 있다.

셋째, 섹스투스와 카르네아데스의 차이점은 자신들이 어떤 것을 '따른다'(혹은 설득된다)라는 말과 연관해서도 잘 드러난다. 사실 카르네아데스와 신아카데미 학파의 철학자들은 '따르다peithesthai'라는 말을 '스스로의 선택으로 어떤 것에 동의하거나, 강렬한 소망에 따르는 일종의 공감을 가지고서 어떤 것에 동의하는 것'이라고 이해했다. 즉 카르네아데스나 클레이토마코스를 추종하는 자들은 강렬한 이끌림에 의해 어떤 것을 따른다며, '따르다'라는 말의 능동적 측면을 강조했다. 하지만 섹스투스나 피론주의자들은 카르네아데스와 다르게 '따르다'라는 말을 '저항하지 않고, 강렬한 이끌림이나 집착 없이 단순히 수동적으로 따르는 것'이라고 이해했다.[16] 이처럼 '대상에 따르다'라는 말을 능동적인 관점에서 이해하느냐 수동적인 관점에서 이해하느냐에 따라서 카르네아데스와 섹스투스의 차이점이 드러난다.

넷째, 섹스투스와 카르네아데스의 차이점은 삶의 목표 및 방법과 연관해서도 잘 드러난다. 카르네아데스와 신아카데미 학파의 철학자들이 진리의 개연성이나 진리근사치에 근거해서 삶의 목표와 방법을 설정한 데 반해, 섹스투스와 피론주의자들은 법률, 관습, 자연적인 느낌에 따라 독단적 믿음 없이 삶의 목표와 방법을 설정했다.[17] 특히 섹스투스와 피론주의자들은 회의주의의 기본 원리인 판단유보를 훼손시키지 않으면서 일상적인 삶과 실천의 문제를 해결하고자 노력했으며, 그 대안으로 '법률, 관습, 자연적인 느낌' 등을 제시했다. 이것은 카르네아데스와 차별화되는 피론주의자들만의 고유한 생각이었다.

섹스투스는 이 네 가지 이유를 들어 피론주의가 카르네아데스의 신아카데미 회의주의와 차별화된다고 강조했다. 하지만 앞부분에서 아르케실라오스에 대한 섹스투스와 아리스톤의 비판에 대해 재비판하면서 논의했듯이, 진리 탐구의 방법론을 놓고 벌어지는 학파들 간의 이견과 논쟁은 제3자의 입장에서 객관적으로 조망할 필요가 있다. 이런 점에서 카르네아데스와 신아카데미 학파의 철학자들에 대한 섹스투스의 비판 역시 좀 더 객관적인 자료와 균형 잡힌 시각으로 다시 살펴볼 필요가 있다.

제4아카데미: 회의주의와 독단주의 사이의 과도기적 철학 ●

제4아카데미는 아카데미의 제9대 원장이었던 라리사의 필론이 이끌었던 아카데미 학파를 말한다. 그는 클레이토마코스의 제자였으며, 로마의 키케로에게 철학을 가르치기도 했다. 200년에 걸쳐 전개된 아카데미 회의주의의 역사에서, 그는 주목할 만한 철학자들 중 한 사람이다.

그런데 필론의 제4아카데미는 회의주의를 지향했던 카르네아데스의 제3아카데미와 독단주의를 지향했던 안티오코스의 제5아카데미 중간에 위치한 과도기적 아카데미이기도 했다. 그래서 그의 철학 안에는 이러한 과도기적인 분위기가 풍긴다. 그는 선배 철학자였던 아르케실라오스와 카르네아데스의 회의주의에 대해 일정한 거리를 유지한 채, 독단주의적 경향의 플라톤주의에 대해서는 상당히 우호적인 태도를 견지했다.

나아가 필론은 구아카데미와 신아카데미를 분리시키는 시도 자체를 지양하면서, 소크라테스와 플라톤에게서 회의주의의 흔적을 발견하고자 했다. 하지만 그의 제자이자 필론의 뒤를 이어 아카데미 제10대 원장이 됐던 안티오코스는 스승의 이러한 시도를 거부하고, 그와는 완전히 다른 길을 갔다. 안티오코스는 스토아 학파의 영향을 강하게 받아 독단주의자로 전향해버렸다. 그 결과 소크라테스 철학 계승의 주도권과 진리 탐구의 방법론 문제를 놓고 전개된 아카데미 학파와 스토아 학파 간의 기나긴 논쟁은 아카데미 학파의 패배로 막을 내렸고, 아카데미 회의주의 또한 역사의 뒤안길로 사라지고 말았다.

스토아 학파는 감각표상의 인식 가능성을 긍정했으나, 필론과 그의 추종자들은 이런 스토아 학파의 이론에 대해 부정적이었다. 비록 과도기적 상황에 놓여 있었지만 필론과 그의 추종자들은 여전히 아카데미 회의주의 전통을 고수하고 있었기 때문에, 스토아 학파의 인식론을 전폭적으로 수용할 수는 없었던 것이다. 그럼에도 불구하고 필론과 그의 추종자들은 회의주의를 이탈해 독단주의 진영으로 점차 옮겨가고 있었기에, 대상들의 인식 가능성에 대해서도 어느 정도 열린 자세를 취했다.

여기서 섹스투스는 스토아 학파의 이론과 필론 및 그의 추종자들의 이론을 비교하면서 이렇게 평가한다. 필론의 추종자들은 스토아 학파의 진리 기준을 따랐다. 즉 대상을 분명히 인식하게 하는 감각표상 kataleptikē phatasia이라는 측면에서는 대상들이 인식 불가능 akatalēpta하지만, 사물 자체의 본성과 관련해서는 대상들이 인식 가능하다고 주장했던 것이다.[18] 하지만 섹스투스는 '사물 자체의 본성이라는 측면에서는 대상들이 인식 가능하다'는 명제가 구체적으로 어떤 의미인지, 그리고 그에 대한 인식이 어떻게 이루어지는지와 관련한 구체적인 설명은 생략했다. 섹스투스는 필론과 그의 추종자들에 대한 논의를 이 정도 선에서 마무리 지었다.

아르케실라오스의 제2아카데미나 카르네아데스의 제3아카데미와 비교해볼 때, 필론의 제4아카데미에 대한 섹스투스의 분석에는 크게 논쟁

거리가 될 만한 요소가 보이지 않는다. 섹스투스는 필론에 대해서는 그저 언급해야 할 것들만 충실히 정리한 것으로 보인다. 하지만 섹스투스는 필론의 제4아카데미를 회의주의와 독단주의 사이에 위치하는 과도기적인 아카데미로 규정함으로써, 그것이 자신의 피론주의와 동일하지 않다는 점을 분명히 했다.

제5아카데미: 회의주의로부터 이탈한 이단 내지 변종 ●

제5아카데미는 아카데미의 10대 원장이었던 아스칼론(현재의 이스라엘 위치) 출신의 안티오코스가 이끌었던 아카데미 학파를 말한다. 앞에서도 언급했듯 안티오코스는 그 자신이 아카데미의 원장이었음에도 불구하고 회의주의를 거부한 채 아카데미 안에 스토아 학파의 독단주의를 이식시킨 사람이었다. 그의 이러한 반反회의주의는 수백 년간 지속됐던 기존의 아카데미의 학풍과는 정면으로 배치됐을 뿐만 아니라, 아카데미 학파와 함께 고대 회의주의를 견인했던 피론 학파의 지향성과도 불일치했다. 사정이 이렇다 보니 섹스투스는 안티오코스에 대해 사실상 아카데미 학파에 스토아 철학을 접목시켜, 아카데미 안에서 스토아 철학을 연마한 사람이었다는 악담을 퍼붓는다.[19]

안티오코스의 제5아카데미에 대한 섹스투스의 비판은 정확했다. 섹스투스는 제2아카데미부터 제4아카데미까지에 대해서는 피론주의 관점에서 아카데미 회의주의의 문제점을 드러내는 데 집중했지만, 제5아카데미에 대해서는 회의주의 자체를 거부했던 독단주의자 안티오코스의 문제점을 부각시키는 데 집중했다. 이런 점에서 안티오코스의 제5아카데미는 아카데미 학파 또는 고대 회의주의의 역사로부터 이탈한 이단 내지는 변종의 철학이라는 평가를 받는다.

보론:《피론주의 개요》와《학자들에 반대하여》의 차이　　●

《피론주의 개요》제1권은 섹스투스 회의주의의 핵심을 가장 잘 정리하고 있다. 제1권을 제외하고《피론주의 개요》제2~3권과《학자들에 반대하여》제1~11권까지를 비교해보면, 섹스투스의 저작들 간의 연관성이 잘 드러난다. 그리고《피론주의 개요》가《학자들에 반대하여》보다 더 세련되고 완성도 높은 저작이라는 주장이 설득력이 있다는 걸 알 수 있다.

　섹스투스의《피론주의 개요》제2권과《학자들에 반대하여》의 제7~8권에서는 논리학적 문제에 관한 독단주의 철학자들의 입장과 그에 대한 회의주의자들의 비판을 다뤘다. 그리고《피론주의 개요》제3권과《학자들에 반대하여》제9~11권은 자연학과 윤리학의 문제에서 독단주의자들의 입장과 그에 대한 비판을 다뤘다. 두 책 모두 거의 동일한 내용을 다루고 있지만, 논의의 세련됨이나 완성도 측면에 있어서는《피론주의 개요》가《학자들에 반대하여》보다 더 낫다.《피론주의 개요》제2~3권은 논의의 방법이나 내용 측면에서 쉽게 단점을 찾아볼 수 없는 잘 정리된 텍스트이다.《학자들에 반대하여》제7~11권은 일종의 논문 형태로 수업 교재처럼 사용됐을 가능성이 높으며,《피론주의 개요》는 그 후에 이렇게 사용된《학자들에 반대하여》제7~11권에 대한 다양한 논평과 반박을 종합

하여 새롭게 편집됐을 가능성이 높다.[20]

《피론주의 개요》제3권 후반부(168~281)와《학자들에 반대하여》제11권 모두 윤리적 주제를 다루고 있으나, 서로 상당한 입장 차이를 보인다.《학자들에 반대하여》제11권의 입장은《피론주의 개요》제1권에서 설명되는 회의주의적 방식과 양립 불가능하다. 특히《학자들에 반대하여》제11권 42~109절은 독단주의자들의 윤리적 입장에 대한 회의주의자들의 비판적인 입장이 개진되는 부분이라고는 하나, 그 입장이 명확히 서술되지 않은 채 끝나는 한계가 있다. 즉《학자들에 반대하여》에서는 '선한 것과 악한 것이 자연적으로 존재하는가?'라는 주제를 가지고 사물의 본성과 관련한 논의가 전개됐으나, 진정한 회의주의자가 보여줘야 할 결단, 즉 판단을 유보하는 결단을 보여주지 못했다. 하지만《피론주의 개요》제3권 235절에서 섹스투스는 "회의주의자는 사물들의 상이성을 고려할 때, 어떤 것이 본성적으로 선한지 악한지에 관한 판단을 유보한다 Ho toinun skeptikos tēn tosautēn anōmailan tōn pragmatōn horōn epechei men peri tou phsei ti agathon ē kakon"고 분명히 밝히고 있다. 이러한 입장은《학자들에 반대하여》제11권 42절에서 나타난 주장, 즉 선악 개념의 존재에 관한 논증들에 더 친숙해지려면, 결국 아이네시데모스도 긍정했듯이 모든 사람이 선(그것이 무엇이든지 간에)을 자신을 유혹하는 것이라 간주해야 하나, 그들이 그것에 대해 가지고 있는 각각의 견해들은 상반된다라는 입장[21]과 명백한 차이를 보이고 있다. 따라서 얼핏 서로 모순처럼 보이는《학자들에 반대하여》제11권과《피론주의 개요》제3권의 차이는《피론주의 개요》가《학자들에 반대하여》보다 성숙한 후기 문헌이라는 가정을 수용하면 쉽게 풀리는 문제이다.

《학자들에 반대하여》제1~6권에서는 로마 시대 6개 교양교육 분야의 전문가, 즉 문법학자, 수사학자, 기하학자, 산술가, 천문학자 그리고 음악가에 대한 비판이 다뤄지고 있다. 그리고 이것들은 섹스투스의 전체 저작에서 다소 이질적이고 독특한 위치를 차지한다.《피론주의 개요》와 비교해볼 때, 이 부분에서 섹스투스의 논의는 다소 불분명하고 이중적인 모습마저 띤다. 한편으로 그는 제반 기술들을 비판하면서 자신이 독단적이라고 비판했던 논쟁들과 타당한 회의주의적인 논쟁들을 명확히 구분하는 태도를 보였으나, 다른 한편으로는 유용성이 결핍된 논쟁들에 대해 무비판적이고 소극적인 자세를 보이기 때문이다. 이처럼《피론주의 개요》와 비교해볼 때,《학자들에 반대하여》제1~6권은 불완전한 문헌이라 볼 수 있다.[22]

먼저《학자들에 반대하여》제1권에서는 '문법이란 무엇인가?'라는 물음에 대한 섹스투스의 논의가 전개된다. 이 부분은《학자들에 반대하여》중에서 가장 길며, 분량은 320절에 이른다. 그런데《학자들에 반대하여》제1권 1~40절에서는 6개 교양교육에 관한 일반적인 논의도 전개된다. 문법학자들에 대한 구체적인 비판은 41절부터 시작되고, 문법 전문가에 대한 공격이 담긴 문자 및 말과 연관된 부분들에 대한 비판은 99~247절, 그리고 시인과 산문작가들에 대한 비판은 270~320절에서 논의된다. 제2권에서는 수사학자들에 대한 섹스투스의 비판이 다뤄지는데, 분량은 113절로 비교적 짧다. 수사학의 본질에 대한 다양한 정의, 시민 및 도시에 대한 수사학의 효능, 수사학의 목적, 그리고 수사학을 이루는 부분들에 대한 언급과 이에 대한 비판이 전개된다. 제3권에서는 기하학자들에 대한 비판이 다루어지는데, 제2권과 마찬가지로 분량은 116절 정도에 그친다. 이 부분에서는 이론 수립과 기하학자들의 임무에 대한 언급이 있고, 가설들에 대한 비판도 있다. 그리고 제4권에서는 산술가들에 대한 비판이 다뤄지는데, 분량은 34절 정도로 짧다.[23] 제5권에서는 천문학자들에 대한 비판이 다뤄지는데, 분량은 106절 정도이다. 여기서 섹스투스는 천문학astrlogia은 비판하지 않으나, 점성술genethlialogia이나 별점은 강하게 비판한다.[24] 책의 전반부에서는 예언과 연관된 칼데아Chaldea 점성술의 기본적인 내용이 다뤄지고, 후반부에서는 그 반대논증들이 다뤄진다. 마지막으로 68절로 이루어진 제6권에서는 음악가들에 대한 비판이 전개된다. 전반부에서 섹스투스는 음악이 행복을 위해 유용한지를 묻고, 그것을 비판적으로 음미한다.[25] 후반부에서 그는 음악이 과학, 즉 이론적 탐구에 적합한 대상인지 아닌지를 묻고, 과학으로서 음악의 지위를 비판적으로 살핀다.[26] 특히 전반부에서 그는 두 가지 논박을 소개하는데, 첫 번째는 '다소 독단적인' 논박이고,[27] 두 번째는 '다소 아포리아적인' 논박이다.[28] 독단적인 논박을 통해서는 음악이 행복을 위해 필요하긴커녕 해롭다는 것을 논증한다. 아포리아적인 논박을 통해서는 음악가들에 대한 근원적 가설들이 파괴되고, 나아가 음악 전체도 파괴된다는 것을 논증한다.[29] 이처럼 섹스투스는 모순적인 논박을 한 문단 안에 병렬적으로 배치했다. 그런데 《학자들에 반대하여》 제1~6권과 제11권은 섹스투스 회의주의의 초기 단계, 그러니까 아이네시데모스의 회의주의 단계를 반영하는 것으로 이해돼야 한다.[30] 이러한 접근이 《학자들에 반대하여》 제1~6권에 대한 정확한 분석일 것이다.[31] 이러한 분석을 통해 우리는 《피론주의 개요》 제2~3권이 완성도나 논의의 세련됨의 측면에서 《학자들에 반대하여》보다 더 뛰어난 작품임을 확인할 수 있다.

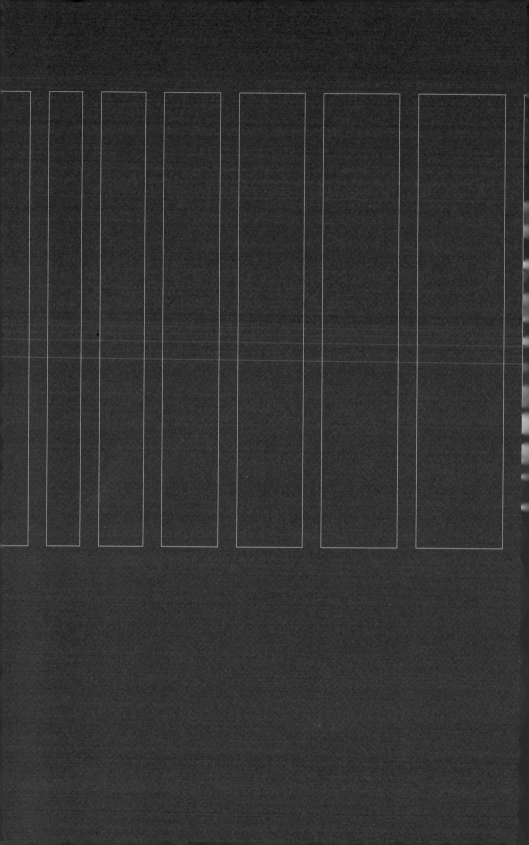

4부

아우구스티누스와
몽테뉴의 새로운 회의주의

1장

아우구스티누스의
새로운 회의주의

중세 신학자 아우구스티누스가 회의주의자라고?

중세 시기에도 회의주의에 대한 논쟁은 광범위하게 존재했지만, 그것에 대한 이해와 평가는 매우 부정적이었다. 주지하다시피 당시에는 신앙주의fideism가 지배하다 보니 고대나 근대에 비해 회의주의에 대한 이해와 평가 자체가 저조했다.[1] 하지만 이러한 악조건 속에서도 중세 초기의 아우구스티누스Sanctus Aurelius Augustinus Hipponensis [2]는 고대 회의주의에 대한 풍부한 자료를 제공한 교부철학자로 유명했다. 물론 그가 전개한 논의들은 대부분 고대 아카데미 학파의 회의주의에 대한 비판으로 이루어져 있지만, 그 안에는 회의주의적 탐구에 대한 유의미한 언급들도 있다. 따라서 이 장에서는 스테판 마르샹Stéphane Marchand의 견해를 좇아, 아우구스티누스가 《아카데미아 학파 반박》에 남긴 아카데미 회의주의에 대한 부정적인 견해와 함께 그의 유의미한 언급들도 조망하고자 한다. 그리고 아우구스티누스가 아카데미 학파의 회의주의를 비판했던 반(反)회의주의자라는 일반적인 해석을 수용하면서도, 그 와중에도 '새로운 형태의 회의주의'를 모색했다는 것을 보이고자 한다.[3] 즉 아우구스티누스가 전개한 아카데미 회의주의에 대한 비판 속에서 회의주의적 탐구의 유의미성을 인정하는 '새로운 형태의 회의주의자'의 모습을 드러냄으로써, 궁극적으로 아우구스티누스가 회의주의에 대해 '이중적·양가적인 입장'을 가지고 있다는 것을 논증하고자 한다.[4]

서구 회의주의 철학사에서 아우구스티누스가 아카데미 학파의 회의주의를 분석하고 비판했다는 것은 거부할 수 없는 사실로 받아들여진다. 이러한 해석은 한국 철학계에서도 가장 일반적인 해석으로 여겨지고 있다.[5] 아우구스티누스 연구가들 중 한 명인 신경수 역시 아우구스티누스가 회의주의의 도전에 철두철미하게 응전하면서, 아우구스티누스의 여타 저작들뿐만 아니라 《아카데미아 학파 반박》에서도 인간 존재들에 관련한 진리를 파악하려는 탐구를 부인하려는 시도에 대해 단호하게 반대했다고 언급한다.[6] 이러한 일반적인 해석은 설득력이 있다.

하지만 여기서 몇 가지 질문을 던져보자. 과연 아우구스티누스는 서구 회의주의의 역사에서 부정적인 측면만 가지고 있을까? 회의주의의 역사에는 과연 그를 위한 자리가 전혀 없을까? 이 장에서는 그가 회의주의의 역사에 끼친 긍정적인 영향을 분석하고, 나아가 '새로운 형태의 회의주의'란 무엇인지 밝히고자 한다. 아우구스티누스를 반회의주의의 틀 속에만 가두는 것은 그의 풍부한 철학적 통찰을 약화시키는 해석이라 판단된다. 그래서 이 장에서는 아우구스티누스의 회의주의에 관한 논의를 통해 옥석을 가려내고, 그러한 기반 위에서 유의미한 철학적 통찰을 끌어내고자 한다.

스테판 마르샹의 해석에 의하면 아우구스티누스는 세 가지 차원에서 서구 회의주의의 발전에 기여했다.[7] 첫째, 철학자 아우구스티누스가 그리스도교 신앙인인 아우구스티누스로 변신했을 때, 그가 가장 먼저 한 철학적 작업은 아카데미 회의주의를 분석하고 반박하는 인식론적 작업이었다. 그것은 형이상학적이거나 미학적인 작업이 아니었다. 그가 보기에 그리스도교 신앙에 가장 위협적이었던 것이 바로 아카데미 학파의 회의주의였기에, 이것을 논파하지 않고서는 자신의 신앙주의를 온전히 지켜낼 수 없으리라고 생각했기 때문이다. 이런 점에서 볼 때 아우구스티누스의 《아카데미아 학파 반박》은 그의 수많은 철학·신학 저작들 가운데 한 권이 아니라, 그의 신앙주의와 밀접한 연관성을 가지고 있던 저작으로 드러난다. 둘째, 아우구스티누스는 회의주의가 근거하고 있던 철학적 토대를 무너뜨리지 않고서는 자신의 신앙주의를 지탱하던 신학적 토대를 온전히 지켜낼 수 없을 것이라 생각했고, 이러한 두려움 때문에 아카데미 회의주의를 분석하고 비판하는 일에 집중했다. 사실 아우구스티누스에게 회의주의는 철학에 있어 헛된 문제가 아니라 '참된 문제'로 다가왔으며,[8] 그것을 극복하지 않고서는 진리와 신앙의 길로 진입할 수 없을지도 모른다는 두려움에 휩싸였던 것이다. 이처럼 아우구스티누스는 회의주의와 신앙주의의 융합을 지향했던 16세기 르네상스 시기의 몽테뉴와 달리, 신앙주의와 회의주의는 융합 불가능하다는 전제하에서 자신의 사유를 전개했다. 마지막으로 아우구스티누스는 아카데미 회의주의에 대해 철학적으로 깊이 있는 분석을 수행함으로써, 회의주의에 대한 유의미하면서도 긍정적인 해석에 도달할 수 있었다.[9] 특히 그는 회의주의를 내적 자아에 대한 사유실험으로 여기며 천착함으로써,[10] 르네상스의 몽테뉴와 근대의 데카르트의 선구자가 되기도 했다.

오유석에 따르면 아우구스티누스에게 아카데미 학파의 회의주의는 이중적·양가적 존재로 다가왔다.[11] 그에게 아카데미 회의주의는 넘어야 할 산이자 신앙과 이성의 조화를 위해 끌어안아야 할 대상이었다는 오유석의 언급이 말해주듯이,[12] 아우구스티누스에게 아카데미 회의주의는 비판의 대상인 동시에 포용의 대상이기도 했던 것이다. 이 장은 오유석의 연구를 발판으로 삼아 논의를 구성한다. 이에 더해 스테판 마르샹의 견해를 좇아 아우구스티누스가 새로운 형태의 회의주의자로서의 면모를 갖추고 있었다고 평가한다.

그럼 아우구스티누스는 서구 회의주의 철학사에 어떤 업적을 남겼을까? 그를 반회의주의자로만 바라보면 별다른 업적이 존재하지 않겠지만, 그를 새로운 형태의 회의주의자로 바라본다면 주목할 만한 업적이 존재한다. 아우구스티누스는 회의주의적 실험 정신과 내면성에 대한 탐구로 서구 회의주의의 발전에 크게 기여했다. 구체적으로 보자면, 아우구스티누스(354~430)가 세상을 떠나고 1,100여 년이 지난 뒤 활동했던 몽테뉴(1533~1592)와 데카르트(1596~1650)는 아우구스티누스가 남겼던 회의주의적 실험 정신과 내면성의 철학을 이어받아 각각 '자아의 철학'과 '주관성의 철학'으로 발전시켰다. 이런 점에서 볼 때, 아우구스티누스의 새로운 형태의 회의주의는 고대 회의주의를 르네상스 및 근대 회의주의와 연결하는 철학적 가교였다.

아우구스티누스의 생애와 사상　　　　　　●

아우구스티누스는 서구 철학사에서 가장 뛰어난 철학자 중 한 사람이다. 그리스도교 신앙주의와 신플라톤주의를 융합시켰으며, 암브로시우스St. Ambrose, 히에로니무스St. Jerome 그리고 그레고리우스St. Gregory와 함께 4대 교부로 언급되기도 한다. 그의 방대한 철학은 아우구스티누스주의Augustinism라 명명되며, 그가 남긴 저작들은 서구 철학과 문명 전반에 큰 영향을 끼쳤다. 그의 저작으로는 여기서 언급될《아카데미아 학파 반박》[13]과 더불어《고백록》,《그리스도교 교양》그리고《신국론》등이 있다. 그는 시종일관 이성과 신앙의 조화를 꾀했다. 그의 이러한 생각은 '알기 위해서 믿어라'라는 명제로 나타났고, 이것은 교부철학의 기본 원리로 자리매김했다.[14]

　아우구스티누스는 354년 로마 식민지였던 북아프리카 알제리의 타가스테Tagaste(현재 알제리의 수크하라스)에서 태어나, 430년 히포 레기우스Hippo Regius(현재 알제리의 안나바)[15]에서 사망했다. 그의 어머니 모니카는 독실한 그리스도교 신자로 알려졌으나, 아버지 파트리키우스는 그리스도교인이 아니었다고 한다. 그는 신앙심이 강했던 어머니의 영향하에서 성장했다고 전해진다. 11세가 되던 해 그는 타가스테의 자그마한 도시인 마다우루스의 학교로 보내졌으며, 그곳에서 라틴 문학을 공부했다. 이후 키케로의《호르텐시우스Hortensius》를 읽고서는 철학에 큰 관심을 가지게 됐다. 이때가 아우구스티누스가 자신의 철학을 형성해가던 첫 번째 시기였다. 다음은《고백록》에 나오는 관련 구절이다.

그(키케로)의 책은《호르텐시우스》라는 제목으로 특히 철학에의 권유를 내용으로 담고 있었습니다. 그런데 그 책은 제 성정을 아주 바꾸어 놓았고, 주님 저의 기도가 당신을 향하도록 변화시켰으며, 제 소원과 열망을 딴 것으로 만들어버렸습니다. 이때까지 품어왔던 저의 헛된 희망은 갑자기 모두 시들해졌고, 저의 마음은 이제 불멸의 지혜를 추구하는 욕구로 믿기지 않을 만큼 갈증에 헐떡이면서 당신께 돌아가려고 자리에서 일어서기 시작했습니다.[16]

17세가 되던 해 아우구스티누스는 수사학을 공부하기 위해 튀니지의 카르타고로 갔다. 그곳에서 그는 마니교Manichaeism라는 종교를 접하고 큰 감동을 받았다. 이후 그는 약 9년 동안 마니교의 영향하에 있게 된다. 마니교는 3세기 페르시아의 종교가 마니Mani에 의해 창시됐던 종교로, 세상과 우주를 극단적인 선악이원론으로 설명했다. 아우구스티누스는 이러한 마니교에 매료됐고, 이 종교 안에서 인생의 의미를 찾고자 했다(373년). 하지만 그는 이내 마니교에서 진리를 발견할 수 없다는 것을 깨닫고는 마니교를 떠나게 된다. 그가 마니교를 떠나게 된 데는 마니교의 정신적 지주였던 파우스투스Faustus of Milevis [17]에 대한 실망이 크게 작용했다. "저를 고민하게 만들던 많은 의문점들을 두고서, 이름났다는 저 인물마저 그저 그런 사람으로 드러난 마당에, 그들의 나머지 교사들에게야 더더욱 실망하기에 이르렀습니다."[18] 또한 마니교 신자들이 보여준 도덕에서 벗어난 모습도 그를 실망시켰다. 마니교는 교리적으로는 지나치게 엄격한 윤리적 태도를 보였지만, 신자들은 그것과는 무관하게 오로지 선택받았다는 이유 하나만으로 모든 도덕적 잘못으로부터 완전히 자유롭다는 듯이 행동하면서, 믿음과 실천 간의 심각한 모순을 낳았다.[19] 이 같은 행태를 지켜

본 아우구스티누스에게 마니교는 결코 진리를 담보해줄 수 없었다.

그런데 청년 시절 카르타고에서 아우구스티누스의 삶은 도덕적으로 많은 문제를 안고 있었다. 그는 성적 욕망에 사로잡힌 나머지 타락한 생활을 하고 있었다. 19세에 한 여인을 만나 결혼도 하지 않은 채 바로 동거에 들어갔다(372년). 그의 동거 기간은 15년간이나 지속됐고, 아들까지 낳았다고 한다. 하지만 그는 그 여인과 결혼하지 않았고, 마지막에는 그녀를 버리기까지 했다. 지금 보아도 부도덕하고 부적절한 행동이다.《고백록》에서 그는 이 사실을 솔직히 털어놓았다.

> 제 나이 열아홉 살부터 스물여덟 살까지 9년이라는 세월동안 온갖 욕정으로 인해 호리고 홀리기도 하고 속고 속이기도 하면서 살았습니다. 공개적으로는 자유학예라고 부르는 학문을 내세워, 은밀하게는 종교라는 허울을 내세워 그리했습니다. 에서는 오만하고 제서는 미신을 숭배하면서 헛되이 쏘다녔습니다.[20]

동거 중에 아들 아데오다투스Adeodatus가 태어났지만, 불행하게도 16세가 되던 해 죽고 말았다(388년). 아들 아데오다투스의 죽음은 그의 인생에서 가장 불행한 사건들 중 하나였다. 아우구스티누스에게 청년 시절은 도덕적으로 타락하고 종교적으로 방황하던 시기였다.

불행한 상황 속에서도 그는 수사학 분야에서 큰 두각을 나타냈다. 그는 수사학 교수가 됐고, 고향으로 돌아가 수사학 학교를 세우기도 했다. 29세 이후에는 수사학 분야의 대가가 되어 로마와 밀라노에서 수사학을 가르치기도 했다. 이 시기에 그는 그동안 자신의 마음을 지배하고 있던 마니교를 완전히 정리하는 시간을 가졌다. 그가 보기에 마니교의 철학적·종교적 한계는 다음과 같았다. "마니교도들의 답변은 제게도 어리석어 보였고, 더구나 그 답변이라는 것을 쉽사리 드러내놓고 발설하지 못하고 … 원본은 그들이 하나도 제시하지 못하는 것이었습니다."[21] 그는 마니교에 대한 비판을 통해 마니교의 종교적 구속으로부터 자유로워질 수 있었다(382년).[22] 마니교를 '미신'으로 규정했던 그의 생각은 다음 언급에 잘 드러나 있다.

> 철학은 저 미신으로부터, 내가 (나만 아니고) 나와 함께 그대마저도 떨어뜨린 저 미신으로부터 나를 해방시켰습니다. 철학이 가르치고 있습니다. 죽을 눈에 보이는 모든 것, 감관이 포착하는 모든 것은 무엇이든지 숭배해서는 안 된다고, 전적으로 멸시해야 한다고 진정으로 가르치고 있습니다.[23]

마니교에 환멸을 느끼고 있을 때, 아우구스티누스로 하여금 결정적으로 마니교를 떠나도록 자극했던 것은 아카데미 학파의 회의주의였다. 주지하다피시 아카데미 회의주의는 진리에 대한 탐구는 가능하지만, 현실적으로 진리를 획득하거나 파악하는 것은 불가능하다고 주장했던 철학이다. 아우구스티누스는 바로 그러한 아카데미 회의주의에 매료되어, 그동안 자신의 정신을 지배했던 마니교로부터 벗어날 수 있었던 것이다.

> 그 무렵 아카데미아 학파라고 부르는 사람들이 나머지보다 더 현명한 철학자였다는 생각이 제게 떠올랐습니다. 그들이 모든 것에 관해서 의심을 품어야 한다고 간주했고, 인간에 의해 영원한 진리도 파악될 수 없다고 단정했다는 점 때문이었습니다. 저로서는 아직 그들의 의도를 파악하지 못한 처지였지만, 대중이

생각하던 대로, 제게는 그 사람들이야말로 뭔가를 명료하게 간파한 것처럼 보였습니다. … 그 당시 간주되던 아카데미아 학파 사고방식에 따라, 저도 모든 것에 관해서 의심하고 모든 것에서 흔들리는 가운데 드디어 마니교도들을 떠나기로 결심했습니다. 제가 회의하던 바로 그 시점에도 몇몇 철학자들을 그 종파보다도 앞세우던 참이었음으로, 저로서는 저 종파에 눌러앉아 있어야겠다는 생각이 안 들었습니다. 하지만 그 철학자들에게도 구원과 연관된 그리스도의 이름이 결여되어 있었으므로, 그들에게 제 영혼의 고뇌를 치유하는 일을 맡길 생각은 전혀 없었습니다. 그리하여 확실한 무엇이 비쳐서 제가 진로를 이끌어가게 되기까지는, 당분간 부모가 저에게 천거해온 가톨릭교회에서 예비신자로 있기로 작정했습니다.[24]

앞에서도 언급했듯 아카데미 학파는 인식 불가능성이나 판단유보와 같은 회의주의의 기본 원리들을 강조했다. 아우구스티누스는 그러한 아카데미 회의주의에서 삶의 위안을 찾았다. 이는 마니교가 주지 못했던 지성적·종교적 위안이기도 했다. 하지만 진리에 대한 열정과 지적 욕망이 유난히 강했던 아우구스티누스로서는 그러한 아카데미 학파의 회의주의적 원리에 만족할 수만은 없었다. 그는 아카데미 회의주의를 대신할 또 다른 철학을 찾았는데, 그것이 바로 플로티노스의 신플라톤주의였다.[25] 플로티노스의 신플라톤주의는 고대 후기 형이상학의 완결판이었다. 철학자이자 신학자였던 아우구스티누스는 그리스도교 신앙을 체계화시키는 데 신플라톤주의가 지대한 역할을 수행할 수 있다는 걸 깨달았다.[26] "저로서는 더 이상 의심할 여지가 없었습니다. 만들어진 그것들(신의 피조물들-지은이)을 통해서 진리가 파악되어 드러나고 있으니, 진리가 존재하지 않는다고 의심하기보다는 차라리 제가 살아 있음을 의문시하는 편이 훨씬 쉬웠습니다.ˮ[27] 이처럼 아우구스티누스는 플로티노스의 저작 《엔네아데스》에서 아카데미 회의주의를 능가하는 진정한 철학을 발견했다고 기뻐했다. 그 후《엔네아데스》에서 발견된 그의 진리관은《신국론》에서도 그대로 견지됐으며, ʻ나는 오류를 범한다, 그렇기에 나는 존재한다Si enim fallor, sumˮ라는 명제로도 표현됐다.[28] 이러한 진리에 대한 아우구스티누스의 생각은《아카데미아 학파 반박》에서도 고스란히 드러나는데,[29] 여기서 그는 사람들이 ʻ정신적인 나태함', ʻ진리 발견에 대한 상실감' 그리고 ʻ진리 발견에 대한 지나친 자만심' 등의 이유로 진리에 대한 탐구를 포기하게 됐다고 분석했다.[30] 즉 아우구스티누스는 외부 대상에 대한 파악 불가능성이나 판단유보와 같은 회의주의적 원리들이 마니교 같은 독단주의를 논파하는 데는 유익하지만, 참된 진리를 탐구하는 데는 많은 문제점이 있다고 주장했다.[31]

그러나 뭐니 뭐니 해도 아우구스티누스의 철학적 여정에서 가장 주목할 만한 사건은 그리스도교적 신앙주의와의 조우였다. 그의 나이 39세 때 (383년), 그는 카르타고를 떠나 로마를 거쳐 그 이듬해에는 밀라노까지 갔다. 여기서 그는 암브로시우스 주교의 설교를 듣고서 큰 감동을 받았다. 또한 이 시기에 그는 사막의 은둔 수도자였던 아빠스 안토니우스St. Anthony the Great[32]에 관한《안토니우스 전기Vita Antonii》를 읽고서 그리스도교에 큰 관심을 가지게 됐다. 그러던 중 386년 8월의 어느 날, 그는 우연히 자신의 삶을 완전히 바꿔 놓은 강력한 경험을 했는데, 바로 이웃집 아이들이 부르는 노래에서 ˮ집어라 읽어라! 집어라 읽어라!Tolle, lege!ˮ라는 신비스러운 말을 듣고서, 곧바로 〈로마서〉 13장 13절을 집어 읽었던 사건이다.《고백록》제8권에서는 그때의 감동을 이렇게 표현하고 있다.

제 마음의 쓰리고 쓰린 뉘우침으로 통곡하고 있었습니다. 그런데 난데없이 이웃 집에서 나는 목소리를 들었습니다. 노래로 부르고 자꾸만 되풀이하던 소린데, 소년인지 소녀인지 모를 목소리였습니다. "집어라, 읽어라! 집어라, 읽어라!" 저는 즉시 낯빛을 바꾸고, 아이들이 무슨 놀이인가 하면서 저와 비슷한 노래를 한 적이 있던가 골똘히 생각하기 시작했습니다. 여태까지 제가 도무지 들어본 적이 없었습니다. 저는 걷잡을 수 없이 흐르는 눈물을 억누르고서, 성서를 펴들 고 거기 눈에 들어오는 첫 대목을 읽으라고 하늘에서 제게 시키시는 것 외에 다 른 것이 아니라고 해석하고서는 벌떡 일어났습니다. 안토니우스에서 관해서 듣 기로도, 우연히 그에게 닥친 복음서 낭독 중에 "가서 너의 가진 모든 것을 팔아 가난한 이들에게 주어라. 그러면 네가 하늘에서 보물을 차지하게 될 것이다. 그 리고 와서 나를 따라라"라는 구절이 나왔는데, 거기서 읽힌 구절을 바로 자기한 테 건네진 권고로 받아들였다고 합니다. 그런 신탁을 받고서 그 사람은 즉석에 서 당신께 회심했다는 것입니다. 그래서 저는 알리피우스가 앉아 있던 자리로 돌아갔습니다. 제가 일어섰던 그 자리에 사도의 책을 놓아두었던 까닭입니다. 집어 들었습니다. 폈습니다. 그리고 읽었습니다. 제 눈이 꽂힌 첫 대목을 소리 없 이 읽었습니다. "술상과 만취에도 말고, 잠자리와 음탕에도 말고, 다툼과 시비에 도 말고, 주 예수 그리스도를 입으시오. 그리고 욕망에 빠져 육신을 돌보지 마시 오." 저는 더 읽을 마음도 없었고 그럴 필요도 없었습니다. 이 구절의 끝에 이르 자 순간적으로 마치 확신의 빛이 저의 마음에 부어지듯 의혹의 모든 어둠이 흩 어져 버렸습니다.[33]

이것은 아우구스티누스가 살면서 경험한 가장 강렬한 종교적 체험이었다. 이 체험을 하고 난 뒤, 그는 그리스도교 신자가 됐다. 그리고 당대 지식인들의 부러움의 대상이었던 황실 수사학 교수직을 사임하고, 곧바로 밀라노 근처의 카시키아쿰Cassiciacum이란 시골로 내려갔다. 그곳에서 그는 최초의 저작인 《아카데미아 학파 반박》을 탈고했고(386년), 세례까지 받았다(387년). 그리스도교 철학자이자 신앙주의자로서 아우구스티누스가 처음으로 집필한 책이었다.

아우구스티누스가 그리스도교 신자로 새롭게 태어난 지 얼마 지나지 않아, 독실한 그리스도교 신자였던 어머니 모니카가 세상을 떠났다. 388년에는 아들 아데오다투스도 세상을 떠나고 말았다. 그 후 그는 히포 레기누스에서 발레리우스Valerius 주교로부터 사제서품을 받았으며(391년), 발레리우스가 세상을 떠나고 난 뒤 그를 이어 히포의 주교가 됐다(395년). 그 후 35년간이나 히포 주교로 일하면서, 그리스도교 신앙과 그리스 철학을 융합시키는 작업에 매진했다. 또한 당대의 이단 논쟁에 적극적으로 참여해, 그리스도교와 적대적인 관계에 있던 마니교와 영지주의, 펠라기우스주의와 도나투스주의 그리고 아리우스주의 등에 대한 신학적인 비판을 전개했고, 그것을 책으로 남겼다. 이단들에 대한 비판과 집필 작업은 그가 세상을 떠나기 전까지 계속됐다(430년). 아우구스티누스가 세상을 떠나기 3년 전인 427년에 게르만족의 일파인 반달족의 가이세리크Gaiseric 왕이 로마 제국 전체를 유린했는데, 그가 살고 있던 히포 레기누스 역시 약탈 대상이 됐다. 히포 레기누스는 반달족의 공격에 맞서 14개월 동안이나 저항했으나, 그들의 기세를 꺾지 못한 채 함락되고 말았다. 이러한 상황 속에서 아우구스티누스는 피난민을 돌보다가 열병에 걸려

세상을 떠나고 말았다. 그의 나이 76세 때의 일이다.

　아우구스티누스는 그리스도교 신앙을 그리스 철학과 융합시키는 데 자신의 전 생애를 바쳤다. 외롭고 고독한 삶 속에서도 그는 초인적인 힘으로 자신의 철학을 완성했다. 아우구스티누스가 남긴 100권 이상의 책들 중에서 대작으로 언급되는 것들은《고백록》과《신국론》[34] 그리고《삼위일체론》[35] 등이 있다. 하지만 이 장에서는 아카데미 학파의 회의주의와 연관된《아카데미아 학파 반박》을 집중적으로 분석한다. 아우구스티누스의 그 외의 저작들은 논의에 필요한 부분들만을 추려서 언급한다.

절대적 신앙주의를 옹호하기 위한 회의주의 비판 ●

그리스도교로 개종한 뒤 아우구스티누스가 가장 먼저 한 작업은 아카데미 학파의 회의주의를 분석하고 비판하는 것이었다.[36] 신앙주의를 옹호하기 위해서는 우선 회의주의를 분석하고 비판하는 작업이 필요하다고 판단했던 것이다. 아우구스티누스가 정식으로 세례를 받았던 해는 387년이었는데, 이때는 그가《아카데미아 학파 반박》(386년)을 탈고하고 1년이 지난 뒤였다. 이것을 미루어볼 때,[37] 그리스도교 신앙주의를 지향했던 아우구스티누스에게 아카데미 회의주의는 심리적인 두려움의 대상이자 철학적 비판의 대상이었다는 걸 알 수 있다.

　사실《아카데미아 학파 반박》은 철학자로서 아우구스티누스가 처음으로 세상에 내놓았던 철학책이었다.[38] 하지만 첫 번째 철학책이라고 해서 결코 수준이 낮거나 완성도가 떨어지진 않았다. 그는 플라톤의 영향하에 작품의 내용을 대화체로 구성했다. 아카데미 회의주의를 놓고 펼쳐진 논쟁에서 논의를 이끌어가는 사람은 아우구스티누스다. 논쟁에 직접 참여한 사람들은 그의 제자인 리켄티우스Licentius 39와 트리게티우스Trygetius다. 리켄티우스는 회의주의를 옹호하는 논객이고, 트리게티우스는 회의주의를 비판하는 논객이다. 알리피우스Alypius는 아우구스티누스의 친구이자 제자로 대화를 보조하는 역할을 수행한다. 《아카데미아 학파 반박》에서 아우구스티누스는 아카데미 회의주의에 대한 일련의 분석과 비판을 통해 아카데미 회의주의의 인식 불가능성과 판단유보에 반하는 명제, 즉 '신과 진리는 존재하고 그에 대한 앎은 가능하다'는 것을 보여주는 데 주력했다.40

서른세 살의 나이를 먹은 내가 언젠가는 지혜를 획득할 수 있으리라는 희망을 접어야 한다고는 여기지 않는다. 죽을 인간이 선善으로 간주하는 다른 모든 것을 하시하면서라도, 나는 이 진리를 탐구하는 데 헌신하기로 결심했다. 그런데 이런 노력을 기울이는 데 아카데미아 학파의 논지가 적지 않게 나를 붙들고 늘어지기 때문에, 나는 그런 논지에 대항해서 앞에 나온 토론으로 무장했던 것이다. 내가 보기에는 충분한 토론이었다. 우리가 권위와 이성이라는 쌍둥이의 균형을 잡고서 무엇을 배우도록 충동받는다는 사실은 누구도 의심치 않는다. 현재까지 나로서는 그리스도의 권위로부터 결코 이탈하지 말아야겠다는 생각이 확고하다. 그보다 힘 있는 권위를 나는 발견하지 못하고 있다. 이성으로 말할 것 같으면, 가장 숭고한 이성으로 탐구해야 할 바를 임시적으로 플라톤 학파에게서 찾아야겠다는 생각을 품고 있다(나는 무엇이 진리인지는 단지 믿는 것으로 그치지 않고, 이해하여 파악하고 싶은 열망에 애가 타도록 이미 길들어 있다). 이성으로 탐구하는 이 노력은

우리 성경에 배치되지 않을 뿐더러, 그렇게 해서 진리를 발견하리라는 신뢰심을 나는 간직하고 있다.[41]

《아카데미아 학파 반박》 제1권에서는 아카데미 회의주의와 연관된 논쟁이 소개되고, 제2~3권에서는 아카데미 회의주의에 대한 본격적인 분석과 반박이 전개된다. 이런 반박 속에서, 아우구스티누스는 진리에 대한 탐구는 의미 있고 진리는 발견 가능하기에 계속해서 탐구돼야 한다고 주장했다. 이 책이 나오고 40여 년이 지난 후 발간된 《재론고》에서, 아우구스티누스는 자신이 왜 아카데미 회의주의에 대해 비판적이었는지를 설명했다.

이 세상의 탐욕에서 내가 얻었거나 아직도 얻기 바라던 것을 내버리고서 그리스도교 생활의 여가 속으로 피신했을 즈음에, 나는 아직 세례받지 않은 처지에서 《아카데미아 학파 반박Contra Academicos》 또는 《아카데미아 학파론De Academics》이라는 책자를 처음으로 썼다. 이것은 진리를 발견할 수 없다는 절망을 많은 사람들에게 심어주는 자들의 논리, 그리고 현자라면 그 무엇에도 동의해서는 안 된다고, 어떤 사물도 확연히 드러나고 확실한 것처럼 승인해서는 안 된다고 금하는 자들의 논리를 내 정신으로부터 힘닿는 대로 이론적으로 몰아내기 위함이었다. 그러한 논지들이 나를 동요시켜왔을뿐더러, 저 사람들에게는 모든 것이 모호하고 불확실하게 보였다.[42]

교부철학자로서 아우구스티누스는 신적 권위와 인간 이성의 조화를 강조했다. 《아카데미아 학파 반박》 제3권에서도 그는 진리를 두 가지 방향으로 이해했다. 하나는 이성의 능력을 통해 진리를 파악하는 것이었고, 다른 하나는 권위의 능력을 통해 진리를 이해하는 것이었다. 그는 이성에 의해 파악되는 진리와 권위에 의해 파악되는 진리가 상호 모순되지 않으며, 온전한 진리를 이해하기 위해서는 이 두 가지 요소를 함께 고려해야 한다고 주장했다.[43]

하지만 아우구스티누스는 회의주의와 신앙주의에 대해서는 조화보다는 갈등과 대립의 관계로 파악하고자 했다. 그는 아카데미 회의주의가 자신의 절대적 신앙주의의 장애물이라고 생각했다. 그래서 그는 아카데미 회의주의자들이 강조했던 인식 불가능성과 판단유보와 같은 개념에 대해서 비판적이었다.[44] 특히 진리의 개연성을 강조했던 카르네아데스에 대해서는 더더욱 비판적이었다. 그가 보기에 카르네아데스는 지적 오류로부터 사람들을 보호해줄 수 없을 뿐만 아니라, 사람들에게 제대로 된 논리적 설명을 제공해줄 수 없는 철학자였기 때문이다. 이처럼 절대적 신앙주의자를 지향했던 아우구스티누스에게, 아카데미 회의주의는 신앙주의를 위협할 수 있는 위험한 철학이었다. 다음은 아우구스티누스가 정리한 아카데미 회의주의 관련 이론이다.

> 인간은 지식에, 철학에 해당하는 사물들에 관한 지식에 이를 수 없다는 주장은 아카데미아 학파도 좋아했다. … 현자는 무슨 사안에도 동의하지 않는다는 주장이 나온다. 불확실한 사안에 동의한다면 헤매는 것은 필연적인데, 이것이야말로 현자에게 불가하다. … 진리가 포착될 수 없다는 말은 스토아 학파 제논의 저 유명한 정의에서 끌어낸 것으로 보였다. 그는 '존재하는 거기서 발생하여 정신에 각인되는데, 존재하지 않는 거기서 발생하여 마치 존재하는 것처럼 정신

에 각인되는 일이 불가능할 정도라면, 그것은 참이라고 파악할 수 있다'고 말했다. 이 말을 더 간단하고 분명하게 표현하면 이렇다. "동시에 허위일 수 없는 그런 종류의 기호만이 진리로 파악될 수 있다."(지은이 수정)45 그리고 아카데미아 학파는 스토아가 말하는 그런 식의 진리는 결코 발견될 수 없음을 설득시키려고 아주 대단한 노력을 기울였던 것이다. 바로 여기서 철학자들의 의견 차이가 나오고, 바로 여기서 감각의 기만이라는 말이 나오고, 바로 여기서 꿈이니 광기니 하는 것이 나오고, 바로 여기서 오류 추리니 연쇄 추리니 하는 것들이 나와서 그 명제를 옹호한답시고 날뛴 셈이다. 그러고는 확실한 사실과 달리 무슨 의견을 가진다는 것보다 수치스러운 것이 없다는 명제를 제논 본인한테서 받아들이기라도 한 듯이, 아주 교묘하게 다음과 같은 명제를 만들어냈던 것이다. 곧 아무것도 진리라고 파악할 수 없고, 또 확실한 사실과 다른 무슨 의견을 내놓는다는 것은 참으로 수치스러운 일이며, 그러므로 현자는 아무것도 결코 시인해서는 안 된다.46

아우구스티누스는 계속해서 진리의 개연성을 강조했던 카르네아데스의 회의주의를 이렇게 요약했다.

여기서 그들에게 맞서는 엄청난 반발이 생겨났다. 아무것도 시인하지 않는 사람은 아무 행동도 하지 않는다는 결론이 나오는 것으로 보였다. 아카데미아 학파는 너의(자기네) 현자를 묘사하여 항상 잠이나 자고 모든 직무를 방기하는 사람처럼 그려내 보였던 까닭이다. 현자는 아무것도 시인하지 않는 사람이라고 간주했다는 말이다. 그러자 그들은 개연적이라는 개념을 도입했는데, 달리는 '진리의 근사치'라고도 명명했다. 따라서 현자도 수행해야 할 일이 있을 경우에는 자기 본분을 방기하는 일이 결코 없다고 주장했다. 무릇 진리란 자연 본성의 어떤 어둠이나 사물의 유사성 때문에 가려지거나 혼동되어 감추어질 수도 있다. 그러므로 그들은 동의의 억제 또는 유보라는 것 자체가 현자의 대단한 행위라고 말했다.[47]

이처럼 아우구스티누스는 카르네아데스를 중심으로 한 아카데미 회의주의를 비판적으로 조망했다. 하지만 아카데미 학파의 입장에서 이 사안을 보면, 아우구스티누스의 비판에는 확실히 과도한 면이 있다. 철학사적으로 볼 때 아카데미 학파의 최대 논적은 스토아 학파였고, 스토아 학파가 아카데미 학파를 공격했던 지점은 아카데미의 아킬레스건이었던 '행위 불가'의 문제였다. 그런데 이러한 상황에서 신아카데미 학파의 카르네아데스가 빼 들었던 비책이 바로 '진리의 개연성'에 근거해 사람들의 일상과 실천의 문제를 설명하는 것이었다. 그런데 아우구스티누스는 그러한 카르네아데스와 신아카데미 학파의 노력에 대해 매우 비판적이었다. 만약 아우구스티누스의 비판이 '자비의 원리'에 따라 이루어졌다면,《아카데미아 학파 반박》와는 다른 논의도 가능했을 것이다. 하지만 그는 그렇게 하지 않았다.

사실 이 책을 집필할 당시 아우구스티누스의 주된 관심사는 순수한 인식론적 문제가 아니었다. 오히려 그는 절대적 신앙주의의 관점에서 아카데미 회의주의의 힘을 약화시키는 데 관심이 있었다. 그가 보기에 아카데미 회의주의의 힘을 약화시키지 않고서는 절대적 신앙주의로 나아갈 길을 확보할 수 없었다. 그에게 신앙주의와 회의주의는 대립과 갈등 속에서 융합 불가능한 상태로 있었던 것이다. 이는 신앙주의와 회의주의의 융합

가능성을 지향한 새로운 피론주의자였던 몽테뉴의 시도와는 대비되는 것이었다.

물론 아카데미 학파의 입장에서 반론도 있을 수 있다. 그들도 진리 탐구를 거부하지 않았기 때문이다. 아카데미 학파의 회의주의자들이 문제 시한 것은 유물론에 근거한 스토아 학파나 에피쿠로스 학파의 독단주의를 따라서는 진리가 발견될 수 없다는 것이었다. 다시 말해 그들은 독단 주의자들의 지적 교만을 비판했을 뿐, 진리 자체를 전면적으로 거부하지는 않았다. 어떻게 보면 아카데미 학파가 스토아와 에피쿠로스 학파의 유물론적 독단주의를 거부했다는 점에서, 아카데미 회의주의는 아우구스티누스의 신앙주의와 연결될 수 있는 지점이 존재한다고도 볼 수 있다. 그럼에도 불구하고 아우구스티누스는 유물론을 지향했던 스토아와 에피쿠로스 학파보다, 반유물론을 지향했던 아카데미 학파를 더 비판적으로 보았다. 사실 아우구스티누스가 지향했던 절대적 신앙주의에 장애가 되는 철학은 아카데미 회의주의가 아니라 스토아 학파와 에피쿠로스 학파의 독단주의다. 유물론적 독단주의자들은 인간의 유한한 인식 능력을 무시한 채, 마치 자신이 진리를 발견할 수 있는 존재자라는 듯 생각하기 때문이다. 하지만 이것은 자신의 인식 능력을 마치 한계 없는 신과 같이 여기는 교만한 태도라 할 수 있다. 오히려 독단적인 판단을 유보한 채 진리 탐구를 강조했던 아카데미 회의주의자들의 생각이 아우구스티누스의 신앙주의에 더 부합될 수 있다.

아우구스티누스의 사유에서 회의주의와 신앙주의가 만날 수 있는 가능성은 존재한다. 하지만 몽테뉴의 새로운 피론주의와 달리, 아우구스티누스에게 회의주의는 절대적 신앙주의의 견제와 통제 속에 있어야 했고,

두 철학이 서로 동등한 관계로 만날 수 있는 가능성은 부재했다. 절대적 신앙주의를 목표로 삼았던 아우구스티누스에게 철학자의 제1임무는 신과 진리에 근거해 궁극적인 행복을 찾는 것이었다. 만약 아카데미 회의주의자들처럼 인식 능력의 유한성만을 강조한다면, 진리에 대한 추구도 불가능하고 인간 행복도 획득할 수 없으리라 생각했던 것이다. 결론적으로 아우구스티누스는 회의주의를 뒤로 한 채 절대적 신앙주의만을 강조하는 전략을 택함으로써, 그리스도교 철학자로서의 정체성을 정립했다.[48]

《아카데미아 학파 반박》 제1권: 신앙주의와 회의주의의 팽팽한 긴장 ●

아우구스티누스의 《아카데미아 학파 반박》은 총 세 권으로 구성되어 있다. 제1권에서는 인간 행복과 진리 인식이라는 중요한 문제가 다루어지고, 제2~3권에서는 아카데미 학파의 주장과 그에 대한 비판이 다루어진다. 책의 서두에서 아우구스티누스는 자신의 후원자이자 동향인이었던 로마니아누스에게 진리에 대한 탐구를 포기하지 말 것을 권유한다. 나아가 진리를 탐구하는 데 방해가 되는 것들, 즉 과도한 자만심이나 좌절과 같은 것들을 조심해야 한다고 충고한다.[49]

　제1권에서 리켄티우스는 아카데미 회의주의를 옹호하는 인물로 등장한다. 그는 키케로가 진리를 발견할 능력이 없을지라도 진리를 찾고 있다면 행복할 수 있다고 생각했음을 언급하면서, 아카데미 회의주의를 옹호한다. 하지만 리켄티우스의 논적으로 등장한 트리게티우스는 그의 의견에 반대한다. 그는 궁극적 진리를 소유하지 못한 채 단지 진리를 찾는다는 것만으로는 결코 행복할 수 없다고 비판한다.[50]

그럼에도 불구하고 리켄티우스는 진리 획득보다 진리 탐구에 더 많은 의미를 부여한다. 탐구하는 사람은 헤매는 게 아니라 헤매지 않으려고 찾아가는 것이라며, 그는 진리 탐구에 수반되는 지적 방황까지도 유의미한 것으로 간주하고자 한다. 하지만 트리게티우스가 보기에, 진리를 찾기 위해 방황하는 것과 진리를 획득해 행복한 상태에 이르는 것은 완전히 다르다. 왜냐하면 헤매는 사람은 이성에 따라서 살더라도 행복하지 않으며, 무엇을 찾거나 발견하지 못하는 사람은 항상 헤매는 중이기 때문이다. 따라서 그는 방황한다는 것이 항상 찾아다니지만 결코 발견하지 못하는 것이라면서, 진리에 대한 리켄티우스의 생각이 잘못됐다고 주장한다.[51]

하지만 리켄티우스는 설득당하지 않는다. 오히려 그는 진리에 대한 탐구만으로도 인간은 행복해질 수 있다고 주장한다. 자신들은 아무것도 발견하지 못했지만 진리를 찾고는 있다면서, 인간은 비록 진리를 조금도 발견하지 못할지라도 진리의 탐구만으로 행복한 삶을 살 수 있다고 주장하는 것이다.[52] 이처럼 제1권에서는 진리에 대한 신앙주의적 입장과 회의주의적 입장이 팽팽한 긴장을 유지한 채 두 사람의 논의가 진행된다.

제1권이 마무리되는 단계에서, 리켄티우스는 아카데미 학파를 옹호하면서 회의주의가 삶의 품격을 보여주는 유의미한 철학이라고 주장한다. 그에 따르면 인간은 원론적으로는 진리를 탐구하고 획득할 수 있는 탁월한 존재이지만, 현실적으로는 여러 가지 제약으로 인해 진리를 발견하거나 행복을 획득하지 못한 채 방황하는 존재이다. 어떻게 보면 진리를 발견하거나 획득하는 것은 이 세상이 아니라 저세상에서나 가능한 지난한 일일지도 모른다. 그럼 이 상황에서 신이 아닌 인간이 할 수 있는 일은 무엇일까? 어쩌면 리켄티우스의 말처럼 인간은 자신의 존재 이유를 진리를 탐구하는 과정 속에서 찾아야 할지도 모른다.

> 리켄티우스가 말을 꺼냈습니다. "목적에 도달하지 못한 사람은 완전한 사람이 못 된다고는 고백해야겠지. 하지만 네가 말하는 저 진리는 하느님만 아신다고 난 생각한다. 그렇지 않으면 아마 인간의 영혼이 이 육체, 어두운 감옥이라고 할 이 육체를 버리고 떠날 때겠지. 인간의 목적은 진리를 완전히 탐구하는 일이야. 우리는 완전한 자를 찾고 있지만, 어디까지나 인간으로서야."[53]

《아카데미아 학파 반박》 제2권: 회의주의의 자기모순성 비판 ●

《아카데미아 학파 반박》 제2권에서는 신아카데미 학파의 창시자였던 카르네아데스의 진리의 개연성 또는 진리근사치에 대한 논의가 주를 이룬다.[54] 사실 사람들은 누구나 현자가 되고 싶어 하지만, 인식 대상의 이해 불가능성과 인식 능력의 불완전성으로 인해 확실한 지식을 얻지 못한다. 이에 카르네아데스는 지식의 확실성 대신, 진리의 개연성 또는 진리근사치라는 개념을 통해 개연적 지식의 가능성을 제시했다. 그 후 이 개념은 스토아 학파의 비판에 대한 재비판의 성격도 띠면서, 신아카데미 학파의 주된 개념으로 자리 잡았다.

그런데 키케로에 따르면 회의주의의 제1원리인 판단유보는 아낙사고라스, 엠페도클레스, 데모크리토스, 파르메니데스 그리고 크세노파네스 등과 같은 소크라테스 이전의 자연철학자들에게도 발견된다.[55] 회의주의의 또 다른 원리인 이해 불가능성도 구아카데미 학파부터 카르네아데스의 신아카데미 학파에 이르기까지 전 아카데미 학파에서 발견되는 개념이다. 하지만 필론의 뒤를 이어 아카데미의 원장이 된 안티오코스는 선배 철학자들과 달리 회의주의를 포기한 채 그 자신이 스토아주의자가 됨으로써, 아카데미의 회의주의적 학풍에 종지부를 찍었다.[56]

그런데 절대적 신앙주의자인 아우구스티누스의 입장에서 보면, 스토아 학파의 유물론적 독단주의도 문제고 아카데미 학파의 회의주의도 문제라 할 수 있다. 그에게 신은 스토아적인 물질을 뛰어넘어 존재하는 창조자이며, 또한 아카데미 학파에서 말하는 바와 달리 신은 파악 가능하기 때문이다. 하지만 그는 신을 물질과 같다고 보았던 스토아 학파보다는, 진리를 인정하면서도 진리 발견의 가능성에 대해 끊임없는 의문을 제기했던 아카데미 학파가 그리스도교적 신앙주의에 더 위험할 것이라는 전제하에서, 아카데미 회의주의에 대한 비판을 전개했다.[57]

아우구스티누스가 보기에 진리 발견의 문제와 연관해서 아카데미 학파가 가진 문제점은 다음 네 가지로 정리될 수 있다. (1) 아카데미 학파는 인생의 다양한 우여곡절 때문에 진리 발견에 실패했다. (2) 아카데미 학파는 재능의 미비함과 우둔함, 혼미한 인간의 게으름 때문에 진리 발견에 실패했다. (3) 아카데미 학파는 지혜를 발견할 수 있을까라는 절망감 때문에 진리 발견에 실패했다. (4) 아카데미 학파는 스스로 진리를 찾아냈다는 거짓 주장 때문에 진리 발견에 실패했다.[58]

아우구스티누스가 진리의 개연성 개념을 비판할 때 가장 염두에 두었던 것은 아카데미 학파의 이론에 내재된 자기모순성이었다. 사실 아카데미 학파 사람들은 진리 자체는 모르며 진리의 근사치를 따른다고 주장했는데,[59] 아우구스티누스가 보기에 이러한 설명은 자기모순적이었다. 이처럼 아우구스티누스는 아카데미 학파의 이론 속에서 문제점을 찾아내고, 그것에 근거하여 그들의 이론을 공격했다.[60]

아우구스티누스에 따르면 신아카데미 학파는 '진리의 개연성'이나 '진리근사치'를 주장했다. 그런데 그들의 논리가 의미 있으려면 그 개념들에 대한 비교분석이 이루어져야 한다. 이를 위해서는 필연적으로 진리의 개연성이나 진리근사치를 포함하는 '더 큰 범주의 진리'가 전제돼야만 한다. 하지만 신아카데미 학파의 카르네아데스는 더 큰 범주의 진리에 대한 설명을 결여하고 있다. 이런 점에서 아우구스티누스는 신아카데미 학파가 자기모순적인 주장을 펼쳤다고 보았다.[61]

제2권 후반부에서 아우구스티누스는 신아카데미 학파와 카르네아데스를 비판했다. 그는 진리 발견의 가능성을 부정했던 신아카데미 학파를 '그리스발 재앙'이라고 비난하고, 그 학파의 창시자였던 카르네아데스를 진리의 긍정을 기피하기에 아무 말도 할 줄 모르는 사람이라고 맹비난했다.[62] 다음은 이와 연관된 내용들이다.

그(리켄티우스)는 얼마간 침묵을 지키며 골똘히 생각하더니, 나(아우구스티누스)를 향해서 이렇게 말을 이었습니다. 죄송합니다만, 진리가 무엇인지 모르겠다는 사람이 자기는 진리의 근사치를 따른다고 말하는 것보다 더한 모순은 결코 없는 것처럼 보이기도 합니다. … 내가 참으로 아는 그런 것과 비슷한 무엇을 가리켜, 나는 진리의 근사치라고 이름 붙입니다. 그런데 카르네아데스여, 또 다른 그리스발 재앙이여, 그대가 아무도 진리를 알지 못한다고 말할 적에 그대는 무엇에 근거해서 진리의 근사치를 따른다는 말이오? … 하지만 나로서는 카르네아데스 외에 다른 이름을 댈 줄 몰라서 미안합니다. 진리의 긍정을 기피하여 아예 말도 할 줄 모르는 사람과 무슨 토론을 한다는 말입니까? **63**

이렇게 해서 카르네아데스의 진리의 개연성이나 진리근사치라는 개념은 아우구스티누스에 의해 반박되고, 카르네아데스의 회의주의를 옹호해온 리켄티우스마저 자신의 입장을 포기함으로써 제2권은 막을 내리게 된다.

《아카데미아 학파 반박》 제3권: 진리와 지혜는 존재한다 ●

《아카데미아 학파 반박》 제3권에서 아우구스티누스는 자신의 절대적 신앙주의에 근거해서 아카데미 회의주의에 대한 극복 가능성을 펼쳐 보인다. 여기서 그는 진리는 발견 가능하다는 판단하에서, 지혜로운 사람이라면 진리의 파악에 이를 수 있다는 것을 보여주고자 했다.**64** 아카데미 회의주의를 옹호했던 알리피우스마저 자신의 패배를 인정한 가운데, 아우구스티누스는 진리 탐구에 대한 자신의 생각을 명확하게 밝혔다.**65**

아우구스티누스는 진리와 지혜는 존재한다고, 그리고 지혜로운 사람은 그러한 진리를 파악할 수 있는 능력을 지닌다고 생각했다.**66** 이러한 전제에 입각해 그는 아카데미 회의주의가 지닌 한계를 보여주고자 했다.**67**

아카데미 학파의 원리들 중의 하나는 알 수 있다는 것을 부인하는 인식 불가능성의 원리였다. 아카데미 학파가 이 원리를 우선적으로 강조한 이유는 인식 가능성을 강조했던 스토아 학파를 논박하기 위해서였다. 하지만 아우구스티누스는 아카데미 학파의 학문적 문제의식을 도외시한 채, 아카데미 학파의 주장에 내재된 문제점을 노출시키는 데 더 많은 관심을 기울였다. 즉 아카데미 학파는 지혜롭다고 말하면서 동시에 지혜가 무엇인지 모른다고 말하는데, 이는 논리적으로 모순된 주장이라는 것이다. 이처럼 아우구스티누스는 아카데미 회의주의에 내재된 자기모순적인 성격을 비판했다.[68]

하지만 아카데미 회의주의에 이론적 문제가 있다고 해서, 그게 곧 스토아 학파의 유물론적 독단주의에 문제가 없다는 뜻은 아니다.[69] 일찍이 스토아 학파의 제논은 유물론적 독단주의에 근거해서 참된 감각표상이 존재한다고 주장했다. 이에 맞서 아르케실라오스는 아카데미 회의주의에 입각해 그 어떠한 것도 확실하게 파악될 수 없다고 강조했다.[70] 그런데 아우구스티누스는 아카데미 학파보다 스토아 학파를 더 긍정적으로 평가했다. 지식의 가능성을 부정했던 아르케실라오스보다, 지식의 가능성을 인정했던 제논이 더 유의미하다고 판단했기 때문이다.

아르케실라오스와 함께 카르네아데스도 아우구스티누스의 비판으로부터 자유롭지 못했다.《아카데미아 학파 반박》에서 아우구스티누스는 카르네아데스의 회의주의적 논지를 두 가지 명제, 즉 '아무것도 파악할 수 없다'와 '아무것에도 동의해서는 안 된다'로 요약했다. 카르네아데스에 대한 크리시포스의 비판과 연관된 명제, 즉 '너는 네가 사람인지 개미인지 모른다고 할 셈이냐? 그렇지 않았다가는 크리시포스가 너를 두고 개선 행진을 할 텐데'를 인용하면서, 아우구스티누스는 카르네아데스의 회의주의가 가진 문제점을 노출시키고자 했다. 나아가 그는 카르네아데스를 가리켜 회의론이라는 소굴에 사는 반인의 괴물이라는 비난까지 서슴지 않았다.[71] 이처럼 아우구스티누스는 카르네아데스 회의주의에 대한 부정적인 입장을 견지했고, 이는 모두 스토아 학파의 카르네아데스에 대한 비판에 근거하고 있었다.

아우구스티누스는 특이하게도 카르네아데스를 그리스 신화에 등장하는 괴물 인간 카쿠스Cacus에 빗대어 비판하기도 했다. 신화에서 카쿠스는 헤파이스토스의 아들로, 연기와 불꽃을 뿜어내면서 사람을 잡아먹는 무시무시한 괴물이다. 카쿠스는 게리온의 황소 떼를 데려오는 헤라클레스의 열 번째 과업에 끼어들어, 황소들을 몰래 훔쳐 자신의 동굴에 숨겨 두었다가 헤라클레스에게 죽임을 당한다. 아우구스티누스는 왜 이 신화를 언급했던 것일까? 아마도 아우구스티누스는 카쿠스가 헤라클레스에 의해 비극적인 죽음을 맞이했듯이, 카르네아데스가 자신에 의해 논파당할 존재라고 생각했던 듯하다. 또한 아우구스티누스는 카르네아데스를 목졸라 죽이겠다는 악담을 퍼붓기도 한다. 아우구스티누스의 이러한 과도한 악담은 카르네아데스의 회의주의에 대한 그의 정신적 압박감과 연관돼 있었다. 여하튼 아우구스티누스에게 아카데미 회의주의는 스토아 학파의 유물론적 독단주의보다 더 부담스럽고 더 위험한 철학으로 간주됐다.[72]

그리스도교로 개종하고 난 뒤 아우구스티누스는 절대적 신앙주의자가 됐다. 진리 획득을 목표로 했던 아우구스티누스에게 아카데미 회의주의는 가장 세련된 형태의 논적이자 가장 큰 장애물로 간주됐을 것이다. 나아가 아우구스티누스는 그 어떠한 것도 '확실하게 파악할 수 없다'고 주장했던 카르네아데스를 불구대천의 원수로 생각했을 것이다. 아우구스티누스에게 신에 관한 진리와 세계에 대한 지식은 획득 가능한 것이었으며, 허위와 유사하다는 핑계로 진리와 지식의 획득 가능성을 부정하는 것은 어리석은 행위였기 때문이다.[73] 물론 카르네아데스 입장에서 반론도 얼마든지 있을 수 있다. 감각지각의 불확실성에 대한 설득력 있는 이야기도 있고, 사물이 우리의 감각지각에 보이는 것과는 완전히 다르게 존재할 수도 있기 때문이다. 하지만 아우구스티누스는 정신적 영역에서는 어떠한 오류나 속임수도 존재하지 않는다고 강조함으로써, 회의주의자들의 반론을 잠재우고자 했다. 그로 인해 아카데미 회의주의는 정당한 평가를 받지 못한 채 역사 속에 파묻히고 말았다.

아카데미 회의주의에 대한 아우구스티누스의 반발은 강경했다. 그는 '잠들었을 때 보는 것이 이 세상인가?'라는 회의적 반론에 직면해서도, '나에게 보이는 것들을 통틀어 세상이라고 부른다'는 반회의주의적 결론을 고수했다. 나아가 그는 자신에게 이런 명제들이나 앞서 예를 든 저 반립 명제들이 꿈이기 때문에, 광란 중이기 때문에, 감관의 허황함 때문에 거짓일 수 있음을 가르쳐보라며 반문함으로써, 지식 획득의 가능성을 부정할 수 없는 사실로 받아들였다. 하지만 진리와 지식의 획득은 그리 간단한 문제가 아니다. 회의주의자들이 오랜 기간 이 문제에 천착했던 것도 바로 이런 이유 때문이었다. 그럼 아우구스티누스에게 진리와 지식은 어떻게 획득될 수 있는가? 이 문제와 관련해 아우구스티누스는 경험의 세계가 아닌, 수학과 같은 정신적 세계에서의 확실한 지식의 획득 가능성을 주장했다. 그에게 수학적 지식은 전 인류가 잠들어 있을 때도 필연적으로

참인 지식이기 때문이다.[74]

그런데 아우구스티누스는 스토아 학파와 에피쿠로스 학파의 유물론적 독단주의에 대한 아카데미 학파의 비판이 충분하게 수행되지 못했음을 아쉬워하는 발언도 했다. 즉 그는 아카데미 학파에게 그들이 비판하는 감관을 옹호하는 저런 이론을 분쇄할 수 있으면 분쇄해보라고, 자신도 거들겠다고 언급하면서, 원론적인 측면에서는 자신도 유물론적 독단주의를 거부하고 있음을 분명히 했다.[75] 하지만 그는 현실적으로 유물론적 독단주의자들에 대한 회의주의자들의 비판이 성공적이지 못했음을 지적한다. 이렇게 볼 때 그는 스토아 학파와 에피쿠로스 학파의 유물론보다는, 아카데미 학파의 반유물론을 형이상학적으로 더 높이 평가했음을 알 수 있다. 그리고 아카데미 학파의 감각지각 이론을 거부하는 반감각론적 철학과 함께, 스토아 학파와 에피쿠로스 학파의 유물론을 거부하는 반유물론적 철학도 지지하고 있음을 확인할 수 있다.

주지하다시피 아우구스티누스 철학의 중심에는 플라톤주의가 있다. 전통적인 플라톤주의자들은 정신이 신체의 감관을 통해 받아들이는 모든 것이 억견을 낳을 수 있다고 공언하며, 감각지각에 의한 지식 획득의 가능성을 부정했다. 따라서 플라톤주의자들에게 지식은 오성에 의해 포착되고, 감각과는 멀리 떨어져 지성 속에만 살아 있는 것이었다. 나아가 플라톤의 형이상학을 받아들이는 플라톤주의자라면, 그의 인식론 또한 받아들이지 않을 수 없었다. 아우구스티누스 역시 플라톤주의자들 중 한 사람이기에, 플라톤의 인식론을 거부할 리 없다. 그러므로 우리가 찾는 현자가 그들의 무리 속에 끼어 있을지도 모른다고 말하고, 가장 숭고한 이성으로 탐구해야 할 바를 임시적으로 플라톤 학파에게서 찾겠다고 언

급할 때, 그가 항상 가리키고 있는 것은 플라톤주의였다.[76]

플라톤주의자로서 아우구스티누스는 진리와 지식 획득의 문제를 취급하면서 '변증술'이라 불리는 플라톤의 철학적 방법론을 사용했다. 잘 알려져 있듯이 플라톤의 변증술은 존재의 근거를 탐구하고 참된 지식을 연구하는 방법론이었다. 이러한 변증술을 자유자재로 사용할 수 있는 사람이 바로 철학자이자 현자였다. 플라톤이나 아우구스티누스는 철학자가 변증술의 전문가라고 생각했다. 특히 아우구스티누스는 변증술에 의해서 동일률과 모순율이라는 논리학의 원리나 수학적 지식 같은 필연적 지식이 확인된다고 강조했다.[77] 이처럼 아우구스티누스는 플라톤의 변증술을 매개로 하여 확실한 지식에 대한 획득 가능성을 현실화시키고자 했다.

확실한 지식에 대한 획득 가능성의 문제는 '지혜로운 사람'과 '지혜'의 관계에 대한 아우구스티누스의 논의에서도 잘 드러났다. 사실 아카데미 회의주의자들은 지혜로운 사람과 지혜의 관계를 부정적으로 보았다. 즉 그들은 지혜로운 사람이 지혜에 동조하는 걸 거부했다. 만약 그들의 논리대로 지혜로운 사람이 지혜를 소유하지 못한 채 방황한다면, 그는 더 이상 지혜로운 사람이 아닐 것이다.[78] 탁월한 연설가였던 키케로도 자신은 연구하는 사람일 뿐이지 지혜로운 사람은 아니라고 했는데, 이 역시 지혜에 대한 아카데미 회의주의자들의 입장을 반영한 것이다.[79] 하지만 아우구스티누스는 아카데미 회의주의자들 및 키케로와 달리, 지혜는 지혜로운 사람에게 존재할 수 있고 지혜로운 사람이 지혜 자체를 발견할 수 있다고 생각했다.[80] 이렇게 함으로써 그는 회의주의자들의 생각과 달리 확실한 지식을 획득하는 것이 현실적으로 가능하다고 분명히 했다.[81]

《아카데미아 학파 반박》 제3권 후반부에서, 아우구스티누스는 플라톤에서 플로티노스에 이르는 플라톤주의의 계보를 정리했다. 여기서 그는 전형적인 플라톤의 이원론에 근거해 세계를 '가지계'와 '감각계'로 이원화했으며, 가지계에 근거하면 진리가 인식되나 감각계에 근거하면 억견만이 파악된다고 말했다. 따라서 사람들이 가지계가 아닌 감각경험의 세계에서 파악하는 것들은 모두 진리가 아닌 진리근사치와 연관된다고 볼 수 있는 것이다.[82]

아우구스티누스는 제논의 유물론적 독단주의에 대해서도 비판적이었다. 제논은 원래 폴레몬이 이끌던 아카데미 학파의 학생이었으며, 그와 같이 공부한 사람으로는 아르케실라오스가 있었다. 그런데 제논은 아카데미의 학생일 때부터 유물론적 독단주의와 연관된 주장들을 제기했다. 즉 그는 인간의 영혼은 사멸하고, 이 감각적 세계 외에는 아무것도 없으며, 신도 일종의 불이라는 유물론적 독단주의를 주장했던 것이다. 하지만 이러한 주장으로 인해 그는 아카데미 학파의 구성원들과 심각하게 충돌했으며, 그 결과 아카데미를 떠나고 말았다. 제논의 이탈 이후 아카데미 학파는 교육체계를 이원화시켰다. 그리하여 내부 구성원에게는 플라톤 철학의 진수를 모두 가르쳐주었으나, 외부인에게는 플라톤 철학의 진수는 숨겨둔 채 일반적인 것만 가르쳤다. 그 후 아우구스티누스는 아카데미 학파의 이러한 이원적인 교육체계를 긍정적으로 평가했다.[83]

폴레몬 사후에 아르케실라오스는 아카데미 학파의 원장이 됐고, 제논은 아카데미를 떠나 스토아 학파를 만들었다. 그런데 아우구스티누스는 그런 제논에 대해 문제를 제기하면서, 그가 자기 입장에 매우 강경했으며 물체들에 관한 위험한 믿음을 가지고 있었다고 비판했다. 그 후 제논의 철학은 크리시포스가 계승했고, 아르케실라오스의 회의주의는 카르네아데스가 계승했는데, 아르케실라오스와 제논의 논쟁은 카르네아데스와 크리시포스의 논쟁으로 이어졌다. 그런데 카르네아데스는 아르케실라오스가 제논을 비판했던 것보다 더 강경한 태도로 크리시포스를 비판했다.[84] 이처럼 아카데미 학파의 스토아 학파에 대한 비판은 상상 이상으로 가혹하게 전개됐다.

카르네아데스와 크리시포스 사이에는 비판과 재비판의 과정이 반복됐다. 그러한 과정의 중심에는 행위와 실천의 문제가 있었다. 크리시포스 입장에서 보면, 카르네아데스와 같이 회의주의적 입장만을 고수하면 인간 행위의 문제는 결코 해결될 수 없다. 하지만 카르네아데스 입장에서 보면, 크리시포스의 비판은 개연적인 지식 개념에 근거하면 해결될 수 있었다. 물론 이러한 해결 방법은 판단유보의 원리를 유보시켜야만 하는 부담이 있었다. 그럼에도 불구하고 그는 그러한 부담을 감수하면서까지 아카데미 회의주의의 아킬레스건이었던 행위 불가의 문제를 해결하길 원했다. 이 문제가 해결되지 않고서는 아카데미 회의주의의 정체성을 확립할 수 없다고 판단했기 때문이다.

그런데 여기서 아우구스티누스는 카르네아데스가 하나의 전제를 가지고 있음을 지적했다. 카르네아데스는 개연적인 지식을 매개로 행위 불가의 문제를 해결하려 했지만, 그가 강조했던 '개연적 지식'에는 이미 '지식' 또는 '진리'의 개념이 전제되어 있었던 것이다. 만약 진리와 지식이 전제되지 않았다면, 개연적인 지식이나 진리의 근사치라는 말도 무의미할 것이기 때문이다. 즉 진리 자체가 무엇인지 모른다면, 무엇이 진리의 근사치인지도 말할 수 없는 것이다. 그런데 아우구스티누스의 이러한 언급에는 카르네아데스에 대한 긍정적인 평가도 내재되어 있다고 할 수 있다. 이는 아우구스티누스가 아카데미 회의주의자들도 진리를 알고 허위가 무엇인지 수긍하고 있었다고 평가했다는 의미이기 때문이다.

하지만 카르네아데스의 회의주의에 대한 아우구스티누스의 평가는 부정적이고 불만족스러웠다. 그럼 아우구스티누스는 왜 카르네아데스의 회의주의에 대해 불만족스러워 했을까? 아마도 그것은 회의주의자인 카르네아데스가 독단주의자인 크리시포스와의 논전에 너무나 많은 에너지를 소비하는 과정에서, 정말 중요하게 천착되어야 할 진리와 지식의 문제에 소홀하거나 무관심했기 때문일 것이다. 즉 카르네아데스는 힐문하고 비웃는 사람들이 그러지 못하게 아예 차단해버리는 데만 골몰했기 때문에, 철학자로서 정말 중요하게 탐구해야 할 진리와 지식의 문제를 등한시했다는 것이다. 그 결과 카르네아데스는 아우구스티누스로부터 긍정적인 평가를 받지 못했다.

서구 회의주의 철학사에서 카르네아데스는 제3아카데미 학파의 창시자이자 지도자로 불렸다. 그가 세상을 떠나고 난 뒤 신아카데미 학파의 회의주의는 라리사의 필론에게 전해졌고, 필론의 회의주의는 아스칼론의 안티오코스에게 전해졌다. 그런데 안티오코스는 아카데미 학파의 수장이었음에도 불구하고 스토아 학파의 영향을 강하게 받아, 결국 아카데미 회의주의를 버리고 스토아주의자로 변신했다. 그 결과 200년간 지속됐던 아카데미 회의주의는 막을 내렸다. 그 뒤 안티오코스는 아르케실라오스와 카르네아데스로 대표돼온 아카데미 회의주의에 역행하여 '구아카데미 학파'로 회귀하고 말았다. 이렇게 볼 때 그는 스토아 학파의 잔재로부터 어떤 못된 요소를 끌고 들어와, 플라톤의 지성소를 유린했던 반아카데미적 인물이었다. 오죽했으면 아우구스티누스조차 안티오코스를 가리켜 '플라톤 학파의 검붉'이라고까지 표현했을까? 어쨌든 아카데미 회의주의는 안티오코스에 의해서 종언을 고하게 됐다.

안티오코스가 아카데미를 스토아 학파의 유물론으로 물들이자, 스승이었던 필론이 강하게 반발했다. 필론은 회의주의라는 무기를 들고서 죽을 때까지 안티오코스에게 저항했고, 아카데미 회의주의의 부흥을 위해서 고군분투했다. 한 번 엎질러진 물을 다시 담기 어렵듯이, 독단주의로 기울던 아카데미는 이전의 회의주의 시기로 돌아갈 수 없었다. 필론이 이루지 못했던 일을 로마 시대의 키케로가 이어서 했다. 그는 아카데미 회의주의에 산재되어 있던 '안티오쿠스의 잔재'를 완전히 제거하고자 했다. 그런데 어두운 구름이 걷히면 밝은 태양이 드러나듯이, 아카데미 학파에서 스토아 학파의 유물론적 독단주의가 제거되자, 참된 플라톤 철학자라 불렸던 플로티노스의 '신플라톤주의'가 등장했다.[85]

앞에서도 언급했듯이, 교부철학자 아우구스티누스에게 제1의 관심사는 그리스도교적 신앙주의였지, 아카데미적 회의주의는 아니었다. 그러므로 그는 만약 회의주의가 신앙주의의 장애나 방해물이 된다면, 회의주의를 과감하게 논파해야 한다고 생각했다. 신앙주의자였던 그에게는 진리가 존재하며, 그러한 진리는 우리의 사유에 의해 획득 가능했기 때문이다. 진리는 신앙에 근거해야 하고, 신앙은 진리를 통해 드러난다. 그는 이것을 권위와 이성이라는 쌍둥이가 균형을 이룬다고 표현하기도 했다.[86]

그런데 아우구스티누스는 그의 전체 사유에서 철학적 방법론으로서 회의주의를 긍정적으로 보고 있었다. 왜냐하면 자아와 영혼의 내면에 대한 아우구스티누스의 탐구에 회의주의적 방법론은 다양하게 내재되어 있었기 때문이다. 즉 그는 회의주의적 방법론을 통해 자아와 영혼의 내면을 탐구하고, 내면의 심층부에 대한 탐구를 통해 창조주 신을 만나고자 했던 것이다. 이런 점에서 볼 때 아우구스티누스에게 회의주의는 신앙주의와 모순되는 무의미한 도구가 아니라, 오히려 신앙주의를 강화시켜주는 유용한 장치로도 기능할 수 있었다. 이 점은 몽테뉴의 회의주의를 다루는 다음 장에서 본격적으로 논의될 것이다.

몽테뉴로 들어가기 전에, 우리는 아우구스티누스의《재론고》에서 회의주의가 신앙주의를 강화시키는 장치로 활용될 수 있는 가능성을 확인해야 한다.《재론고》는 아우구스티누스가《아카데미아 학파 반박》을 집필하고 난 뒤 약 40년 후에 쓴 책인데, 그는 이 책을 집필하고 난 뒤 얼마 지나지 않아 죽음을 맞이한다.《아카데미아 학파 반박》이 30대의 혈기 왕성한 철학자였던 아우구스티누스가 절대적 신앙주의의 관점에서 회의주의를 비판하는 데 초점을 맞춘 책이라면,《재론고》는 그때로부터 약 40년이 지난 인생의 황혼기에 과거 자신이 썼던 글을 수정하여 만든 책이다. 특히《재론고》제1권에서 그는 이전과는 다른 관점으로 회의주의를 언급했는데, 우리는 바로 이 부분에 주목해야 한다. 여기서 아우구스티누스는《아카데미아 학파 반박》에 존재했던 오류 일부를 바로잡았다. 먼저 《아카데미아 학파 반박》에 나오는 다음 구절을 살펴보자.

> 아카데미아 학파 사람들은 진리를 알고 있었고, 그에 비추어 허위라는 것이 무엇인지 수긍하고 있었던 것이다. 그들은 허위에서 참된 사물들의 그럴듯한 모상을 감지해내고 있었던 것이다. 그러나 이것을 속된 인간에게 입증하는 일은 쉽지 않을 뿐더러 도리에 맞지도 않으므로 그들은 그런 과제를 후대 사람들에게 남겨 놓았으며, 당대에 살던 사람들에게는 자기들 사상에 대해서 아는 데까지

모종의 기호를 남겼을 따름이다.[87]

그런데 아우구스티누스는 《재론고》에서 이 구절을 다음 구절로 바꾸었다.

아카데미아 학파는 실제로 아무것도 승인하지 않으며 현자는 아무것도 승인하지 않는다고 가르치지만, 나는 아카데미아 학파 스스로가 진리의 근사치라고 부르는 그 허위를 승인한다고 암시했다. 그들은 이를 진리의 근사치 또는 개연적인 것이라 부르기 때문에, 내가 이렇게 말했던 것이다. **"내가 플라톤을 기리고 플라톤 학파 혹은 아카데미아 학파 철학자들을 기리던 칭송"**은 대단했는데, 그들이 불경스러운 사람들은 아니었던 까닭이다. 하지만 그들의 엄청난 오류에 대항해서 내가 그리스도교를 옹호해야 한다는 사실에 비추어 보면, 내가 바친 칭송이 내 마음에 들지 않는다는 건 괜한 말이 아니다.[88]

이처럼 아우구스티누스는 과거에 자신이 아카데미 회의주의자들에 대해서 가졌던 적대적인 태도를 완전히 누그러뜨려, 그들의 입장을 이해하려는 친밀한 태도를 선보였다. 아우구스티누스의 이러한 태도는 그를 반회의주의자로 단정 지었던 일반적인 해석에서 벗어나, 그가 반회의주의자인 동시에, '새로운 형태의 회의주의자'[89] 또는 내적 자아에 대한 사유 실험으로서 회의주의를 탐구했던 철학자[90]였다는 새로운 시각을 제공해 주기에 충분하다.

의외로 온건했던 아우구스티누스의 비판　●

그리스도교적 신앙주의자였던 아우구스티누스에게 회의주의는 평생의 골칫거리였다. 사망하기 몇 년 전에 집필된《재론고》에서 그는 반그리스도교적인 철학자들에 우호적인 태도를 보이면서, 그동안 회의주의를 적대시했던 것에 대한 자기반성을 드러냈다. 그의 이러한 태도는 회의주의가 평생의 걱정거리였다는 점을 방증하기에 충분하다. 그리스도교로 개종하고 난 이후부터 시작된 회의주의에 대한 고민은 아우구스티누스가 임종을 맞이하기 전까지도 계속됐던 것으로 보인다.[91]

　아무튼 문제는 해결되어야 하고, 골칫거리는 풀려야 하는 법이다. 그리스도교로 개종하고 난 뒤 아우구스티누스는 신앙주의적 관점에서 아카데미 회의주의를 효과적으로 견제할 수 있는 대응 논리를 찾는 데 골몰했다. 그는 키케로의《아카데미카Academica》에 제시된 논쟁을 통해, 카르네아데스를 비롯한 아카데미 회의주의 학파에 대해 정확히 파악하고 있었던 것으로 보인다. 하지만 그는 지식의 확실성을 유보한 채 개연성만으로 만족했던 아카데미 회의주의자들에게 만족할 수 없었다. 그에게 지식의 확실성은 신앙주의의 토대였기 때문이다. 그는 진리의 존재와 지식의 확실성을 전제한 채, 그것들을 획득하는 문제에 집중했다. 이처럼 아우구스티누스는 절대적 신앙주의하에서 회의주의를 이해하고 평가하는 데 주력했다.

　사실《아카데미아 학파 반박》에서 아우구스티누스의 목표[92]는 아카데미 회의주의에 맞서 궁극적인 진리와 행복을 획득하는 것이었다.[93] 그런데 여기서 간과되지 말아야 할 것은 아우구스티누스가 진리와 행복을 추구하는 과정에서 아카데미 회의주의자들에 대한 우호적인 태도를 견지했다는 것이다. 아우구스티누스가 보기에 아카데미 회의주의자들은 일반적인 회의주의자와는 달랐다. 일반적인 회의주의자들이 회의주의 자체를 참된 철학으로 알고 곧이곧대로 믿었던 데 반해, 아카데미 회의주의자들은 겉으로는 회의주의자처럼 보였으나 실제로는 플라톤의 형이상학을 비밀리에 전수받았던 플라톤주의자였기 때문이다.[94]

아우구스티누스는 키케로의 말을 통해 아카데미 회의주의자들이 플라톤주의자임을 확인했다. 키케로에 따르면 아카데미 회의주의자들은 자신의 사상을 비밀로 숨기는 관습이 있었고, 노경에 이르기까지 함께 산 사람이 아니면 그 사상을 공개하지 않는 것이 관례였다.[95] 이런 증언들로 미루어 아우구스티누스는 아카데미 회의주의에 내재된 두 가지 철학적 경향성, 즉 일반적인 의미에서 파악될 수 있는 회의주의와 그 이면에 감춰진 채 계승되어온 전통적인 플라톤주의를 읽어낼 수 있었다.

아우구스티누스는 아카데미 회의주의자들이 스토아 학파 및 에피쿠로스 학파의 유물론적 독단주의에 맞서 반유물론적·반독단주의적 철학을 전개했다는 것을 잘 알고 있었다. 그리고 그들의 그러한 노력에 대해 철학적 의미를 부여하기도 했다. 물론 그 노력이 만족스러운 수준은 아니었다. 하지만 그는 아카데미 회의주의자들이 플라톤의 반유물론적 형이상학을 온전하게 보존하고자 노력했다는 것을 높이 평가했다. 어떻게 보면 아우구스티누스 역시 플라톤주의자들 중 한 사람이었기에, 독단적 유물론에 저항하는 것은 당연한 태도라고 할 수 있다. 황설중도 아우구스티누스가 저술한 《아카데미아 학파 반박》은 신아카데미 학파조차 아카데미 학풍을 계승했다고 보고, 플라톤주의를 연속하는 관점에서 해석하려는

그의 독특한 시각에 기반한다고 주장했다.[96]

　이렇게 볼 때 아카데미 회의주의에 대한 아우구스티누스의 비판은 일반적으로 알려져 있는 바와 달리 그렇게 가혹하게 진행되지는 않았다. 그는 회의주의를 수용할지 말지 고민하고 있는 사람들에게는 회의주의와 다른 철학적 대안을 제시하고자 했으며, 회의주의를 극단적으로 수용한 사람들에게는 회의주의에 맞설 수 있는 또 다른 철학적 대응 논리를 제시하고자 했다.[97] 사실 아우구스티누스의 모골이 송연해질 정도로 가혹한 비판은 도나투스파와 펠라기우스파를 비롯한 그리스도교 이단들에게 가해졌다. 신학적 논쟁과 연관해 그가 그리스도교 이단자들에게 가했던 극단적인 비판들과 비교해볼 때, 아카데미 회의주의자들에 대한 비판은 오히려 온건한 성격을 띤다고도 할 수 있다.

인식론적 비판과 도덕철학적 비판　　　　　　　　●

아우구스티누스는 아카데미 회의주의에 대해, 회의론자들의 경박한 포로가 되어서는 안 된다며, 혹은 회의론이 느슨한 윤리적 행동을 불러일으키기 쉽다며 비판했다.[98] 아카데미 회의주의에 대한 그의 비판은 두 가지 차원에서 이해될 수 있다. 하나는 인식론적 차원에서의 비판이고, 다른 하나는 도덕철학적 차원에서의 비판이다.

　《아카데미아 학파 반박》에 나타난 아우구스티누스의 인식론적 비판은 키케로의 《아카데미카》에 제시된 회의주의적 논쟁들에 대한 직접적인 논평이다.[99] 여기서 아우구스티누스는 아카데미 회의주의에 맞서 인간 행복의 전제조건인 신과 진리에 대한 탐구를 주장한다. 물론 그러한 탐구 과정에서 사람들은 절망하고 실패하기 마련이다. 하지만 지속적으로 신과 진리를 추구하다 보면, 그에 대한 확실한 지식을 얻을 수 있다는 것이 그의 생각이었다.[100] 아우구스티누스는 지식의 확실성을 의심했던 아카데미 회의주의에 맞서, 진리 획득의 가능성을 보여줬다. 이것이 바로 아카데미 회의주의에 대한 인식론적 비판의 핵심이었다.[101] 다음은 아우구스티누스의 언급이다.

나는 저 전체를 세계라고 부르는 바다. 그것이 어떤 것이든지 간에 우리를 품고 우리는 키우는 그것, 내가 말하거니와 내 눈에 나타나고 나에게 지각되는 그것, 땅과 하늘을 갖추고 있다고 혹은 적어도 땅 비슷하고 하늘 비슷한 것을 갖추고 있다고 나에게 지각되는 그것을 나는 세계라고 부른다. 그대가 실제로 나에게 아무것도 보이는 것이 아니라고 말하더라도, 나는 조금도 오류를 범하지 않을 것이다. 오류를 범하는 것은 자기에게 보이는 것이 보이는 그대로 존재한다고 여겨 함부로 동의하는 그 부분이다. … 우리가 아무것도 알지 못할뿐더러 아예 아무것도 우리에게 보이지 않는다면, 지금 하는 토론의 온갖 명분이 아예 제거되는 셈이요, 당신들은 완벽하게 군림할 만하다. 그런데 나에게 나타나는 저것이 세계라는 사실을 그대가 부인한다면, 나는 그것을 세계라 명명하노라고 말한 이상, 그대는 '세계'라는 용어에 관해서 토론을 제기하는 셈이다. 그러면 그대는 이런 의문을 제기할 것이다. '당신이 잠들었을 때에도 그대가 보는 것이 이 세상인가?' 이미 말했지만, 무엇이든지 나에게 보이는 그것을 통틀어 나는 세상이라고 부르고 있다.[102]

또한 아카데미 회의주의에 대한 도덕철학적 차원에서의 비판이 있다. 아우구스티누스에게 이 비판은 인식론적 차원에서의 비판보다 더 중요하고 의미 있었다. 주지하다시피 아우구스티누스에게 가장 유의미한 것은 존재의 근거인 신과 진리였다.[103] 하지만 아우구스티누스가 보기에 아카데미 회의주의자들은 존재의 근거인 신도 믿지 않았고, 지식의 확실성도 의심했다. 이런 점에서 아우구스티누스는 아카데미 회의주의가 존재의 근거인 신과 진리로의 여정에 방해가 되는 철학이라고 보았다. 이것이 아카데미 회의주의에 대한 아우구스티누스의 도덕철학적 비판의 핵심이었다.

아우구스티누스가 아카데미 회의주의자들을 비판한 데는 신앙주의적 이유도 있었다. 아카데미 회의주의자들에게는 존재의 근거인 신을 만나고 확실한 진리를 얻고자 하는 노력이 없다는 것이다. 신과 진리를 이해하려는 노력이 없다는 것은, 결국 신앙주의의 근거인 신과의 조우 자체가 없다는 뜻이기도 하다. 만약 아카데미 회의주의처럼 신과 진리에 대한 확실한 지식을 거부한 채 이해 불가능성과 판단유보의 원리에만 집착한다면, 사람들은 삶의 불행으로부터 벗어날 수 없을 것이다. 이런 점에서 아우구스티누스는 아카데미 회의주의가 인간의 행복을 보장하지 못하는 불완전한 철학이라고 단정 지었던 것이다.[104]

자네는 여태 나한테까지도 내가 생각하는 그 무엇도 확실해 보이지 않고, 확실한 것을 탐구하는 일조차 방해받고 있다는 사실을 모르는가? 그게 다 아카데미아 학파의 논지와 논쟁들 때문이라네. 나는 그 사람들이 어떻게 해서 인간이 진리를 발견할 수 없다는 데 모종의 개연성—아직은 그들의 용어에서 거리를 둘 생각이 없네—이 있다는 생각을 내 머리에 주입시켰는지 모르겠네. 그래서 나는 게을러지고 그러저러한 표지에 영향을 받아서, 가장 명민하고 가장 박학한 인물들에게서도 진리가 발견될 수 없다는 생각에 그것을 탐구할 엄두도 내지 못했다네. 진리는 발견될 수 있다고 나 자신에게 먼저 강력하게 설득하지 못한다면—저 사람들은 자기들이 진리를 발견할 수 없다는 신념을 남들에게 불어넣었네—나는 감히 진리를 탐구할 엄두를 내지 못할 테고, 따라서 옹호할 무엇도 전혀 지니지 못할 것일세. 그러니 자네의 힐문일랑 우선 취소해주게.[105]

그럼에도 아우구스티누스를 회의주의자라 할 수 있는가? ●

아우구스티누스는 아카데미 회의주의가 단순한 하나의 가설이 아니라 진짜배기 철학의 문제라 생각했다. 그가 언급한 아카데미 회의주의와 관련한 여러 문제는 진리의 탐구가 얼마나 힘든 작업인지를 잘 보여주는 사례라 할 수 있다.[106]

그럼 아우구스티누스의 반회의주의적인 비판 속에서, 우리는 어떤 회의주의적 요소를 발견할 수 있을까? 그것은 아우구스티누스의 '코기토 Cogito'에 대한 탐구에서 찾을 수 있다. 먼저 아우구스티누스는 코기토가 철학적 탐구를 위한 주제들 중에서 가장 중요한 것이라고 언급했다. 그런데 이러한 코기토로 가는 길을 만들어주는 것은 회의주의다. 즉 회의주의가 코기토로 가는 길을 열어주는 관문이자 통로인 것이다.[107] 아우구스티누스는 회의주의가 가진 유용성을 인정했고, 그 결과 회의주의는 오히려 그에 의해서 더욱 풍부해졌다.[108] 근대철학의 아버지인 데카르트 역시 아우구스티누스가 남긴 회의주의적 방법론의 영향하에서 주체성의 철학을 완성할 수 있었다.[109] 이렇게 볼 때 아우구스티누스는 한편으로 아카데미 회의주의의 문제점을 비판하면서도, 다른 한편으로 자신의 코기토 탐구에 회의주의적 방법론을 수용했다고 볼 수 있다.[110]

아우구스티누스는 회의주의의 철학적 유용성을 충분히 인식하고 있었음에도, 그 자신이 절대적 신앙주의를 지향하고 있었기에 회의주의를 비판하면서 스스로 신앙주의자로 자리매김했다. 그래서 황설중은 아우구스티누스의 신앙주의에 대해 이렇게 평가했다. 아우구스티누스는 예수 그리스도를 항상 염두에 두고 있었기에, 순수한 지식론의 지평에서 아그리파와의 정면대결은 연기되거나 혹은 암시적인 데에 그친다는 것이다.[111] 회의주의를 초월하는 신앙주의에 대한 아우구스티누스의 언급은 '나는 오류를 범한다, 그렇기에 나는 존재한다'라는 명제를 통해 표현되기도 했다.[112] 이 명제 속에서 그는 회의주의를 넘어서는 인간 존재의 실존적 확실성을 보여주고자 했다. 즉 인간이라는 존재는 수많은 오류에 노출된 유한한 존재이지만, 오히려 그러한 유한성으로 인해 자신의 실존적 확실성을 얻을 수 있는 것이다.

우리는 존재하고, 우리가 존재함을 인식하며, 존재하고 인식함을 사랑한다. 내가 말한 이 셋 중에서 참된 것과 유사한 허위가 있어서 우리를 혼란스럽게 하는 일은 없다. 이것들은 밖에 있는 사물들과 달라서, 어떤 감관으로도 접할 수 없다. 바깥 사물은 색깔을 보고 소리를 듣고 냄새를 맡고 맛을 보고 단단한 것과 부드러운 것을 만져서 지각한다. 그런데 이렇게 지각하는 감각적 사물들의 모상마저, 그 사물들과 아주 유사하면서도 더는 물질적이지 않아서 우리는 사유로 고찰하고 기억으로 가직하며, 모상을 통해 그 사물들 자체에 대한 욕망을 품게 된다. 그렇지만 내가 존재하고 내가 인식하고 또 그것을 사랑한다는 것은 나에게 더없이 확실하며, 여하한 상상이나 표상의 모형에 의해 우롱당하는 일이 없다. 이런 진리 앞에서 아카데미아 학파의 논리, "만일 그대가 속는다면 어떻게 할 것인가?"라고 묻는 논리는 아무 소용이 없다. 내가 속는다면, 나는 존재한다! 존재하지 않는 자는 속을 수도 없기 때문이다. 그래서 내가 속는다면, 나는 존재하는 것이다. 내가 속을 때에 내가 존재한다는 것이 확실한데, 내가 존재한다고 가정하면서 어떻게 내가 속을 수 있겠는가? 만일 내가 속는다면 비록 속더라도 나는 존재하는데, 내가 존재한다는 사실을 아는 지식에는 내가 속지 않는다는 것은 의심의 여지가 없다. 그러므로 결론적으로 내가 인식함을 내가 안다는 그 점에서 나는 속지 않는다.[113]

철학자로서 아우구스티누스는 회의주의가 코기토, 즉 내면적 자아를 탐구하는 데 가장 적절하면서도 효율적인 도구라는 것을 잘 알고 있었다. 하지만 그는 그것을 철학의 보편적인 방법론으로 확장하지 않았고, 지식의 확실성을 획득하기 위한 장치로 설정하지도 않았다. 이런 점에서 그는 '지식의 확실성'과 '방법론적 회의'를 강조했던 데카르트와는 많이 달랐다.

어떤 사물의 실체가 모른 채 남아 있는 한, 무슨 사물이 알려져 있다는 말은 옳지 않다. 그러니까 지성이 자기를 아는 한 자기의 실체를 아는 것이다. 지성이 자기에 대해서 확실하게 안다면, 자기 실체에 대해서 확실하게 아는 것이다. 앞서 말한 것들을 두고 확신을 품고 있으므로, 지성 자체에 대해서도 확실하다. 그런데 지성이 공기인지 물인지는 전혀 확실하지 않고, 어떤 물체인지 물체의 무엇인지도 전혀 확실하지 않다. 그러나 〈지성이〉 그 가운데 어떤 것은 아니다. 따라서 자신을 알라고 명하는 내용 전부가 다음 말로 귀결된다: 한 가지는 확실해야 하겠으니, 지성이 어떤 것들을 두고 불확실해 한다면, 지성은 결코 그중 어느 것도 아니다! 그리고 지성은 바로 이것만 확실하게 해야겠으니, 유일하게 지성 스스로 확실해 하는 바로 그것만 지성이다! 〈지성이 자기가〉 불이려니 생각할 때는, 〈지성이 자기가〉 공기려니 하고 생각하는 바와 똑같은 〈비중을 두어〉 생각하고 있으며, 그 밖에 물체의 어떤 것이려니 생각할 때도 마찬가지다. 그러므로 지성이 '자기는 이것이다'라고 하는 생각과 '자기는 이것이 아니다'라고 하는 생각을 똑같은 〈비중으로〉 한다는 것은 절대로 있을 수 없다. 지성이 자기가 불이든지 공기든지 이러저러한 물체든지, 아니면 물체의 부분이든지, 또 그렇지 않고 물체의 조화나 집합이든지라고 생각할 때, 지성이 생각하는 것은 모두 표상적 사상을 가지고 생각하는 것이다. 설령 〈지성이 한꺼번에〉 이것들 전부라고는 하지 않고 그 가운데 하나라고 생각하더라도, 여타의 것들과는 다르게 생각할 것이다. 다시 말해서 신체의 감각으로 접촉해본 적이 있으나 그 자리에 부재하는 사물들을 생각하는 경우처럼―바로 그런 사물들을 생각하든, 같은 종류의 다른 사물들을 생각하든 마찬가지다―상상적 허구를 동원하여 생각하지는 않을 것이다. 〈지성이 자기를 생각하는 경우에는〉 보다 내면적인 어떤 현존에 입각하여, 가상적이 아니고 참된 현존에 입각하여―지성에는 지성 자체보다 더 현존하는 것이 아무것도 없는 까닭이다―〈자기를〉 생각할 것이다. 〈지성이〉 자기가 살아 있다고, 기억한다고, 이해한다고, 자기가 바라고 있다고 생각할 때처럼 말이다. 지성은 이것들을 자기 안에서 인식하며, 자기가 접촉하는 물체들처럼 자기 외부에서 감관으로 접촉할 무엇처럼 상상하지 않는다. 〈지성이 자기에 대해서 갖는 사유가〉 이런 사물들에 관한 사유에서 무엇을 끌어다 자기에게 붙이는 일이 없을 경우, 〈그렇게 갖다 붙이고서는〉 지성이 이런저런 사물이라고 생각하는 일이 없을 경우, 그렇게 하고서도 지성에 대해서 남는 무엇이 있다면, 바로 그것만이 지성 자체다.[114]

아우구스티누스에게 마음은 매개물 없이 직접 자기 자신을 인식하며, 마찬가지 방식으로 자신이 존재하며 살아 있다고 인식한다. 마음은 또한 자신이 행복해지고 실수하지 않기를 원한다는 것을 안다.[115] 그는 회의주의를 통해 이러한 '마음' 즉 '내면적 자아'를 획득하고자 했다. 그리고 그는 회의주의를 통해 마음으로 개별자 자신의 실존에 대한 내면적 지식을 발견하기를 목표로 삼았다.[116] 여기서 우리는 그가 사용하는 '회의주의' 개념을 일반적으로 사용되는 회의주의 개념과 구별할 필요가 있다. 일반적인 회의주의적 방법론이 자기 논증을 정당화하는 논리적·합리적 도구인 데 비해, 아우구스티누스가 강조한 회의주의적 방법론은 내면적 자아를 발견하기 위한 심리적·경험적 도구이기 때문이다.[117]

사실 아우구스티누스에게 회의주의는 내면적 자아를 탐구할 수 있게 해준다. 그는 스스로에게 '당신은 누구인가?'라는 질문을 던지고, 자신이 '하나의 인간' 즉 외면적인 육체와 내면적인 영혼으로 이루어진 인간이라는 답을 제시하여 우리에게 깨달음을 준다.[118] 또한 밖으로 나가지 말고 자신에게로 돌아오라는, 진리가 거하는 곳은 내적 자아에 있다는 그의 언급은 내면적 자아에 대한 탐구의 중요성을 일깨우기에 충분하다.[119] 이처럼 아우구스티누스는 내면적 자아에 대한 탐구에서 회의주의가 가장 중요한 도구가 될 수 있는 가능성을 보여줬다.[120]

아우구스티누스는 공존과 조화의 관점에서 철학과 종교, 이성과 신앙, 그리고 지성과 믿음을 바라봤다. 그에게는 진리를 탐구하는 두 가지 방식, 즉 지성을 토대로 한 방식과 믿음의 권위를 토대로 한 방식이 조화롭게 공존했던 것이다.[121] 그는 신앙주의에 근거해 신적 은총을 강조하면서도, 회의주의에 근거해 신에 대한 회의주의적 질문을 강조했다. 그러한 탐구를 통해 그는 마음으로 개별자 자신의 실존에 대한 내면적 지식을 발견하기를 목표로 했으며,[122] 자신이 신과 만나는 공간이 영혼의 심연, 즉 자아의 내면임을 깨달았다. 자아에 대한 탐구를 통해 그는 깊이 있는 모든 사상가와 신비주의자에게 공통되는 내면주의뿐만 아니라, 철학적 내면주의, 좀 더 정확하게 말하자면 플라톤적인 내면주의를 발견할 수 있었다.[123] 이처럼 아우구스티누스는 회의주의를 매개로 하여 내면적 자아로 진입할 수 있었고, 내면적 자아에서 존재의 근원인 신을 만날 수 있었다.[124]

정리하면 아우구스티누스는 그리스도교적 신앙주의를 수용하면서, 아카데미 회의주의에 대한 철학적 탐구의 필요성을 느끼게 됐다. 아카데미 회의주의에 대한 분석과 비판이 그의 첫 번째 저작의 주제가 된 것은 우연이 아니었다. 하지만 그러한 비판으로 그의 사상에서 아카데미 회의주의가 완전히 사라진 것은 아니었다. 오히려 아카데미 회의주의는 아우구스티누스의 평생의 골칫거리였다. 물론 아카데미 회의주의에 대한 그의 비판이 고대 회의주의 전체에 대한 비판은 아니었다. 거기에는 피론주의가 빠져 있었기 때문이다. 이런 점에서 회의주의에 대한 아우구스티누스의 비판은 반쪽짜리였다고도 할 수 있다. 그럼에도 아우구스티누스가 회의주의를 매개로 하여 인간의 마음을 탐구했다는 것은 주목할 만하다. 즉 회의주의는 아우구스티누스에 의해 인간 자아를 탐구하는 철학적 방법론으로 확고하게 자리를 잡게 된 것이다.[125]

회의주의는 신앙주의와 융합 불가능한가? ●

그리스도교로 개종하고 난 후 아우구스티누스는 신앙주의가 회의주의와 융합될 수 없다는 것을 깨닫고, 곧바로 회의주의를 비판하는 데 집중했다. 그런데 그의 다른 신학 저작들과 달리,《아카데미아 학파 반박》에서는 신앙주의적 색깔이 거의 드러나지 않았다.[126] 그런데《아카데미아 학파 반박》과 거의 비슷한 시기에 집필된《서간 1: 헤르모게니아누스에게》[127]에서, 아우구스티누스는《아카데미아 학파 반박》에서 언급된 회의주의와 다른 목소리를 내고 있다.[128]

첫째, 아우구스티누스는《서간 1》에서 "설령 장난으로라도, 아카데미아 학파를 감히 공박하는 일은 결코 안 하겠습니다"라는 놀라운 언급을 한다. 이는 그가 아카데미 회의주의를 항상 부정적으로만 평가했던 것이 아니라 긍정적으로도 인식했음을 확인시켜준다.

둘째, 그는 자신이 회의주의자들을 공격하기보다 차라리 힘껏 그들을 본받아왔다고 고백하는데, 이 또한 그가 아카데미 회의주의자들을 높게 평가하고 있었다는 방증이다. 사실 아우구스티누스가 보기에 아카데미 회의주의자들은 모두 스토아 학파나 에피쿠로스 학파와 같은 유물론적 독단주의자들에 맞서 싸운 용감한 철학자였다. 아울러 그들은 자신도 긍정적으로 보고 있던 플라톤의 진리를 비밀스럽게 보존해오기도 했다. 그리하여 그는 자신이 철학자라곤 눈을 씻고 찾아봐도 없는 곳에 홀로 버려져 절망하고 있을 때, 아카데미 회의주의자들이 간직해왔던 플라톤 철학에 기대어 진리를 발견할 수 있다는 희망을 가질 수 있었다고 고백한 것이다.[129]

셋째, 아우구스티누스는 진리 탐구의 과정에서 심각한 좌절감을 경험했다. 하지만 그는 아카데미 회의주의가 전해준 플라톤 철학의 도움을 받아 좌절감을 극복했으며, 궁극적인 인간의 행복까지도 찾을 수 있었다. 즉 그는 아카데미 학파가 전해준 플라톤의 진리에 힘입어, 정신의 자양분인 철학의 젖가슴으로부터 자신을 억지로 떼어놓은 족쇄에서 벗어나 비로소 해방된 기쁨을 맛볼 수 있었던 것이다.[130]

하지만 아우구스티누스에게 진정한 자유의 원천은 신앙주의였다. 그는 《서간 1》을 집필하고 나서 약 34년 후에 집필된 《신앙핸드북 Enchiridion》에서,[131] "의인은 믿음으로 살리라"[132]라는 사도 바울Paul the Apostle의 말을 듣고 깨달음을 얻어 회의주의로부터 벗어날 수 있었다고 고백한다.[133] 또한 그는 바울 신학에 근거해 인간이 의롭다고 인정받기 위해서는 신(하느님)의 자유로운 선택에 의한 은총이 필요하다고 강조하여,[134] 인간의 진정한 마음의 평화는 회의주의가 아닌 신앙주의에 있음을 밝힌다. 이처럼 아우구스티누스는 신앙주의가 회의주의를 능가하는 최고의 진리임을 분명히 했다.

사실 대부분의 신앙주의자들은 신앙적 교리를 궁극적인 진리의 기준으로 인식하기에, 인간 이성에 대해서는 부정적인 태도를 취한다. 즉 신앙주의자들은 신앙적 교리를 진리 이해의 주된 통로로 인식하므로, 인간 이성이 신앙적 교리를 온전히 파악할 수 있다는 데 대해 부정적이다. 그래서 그들은 이성을 배제한 채 신앙적 교리와 믿음으로 모든 것을 파악하고자 하는데, 아우구스티누스 역시 이와 별반 다르지 않았다.[135] 보통 신앙주의적 입장을 견지하게 되면 진리와 지식의 본성에 대해 의문을 제기하는 것이 허용되지 않았다. 당연히 확실한 지식을 획득할 수 있다는 것에 의문을 제기하는 회의주의자의 방법론은 금지됐다. 신앙적 교리에 주어진 것을 인정하지 않거나 신앙주의와 무관한 지식을 획득하고자 하는 것은 모두 헛되거나 부정적인 일이라고 간주됐기 때문이다. 이런 점에서 아우구스티누스는 바울이나 테르툴리아누스Tertullianus와 같은 신앙주의자와 동일한 진영에 위치한다고 할 수 있다.

그렇지만 우리가 만약 아우구스티누스를 신앙적 교리와 연관된 신학자가 아니라, 회의주의와 연관된 철학자로 바라본다면, 그러한 시각은 신앙주의와 회의주의를 연결시키는 제3의 통찰을 제공할 것이다. 사실 아카데미 회의주의에서 강조됐던 '외부 대상에 대한 이해 불가능성'이라는 철학적 원리는, 그리스도교의 신앙주의자들이 강조했던 '신에 대한 파악 불가능성'이라는 신학적 원리와 유사하다. 인간 이성으로는 외부 대상을 완벽하게 이해할 수 없다는 회의주의자들의 생각은, 신의 은총을 배제한 인간 이성만으로는 신과 진리를 완전하게 파악할 수 없다는 신앙주의자들의 생각과 일맥상통한다. 하지만 이러한 유사성에도 불구하고, 고대 회의주의와 아우구스티누스의 신앙주의 사이의 융합은 구체적으로 실현되지 못했다. 아카데미 회의주의가 유물론적 독단주의와의 인식론적 대결 속에서 이 세상과 연관된 것들에 대한 인식 불가능성을 강조한 데 반해, 아우구스티누스의 신앙주의는 독단적인 교리에 근거해 저세상과 연관된 것들에 대한 인식 가능성을 강조했기 때문이다. 다르게 말하자면 고대 회의주의에서는 외부 대상에 대해 지식의 획득 가능성보다는 '판단유보'만을 강조한 데 반해, 아우구스티누스의 신앙주의에서는 신과 진리에 대한 판단유보를 거부한 채 오히려 그에 대한 판단이 실제적으로 가능하다고 강조했기 때문이다. 이처럼 아우구스티누스는 회의주의자들의 판단유보를 거부하면서, 그들과는 다른 길을 갔던 것이다.

　시종일관 아우구스티누스는 철학자들이 가지고 있었던 지적 교만을 문제 삼았다. 즉 이성만을 사용해서 모든 것을 파악할 수 있다고 주장한 철학자들의 오만에 대해 부정적이었다.[136] 그의 이러한 반이성주의적인 태도는 '극단적 이성주의'와 '극단적 회의주의' 양자에 대한 비판에서도 잘 드러났다. 주지하다시피 인간 이성에 의해 수행되는 철학적 탐구에는 극단적 이성주의와 극단적 회의주의라는 두 가지 극단주의가 발생할 수 있다. 하지만 그는 이 두 가지를 모두 거부해야 한다고 주장했다. 먼저 극단적 이성주의는 이성에 의해 신을 알 수 있다는 주장으로, 마니주의자들 같은 사람들이 이 범주에 해당됐다. 다음으로 극단적 회의주의란 이성에 의해 신을 파악할 수 없다는 주장으로, 진리 발견에 실패하는 사람들이 이 범주에 해당됐다. 신앙이 배제된 채 인간 이성에 의해서만 진행되는 진리 탐구에는 이런 두 가지 극단주의의 위험성이 존재하기에, 아우구스티누스는 신앙주의에 의해서 견제되는 이성주의만이 유의미하다고 생각했다.

　아우구스티누스에 의하면 이성은 신앙에 근거해야 했다. 신앙에 근거하지 않은 이성은 무기력하기 때문이다. 그래서 이성은 신앙에 근거해야 하고 이해는 믿음에 근거해야 한다는 생각이 그의 뇌리에 항상 자리 잡고 있었다. 이런 점에서 중세철학을 잘 정리한 아먼드 A. 마우러의 아우구스티누스에 대한 언급은 이성에 대한 신앙의 우위를 잘 보여준다. 즉 아우구스티누스에게 그리스도에 대한 믿음은 이해를 향한 길을 준비하는 데 우선한다. 그가 즐겨 인용하는 이사야에 따르면, "너희가 믿지 않으면, 이해하지도 못할 것이다".[137]

그럼에도 불구하고 아우구스티누스의 신앙주의는 신앙이 이성을 완전히 대체할 수 있다는 식의 절대적 신앙주의를 함축하지는 않았다. 오히려 그는 신앙주의를 신앙이 이해의 바탕을 마련할 수 있다는 의미로 이해했다. 하지만 창조주 신이나 절대적 진리에 접근하는 문제에서는 사정이 달라질 수 있었다. 일반적인 지식과 달리 창조주 신이나 진리에 관한 지식은 인간 이성에 의해 파악되는 것이 아니라, 오직 신적 권위에 근거한 신앙에 의해서만 가능하기 때문이다.《고백록》에 나오는 다음 구절은 아우구스티누스의 이러한 생각을 잘 보여준다.

그러는 사이에 저는 이미 가톨릭 교리에 우선을 두기 시작했으며, 증명 안 되는 것을 믿으라고 명령하는 일이 퍽 온건하고 조금도 기만하는 데가 없다고 느끼기에 이르렀습니다. … 그런데 주님, 당신께서는 아주 부드럽고 자비로운 손길로 제 마음을 어루만지고 가라앉히면서 차분하게 만드셨습니다. 제가 보지도 못했고 그 사건이 일어날 적에 제가 그 자리에 있지도 않았던 무수한 일, 민족들의 역사에서 일어난 그 많은 일, 제가 본 적이 없는 그 많은 장소와 도회지에 관한 일, 지인들에게서 듣는 그 많은 일, 의원들에게서 듣는 그 많은 일, 이러저러한 타인들에게서 듣는 그 많은 일을 제가 그냥 믿고 있다는 사실, 만약 그것들을 안 믿는다면 현세에서 저희는 아무것도 하지 못하리라는 사실을 헤아리게 하셨습니다. 끝으로 제가 어느 부모한테서 태어났는가를 흔들리지 않는 믿음으로 얼마나 단단히 붙들고 있는지 모릅니다. 그것도 제가 누구한테 들어서 믿어온 게 아니라면, 제가 결코 알 수 없었던 일입니다. … 곧 당신이 누구신지를 제가 비록 모르더라도 당신이 존재하신다는 사실, 또 인간사의 주관이 당신께 속한다는 사실 말입니다. 중상모략에 가까운 문제제기들 가운데 제아무리 호전적인 공격마저

도 이 한 가지 사실을 못 믿게 저를 돌려세우지 못했습니다.[138]

이처럼 아우구스티누스에게서 신앙주의와 회의주의가 융합될 가능성은 존재하지 않았다. 그는 신앙주의가 회의주의를 완전히 압도할 수 있다고 생각했다. 하지만 몽테뉴에게는 신앙주의와 회의주의가 융합될 수 있는 가능성이 존재한다. 그것은 다음 장에서 상세히 언급될 것이다.

그런데 회의주의와 신앙주의의 융합 불가능성에 대한 아우구스티누스의 입장은 중세철학의 주된 흐름을 반회의주의적인 것으로 만들어버렸다.[139] 그 결과 중세는 12세기의 가장 걸출한 회의주의자로 평가받았던 솔즈베리의 요하네스^John of Salisbury가 등장하기 전까지 약 800년 동안 이러한 반회의주의적 분위기하에 있었다. 이처럼 12세기 이전까지 중세철학계는 고대 회의주의에 내재된 철학적 의미에 대해 무관심하거나 무지했다.[140]

아우구스티누스 이후 중세 신앙주의자들은 모두 신앙적 교리나 믿음을 강조했다.[141] 신앙주의자들은 철학자들이 회의주의에 접근하는 것 자체를 막는 일에 관심을 두었다. 만약 철학자들이 회의주의에 관심을 가지게 된다면 여러 가지 문제가 생길 것이기에, 이를 미연에 방지하고자 했다. 이처럼 중세 초기 신앙주의자들의 주된 전략은 철학자들의 관심을 회의주의에서 신앙주의로 돌려놓는 것이었으며, 그 전략은 효과를 발휘해 회의주의는 독립적 지위를 확보하지 못한 채 신앙주의의 도구로서만 기능했다.

신앙주의와 회의주의의 융합 문제에 있어서도 아우구스티누스는 부정적이었다. 신앙주의와 회의주의의 융합 가능성에 긍정적이었던 몽테뉴와는 달랐다.[142] 그 대신 아우구스티누스는 자신의 철학 안에서 회의주의적 요소들과 논증들을 배치함으로써, 서구 회의주의 역사에서 주목할 만한 업적을 남겼다. 이런 점에 근거해 이 장에서는 아우구스티누스를 '새로운 형태의 회의주의'를 시도한 철학자로 규정했다.[143]

마지막으로 절대적 신앙주의가 지배한 중세에도 회의주의적 전통을 지켰던 세 사람의 회의주의자들을 소개하면서 이 장을 마치고자 한다. 아우구스티누스 이후 회의주의에 대한 중세철학자들의 관심은 급격히 줄어들었다. 절대적 신앙주의의 영향하에서 회의주의에 대한 연구 자체가 불경한 것으로 간주됐기 때문이다. 그럼 중세 시기에는 회의주의자가 없었는가? 그렇지 않았다. 열악한 상황에서도 회의주의 전통을 고수했던 세 사람의 회의주의자들이 있었기 때문이다. 주인공은 바로 12세기 솔즈베리의 요하네스, 14세기 오트르쿠르의 니콜라우스, 그리고 12세기 알 가잘리였다.

먼저 솔즈베리의 요하네스는 12세기 서유럽 철학계에서 가장 주목할 만한 회의주의자로, 중세 사회에 고대 회의주의의 유의미성을 최초로 각인시킨 인물이었다. 그에게 회의주의는 신앙주의를 위해 존재하는 도구와 같은 것이었다. 그렇기에 그는 고대 회의주의에서 일반적으로 강조되던 판단유보나 인식 불가능성의 원리는 수용하지 않았다. 이런 점에서 그는 카르네아데스로 대표되는 신아카데미 학파의 영향을 받았다고 할 수 있다. 다음으로 오트르쿠르의 니콜라우스는 14세기에 요하네스의 전통을 계승·발전시켰던 인물이었다. 그런데 그는 신아카데미 학파의 전통을 계승했던 요하네스와 달리, 피론 학파의 전통을 계승했던 인물이다. 그의 회의주의에서 주목할 만한 것은 '외부 세계의 존재 가능성'과 '무모순율'에 대한 의문이었다. 이는 근대 회의주의의 대가인 데카르트와 흄보다 300~400년이나 앞서 이루어진 비판이었다. 이런 점에서 그는 시대를 앞서간 회의주의자라 할 수 있을 것이다. 마지막으로 알 가잘리는 12세기 이슬람 세계의 걸출한 회의주의자였다. 그는 아카데미 회의주의나 피론주의의 영향 없이 독자적으로 회의주의의 방법론을 개발했다. 이러한 회의주의적 방법론을 기반으로, 그는 자신의 절대적 신앙주의를 옹호했다. 그의 회의주의적 방법론은 데카르트 및 흄의 회의주의와 상당히 유사한데, 이는 그의 철학이 서구 근대철학에 큰 영향을 끼쳤음을 방증하기도 한다. 이처럼 중세 시기 회의주의는 이 세 명의 걸출한 회의주의자들에 의해 그 명맥을 이어갈 수 있었다.[144]

2장

몽테뉴의 새로운 피론주의

근대철학의 기초가 된 몽테뉴의 회의주의　　　　　●

르네상스와 근대 초기에 몽테뉴의 회의주의는 철학의 중심에 있었다. 몽테뉴는 고대 피론주의를 부활시켰고, 그의 회의주의는 당대의 철학과 신학 그리고 과학 등에 많은 영향을 끼쳤다. 그는 고대 피론주의를 불러오는 데 만족하지 않고, 그것을 혁신시켜 '새로운 피론주의'로 만들었다.[1] 또한 라에르티오스에 의해 잘못 이해됐던 회의주의의 시조 피론에 대한 평가도 새롭게 시도했다. 어리석고 무기력하며 야생적이고 비사회적인 철학자라며 피론을 부정적으로 평가한 라에르티오스에 비해, 몽테뉴는 대화와 생각을 하고 쾌락과 자연이 제공하는 모든 편리를 누릴 줄 아는 철학자라며 피론을 긍정적으로 평가했다.[2]

몽테뉴의 새로운 피론주의에 매료된 철학자들은 그의 회의주의에서 새로운 철학의 가능성을 엿보았다. 피에르 샤롱이나 장-피에르 카뮈, 프란치스코 산체스,[3] 블레즈 파스칼이나 쇠렌 키르케고르 그리고 프리드리히 니체 등이 그러한 철학자였다.[4] 하지만 몽테뉴의 새로운 피론주의에 적대적이었던 철학자들은 그의 회의주의에서 철학의 위기를 발견했다. 그리고 철학의 위기를 극복할 새로운 철학, 즉 확실성을 담보한 새로운 철학을 찾는 데 골몰했다. 데카르트와 그의 후계자들이 그러한 작업을 했다. 이런 점에서 몽테뉴의 새로운 피론주의는 리처드 팝킨의 언급대로 '근대 사상의 모태'로 불릴 만하다.[5]

앞에서 언급한 바와 같이 아우구스티누스의 철학에는 회의주의와 신앙주의가 융합될 가능성이 없었지만, 몽테뉴의 철학에는 그 가능성이 존재했다. 관용의 철학자이기도 했던 몽테뉴는 자비의 원리를 가지고 회의주의와 신앙주의를 조화를 모색했다. 그래서 팝킨은 몽테뉴를 가리켜 완전한 회의주의자이자 진지한 신앙의 옹호자라고 평가한 것이다.[6]

몽테뉴는 섹스투스로 대표되는 고대 피론주의를 부활시키는 동시에, 그것과 차별화되는 새로운 피론주의를 개척했다. 그럼 섹스투스의 고전적 피론주의와 몽테뉴의 새로운 피론주의의 차이점은 무엇일까? 가장 큰 차이점은 '현상'과 '마음'에 대한 그들의 이해에서 발견된다. 먼저 현상이란 고전적 피론주의에서는 감각지각 및 지성과 연관된 일체의 것들을 포함한 광범위한 개념인 데 반해, 새로운 피론주의에서는 단지 감각지각과 연관된 것들이라는 특징이 있다.[7] 따라서 몽테뉴의 회의주의가 탐구할 수 있는 것은 감각지각과 연관된 것들로 한정되고, 회의주의적 탐구에 의해 획득될 수 있는 것 역시 감각표상들로 제한됐다. 이처럼 몽테뉴의 새로운

피론주의는 섹스투스의 고전적 피론주의와 달리 감각지각과 연관된 현상에만 초점을 맞췄다.[8]

몽테뉴의 새로운 피론주의는 마음의 문제에 대해서도 섹스투스의 고전적 피론주의와 다른 설명을 제공했다. 섹스투스의 고전적 피론주의가 '마음의 평안' 즉 '부동심'을 이상적인 상태로 설정했다면, 몽테뉴의 새로운 피론주의는 고전적 피론주의와 정반대로 '마음의 불안' 즉 '동심'을 이상적인 상태로 간주했다. 다시 말해 몽테뉴는 마음의 평안보다는 마음의 불안을 지향함으로써, 마음이 독단적 확신보다는 지속적인 의심의 상태에 있어야 한다고 강조한 것이다. 이것은 섹스투스의 고전적 피론주의에서는 찾아볼 수 없는, 몽테뉴의 새로운 피론주의만의 특징이다.

이 장에서는 몽테뉴의 새로운 피론주의와 연관된 두 가지 문제가 중점적으로 다루어진다. 첫째, 몽테뉴는 섹스투스의 고전적 피론주의를 부활시켜 어떻게 자신만의 새로운 피론주의로 탈바꿈시켰는가? 둘째, 내면적 자아에 대한 몽테뉴의 회의주의적 탐구는 어떻게 근대철학의 문을 열 수 있었는가?

급변하는 시대 속 몽테뉴 사상의 위치 ●

몽테뉴는 16세기 르네상스 시기에 활동하면서 고대 피론주의의 중요성을 최초로 인식한 철학자였다. 그는 고대 피론주의를 근대에 맞게끔 변형시킨 혁신가였으며, 종교개혁에 맞서 가톨릭주의의 대응 논리를 만드는 전략가였다. 무엇보다도 그는 회의주의와 신앙주의의 융합 가능성을 현

실화시킨 조화의 철학자이기도 했다.[9]

    서구 회의주의 철학사에서 손꼽히는 몽테뉴의 대표적인 공적은 섹스투스 이후 약 1천여 년이 넘는 세월 동안 망각돼 있던 고대 피론주의를 부활시켜 새로운 피론주의로 만들어냈다는 것이다. 물론 몽테뉴 이전에도 고대 피론주의를 소환한 선구자들이 있었다. 앙리 에스티엔 Henri Estienne과 젠티앙 에르베 Gentian Hervet 같은 문헌학자와, 조반니 피코 델라 미란돌라 Giovanni Pico della Mirandola와 지안프란체스코 피코 델라 미란돌라 Gianfransesco Pico della Mirandola 그리고 하인리히 코르넬리우스 아그리파 Henricus Cornelius Agrippa 같은 철학자가 그들이었다. 하지만 고대 피론주의를 새로운 피론주의로 탈바꿈시킨 것은 온전히 몽테뉴의 공으로 보아야 한다.[10] 모든 문제를 자유롭게 의심하고 심문하는 새로운 철학의 전통은 몽테뉴에 의해 만들어졌기 때문이다. 이런 점에서 볼 때 몽테뉴야말로 참된 '회의주의자 skeptikos'이자 진정한 '탐구자 zetetikos'였음이 분명해 보인다.[11]

    그러나 몽테뉴는 불행의 시대를 살았다. 독단과 광기 그리고 폭력이 지배했다. 종교개혁으로 인하여 가톨릭과 기독교의 대립이 격화됐고, 유럽인의 삶은 36년에 걸쳐 진행된 프랑스의 종교전쟁, 즉 '위그노 전쟁 French Wars of Religion(1562~1598)'으로 인해 피폐해져 있었다.[12] 어떻게 보면 몽테뉴의 전 생애는 종교전쟁이라는 괴물이 뿜어낸 독단과 광기 그리고 폭력 속에 갇혀 있었다고 해도 과언이 아니다. 하지만 그런 열악한 환경 속에서도 그는 결코 타자에 대한 관용의 자세를 놓치지 않았다.

    몽테뉴의 가족은 다양한 종교를 가지고 있었지만, 종교적 문제로 충돌하지는 않았다. 모두 합리적인 사람들이었기 때문이다. 몽테뉴의 아버지는 전형적인 가톨릭 신자였다. 이에 반해 어머니는 기독교 신자였다. 여덟 명의 자녀 가운데 몽테뉴를 포함한 대부분은 가톨릭 신자였으나, 한 명의 동생만은 어머니를 따라 기독교를 선택했다. 그럼에도 그들은 서로의 종교를 존중했으며, 집안의 분위기는 매우 화목했다고 한다. 아울러 몽테뉴는 가톨릭 신자인데도 기독교 계통의 학교에서 교육을 받았다. 아마 기독교 계통의 학교가 더 좋은 교육을 제공해준다고 생각했기 때문일 것이다. 종교전쟁이라는 비극적인 상황 속에서도 그는 자비의 정신과 관용의 태도를 유지했다. 몽테뉴의 이러한 일관된 자세는 아우구스티누스에게는 불가능했던 회의주의와 신앙주의 간의 융합을 가능케 했다.[13]

몽테뉴의 생애와 사상 ●

몽테뉴는 1533년 2월 28일 프랑스 남부 보르도에서 약 50킬로미터 떨어진 몽테뉴 성Château de Montaigne에서 태어났다. 그의 가계도를 보면, 증조부는 라몽 펠리페 에켐Ramon Felipe Eyquem이었고, 아버지는 피에르 에켐Pierre Eyquem,[14] 어머니는 앙투아네트 로페즈 드 빌라누에바Antoinette López de Villanueva였다. 특히 증조부는 청어와 포도주 장사로 큰돈을 벌어 몽테뉴 일대의 땅을 구입해 영주가 되었다. 아버지 피에르 에켐 역시 부유한 상인으로 보르도 시장을 역임했으며, 프랑수아 1세의 이탈리아 원정에 참전하기도 했다. 어머니 빌라누에바는 유대교에서 가톨릭으로 개종한 스페인계 유대인 집안의 딸이었다고 한다. 어머니 가문은 15세기 후반 스페인에서 프랑스 남부로 이주해온 뒤, 툴루즈와 그 주변에 정착해 큰 번영을 누렸다. 그런데 어머니의 증조부는 스페인의 첫 번째 종교 재판관을 암살한 혐의로 화형에 처해졌다. 집안사람 중 한 명은 몽테뉴의 아버지인 에켐의 사업 파트너로 일하기도 했다. 몽테뉴의 친척인 마르코 로페즈는 루터교를 네덜란드에 소개했으며, 사촌인 마르틴 델 리오는 초기 프랑스의 예수회 신자로 알려져 있었다.[15]

몽테뉴의 부모들은 슬하에 여덟 명의 자녀를 두었는데, 그중 몽테뉴는 장남이었다. 신앙의 문제에 관해 그는 항상 '열린 마음으로' 접근하고자 했으며, 광범위한 종교적 분쟁에 대해서 관용의 태도를 보였다.[16] 그는 많은 종교인과 다양한 친분 관계를 맺고 있었다. 구체적인 자료들은 남아 있지 않지만, 분명하게 확인되는 것은 그가 여러 종교인과의 만남 속에서 타자에 대한 공감과 이해를 강조하는 '관용의 철학자'였다는 사실이다.

몽테뉴의 아버지는 아들 교육에 많은 관심을 가지고 지원을 아끼지 않았다. 몽테뉴가 처음으로 말을 배우기 시작하자, 아버지는 그에게 라틴어 교육을 시켰다. 그런데 특이하게도 그의 아버지는 라틴어를 가르치는 선생님으로 프랑스어를 전혀 모르는 독일인 교사를 채용했다.[17] 이 같은 조기 교육으로 인해 몽테뉴는 6세 때부터 라틴어를 자유롭게 읽고 말할 수 있는 실력을 갖추게 됐다. 이후 보르도 인근의 기엔Guyenne 학교에서 중등과정을 이수했고, 16세 때부터는 툴루즈에서 법학을 공부했다.[18] 그가 다닌 학교는 모두 기독교 계통의 학교였으며, 그에게 큰 영향을 끼친 선생님들 역시 보르도와 툴루즈의 기독교 계통 선생님들이었다. 그 가운데서도 그에게 가장 많은 영향을 준 선생님은 당대 최고의 라틴학자였던 조지 뷰캐넌George Buchanan이었다.[19] 이처럼 몽테뉴는 가톨릭 신자임에도 불구하고 종교에 얽매이지 않고 최고의 선생님들로부터 최고의 교육을 받았다.[20]

몽테뉴는 툴루즈에서 법학 공부를 끝낸 후 다시 보르도로 돌아왔다. 거기서 그는 법률가로 활동하면서 왕의 보좌관과 보르도 의회의 고문 등을 도왔다. 이후에 프랑스 국왕 앙리 4세Henri IV de France가 될 기독교 신자였던 나바르의 앙리Henri de Navarre의 고문으로도 활동했다. 1554년부터 지역사회의 법률기관인 조세재판소에서 일하기 시작했고, 이 재판소가 보르도 고등법원에 병합된 이후에도 그곳에서 1570년까지 일했다.

1559년에는 동료 심사관이자 탁월한 인문주의자였던 에티엔 드 라 보에티Étienne de La Boétie를 만났는데, 그는 몽테뉴의 삶과 가치관 형성에 많은 영향을 준 친구였다. 그는 샤를 9세Charles IX로부터 프랑스의 최고 명예를 상징하는 '생 미셸 기사단Order of St. Michael' 훈장을 받기도 한 귀족이었다. 1563년 라 보에티가 33세의 젊은 나이에 갑작스럽게 세상을 떠나자, 몽테뉴는 그의 책《자발적 복종Discours de la servitude volontaire》을 대신 출간해주기도 했다.[21]

1565년 몽테뉴는 보르도 고등법원 판사의 딸인 프랑수아 드 라 카세뉴Françoise de la Cassaigne와 결혼해 여섯 명의 딸을 두었다. 하지만 불행하게도 다섯은 어려서 모두 죽었고, 둘째 딸 레오노르만이 생존했다고 한다. 1568년 아버지가 사망하자, 몽테뉴는 아버지의 뒤를 이어 영주가 됐으며 영지와 재산도 물려받았다. 그러던 중 1570년 그는 결단을 내려 판사를 그만두고, 자신의 성탑에 칩거하면서 스스로와 인간 그리고 미쳐 날뛰는 시대에 대한 해명에 착수했다.[22] 몽테뉴의 주저인《수상록》은 이러한 배경하에서 탄생했다.[23]

몽테뉴는 종교들 간의 평화와 공존을 지향했다. 종교전쟁 기간 중에도 가톨릭 진영과 기독교 진영의 갈등을 중재하는 역할을 수행했다. 그는

1577년 프랑스 국왕 앙리 4세[24]의 시종acolyte [25]으로 봉사했다.[26] 그런데 당대의 프랑스 왕가에는 세 명의 앙리가 있었다. 첫 번째는 앙리 3세Henry III였고, 두 번째는 앙리 드 기즈Henri de Guise였으며, 세 번째는 위그노였던 나바르의 앙리였다. 그들은 서로 정적 관계였다. 먼저 국왕 앙리 3세가 앙리 드 기즈를 암살하는 사건이 있었다. 이후 앙리 3세도 앙리 드 기즈와 연관된 자객이었던 자크 클레몽Jacques Clément에 의해 암살당하고 만다 (1589년).[27] 그런데 앙리 3세는 임종을 앞두고 위그노의 수장이자 나바르의 왕이었던 앙리에게 왕위를 물려주면서 가톨릭으로 개종하기를 요구했다. 나바르의 앙리는 그의 제안을 받아들여 가톨릭 신자가 됐고, 이내 프랑스의 왕위에 올랐다(1589년). 그가 바로 앙리 4세다.

몽테뉴는 앙리 4세를 정치적으로 보좌했으며, 그에게 철학적인 조언을 아끼지 않았다. 광기와 폭력으로 얼룩졌던 종교전쟁을 종식시키기 위해 뒤 앙리 4세는 모든 기독교 신자에게 신앙의 자유를 인정해주는 낭트 칙령Edict of Nantes을 반포했는데,[28] 그의 이러한 정치적 결단에는 몽테뉴의 조언이 큰 역할을 했다. 그런데 앙리 4세도 광적인 가톨릭 신자였던 프랑수아 라바야크 François Ravaillac에게 암살을 당하면서(1610년),[29] 프랑스의 정치적인 혼란은 계속 이어지게 됐다.

1581년 몽테뉴는 보르도 시장으로 선출됐고, 1583년 다시 선출되어 1585년까지 시장직을 맡았다. 이 시기에 그는 종교분쟁을 다시 중재하려 했지만 성공적이지는 못했다. 급기야 프랑스의 종교전쟁이 다시 시작되고(1586년), 흑사병마저 창궐했다. 결국 그는 시장직을 내려놓은 채 시골로 내려가 은둔 생활을 시작한다.

1580년에 몽테뉴의 주저인《수상록》제1권과 제2권이 출간된다. 하지만 책에 반그리스도교적인 내용이 많이 담겨 있다는 이유로, 몽테뉴는 가톨릭 교회의 조사를 받게 됐다(1581년). 조사 담당자인 신학자 시스토 파브리Sisto Fabri는 교황 그레고리우스 13세 Gregory XIII를 돕고 있던 사람이었다. 그는 몽테뉴의 책에서 섭리providence가 아닌 운명fortune이 빈번히 언급되고, 이단적 시인들을 다루고 있으며, 4세기경의 로마 황제로 그리스도교를 거부하고 로마의 전통적인 종교에 기운 배교자 율리아누스 황제Flavius Claudius Julianus의 개종을 옹호한 것을 발견하고는, 몽테뉴에게 수정을 강력하게 요구했다.[30] 몽테뉴는 마지못해 그의 수정안을 그대로 받아들인다. 그렇게 하지 않으면 가톨릭 교회의 이단 문제로부터 자유로워질 수 없었기 때문이다. 그래서 그는《수상록》제1권과 제2권의 내용을 대폭 수정하고 새로 제3권을 추가했다. 현재 우리가 가지고 있는《수상록》은 이런 지난한 과정을 거쳐서 완성될 수 있었다(1588년). 완성하고 난 뒤에도 그는 거듭해서 책을 수정했지만, 건강이 악화되면서 1592년 후두염으로 세상을 등지고 만다.[31] 그때 그의 나이 59세였다.

몽테뉴 이전에 피론주의에 주목한 철학자들　●

고대 피론주의자 섹스투스의 저작들은 이미 3세기 유럽 사회에 사본 형태로 널리 퍼져 있었다. 하지만 철학자들이나 신학자들의 주목을 받지는 못했다. 그러다가 천 년이 넘는 시간이 흐른 뒤, 그러니까 14~16세기 사이에 탁월한 통찰력을 지녔던 인문주의자들에 의해 부활했다.[32] 특히 르네상스 시기 문헌학자들의 노력에 의해 섹스투스의 저작들이 번역되고 춘간되면서, 고대 피론주의는 새로운 주목을 받게 되었다.

인간이 고찰한 바로, 이 피론주의만큼 진실하고 유익한 것은 없다. 이 사상은 인간성의 허약함을 인정하고 하늘에서 내리는 어떤 외부의 힘을 받아들이기에 적당하며, 인간의 지식을 벗어던지고 자기 속의 신앙에 더 많은 자리를 만들어주기 위해서 자기 판단을 없애버리는 까닭에, 그만큼 더 자기에게 거룩한 지식을 받아들이기에 적합하다. 또한 불신자가 아닌 일반이 지키고 있는 사상에 반대되는 어떠한 독단론도 세우지 않고, 겸허하고 순종하며 훈련받을 수 있고 열심이며, 요사스런 교敎와는 불구대천의 원수이다. 따라서 그릇된 도당들이 도입한 헛된 불신앙적인 사상을 받아들이지 않는, 적나라하고 공허한 것으로 인간을 제시한다. 그것은 하느님의 손가락이 그려 보고 싶은 대로의 형체를 가질 수 있게 준비된 백지장이다. 〈전도서〉는 "사물들이 하루하루 그대에게 오는 대로 좋은 얼굴과 취미로 받아들이라. 다른 일들은 그대가 알 바 아니다"라고 했다. "주님은 인간의 생각을 아신다. 그리고 그것의 허망함을 아신다." [33]

몽테뉴는 섹스투스의 저작들에 근거해서 고대 피론주의를 르네상스와 근대철학의 핵심적 화두로 정착시키는 데 기여했다.[34] 그는 '현상'이나 '등치의 방법', '마음의 평안'이나 '무관심', 그리고 '무한소급' 등과 같은 고대 회의주의의 주요 개념들을 탐구하여 일반인에게 소개했다. 이러한 작업을 통해 고대 피론주의는 단순한 문헌학적 연구에서 벗어나, 철학적인 장에서 본격적으로 논의될 수 있는 토대를 마련하게 됐다.[35]

그들이 말하는 방식은 "나는 아무것도 세우지 않는다. 나는 이렇다는 것도 저렇다는 것도 아니다. 또는 이것도 저것도 아니다. 나는 그것을 이해하지 못한다. 겉모양은 어디서나 마찬가지이다. 말하는 법은 긍정이나 부정이나 다 똑같다. 그릇될 수 없다고 보이는 것에는 아무것도 진실된 것이 없다"고 하는 식이다. 그들의 말투는 *ephecho*, 즉 "나는 유예한다. 나는 움직이지 않는다"이다. 이런 말투와 이와 닮은 내용의 다른 말투들이 그들의 후렴이다. 그들의 목표는 판단의 순수하고 아주 완전한 미룸과 정지이다. 그들은 결정지어 선택하기 위해서가 아니라, 탐구하여 논박하기 위해서 이성을 사용한다. 어떠한 경우에도 끊임없이 무지를 고백하며, 어느 편으로도 기울어지지 않는 판단을 생각하는 자는 누구나 다 피론주의를 품고 있는 것이다.[36]

몽테뉴 이전에도 고대 피론주의의 중요성을 인식하고 섹스투스의 저작들에 주목했던 문헌학자들과 철학자들이 있었다. 이들의 노력으로 인해 고대 피론주의는 온전히 부활할 수 있었다. 몽테뉴는 그들의 연구 결과물을 흡수함으로써 그만의 '새로운 피론주의'를 완성시킬 수 있었다.

먼저 르네상스의 문헌학자들 중에 가장 눈에 띄는 인물로는 앙리 에스티엔[37]과 젠티앙 에르베가 있다.[38] 그들은 모두 고대 피론주의에 대해 많은 관심을 가지고 있었고, 그것을 자신의 신앙주의를 옹호하기 위한 도구로 수용했다. 앙리 에스티엔은 기독교 변증가로 가톨릭주의에 반박하기 위한 종교적 목적에서 고대 피론주의를 연구했다. 그는 고대 피론주의와 그리스도교를 연결시키는 데 우호적이었다. 이에 반해 젠티앙 에르베는 가톨릭 변증가로 기독교 신앙을 논박하기 위한 목적에서 피론주의를 연구했다. 따라서 그는 고대 피론주의를 그리스도교와 연결시키는 데 우호적이지 않았다.[39] 이러한 차이점에도 불구하고, 그들은 고대 피론주의가 신앙주의에 도움이 된다는 점에 있어서는 공통된 인식을 가지고 있었다.

고대 피론주의와 연관된 르네상스의 철학자들로는 조반니 피코 델라 미란돌라와 지안프란체스코 피코 델라 미란돌라 그리고 하인리히 코르넬리우스 아그리파 등이 있었다.[40] 먼저 조반니 미란돌라는 당대 인문주의를 대표하는 철학자였다. 지안프란체스코 미란돌라는 조반니의 조카로, 가톨릭 신앙주의에 근거해 고대 피론주의를 이해했다. 그는 회의주의로 이성의 권위를 약화시킨 뒤, 그 자리에 신앙주의를 이식하고자 했다. 또한 회의주의를 이용해 신앙주의에 반하는 독단주의적 철학도 비판하고자 했다.

하인리히 코르넬리우스 아그리파도 주목할 만한 철학자였다. 16세기 독일 네테스하임 출신인 그는 처음에는 독단적 경향의 마술가였으나, 고대 피론주의를 접한 이후부터는 회의주의적 철학자로 전향했다. 그는 독단주의자들의 교만과 신앙주의자들의 맹신을 비판했는데, 그의 이러한 생각은《모든 학술의 허영과 불확실성에 관하여 De incertitudine et vanitate scientiarum》(1530)란 책에 잘 드러나 있다.

《수상록》에 나타난 몽테뉴의 신앙주의와 피론주의　　　　　　●

몽테뉴의《수상록 Les Essais》제1~2권은 1580년에 완성됐으나, 제3권이 추가된 최종본은 1588년에 완성됐다. 이 저작은 문학적·철학적으로 중요한 의미를 지닌다. 먼저 문학적으로는 이 작품으로 인해 서구 문학계에 '에세 Les Essais'라는 새로운 문학 장르가 등장했다.[41] 철학적으로는 이 작품에서 회의주의와 신앙주의의 융합이라는 중요한 문제가 다뤄졌다. 특히 몽테뉴는 고대 회의주의자들처럼 독단주의적 신학과 철학에 대한 전반적인 비판을 수행하는데, 그의 이러한 비판은 "레이몽 스봉의 변호"로 명명되는《수상록》제2권 제12장에 잘 나타나 있다.[42]

《수상록》에서 논의되는 몽테뉴의 주된 철학적 문제의식은 '자아'에 대한 탐구다. "나는 무엇을 아는가?Que sais-je?"라는 유명한 명제가 그의 이러한 문제의식을 잘 대변해준다. 제3권에서 그는 다른 주제보다도 스스로를 더 연구하며, 이것이 자신의 형이상학이자 물리학이라고 말하는데,[43] 이 또한 자아 탐구와 관련한 그의 문제의식을 보여준다. 이런 점에서 몽테뉴의《수상록》은 근대철학의 중심 문제로 제기된 자아에 대한 문제의식을 몇 세기나 앞서 밝힌 선구자적 저작이라 할 수 있다.

몽테뉴는 말년에 모든 공직에서 물러난 뒤 고향으로 돌아갔다. 혼란스러웠던 정치세계를 벗어나 조용한 시골에 은둔하는 것이 인생의 황혼기에 적합하다고 생각했기 때문이다. 그곳에서 그는《수상록》을 집필하고 수정하는 데 모든 시간을 바쳤다. 앙리 4세는 그의 경륜과 능력을 높이 사서 정계 복귀를 강력하게 요구했지만, 그는 제안을 정중하게 거절했다 (1590년).《수상록》을 수정하고 보완하는 데에도 시간이 부족하다고 생각했기 때문이다. 하지만 건강히 여의치 않아 2년간의 수정 작업 끝에 그는 세상을 등지고 말았다.

몽테뉴의 아버지 피에르 에켐은 스페인 출신의 신학자이자 철학자이고 의사이기도 했던 레이몽 스봉Raymond Sebond의《자연신학Theologia naturalis》을 읽고 큰 감동을 받는다. 그는 아들에게 그 책을 번역해보라고 권한다. 몽테뉴 역시 책의 내용이 좋다는 것을 알고서, 아버지의 권유를 따라 책을 번역했다(1569년). 그의 나이 36세 때의 일이다. 레이몽 스봉의 《자연신학》은 라틴어 전문가가 아니고서는 번역하기 힘든 책이었다. 하지만 몽테뉴는 어릴 때부터 쌓았던 라틴어 실력을 발휘하여 책의 번역을 잘 마무리했다.

레이몽 스봉의 《자연신학》은 스페인 카탈루냐 출신의 철학자 라몬 륄Ramon Llull의 철학을 토대로 자연으로부터 신을 인식하는 길을 다룬 책이었다.[44] 이 책에는 창조신학적 관점에서 신과 인간의 유사성, 신의 존재와 본성, 그리고 신에 대한 인간의 의무 등 신학적·철학적 문제들을 다루는 다양한 논의가 담겨 있었다. 여기서 레이몽 스봉의 주된 논지는 인간 이성으로 종교적 계시를 설명할 수 있다는 것이었다. 이러한 주장은 가톨릭 교회의 강력한 반발을 불러일으켰으며, 트리엔트 공의회Council of Trient에서 이 문제가 본격적으로 논의됐다. 논의의 결과는 부정적이었다. 불행하게도 레이몽 스봉의 책은 금서로 지정됐고, 급기야 가톨릭 교회는 몽테뉴에게 신학적으로 문제가 되는 모든 부분을 삭제할 것을 요구했다. 그는 요구를 수용했고, 그제야 가톨릭 교회의 검열로부터 완전히 자유로워질 수 있었다.

사실 몽테뉴의 《수상록》에서 가장 유명한 부분은 제2권 12장의 "레이몽 스봉의 변호"라고 할 수 있다. 여기서 그는 이 책이 번역된 배경, 이 책을 읽은 독자들의 반론, 그리고 그 반론에 대한 자신의 재반론을 상세하게 언급한다. 그런데 특이하게도 레이몽 스봉의 《자연신학》에 대한 실제 논의는 12장의 서문 정도에 그치며, 나머지 부분은 모두 몽테뉴 자신의 철학을 펼쳐 보이는 데 할애된다. 즉 여기서 그는 섹스투스의 고대 피론주의를 혁신시킨 자신의 '새로운 피론주의'를 선보이는 데 주력했던 것이다.[45] 이처럼 "레이몽 스봉의 변호"는 제목과는 달리, 실제로는 몽테뉴 자신의 새로운 피론주의를 소개하는 장이다.[46]

레이몽 스봉의 《자연신학》을 번역한 직후, 몽테뉴는 예상치 못한 문제에 직면한다. 책을 읽은 독자들이 레이몽 스봉의 논지에 대해서 반론을 제기했기 때문이다. 독자들은 그리스도교와 연관된 신학적 논의들이 인간 이성에 의해 증명될 수 있다고 주장했던 레이몽 스봉의 주장에 대해 심각한 의문을 제기했다. 독자들의 반론은 두 가지로 요약될 수 있다.

제1반론: 그리스도교는 인간 이성이 아니라 신앙이나 믿음에 근거해야 한다. 신앙심은 신의 은혜와 그에 대한 특수한 영감, 신앙에 의해 생겨나는 것인데, 그리스도교인들의 신앙을 인간의 이성에 기초해서 세우는 일은 잘못이라는 것이다.[47]

제2반론: 레이몽 스봉의 주장은 논리적으로 취약하기에 쉽게 붕괴될 수 있다. 레이몽 스봉의 논거는 그가 원하는 바를 증명하기에는 취약하고 부적당하며, 그에 대한 공박도 손쉽게 이루어질 수 있다.[48]

이 두 가지 반론에 대한 몽테뉴의 재반론은 의외로 짧고 간단하게 전개된다. 그는 '인간의 허영', '학문의 허영', '이성의 허영' 그리고 '감각지각의 불완전성' 등에 관해 다양하게 논의하면서, 자신의 새로운 피론주의를 본격적으로 펼쳐 보였다. 따라서 "레이몽 스봉의 변호"는 그 제목에 비해 넓고 방대한 회의주의 철학의 문제를 다루는 장이라 할 수 있다.

몽테뉴는 독자들의 제1반론에 대한 재반론을 준비하면서, 자신의 회의주의가 '신앙주의'에 근거하고 있음을 분명히 했다. 이것은 편의상 몽테뉴의 '제1원리'로 설정된다. 즉 몽테뉴에게 제1원리로서 신앙주의는 가톨릭주의와 동일시됐으며, 이것은 진리가 인간의 이성이나 경험이 아니라 신의 은총이나 계시에 근거해야 한다는 의미였다.

> 이렇게도 고매하고 거룩하며, 하느님의 착하신 마음으로 우리를 밝혀주시는 이 진리와 같이, 인간 이성으로 이해하기엔 너무나 넘치는 사물에 관해서는, 그래도 하느님이 비상한 특권적인 은총으로 우리에게도 도움을 주시어, 그것을 양해해서 우리에게 품어 갖게 해주실 필요가 있다고 본다. 그리고 그것이 순수하게 인간적인 방법으로 가능하다고 생각하지 않는다. 그것이 가능했던들, 과거에 타고난 풍부한 능력을 가지고 있던 희귀하고 탁월한 그 많은 인간이 그들의 사색으로 이 신앙의 이해에 도달하지 않을 수 없었을 것이다. 우리는 오로지 신앙에 의해서만 우리 종교의 높은 비결을 생생하고 확실하게 품어볼 수 있다.[49]

이처럼 몽테뉴는 신앙주의를 제1원리로 설정했다. 그런데 그는 인간 이성에 대한 강조도 잊지 않았다. 이성주의는 신앙주의 다음의 원리이기 때문이다. 하지만 이성주의의 권위는 신앙주의의 권위를 넘어설 수 없다. 즉 이성주의는 신앙주의의 하위 원리로 설정된다. 다음은 신앙주의와 이성주의의 관계에 대한 그의 언급이다.

> 우리는 여기서도 마찬가지로, 우리에게 있는 온갖 이성으로 신앙을 실천해야 한다. 그러나 신앙이 우리의 마음에 달려 있다고 생각해서는 안 되며, 우리의 노력과 추리로는 그렇게도 초자연적인 거룩한 지식에는 도달할 수 없다는 보류 조항을 항상 여기에 붙여서 실천해야 한다.[50]

몽테뉴에게 확실성과 위안을 제공해준 것은 신앙주의였다. 이성주의나 경험주의는 신앙주의의 권위를 넘어설 수 없었다. 신학자가 아니었음에도 몽테뉴는 그 누구보다도 강하게 신앙주의를 옹호했다. 그는 왜 이렇게 신앙주의를 옹호했을까? 만약 신앙주의가 전제되지 않는다면, 레이몽 스봉이 언급하는 이성 또한 무의미할 것이라고 판단했기 때문이었다. 즉 인간 이성은 불완전하고 불충분하기 때문에, 존재의 근거인 신에게 의존해야만 존재의 의미를 획득할 수 있는 것이다. 이처럼 몽테뉴는 신앙주의를 제1원리로, 그리고 레이몽 스봉의 이성주의를 제2원리로 설정함으로써, 독자들의 제1반론에 대한 자신의 재반론을 마무리한다.

다음으로 몽테뉴는 제2반론에 대한 재반론을 전개한다. 여기서 그는 자신의 철학적 입장이 피론주의임을 분명히 했다. 그가 보기에 인간 이성이 행하는 모든 추론은 불확실하고 불완전할 수밖에 없다. 피론주의에 의하면 모든 추론은 상대적이다. 구체적으로 '힘에 있어서의 평형'의 원리에 따르면, 하나의 추론에 대한 반대 추론이 가능하다. 그 반대 추론에 대한 또 다른 반대 추론도 가능하다. 레이몽 스봉의 추론을 비판하는 사람들의 추론 역시 반대 추론이 가능하고, 그 역의 추론 역시 동일한 한계를 가질 수밖에 없다. 그렇기에 신의 은총을 배제한 채 진행되는 이성적 추론에 의해서는 그 누구도 확실한 지식을 얻을 수 없는 것이다.[51] 이처럼 몽테뉴는 인간 이성은 신앙주의에 근거해야 함을 분명히 했다.

이런 자들은 좀 호되게 다루어주어야 한다. 왜냐하면 이 자들은 첫 번째 자들보다 더 위험하고 악질이기 때문이다. 사람들은 자기가 미리 생각해놓은 의견을 옹호하려고 남의 문장의 의미를 비틀어 해석하기를 좋아한다. 그리고 무신론자는 자신의 독소로 순진한 재료를 나쁜 쪽으로 바꾸어가며, 모든 작가를 무신론으로 끌어넣겠다며 자만한다. 이런 자들은 그들의 판단에 어떤 선입견을 가지고 있어, 스봉의 논지에서 아무 맛도 느끼지 못한다. 더욱이 그들은 순수하게 인간적인 무기(이성)를 가지고, 저 권위와 통제로 충만한 장엄성 앞에 감히 공격할 생각을 하지도 못할 우리 종교를 자유로이 공박해볼 기회를 얻었다고 생각하고 있다. 미친 태도에 일격을 가하기 위해서 가장 적당한 것으로 보고 내가 추구하는 방법은, 인간의 오만과 자부심을 녹여 발로 짓밟는 일이다. 그들에게 인간의 무력함과 허영됨과 허망함을 깨닫게 하는 일이다. 그들의 손에서 이성이라는 허약한 무기를 박탈하는 일이다. 거룩하신 위엄의 권위와 존중 밑에 그들의 머리를 억눌러 땅을 물게 하는 일이다. 지식과 예지는 오로지 하느님의 권위에 속한다. 그만이 사물 본연의 가치를 평가할 수 있으며, 우리는 그에게서 자신을 계산하고 평가해볼 거리를 훔쳐온다.[52]

몽테뉴가 보기에 인간의 이성은 날카로운 양날의 검처럼 위험하다.[53] 그리고 인간 이성의 이러한 한계는 레이몽 스봉 한 사람에게만 해당되는 것이 아니라, 모든 철학자에게 해당됐다. 보편적인 문제인 것이다. 그래서 그는 아우구스티누스의 언급을 인용하면서, 레이몽 스봉의 견해를 간접적으로 변호했다.

진리가 우리에게 세속적인 철학을 피하라고 하며, 하느님 앞에서는 우리의 예지가 미친 수작에 불과하고, 모든 헛된 것 중에 인간이 가장 헛된 것이고, 자기가 무엇을 안다고 잘난 체하는 인간은 안다는 것이 무엇인지를 아직 모르고 있으며, 아무것도 아닌 인간이 자기가 무엇쯤 된다고 생각한다면, 그것은 자신을 꼬이며 기만하는 일이라고 그렇게도 자주 우리에게 타이를 때에, 진리는 무엇을 설교하는 것일까? 저 성령의 말씀은 너무나 명백하고 생생하게 내가 주장하려고 하는 바를 표현하고 있으니, 나로서는 이 진리의 권위 앞에 완전한 굴복과 순종을 바치는 자들에게는 아무런 증거도 보여줄 필요가 없다. 이런 자들은 단순히 채찍질을 원하며, 우리가 그들의 이성과 싸우도록 내버려두지 않을 것이다. 이성만으로는 구원될 수 없기 때문이다(지은이 수정).[54]

몽테뉴는 섹스투스를 따라 진리와 연관해 철학의 범주를 세 가지로 나누었다. 첫 번째는 '그것을 찾아냈다'고 말하는 부류, 두 번째는 '그것을 찾을 수 없다'고 말하는 부류, 그리고 세 번째는 '아직도 탐구하고 있다'라고 말하는 부류다. 첫 번째 범주는 '긍정적 독단주의'이며, 여기에는 아리스토텔레스 학파와 에피쿠로스 학파 그리고 스토아 학파 등이 속한다. 두 번째 범주는 '부정적 독단주의'이며, 여기에는 클레이토마코스와 카르네아데스 그리고 아카데미 학파 등이 속한다. 그리고 세 번째 범주는 '피론 학파의 회의주의'이며, 여기에는 피론이나 아이네시데모스 그리고 섹스투스 등이 속한다. 먼저 몽테뉴는 첫 번째 범주, 즉 긍정적 독단주의에 대해 이렇게 설명했다.[55]

아리스토텔레스는 대개 수많은 다른 의견과 신념을 우리에게 보이며, 자기 의견과 신념을 거기에 비교해보고, 자기가 얼마나 더 심오하게 알아보았으며, 얼마나 더 진실에 접근해갔는가를 보여주려고 한다. 진리는 남의 권리와 증명으로 판단되지 않기 때문이다. 그리고 그 때문에 에피쿠로스는 자기 글 속에 다른 사람의 증명을 인용하기를 조심스럽게 피한다. 전자는 독단론의 왕자이다.[56]

그리고 몽테뉴는 두 번째 범주, 즉 부정적 독단주의에 대해 이렇게 언급했다.[57]

키케로가 주장하는 바를 들어보라. 그는 자기의 개념으로 다른 사람들의 개념을 설명하고 있다. "우리가 개인적으로 사물 각각에 관해서 생각하고 있는 것을 알고자 원하는 자들은, 너무 심한 호기심으로 파고들어 연구한다. 철학에서 모든 사물을 토론하되 아무것도 결정하지 않는다는 원칙은, 소크라테스가 세워서 아르케실라오스가 전수하고 카르네아데스가 확립한 것으로, 오늘날에도 성행한다. 우리는 오류가 어느 곳에서나 진리와 혼동되어 있고 진리와 유사하므로, 어느 범주에 의해서도 확실성을 가지고 이것을 판단하고 결정지을 수 없다고 말하는 학파에 속한다."(키케로)[58]

또한 몽테뉴는 세 번째 범주, 즉 피론 학파의 회의주의에 대해 이렇게 설명했다.

나는 피론주의 철학자들이 어째서 그들의 일반적인 개념을 어떠한 방식으로도 표현할 수 없는가를 알아보았다. 그들에게는 새로운 언어가 필요할 것이기 때문이다. 우리의 어법은 모두가 긍정적인 제언으로 되어 있는 까닭에, 그들의 어법과는 완전히 다르다. 그래서 그들이 "나는 의심한다"라고 말하면, 그는 즉석에서 적어도 의심한다는 것을 알고 그것을 확신하고 있다는 사실을 인정하게 하며, 그들의 목덜미를 잡은 것이다. 그래서 그들은 의술에 대한 비유로 도피하지 않을 수 없게 되며, 그 방법이 아니고는 설명되지 않을 것이다. 즉 그들이 "나는 모른다" 또는 "나는 의심한다"라고 발언했을 때, 그것은 대황^{大黃}이 신체 속의 병질病疾을 밖으로 몰아냈을 경우, 그 병질과 함께 그 약까지도 같이 몰아내는 식과 같이, 이 제언은 그 내용의 뜻과 함께 그 자체를 몰아내야만 하는 것이다.[59]

몽테뉴는 《수상록》에서 자신을 피론주의적 회의주의자로 규정했다. 피론주의만이 독단주의를 배격하면서도 진리를 탐구할 수 있게 해주는 유일한 도구이자 장치이기 때문이다. 그는 이러한 고대 피론주의를 혁신시켜 자신만의 새로운 피론주의를 주장했다. 이는 르네상스 철학이 이루어낸 값진 결과물이기도 했다.

학문과 철학은 덧없으나 신앙은 영원하다 ●

몽테뉴는 우선적으로 신앙주의자였다. 그에게 신앙은 완전하고 영원한 것이었다. 이에 반해 철학은 불완전하고 덧없다. 앞에서도 언급했듯, 그는 사람들이 보는 모든 것이 덧없다고 생각했다. 그렇기에 사람들은 신의 은총에 의존해야만 하는 것이다.[60] 몽테뉴에게 철학과 신앙은 대립 관계에 있고, 철학적 이성은 종교적 신앙과 반비례했다. 즉 신앙의 위상과 영역이 강조될수록, 철학의 위상과 영역은 축소될 수밖에 없다. 반면에 철학의 위상과 영역이 강화될수록, 신앙의 위상과 영역은 훼손될 수밖에 없다. 철학은 시적 궤변일 뿐이라는 그의 언급[61] 역시 신앙주의에 근거해 있다.[62] 이처럼 몽테뉴는 철학에 대한 신앙의 우위를 강조했다.

몽테뉴에게 철학은 부정적인 것이었다. 가장 그럴듯하고 묘한 것을 꾸며 내놓는 일로 인식됐다.[63] 아리스토텔레스주의나 스콜라 철학과 같은 독단주의 철학도 예외가 될 수 없었다.[64] 아울러 독단주의 철학은 또 다른 문제도 가지고 있었다. 자신들의 독단의 근거에 대한 어떠한 물음도 허용하지 않기 때문이다. 이에 몽테뉴는 독단주의 철학을 옹호하는 철학자들에 맞서 그들의 한계를 지적했다. 사실 그가 보기에 철학의 핵심은 모든 것을 독단적 이론으로 정립시키는 것이 아니라, 독단론자들에 의해 정립된 모든 이론을 의심하는 활동이자 과정이었다. 그래서 그는 보편적인 공리와 우리를 폭력으로 억압하는 것들에 대해서는 항상 비판적인 자세를 견지해야 한다고 주장한다.[65] 인간에게 확실하다는 인상은 미친 기획과 극단성의 불확실함을 확실히 드러내는 징조일 뿐이기 때문이다.[66] 몽테뉴는 이성을 따라 확실성을 확보하고자 했던 모든 독단주의자의 시도에 대항해, 그들의 시도가 가진 무의미성을 드러내는 데 집중한다.

> 그 지론들이 이렇게 여러 가지이고 불확실하다 보니, 그들은 우리를 손으로 이끌어주듯 결론을 내리지 못했다는 결론으로 묵묵히 이끌어간다. 그들은 직업적으로 언제나 그들 사상을 명백하게 드러내 보이지 않는 버릇이 있다. 그들은 때로 그것을 시의 가공적 그림자 밑에 숨기고, 때로는 다른 가면 밑에 감춘다. 왜냐하면 우리 체질이 불완전해서 언제나 날고기는 위에서 잘 소화하지 못하기 때문이다. 그것을 건조시키고 변질시키고 삭여 놓아야 한다. 학자들이 하는 수작도 이와 같다. 때로 그들은 본연의 소신이나 판단을 흐리게 해서 사람들이 사용하기에 적합하게 변질시킨다. 그들은 어린애들을 놀라게 하지 않으려고 인간 이성이 무지하고 어리석다는 것을 터놓고 보여주려 하지 않는다. 뒤죽박죽으로 자기 의견이 없는 그들 학문의 겉포장을 거쳐서 그것은 넉넉히 들여다보인다.[67]

몽테뉴의 신앙주의에서 유의미한 것은 신의 은총이다.[68] 그는 신의 은총이 배제된 삶을 이렇게 묘사한다. 만일 신이 인간에게 원칙을 계시해주지 않았다면, 그런 원칙은 인간에게 있을 수 없다. 다른 일은 처음이건 중간이건 끝이건 꿈과 연기에 지나지 않는다.[69] 즉 은총을 배제한 채 이성에만 집착하는 것은 인간을 진리로부터 이탈시켜 불확실성의 상태로 몰아넣는 것이나 마찬가지다. 신은 항상 인간의 지적 교만을 경계한다. 따라서 하느님이 바벨탑을 무너뜨리고 혼돈을 일으킨 것은 우리의 오만을 경계하고 우리의 비참하고 무능력한 처지를 깨우쳐주기 위해서였다.[70] 인간의 유의미한 삶은 항상 신의 도움 아래 있어야 한다. 그는 신앙주의에 입각해서 이렇게 고백한다. 신의 도움이 없는 우리의 기도, 혹은 신의 은혜로 등불을 밝히지 않은 채 우리가 보는 모든 것은 허망하고 미친 생각에 지나지 않는다.[71]

몽테뉴의 신앙주의는 가톨릭주의로 구체화됐다. 복잡한 정치 현실 속에서도 그는 자신의 가톨릭주의를 옹호하고 지지했다.[72] 그러면서도 그는 기독교를 적대적으로 대하지 않았다. 시종일관 타 종교에 대한 관용의 태도를 놓치지 않았기 때문이다. 하지만 그 역시 가톨릭주의를 따르는 한 명의 신앙인이었기에, 당대의 종교개혁에 맞서 자신의 피론주의적 신앙주의, 즉 '피론주의적 보수주의'를 고수할 수밖에 없었다.[73]

그런데 이러한 경망한 지식들 사이에서, 내 속에는 어딘가 견실한 사상이 생겨났다. 내가 타고난 최초의 사상을 변질시킬 일은 없었다. 왜냐하면 새 것에 어떠한 모습이 보이더라도, 나는 바꾸다가 손해 볼까 두려워 여간해서는 바꾸지 않기 때문이다. 또 나는 택할 능력이 없기 때문에 남이 택해준 것을 잡고, 하느님이 나를 두신 자리를 지킨다. 그렇지 않으면 나는 끊임없이 흘러 돌아다니는 신세를 면치 못할 것이다. 그래서 하느님 덕택으로 나는 양심의 동요 없이 이 시대가 만들어낸 수많은 종파와 분열을 통해, 우리 종교의 옛 신앙을 온전히 지켜왔다.[74]

주지하다시피 피론 이후 모든 피론주의자들은 공통적으로 판단유보의 원리를 강조했다. 그런데 이러한 판단유보의 원리는 필연적으로 행위 불가의 문제에 노출되기도 했다. 서구 회의주의 철학사에서 드러나듯이, 스토아 학파와 같이 반회의주의 진영에 있던 철학자들은 이 행위 불가의 문제를 집요하게 제기했고, 피론 학파의 철학자들은 논적들의 집요한 공격 앞에서 골머리를 앓을 수밖에 없었다. 이러한 문제는 아카데미 학파의 철학자들에게도 마찬가지였다. 이때 피론 학파의 완성자였던 섹스투스는 하나의 대안을 제시했는데, 그것은 행위를 가능케 하는 네 가지 기준이었다. 그것들은 앞에서도 언급했던 '자연의 인도, 느낌의 필연적 요구, 법률과 관습의 전통, 전문기술 교육'이었다.[75] 몽테뉴 역시 섹스투스의 이러한 설명에 기대어 회의주의자들의 행위 가능성의 문제를 설명하고자 했다. 다음은 그의 언급이다.

인생의 행동으로 말하면, 그들은 이 점에서는 일반이 행하는 방식으로 행한다. 그들은 본성의 경향, 정열의 충동과 억제, 법률과 관습의 제도, 예술의 전통 등과 조화하려고 힘쓴다. "신은 우리가 사물들에 대한 지식을 가지는 것이 아니라, 다만 그 사용법만을 알기를 원했기 때문이다."(키케로) 그들은 아무런 추리나 판단 없이, 일반적 행동이 이런 사물들에 의해서 지도되게 내버려 둔다. 그 때문에 나는 사람들이 피론에 관해서 말하는 것을 이 원칙과 잘 조화시킬 수 없다. 그들은 그를 어리석고 움직이지 않고, 비사교적이고 야만적인 생활을 영위하며, 수레가 와도 비키지 않고 부딪히기를 기다리며, 절벽 위를 무턱대고 걸어가며, 법률에 협조하기를 거절하는 자같이 묘사하고 있다. 그것은 그의 생활 태도를 과장하는 것이다. 그는 돌덩이나 나무토막이 되기를 원치 않았다. 그는 살아 있고 사색하고 판단하는 인간으로서, 본성이 지닌 모든 쾌락과 편익을 누리며, 육체적이거나 정신적인 모든 소질을 정상적이며 올바른 방식으로 행사하고 사용하는 인간이 되기를 원했다. 인간이 진리를 지배하고 정리하고 확립한다는 그런 환각적이며 허구적인 특권을 가로채는 수작을, 그는 진심으로 단념하고 포기한 것이다.[76]

몽테뉴 철학의 특성은 신앙주의와 회의주의의 융합에서 잘 드러난다. 구체적으로 말해 그는 종교적 신앙주의에 철학적 피론주의를 결합해, 섹스투스의 고대 피론주의와 차별화되는 새로운 피론주의를 만들었다. 그래서 팝킨은 몽테뉴의 새로운 피론주의에 대해, 그리스도교의 십자가와 피론주의적 회의의 결합이 프랑스의 반종교개혁의 이념을 제공하기에 거의 완벽한 조합이었다고 평가했던 것이다.[77]

앞에서도 언급했듯 몽테뉴는 개인적으로는 독실한 가톨릭 신자였으나, 관용을 가지고 종교 간 대화와 평화 조성에 공헌했다. 동시에 그는 자신의 회의주의 철학과 가톨릭 신앙의 융합체로서 '피론주의적 가톨릭주의'를 완성하는 데도 많은 노력을 기울였다. 그의 피론주의적 가톨릭주의는 실제적으로 종교개혁의 확장을 저지하는 반종교개혁적 이념으로 제시되기도 했다.[78]

우리는 사물의 진실한 상태를 알 수 있는가?　　　　　●

몽테뉴는 지식의 문제를 다루면서, 고대 피론주의의 방법론과 섹스투스가 제시했던 다양한 논증을 이어받았다. 피론주의의 '등치의 방법'에 입각해, 그는 모든 명제에는 그것과 대립되는 반대 명제가 성립된다고 주장했다. 나아가 헤라클레이토스Heracleitos를 따라 존재하는 모든 것은 끊임없는 변화의 흐름 속에 있고, 그러한 변화가 존재의 본래 모습이라고 생각했다. 순환논증이나 무한소급과 같은 인식론의 주된 문제들을 언급하면서, 그는 인간이 지닌 인식론적 취약성을 노출시키고자 했다. 인간의 인식 능력은 한계가 있고 지식이라 언급되는 것들은 불확실하기 때문이다. 또한 그는 소크라테스도 최선의 학설은 무지의 학설이고 최선의 예지叡智는 순박성이라 결론 내렸다고 언급했다.[79] 이처럼 몽테뉴는 회의주의적 방법을 동원하여 인간의 인식론적 유한성을 노출시키는 데 많은 노력을 기울였고, 이는 궁극적으로 신앙주의, 즉 피론주의적 가톨릭주의를 제고하는 데 효과적이었다.

　그런데 몽테뉴에게 인식론 특히 감각지각의 문제는 결코 쉽지 않았다. 그것은 한마디로 딱 꼬집어 말할 수 없는 복잡한 양상을 띠기 때문이다. 즉 감각은 인간 지식의 시작이자 마지막이라는 그의 언급처럼, 그것은 우리 인식에 확실한 정보를 제공해주는 유일한 공급처인 동시에 무지의 가장 큰 기초이자 증거인 것이다.[80] 특히 몽테뉴는 감각이 외부 대상으로부터 전해지는 정보들을 왜곡시켜 불완전하고 불확실한 지식을 만들 수 있다는 사실에 주목함으로써, 감각에 근거한 인간 지식에 강한 의문을 제기했다.

몽테뉴는 또한 인간이 가진 감각기관 자체의 한계성도 지적하고자 했다. 그는 감각의 문제에 관한 자신의 제1의 고찰은, 인간이 자연의 모든 감각을 갖추고 있는가에 대해서 의문을 품는 일이라 언급하면서,[81] 인식론의 근본 문제를 제기했다. 일례로 그는 인간의 인식론적 한계를 설명하기 위해 선천적 시각장애인의 사례를 언급했다. 시각장애인들은 비시각장애인들과 동일하게 느끼고 말하며 행동하지만, 스스로에게 무엇이 부족한지 거의 이해하지 못하는 상태에 머물러 있다고 몽테뉴는 지적한다. 다시 말해 그는 감각의 부족으로 인해 이 같은 어리석은 짓을 하고 있진 않은지, 이 결함 때문에 사물의 모습을 제대로 보지 못하고 있진 않은지 근본적인 의문을 제기했던 것이다.[82]

몽테뉴는 외부 대상으로부터 전해진 정보들을 감각이 심각하게 부패시키고 변질시킬 위험성이 존재한다고 언급했다. 감각이 지닌 본질적인 한계를 본 것이다. 그러므로 무엇보다도 올바른 인식을 갖기 위해서는 감각에 존재하는 불확실성을 제거하는 일이 급선무다. 하지만 감각에 존재하는 불확실성이 완전히 제거될 수 있을까? 어쩌면 그것은 불가능할지도 모른다. 그는 불확실성을 제거하는 일에 대해 비관적으로 보았다. 우리는 오관의 상의와 협동으로 진리를 형성하지만, 이 진리를 확실하게 그 본질에서 알아보려면, 아마 팔관八官이나 십관十官의 일치와 협의가 필요할지 모르기 때문이다.[83]

그런데 감각의 불확실성에 대한 인식론적 문제가 해결된다 하더라도, 감각적 지식에 관한 우리의 의문이 완전히 해소되지는 않는다. 우리의 마음속에는 '심령心靈의 정열'이 존재하는데, 만약 마음이 다른 것을 지향하게 된다면 바로 우리 눈앞에 보이는 사물들도 보이지 않을 수 있기 때문이디. 이것은 마음의 정열로 인해 감각이 제 기능을 발휘하지 못하는 대표적인 사례라 할 수 있다. 몽테뉴는 우리의 감각이 심령의 정열 때문에 변질될 뿐만 아니라 완전히 마비될 수도 있다고 말한다.[84] 이처럼 몽테뉴에게 감각적 지식의 한계는 명백한 것으로 간주됐다.

몽테뉴는 또한 '꿈을 꿀 때의 심령'을 언급하면서, 인간의 인식 능력의 유한성 문제를 제기했다. 사람들은 꿈을 꾸는 상황에서도 마치 평상시처럼 말하고 행동하는데, 이를 볼 때 인간의 인식 능력에는 명확한 한계가 있다고 할 수 있다. 물론 깨어 있을 때와 잠을 잘 때의 감각표상에는 차이가 있다. 하지만 꿈을 꾸는 사람들은 대부분 자신이 깨어 있는 상황과 동일하게 말하고 행동한다고 생각한다. 그러므로 꿈꾸는 사람들에게 현실은 꿈을 꾸는 그 상태일 것이며, 그 상태는 깨어 있는 상태와 구분이 되지 않을 것이다.[85]

> 우리의 이성과 심령은 잠자는 동안에 나오는 공상과 개념을 받아들이며, 심령이 낮의 행동에 대해서 인정하는 바와 같은 권위를 꿈속의 행동에도 주는데, '어째서 우리가 생각하고 행동하는 것이 다른 방식의 꿈꾸는 일이며, 깨어 있는 것이 어떤 종류의 잠이 아닌가?' 하고 의문에 붙이지 않는가?[86]

몽테뉴는 동물의 감각 능력에 대한 분석을 통해 지식 획득의 난점을 지적하기도 했다. 감각 능력에 관한 한, 동물들이 인간보다 낫다는 것은 잘 알려진 사실이다. 시각 능력에선 매가, 청각 능력에선 박쥐가, 그리고 후각 능력에선 개가 인간의 감각 능력을 능가한다. 동물과 인간이 지닌 감각 능력의 차이를 몽테뉴는 플리니우스^{Gaius Plinius Caecilius Secundus}의 말을 빌려 설명하기도 한다. 이때 그가 인용한 사례는 인도산 바닷고기 이야기이다. 인도산 바닷고기는 독을 가지고 있어, 그것을 만진 사람은 누구든지 죽는다. 그런데 그 물고기 역시 사람과 접촉하면 죽어버린다고 한다. 이 경우 어느 쪽이 진짜 독을 가진 존재라고 할 수 있을까? 바닷고기일까, 사람일까? 여기서 몽테뉴는 '누구를 믿어야 한단 말인가?'라고 반문하며, 감각표상으로부터 나오는 지식의 불확실성을 강조한다.[87]

> 감각은 어떤 자에게는 더 컴컴하고 음침하며, 다른 자에게는 더 열려 있고 예민하다. 우리는 자신의 됨됨이와 생각이 기우는 바에 따라서 사물들을 다르게 받아들인다. 그런데 우리에게 그럴듯해 보이는 것은 너무나 불확실하고 모순이 많아서, 우리는 눈이 희게 보인다고 고백할 수 있으나, 눈이 그 본질에 있어 진실로 그렇다고 증명하기는 어렵다고 누가 말해도, 그것은 기적이 아니다. 그리고 이렇게도 시초가 흔들리다 보면, 이 세상의 모든 지식은 필연적으로 들떠 있게 된다.[88]

피론주의자들에 의하면 모든 감각기관과 경험은 상대적이다. 개인의 감각기관도 모두 상대적이고, 인간들 간의 경험 역시 상대적이다. 여기서 몽테뉴는 상대성의 사례로 '사향麝香'을 들면서, 사향은 냄새를 맡으면 상쾌하지만 맛을 보면 해로운데, 그렇다면 그것은 상쾌한 것인지 해로운 것인지를 묻는다.[89] 이 말에는 경험하는 주체의 상대적 판단으로 인해 대상의 본성에 대한 파악이 불가능하다는 판단유보의 원리가 내재돼 있다.

몽테뉴에 따르면, 우리가 감각을 통해 지각하는 것은 대상 자체가 아니라 대상의 표상이다. 대상의 본성에 대한 언급은 근본적으로 불가능하기 때문이다. 사람들은 '질병, 몽상, 수면' 등으로 인해 각기 다른 경험을 한다. 따라서 참된 경험의 상태가 어떠한 것인지에 대해 공통된 지식을 소유하는 것은 불가능하다. 예를 들어 입맛을 잃은 자는 술이 맛없다고 하고, 건강한 자는 술의 향취를 칭찬하며, 목마른 자는 술이 시원하다고 생각하는데, 이런 상황에서 술의 본질을 규명하는 것은 불가능하다. 몽테뉴는 사람들이 자신에게 유리한 방향으로 사물을 변형시켜 인식하는 것을 보면서, 우리 인간은 '어느 것이 사물의 진실한 상태인지 알 수 없다'는 실존적인 고백을 하기에 이른다.[90]

인간은 지식을 가질 수 있는가?　　　　　●

몽테뉴는 감각에 대한 분석과 비판을 수행하고 난 다음에 지식의 진위에 대한 문제, 즉 '지식의 기준'에 관한 문제를 새롭게 제기했다. 사실 인간의 다양한 감각 경험 상황에서, 어떤 것이 진리이고 어떤 것이 허위인지를 판가름해줄 객관적 기준에 대한 요구는 언제 어디서나 끊임없이 있었다. 이에 몽테뉴는 '차이점을 정당하게 판단할 자'를 '심판자'로 상정했다. 하지만 객관적 기준에 대한 그의 답변은 부정적이었다. 지식의 진위를 결정해줄 객관적인 기준 같은 것이 존재할지라도, 그것을 확보하려는 시도는 필연적으로 '순환논증의 문제' 또는 '무한소급의 문제'에 빠질 수밖에 없기 때문이다. 이처럼 지식의 기준 역시 확보될 수 없는 것이다.

　구체적으로 몽테뉴는 순환논증의 문제에 관해, 객체들에게 받은 외관을 판단하기 위해서는 정확한 도구가 필요한데, 이 도구의 진실성을 밝히기 위해서는 증명이 필요하며, 증명의 진실성을 밝히기 위해서는 도구가 필요하니, 결국 순환론에 빠지게 된다고 설명했다. 다음으로 무한소급의 문제에 관해, 감각 자체가 불확실성으로 충만해 있으니 우리의 논쟁에 단정을 내릴 수 없고, 단정을 내리는 것은 사물의 이치라야만 하는데, 어떠한 이치도 다른 이치 없이는 성립되지 않는다고 설명한다. 따라서 우리는 무한정하게 뒷걸음질을 쳐야 한다는 것이다. 이 같은 순환논증과 무한소급의 문제로 인해 객관적인 지식의 기준을 확보하려는 모든 시도는 실패할 수밖에 없다.[91]

그런데 지식의 핵심 요소인 개념 역시 감각 경험에서 형성된다. 개념은 사물과는 다른 것으로 '감각의 중개'로 만들어진다. 사물 자체는 감각에 의해서 파악되지 않는다. 사물로부터 파생된 '인상' 또는 표상만이 파악될 뿐이다. 이런 점에서 볼 때, 개념에 의해 사물의 본질을 파악하는 것은 불가능하며, 개념이나 경험이 사물과 일치한다고 말할 수 있는 근거 또한 취약하다. 마치 소크라테스를 모르는 자가, 그의 초상화를 보고 그와 닮았다고 말할 수 없는 것처럼 말이다. 이처럼 몽테뉴는 개념에 의한 지식 획득의 가능성도 부정했다.[92]

몽테뉴는 존재하는 모든 것은 변하고, 그것들 중에 변하지 않는 것은 없다는 철학적 입장을 가지고 있었다. 그의 이러한 입장은 헤라클레이토스의 존재론에 근거한 것으로, 같은 입장을 공유하는 철학자들의 명제는 '결국 우리의 존재나 객체들의 존재 혹은 나 자신을 막론하고 항상 실재하는 것은 아무것도 없다'로 요약될 수 있다. 그리고 그들의 공통된 인식론은 '판단하는 자와 판단받는 자는 서로 끊임없는 변화의 움직임 속에 있는 까닭에, 하나를 가지고 다른 것의 확실성을 세울 길은 없다'라는 명제로 정리된다. 이처럼 몽테뉴에게 존재와 인식은 모두 변화의 와중에 있기 때문에, 그 속에서 변하지 않는 확실한 지식을 찾고자 하는 모든 시도는 실패로 끝날 수밖에 없다.

몽테뉴는 사물의 본질을 파악하고자 하는 모든 시도를 마치 인간이 물을 잡으려는 것처럼 무모한 짓이라고 비판했다. 왜냐하면 그 본성이 사방으로 흘러내리면, 아무리 세게 움켜쥐어 봤자 결국 잡으려는 것을 놓치고 말기 때문이다. 그에게 사물의 본질은 인식 불가능했던 것이다.[93]

이건 참 좋은 말이고 유익한 욕망이다. 그러나 마찬가지로 부조리하다. 왜냐하면 손바닥보다 더 큰 것을 쥐려고 하고, 팔에 넘치는 것을 안으려 하며, 우리의 다리 길이보다 더 길게 발을 떼어 놓는 것은 불가능하고 부자연스럽기 때문이다. 인간이 자신과 인간성을 초월한다는 것도 안 될 말이다. 그는 그의 눈으로밖에 보지 못하고, 그의 파악으로밖에 잡지 못하기 때문이다.[94]

그 결과 몽테뉴는 회의주의의 탐구 영역을 현상으로 제한했다. 사물의 본성에 대한 탐구는 금기시됐으며, 지식의 확실성을 추구하고 지식의 체계화를 시도했던 철학자들의 모든 시도 역시 금지됐다.[95] 그럼 외부 대상이나 타자와의 관계는 아예 불가능한 것인가? 이에 대해 몽테뉴는 《수상록》 제2권 12장 "레이몽 스봉의 변호"의 마지막 문장에서 대안을 제시했다. 여기서 제시된 그의 답변은 철저하게 신앙주의에 근거한 것이었다. 즉 그는 신앙주의 관점에 입각해 외부 대상 및 타자와의 관계 가능성을 설명했다.[96]

만일 신이 비상한 은총으로 손을 빌려주신다면, 그는 올라갈 것이다. 그는 자신의 방법을 포기하고 단념하며, 순수하게 하늘에서 내린 방법으로 자기를 높이고 치올릴 것이다. 우리는 스토아 학파의 도덕에 의해서가 아니라, (우리 그리스도교─지은이) 신앙에 의해서 이 거룩하고도 기적적인 변화를 주장해야 할 것이다.[97]

현상주의: 우리가 알 수 있는 것은 현상뿐이다 ●

회의주의자로서 몽테뉴는 고대 피론주의의 진정한 계승자였다. 하지만 그는 여기서 만족하지 않고 그것을 새롭게 혁신시켰다. 이런 점에서 그의 회의주의는 '새로운 피론주의'라 불렸다. 철학자로서 몽테뉴는 '근대 자아의 발견자' 내지는 '근대 주관성의 발견자'로 평가받는다.[98] 그로 인해 내면적 자아와 주관성에 대한 논의가 본격화됐기 때문이다. 그는 근대철학으로 들어가는 길을 개척했던 선구자였다.

　몽테뉴의 철학에는 새로운 개념이 많이 등장했다. 그 가운데서도 우리의 주목을 끄는 개념들로는 '현상'과 '불안' 그리고 '신앙' 등이 있다. 섹스투스의 전통적인 피론주의에서는 '본질'과 '마음의 평화' 그리고 '판단 유보'가 강조됐다. 몽테뉴의 새로운 철학에서는 이러한 개념들이 크게 주목받지 못했다. 오히려 신앙주의하에서 '감각적 현상', '불안한 심리' 그리고 '깊은 신앙'이 더 중요한 개념으로 간주됐다. 이런 점에서 볼 때 몽테뉴는 완전한 회의주의자이자 심각한 신앙의 옹호자라는 이중적인 모습을 띤 철학자라 할 수 있다.[99]

　몽테뉴는 신앙주의에 입각해 섹스투스의 고전적인 피론주의를 새롭게 해석했다. 르네상스와 근대 이후의 철학자들은 몽테뉴의 새로운 피론주의에 대해 다양한 해석을 내놓았다.[100] 몽테뉴의 철학은 기본적으로 회의주의와 신앙주의라는 두 가지 개념으로 해석될 수 있다. 그의 주된 철학적 문제의식이 바로 회의주의와 신앙주의의 융합이었기 때문이다.

몽테뉴의 새로운 피론주의를 이해하는 데 있어 가장 우선적으로 살펴봐야 할 핵심 개념은 '현상phenomenon'이다. 잔니 파가니니는 이를 언급하면서, 두 가지 현상학적 설명이 전제되어야 한다고 주장했다.

(1) 우리는 오로지 현실의 외형만을 감각적인 차원에서 이해할 수 있을 뿐이다.

(2) 회의주의의 기본적인 관점은 인식 대상을 외형과 현실로 구분하는 이분법적 관점, 즉 인식이 가능한 외형이 있고, 이는 전통 형이상학이 탐구하는 본질이나 실체를 내포하기 때문에 근본적으로는 인식이 불가능한 현실이 있다고 보는 관점이다.[101]

몽테뉴의 《수상록》 제2권 12장 "레이몽 스봉의 변호"에는 '현상'으로 번역되는 'apparence'라는 개념이 등장한다. 몽테뉴는 그것을 지각perception 개념과 동의어로 쓰고 있다. 이것은 그가 무엇인가를 안다고 할 때, 그것이 곧바로 현상에 대한 지각을 말한다고 이해돼야 하는 이유이기도 하다. 하지만 그것을 서구 형이상학에서 언급되는 전통적인 현상 개념, 즉 실체 개념에 반대되는 것으로서의 현상으로 이해해서는 안 된다. 몽테뉴의 현상 개념은 실체 개념과 짝을 이루는 상대적 개념이 아니기 때문이다. 그것은 실체 개념과의 관계성 속에서 현상을 이해했던 데카르트나 라이프니츠 그리고 칸트의 철학과는 구분돼야만 한다.

사실 현상이라는 뜻을 가진 라틴어 단어는 'apparentia'이고, 그것에 해당하는 프랑스어 단어가 'apparence'다. 이 단어는 문헌학자 앙리 에스티엔이 섹스투스의 《피론주의 개요》를 번역하는 과정에서 사용했다. 몽테뉴는 앙리 에스티엔의 번역어를 그대로 가져왔는데, 이러한 과정에서 지각과 동일시되는 현상이라는 용어가 제 모습을 갖추게 됐다.[102]

몽테뉴가 보기에 사물의 본질과 현상 사이에는 절대적인 심연이 자리 잡고 있다. 그 심연은 철학자들의 사유에 의해 매개되지도 메워지지도 않는다. 그에게 존재하는 것은 현상일 뿐이고, 본질이란 알 수 없는 미지의 영역이기 때문이다. 그래서 그는 자신의 탐구를 철저하게 현상에 국한시켰던 것이다.[103]

본질과 현상을 절대적으로 이분화시켰던 몽테뉴의 이러한 시도는 고대 아카데미 학파의 이론과 유사한 점이 있다.[104] 하지만 고대 아카데미 학파가 현상 뒤에 존재하는 신비한 본질이나 실체를 우리의 인식 능력을 초월한 것 또는 파악 불가능한 것으로 보았던 데 반해, 몽테뉴는 본질과 현상을 연결하는 매개체 자체를 제거한 채 모든 존재하는 것들을 현상의 영역으로 환원시켜 설명했다. 이런 점에서 볼 때, 몽테뉴의 철학은 아카데미 학파의 철학과 동일시될 수 없는 특성을 지니고 있다.[105]

몽테뉴는 아카데미 학파에 대한 비판 이상으로, 스토아 학파와 아리스토텔레스 학파 그리고 스콜라 철학과 같은 '긍정적 독단주의' 철학을 비판했다. 먼저 스토아 학파의 독단주의에 대한 비판이 있다. 스토아 학파가 진리의 기준으로 설정했던 것은 '파악표상'이었다. 하지만 몽테뉴가 보기에 파악표상은 독단주의적 인식론의 결과물일 뿐이라, 진리의 기준으로 삼을 수 없었다. 다음으로 아리스토텔레스 철학과 스콜라 철학에 대한 비판이 있다. 이 철학들은 처음부터 끝까지 독단적 인식론으로 구성되어 있다는 것이 문제였다. 그래서 몽테뉴는 아리스토텔레스 철학을 가리켜 '독단론의 왕자'라 명명했고,[106] 스콜라 철학을 가리켜 아리스토텔레스의 인식론으로 무장한 독단적 철학이라 규정했다.

물론 아리스토텔레스 학파와 그를 따르는 아리스토텔레스주의자들은 모두 감각과 지성에 의한 진리 인식의 가능성을 긍정적으로 주장했다. 하지만 몽테뉴가 보기에 그러한 주장은 긍정적 독단주의일 뿐이고, 경우에 따라서는 지적 오만으로도 비춰질 수 있었다. 아리스토텔레스주의자 같은 독단주의자들이 감각과 지성을 매개로 파악하고자 했던 것은 현상이 아니라 본질이나 형상^{eidos}이었기 때문이다.[107]

몽테뉴는 '정상적인' 것과 '비정상적인' 것에 관해서도 의미심장한 언급을 했다. 특이하게도 그는 대립되는 개념 쌍들을 모두 현상과 연관된 것으로 보았다. 사실 우리가 현실에서 마주치게 되는 것들은 모두 현상과 연관된다. 예를 들어 꿈꾸는 것과 깨어 있는 것, 맨 정신인 것과 술에 취해 있는 것, 젊음과 노년, 편견을 가지는 것과 올바른 인식을 갖는 것, 건강과 질병 등은 모두 현상과 연관된다. 결코 본질이나 형상과 연관된 것이 아니다.

질병과 몽상 그리고 수면 등의 사고가 사물들을 건강한 자와 현자, 잠 깨어 있는 자들에게 나타나는 것과는 달리 보이게 하는 이상, 우리의 정상적인 상태와 타고난 기질은 우리가 발견한 기질이 그러하듯이, 자신의 특성에 상응하는 존재 방식을 객관적으로 부여할 수 있는 속성을 지닐 가능성이 있지 않을까(지은이 수정)? 그리고 우리 질병이 그런 것처럼 건강 상태는 사물들에게 자기 면모를 공급해줄 수 있는 것이 아닐까? 어째서 절도 있는 자는 무절제한 자가 하는 식으로 물체의 형태를 그 자체에 관련되게 갖지 않는단 말인가? 그리고 물체들에게 마찬가지로 그 성격을 박아 넣지 않는 것인가?… 그런데 우리의 상태는 사물을 자기에게 알맞게 만들며 자기에 맞춰 변형시키기 때문에, 어느 것이 사물의 진실한 상태인지 알 수가 없다.[108]

이런 점에서 볼 때 몽테뉴의 현상에 대한 생각은 아리스토텔레스주의자들에게 당연하게 수용돼왔던 정상과 비정상의 이분법에 대한 거부이자, 현상이라는 하나의 범주에 따라 정상적 표현과 비정상적 표현을 모두 이해하고자 했던 새로운 시도로 보인다. 하지만 몽테뉴의 이러한 시도는 이후 확실성certainty을 진리의 기준으로 삼았던 데카르트의 도전에 의해 큰 위기에 직면하게 된다.[109] 다음은 이 문제에 대한 잔니 파가니니의 평가다.

피론주의를 삶의 기술로 보는 견해는 몽테뉴 이후 점차 자취를 감추었고, 피론주의 고유의 특징이었던 윤리적인 성격의 교훈들 역시 그 의미를 상실했다. 앞으로 보게 되겠지만 이는 무엇보다도 데카르트의 등장과 함께 인식론적 문제, 즉 지식의 타당성을 논의하는 경향이 우위를 점하기 시작했기 때문이다.《수상록》의 2권 12장 "레이몽 스봉의 변호"는 아마도 윤리적인 측면과 인식론적인 측면 사이의 균형이 유지되는 마지막 근대적 텍스트일 것이다. 17세기가 흐르는 사이에 회의주의는 결국 이론적인 차원에서만 사유될 수 있을 뿐, 삶의 규범으로는 적용될 수 없다는 생각이 일반적인 견해로 자리 잡았다.[110]

물론 데카르트의 도전에 대한 몽테뉴의 응전도 가능할 수 있다. 하지만 그것에 대한 논의는 이 장의 범위를 벗어나는 방대한 작업이므로 생략하기로 한다. 지금은 몽테뉴의 새로운 피론주의가 어떤 것인지에 대해서만 집중적으로 탐구해보자.

심리주의의 첫 번째 개념: 자아, 안으로의 길 ●

몽테뉴의 새로운 피론주의를 이해하는 데 있어 현상주의 다음으로 주목해야 할 개념은 '심리주의'다. 몽테뉴는 아우구스티누스 이래로 심리주의에 대한 분석을 통해 자아의 문제를 탐구한 최초의 르네상스인이었다. 또한 주관성의 문제를 개척한 최초의 근대인이었다. 그래서 잔니 파가니니는 몽테뉴의 피론주의가 회의주의의 심리적 측면을 반영한다고 썼고, 리하르트 다비트 프레히트 역시 몽테뉴의 코페르니쿠스적 전환은 인지 심리학적 전환이라고 언급했다.[111] 이 장에서는 몽테뉴의 회의주의가 지닌 심리주의적 특성이 '자아', '의심의 활동성' 그리고 '반아타락시아anti-ataraxia'라는 세 가지 개념을 중심으로 논의될 것이다.

몽테뉴는 《수상록》에서 시종일관 자아의 문제를 파고들었다. 프레히트는 몽테뉴가 스스로를 면밀히 관찰했고, 자신의 사고를 더듬거리며 자아를 탐구해나갔다면서, 이러한 자기 관찰을 통해 스스로의 생각과 행동의 동기들은 물론, 더 나아가 궁극적으로 모든 인간적 행위의 원인을 파악하고자 노력한 회의주의자라고 강조했다.[112] 다음은 몽테뉴가 강조한 자아 탐구의 의미다.

세상 사람들은 늘 서로 상대편을 쳐다본다. 나는 내 눈을 내 속으로 돌리며, 시선을 거기에 처박고, 그 속을 부지런히 둘러본다. 모두 자기 앞만 쳐다본다. 나는 내 속을 들여다본다. 나는 나 밖에는 일이 없다. 나는 끊임없이 나를 고찰하고, 검토하며, 맛본다. 잘 생각해보면, 다른 자들은 늘 다른 것으로 가고 있다. 그들은 늘 앞으로 간다.[113]

섹스투스의 고전적인 피론주의는 '무無인칭의 철학'이었다. 섹스투스의 고대 피론주의에서는 1인칭이나 2인칭과 같은 인칭의 문제가 상정되지 않은 채 논의가 전개됐기 때문이었다. 이에 반해 몽테뉴의 새로운 피론주의에서는 항상 1인칭 시점이 전제된 상태에서 논의가 전개됐다. 즉 몽테뉴의 철학은 주관의 관점에서 사물을 분석하고 이해했던 '1인칭 철학'이었던 것이다. 이런 점에서 몽테뉴는 '주관성의 철학자' 또는 '1인칭 자아의 철학자'로 규정됐다.

몽테뉴에게 자아에 대한 탐구는 본질이 아니라 현상 영역에서 이루어졌다. 이것은 그의 인식론이 현상 영역만 탐구했던 것과 같은 이치였다. 현상적 자아에 대한 탐구는 자아에 대한 심리적 묘사 또는 이론화 작업으로 이어질 수 있다. 하지만 그러한 작업이 결코 쉽지는 않았다. 몽테뉴는 스스로에 대한 묘사만큼 어려운 것도 없다는 고백으로 그 지난함을 표현했다. 그럼에도 그는 자아에 대한 심리적 묘사나 이론화 작업은 유의미하고 유용하다고 강조했다.[114] 다음은 이 문제와 연관된 그의 언급이다.

벌써 여러 해 전부터 내 사색의 목표는 나 자신밖에 없었고, 나는 나 자신만을 살펴보고 연구해본다. 그리고 내가 다른 일을 연구한다면, 그것은 바로 자신에 적용해보기, 또는 적절히 말하자면 내 자신 속에 적응하기 위한 것이다. 그리고 이와는 비교할 수 없이 쓸모가 많지 않은 다른 학문에서와 같이, 내가 내 배움의 깊이에 만족하는 것은 아니지만, 여기서 배운 바를 남에게 전해준다고 해도 그것이 실수라고 보지는 않는다. 자기 자신에 대한 묘사만큼 어려운 묘사도 없으며, 그만큼 유용한 일도 없다. 이것을 밖에 내놓으려면, 그만큼 더 맵시 있게 잘 그려서 더 질서 있게 정리해야만 한다. 나는 계속 내 자신을 장식하고 있다. 왜냐하면 나는 끊임없이 나를 묘사하고 있기 때문이다.[115]

그런데 자아가 사물들을 이해하는 데는 두 가지 경우가 있을 수 있다. 하나는 자아가 사물을 성공적으로 이해하는 경우고, 다른 하나는 자아가 사물을 이해하는 데 실패하는 경우다. 전자는 사물이 자아에 정확하게 반영되는 경우고, 후자는 사물이 자아에 변형된 상태로 반영되는 경우다. 여기서 몽테뉴는 전자보다 후자에 더 많은 의미를 부여했다. 만약 사물이 자아에 변형된 상태로 반영된다면, 그것은 자아가 사물을 파악하는 일을 불가능하게 할 것이다. 즉 사물을 이해하는 과정은 사물에 대한 자아의 파악이 잘못됐음을 계속 확인하는 '반증의 과정'[116]일 것이다. 그 결과 자아는 인식론적인 '무지의 상태'와 심리학적인 '불안 상태'에 빠진다. 이처럼 몽테뉴는 자아가 사물을 온전하게 파악할 수 있다는 데 대해 부정적이었다.

"크세주Que sais-je?" 즉 "나는 무엇을 아는가?"라는 표현은 자아에 대한 몽테뉴의 탐구를 가장 잘 나타낸다.[117] 몽테뉴는 '크세주'를 통해 자신의 회의주의가 자아를 탐구하는 일종의 심문, 즉 긍정하는 것도 부정하는 것도 아닌 심문이라고 강조했다.[118] 그런데 몽테뉴는 외부 대상의 본질을 파악하는 탐구는 불가능하지만, 내면적 자아를 파악하는 탐구는 가능하다고 주장했다. 즉 그는 외부 대상으로 나아가는 '밖으로의 길'은 폐쇄했지만, 회의주의적 방법을 통해 내면적 자아로 나아가는 '안으로의 길'은 새롭게 확보했던 것이다. 몽테뉴는 이 '안으로의 길'을 따라 고대 피론주의와 차별화된 자신만의 새로운 피론주의를 선보였다.

심리주의의 두 번째 개념: 동태적 회의 ●

서구 회의주의 역사에서 몽테뉴는 섹스투스의 고전적인 피론주의를 혁신시킨 인물이었다. 즉 판단유보와 아타락시아로 대표되는 고대 피론주의를, '동태적인 회의'와 '불안'으로 대표되는 '새로운 피론주의'로 전환시켰던 것이다. 여기서 가장 눈여겨봐야 할 심리주의적 요소가 바로 '동태적인 회의'다. 이를 통해 그는 고대 피론주의와 차별화되는 새로운 철학을 세울 수 있었다.

　몽테뉴는《수상록》에서 '회의'를 진지한 철학적 주제로 간주하여, 회의 자체를 근대 지식인의 요구에 부응하는 유용한 개념으로 만들어내는 데 성공했다. 또한 그는 판단 보류가 아닌 의혹을 회의주의적 탐구의 결정적인 요인으로 간주했고, 결국 이런 의혹은 근본적으로 평온과 거리가 먼 불안과 혼란을 의미한다는 것을 보여줬다.[119] 이는 고대 피론주의와 구분되는 몽테뉴의 새로운 피론주의적 특성이었다. 사실 몽테뉴에게 철학의 본질은 회의(의심)였고, 그것은 멈춰 있는(정태적인) 것이 아니라 항상 움직이는(동태적인) 것이었다. 동태적인 회의란 '의심의 활동성'을 가리키는 말이고, 의심의 활동성이란 '의심의 과정' 내지는 '의심하기'와 같은 의미로 이해됐다. 이런 점에서 몽테뉴는 철학함이 의문을 갖는 일이라면, 더 유력한 이유로, 자신이 하는 것처럼 말장난하거나 상상을 엮어내는 것도 의문을 제기하는 일이어야 한다고 분명히 했다.[120]

하지만 몽테뉴가 강조했던 동태적인 회의 개념은 일반적인 의미에서의 '의심의 과정'이나 '의심하기'와 구분되어야만 한다. '의심의 과정'이나 '의심하기'는 기존의 믿음이나 지식을 부정하는 것을 뜻하지만, 몽테뉴가 강조하는 동태적인 회의란 인간의 마음을 '불안하고 불편한 상태'로 만드는 것이고, 이는 궁극적으로 인간의 마음에 신앙주의를 이식시키기 위한 그의 철학적 방법론이기 때문이다.

그런데 몽테뉴도 고대 피론주의의 제1원리인 판단유보를 거부하지는 않았다. 그의 새로운 피론주의에서도 '모든 사물을 토론하되 아무것도 결정하지 않는다'라는 판단유보의 원리는 핵심적인 것으로 자리 잡고 있기 때문이다.[121] 그럼 동태적인 회의와 판단유보 사이의 관계는 어떻게 이해돼야 할까? 몽테뉴는 판단유보의 원리를 훼손시키지 않는 범위 내에서 동태적인 회의를 강조함으로써, 두 개념을 조화시키고자 했다. 몽테뉴의 동태적인 회의는 '무지無知' 개념과 연결된다. 몽테뉴는 '나는 모른다. 또는 나는 의심한다'라는 명제로 동태적인 회의와 무지의 연관성을 강조했다.[122] 잔니 파가니니도 소크라테스의 무지와 몽테뉴의 동태적인 회의 사이의 연관성을 언급한다. 즉 몽테뉴는 '소크라테스의 무지'에서 유래하는 '나는 모른다'와 자신의 의혹에서 유래하는 '나는 의심한다'라는 극단적으로 대조적인 표현들을 회의주의의 함축적인 표어로 활용했다는 것이다.[123] 이처럼 몽테뉴의 동태적인 회의는 그 기원이 소크라테스까지 이어져 있다.

몽테뉴는 동태적인 회의란 개념으로 인간의 지적 오만을 비판했다. 먼저 그는 고대의 피론주의자들처럼 사람들 사이에 존재하는 '의견 불일치diaphonia' 개념에 주목했다. 그는 이 개념에 입각하여 인식 능력의 한계를 무시한 채 사물의 본질이나 진리를 파악할 수 있다고 생각했던 독단론자들의 지적 오만을 비판했다. 앤 하틀Ann Hartle에 따르면, 이성의 교만에 대한 비판을 수행하면서 몽테뉴가 보여준 것은, 철학자들이 가지고 있던 다양한 의견이 실제로는 불일치하고 모순된다는 것을 폭로함으로써 인간 이성의 한계를 부각시키는 것이었다.[124] 바벨탑과 연관된 이야기 역시 인간의 지적 오만을 비판한다고 볼 수 있다. 하느님이 바벨탑을 무너뜨리고 혼돈을 일으켰다는 몽테뉴의 말[125]은 인간의 마음을 인식론적으로는 '무지의 상태'로 만들고, 종교적으로는 '불안의 상태'로 만들어서 마음에 신앙이 들어설 수 있게 했다는 것이었다.[126]

정신의 영생불멸에 관한 정당하고 명백한 확신에 가장 완고한 자들이, 그들의 인간적인 힘으로 이것을 증명하기에 얼마나 모자라고 무력한 처지에 있는가를 보는 것은 놀라운 일이다. "이런 것은 가르치는 자가 아니라 욕망하는 자의 몽상이다"(키케로)라고 옛 사람은 말했다. 인간이 이 사실을 경험하면서 스스로 발견하는 진리는 운명과 우연의 덕택이라고 인정할 수 있다. 왜냐하면 그가 진리를 손에 잡았을 때에도 이를 파악하고 유지할 능력이 없고, 그의 이성은 이것을 이용할 힘을 가지지 않았기 때문이다. 자신의 이성과 능력으로 생산된 사물들은 진실하건 거짓이건 모두 불확실성과 힐난을 면치 못할 것들이다. 하느님이 옛날 바벨탑을 무너뜨리고 혼돈을 일으킨 것은 우리의 오만을 경계하고 우리의 비참하고 무능력한 처지를 깨우쳐주기 위한 일이었다.[127]

그렇다고 해서 몽테뉴의 철학에서 이성이 완전히 사라지진 않는다. 오히려 그에게 인간 이성은 모든 종류의 실험을 위한 시금석으로 남아 있었다.[128] 하지만 그와 동시에 인간 이성의 어두운 면도 주목받았다. 즉 인간 이성은 허약하며,[129] 그릇됨과 오류와 약점과 실패로 가득한 도구였던 것이다.[130] 이런 점에서 볼 때 몽테뉴에게 인간 이성은 이중적·양가적 의미를 가지고 있었다.

그럼에도 몽테뉴는 인간 이성이 지닌 이중적 측면 중 부정적인 것에 더 주목했다. 그에게 이성이란 신앙에 의해서 엄격하게 통제돼야 할 대상으로 인식됐기 때문이다.[131] 나아가 그는 신의 은혜로 등불을 밝히지 않은 채 우리가 보는 모든 것은 허망하고 미친 생각에 지나지 않는다고 비판했다.[132] 이것은 인간의 마음 역시 신앙에 근거해야 한다는 몽테뉴의 생각이 잘 드러난 언급이었다. 리하르트 다비트 프레히트도 몽테뉴는 브루노와 달리 우주의 참된 본성을 꿰뚫어 보는 깨우친 인간 정신을 믿지 않았으며, 인간의 인식 능력에 대해 무척 회의적이었다고 평가한다.[133] 이처럼 몽테뉴는 신의 은총이 배제된 인간 이성에 대해 부정적인 생각을 가지고 있었다.

심리주의 세 번째 개념: 반아타락시아 ●

몽테뉴의 심리주의에서 마지막으로 주목해야 할 개념으로는 반反아타락시아anti-ataraxia(반-마음의 평화)'가 있다. 반아타락시아는 몽테뉴의 새로운 피론주의를 설명하기 위해서 고안된 개념이다. 이 개념은 '아타락시아로부터 벗어나는' 또는 '아타락시아를 거부하는'이라는 의미를 지닌다. 철학사적으로 고대 피론주의자들이 추구했던 아타락시아와는 정반대의 가치이기도 하다. 사실 고대 피론주의자들이 공통적으로 추구했던 것은 '마음의 평화' 내지는 '부동심'이었다. 이는 헬레니즘 시기 스토아 학파 및 에피쿠로스 학파와 같은 독단주의자들이 추구한 것과 동일하기도 했다. 고대 피론주의자들은 외부 대상에 대한 일체의 판단을 유보한 채, 오직 마음의 평화 내지는 부동심을 획득하는 것을 철학의 최고 목표로 생각했다. 이런 점에서 고대 피론주의는 불안을 거부했던 '불안 부정의 철학'이라고도 말할 수 있다. 하지만 몽테뉴의 새로운 피론주의는 고대 피론주의와 달리 '불안의 부정을 다시 부정하는' 철학을 지향했다. 즉 '불안'을 철학의 새로운 지향점으로 설정했던 것이다. 이런 점에서 몽테뉴의 새로운 피론주의는 '불안 지향적인 철학'이었다고 할 수 있다.[134]

고대 피론주의에서 가장 중요한 것은 회의주의에 대한 '논리주의적 해석'이었다. 하지만 몽테뉴는 그런 해석을 거부한 채 '심리주의적 해석'을 시도했다. 그럼 이 두 해석 간의 차이점은 무엇일까? 우선 논리주의적 해석에서는 '등치의 방법'이 강조됐다. 즉 존재하거나 논의되는 모든 것에는 어떤 주장(A)과 그것에 대립되는 반대 주장(A 아닌 것)이 동시에 성립 가능하다는 것이다. 다시 말해 고전적인 피론주의자들은 등치의 방법에 따라 불안의 부재라는 최고의 행복 상태에 도달할 수 있었다. 하지만 마음의 불안 상태가 제거되지 못한다면, 최고의 행복 상태는 도래하지 못할 것이다. 이처럼 고대 피론주의에서 회의주의자들은 상호 충돌하는 대립적인 명제들을 만들어내고, 나아가 그것들이 '부정'되지 않듯이 동일하게 '긍정'되지도 않는다는 것을 보여주는 논리적인 탐구를 자신들의 임무로

생각했던 것이다.[135]

이에 반해 몽테뉴는 판단유보를 심리주의적으로 해석함으로써, 섹스투스의 고전적 피론주의와는 확연히 다른 피론주의를 보여줬다. 다음은 몽테뉴의 새로운 피론주의에 대한 잔니 파가니니의 의미 있는 해석이다.

> 몽테뉴는 회의주의적 보류를 통해 지성과 감성이 스스로에게 일종의 패배의식을 부과한다고 보았다. 그리고 바로 이 패배의식은 부정적인 색깔을 띨 뿐만 아니라, 이성 자체가 하나의 도구라는 사실, 다시 말해 모든 것을 다스린다기보다는 마치 "납으로 만들어서 어떤 크기로든 마음대로 늘리고 줄이거나 접었다 펼 수 있는 도구"에 불과하다는 것을 증명한다고 보았다. 근대는 그런 식으로 고대인들의 '판단유보'가 지니는 '수동성'과 이성적 기능 자체에 대해 부정적인 견해를 피력하면서 첫발을 내디뎠다.[136]

몽테뉴는 사람들에게 '마음의 평안'을 심고자 했던 전통적인 피론주의에서 벗어나 '불안'을 심고자 했다. 즉 그는 사람들의 마음에 끊임없는 의심을 불러일으킴으로써, '불안한 상태' 또는 '불편한 상태'를 유지시키고자 했던 것이다. 이렇게 사람들의 마음에 의심을 불러일으켜 불안을 심는 활동을 새로운 피론주의의 목표로 설정함으로써,[137] 몽테뉴는 회의주의와 신앙주의를 융합시키는 자신의 철학적 목표를 현실화하고자 했다.[138]

사실 신앙주의자로서 몽테뉴는 신의 은총이 배제된 인간 영혼은 항상 불안하고 불편한 상태에 있을 수밖에 없다고 생각했다. 인간 이성의 힘만으로는 불안과 불편에서 벗어날 수 없다고 보았던 것이다. 몽테뉴는 여기서 벗어날 수 있는 힘을 신앙주의에서 찾았다. 인간이 영원한 행복에 이르기 위해서는 신의 은총에 의존해야 한다는 것이다. 이런 점에서 몽테뉴의 새로운 피론주의는 신앙주의를 제1원리로, 회의주의를 제2원리로 설정했다.

몽테뉴의 새로운 피론주의에서 회의주의의 역할은 분명했다. 신앙주의를 보조하는 것이었다. 하지만 회의주의가 신앙주의를 보조한다고 해서, 몽테뉴가 회의주의를 평가절하했던 것은 아니다. 오히려 인간은 회의주의를 통해서만 존재의 근거인 신과 조우할 수 있기에, 회의주의는 그 나름대로 고유한 역할과 기능을 가진다. 이렇게 해서 신앙과 무관했던 고대 피론주의는 신을 지향하고 신앙을 보조하는 새로운 피론주의로 재탄생하게 됐다.

정리하면 몽테뉴는 고대 피론주의를 심리주의적으로 이해함으로써 회의주의와 신앙주의 간의 융합을 가능하게 했다. 사실 그에게 진리의 원천은 신이었다. 하지만 이성과 과학으로 무장한 그의 논적들은 지적 교만에 빠져 진리의 원천인 신에게로 나아가길 거부했다. 이에 몽테뉴는 회의주의를 동원하여 인간의 마음을 인식론적으로는 무지의 상태로, 그리고 심리학적으로는 불안의 상태로 만들어서 신앙의 권위를 확보할 수 있었다.[139]

회의를 통해 믿음에 다다르는 신앙주의　　　　　　●

몽테뉴는《수상록》에서 회의주의와 신앙주의[140] 가 융합될 수 있는 가능성을 고찰했다.[141] 그리고 회의주의가 신앙주의로 통합되는 구체적인 모델도 제시했다.[142] 그의 이러한 탐구에는 신의 은총과 권위가 전제되어 있다.

몽테뉴의 신앙주의를 이해하기 위해서는, 우리의 존재나 객체들의 존재 혹은 나 자신을 막론하고 항상 실재하는 것은 없다는 그의 생각을 파악해야 한다.[143] 모든 것은 변하고, 존재하는 것은 모두 영원하지 않다는 그의 언급은 신앙주의를 강화하는 근거이기도 했다. 인간은 생성하고 소멸하는 유한한 존재자들 중의 하나일 뿐이다. 그러한 생성과 소멸의 과정으로부터 자유로운 존재는 오직 신뿐이다. 이런 점에서 오직 신만이 삼라만상의 궁극적인 원인이고 절대적인 구원자다. 그는 이것을 '만일 신이 비상한 은총으로 손을 빌려주신다면, 그는 올라갈 것이다'라는 말로 표현했다. 이 지점에서 그는 자신이 강조하는 그리스도교적 신 개념을 스토아 학파의 유물론에 근거한 도덕철학과 구분 짓고자 했다. 그래서 그는 우리 인간은 스토아 학파의 도덕이 아니라, 그리스도교 신앙에 의해서 거룩하고도 기적적인 변화를 이룰 수 있다고 주장한다.[144]

과거건 미래건 이 무한한 세기들은 하느님에게는 한순간에 지나지 않으며, 선과 예지의 힘이 그의 본성과 동일하다면, 우리의 언어는 그것을 말하지만 지성은 그것을 이해하지 못한다. 그렇지만 우리의 오만은 하느님의 소질을 우리의 판단으로 검사해보려고 한다. 여기서 세상 사람들이 사로잡혀 있는 몽상과 과오가 생기며, 자기 무게보다 동떨어진 사물들을 자기들 저울대로 달아 보려고 한다. "아주 작은 성공에 용기를 얻을 때에, 인간 심성의 오만이 저지를 일은 놀랄 정도다"(플리니우스).[145]

특히 몽테뉴는 회의를 통해 믿음에 다다르는 신앙주의를 강조했다.[146] 그에게 회의주의는 신앙주의의 조력자이자 동반자였다. 동시에 그에게 회의는 지성이나 지혜보다는 무지나 무식함에 더 가까웠다. 즉 그는 인간이 무지와 무식함의 중개로 초월적인 신적 지식에 도달할 수 있다고 보았고, 이를 통해 신앙주의를 완성할 수 있다고 생각했다.[147] 그는 자신에게 무식은 공포보다는 오히려 더 많은 희망을 준다고 언급했으며,[148] 최선의 학설은 무지의 학설이며 최선의 예지는 순박성이라고 역설했다.[149] 이처럼 몽테뉴에게 회의와 무지는 부정적인 기제가 아니라, 인간 영혼을 신과 조우케 하는 긍정적인 기제였다.

몽테뉴가 지식보다 무지를 더 강조한 사례는 많다. 예를 들어 그는 단순하면서도 소박한 삶을 살았던 브라질 사람들을 칭찬했다. 그가 그들의 삶에 주목했던 이유는, 그들이 단순성과 무지의 삶을 살아가면서 그 안에서 행복을 실현시켰다고 판단했기 때문이다.[150] 또한 그는 사도 바울도 순박함과 무지를 강조했다고 언급한다. 몽테뉴는 사도 바울이 순박한 자들과 무식한 자들은 올라가서 하늘을 얻지만, 우리는 우리의 지식을 가지고 지옥의 심연에 빠진다고 한 말을 인용하면서,[151] 지적 교만과 허영심을 경계한다.

진리의 인식에 우리가 참여하는 것이 무엇이건, 우리가 얻는 것은 자신의 힘으로 한 일이 아니다. 하느님은 우리에게 그의 경탄스런 비밀을 알려주려고, 속인들과 순박한 자들, 무식한 우리에게 충분히 가르쳐 주셨다. 우리가 신앙을 얻은 것은 추리나 오성에 의한 것이 아니고, 외부적인 권위와 명령에 의한 것이다. 우리가 지닌 판단력의 허약함은 이성이나 지식의 힘보다 도움이 되고, 우리의 맹

목성이 잘 관찰하는 것보다 더 도움이 된다. **학문보다도 무식함의 중개로** 우리는 이 거룩한 지식의 학자가 된다. 우리가 타고난 이 땅 위의 방법들이 이 초자연적인 하늘에서 오는 지식을 생각해볼 수 없음은 놀라운 일이 아니다. 우리의 것으로는 다만 복종과 굴복을 가져오자. 《성경》(《고린도전서》1: 19~21)에 이렇게 쓰여 있다.[152] "나는 현자들의 예지를 쳐부수리라. 그리고 총명한 자의 이해력을 깨뜨려 부수리라. 현자는 어디 있는가? 학자는 어디 있는가? 이 세기의 논객은 어디 있는가? 하느님은 이 세상의 예지를 어리석음으로 만들지 않았던가? 세상은 지혜로서 하느님을 안 것이 아닌 만큼, 그는 설교의 순박성으로 믿는 자들을 구제할 생각이 드셨다." [153]

몽테뉴는 자신이 천착한 새로운 피론주의를 사도 바울의 말과 매개시킴으로써, 회의주의와 신앙주의 간의 관계를 긍정적으로 조망했다. 그 전까지 그는 자신의 회의주의에 대한 근거로 주로 섹스투스를 비롯한 그리스와 로마 철학자들의 이론을 가져왔지만, 여기서는 직접적으로 사도 바울의 말을 인용함으로써 자신의 회의주의가 그리스도교적 신앙주의와 밀접하게 연결되어 있음을 강조했다.[154]

그런데 이 지점에서 몽테뉴는 종교를 두 가지로 나누어 고찰했다. 하나는 존재의 근거인 신으로부터 유래한 참된 계시로서의 종교가 있다. 이는 신비롭고도 초자연적인 '초월 종교'라고 할 수 있다. 다른 하나는 인간적인 특성과 연관되며 현실에서 흔히 볼 수 있는 종교가 있다. 그것은 인류 역사에서 실제로 드러났던 종교로, 인간이 만들어낸 '현실세계의 구체적인 종교'라 할 수 있다. 이렇게 구분한 뒤, 그는 전자의 참된 계시로서의 종교에 대해서는 긍정적으로 평가했으나, 후자의 정치세계에 존재하는 현실 종교에 대해서는 부정적으로 평가했다. 아울러 그는 초자연적인 계시에 대한 지나친 옹호가 무관용과 미신 그리고 광기의 지배를 받게 될 경우 독단적이고 폭력적인 종교가 탄생할 수 있다는 위험성도 지적했다.[155] 또한 현실 종교의 위험성에 대한 비판도《수상록》곳곳에서 발견된다.[156] 다음은 그중 하나다.

> 우리가 종교 때문에 하고 있는 전쟁에서와 같이, 라로슈-라베이유[157]에서 갑자기 적들과 맞닥뜨려 벌어진 전투에서 승리를 얻은 자들은 이 행운을 가지고 하느님이 자기들 편을 드는 것이라고 요란스럽게 떠들어대다가, 다음에 몽콩투르[158]와 자르나크[159]에서 패전한 것을 변명하려고 그것은 하느님 아버지께서 매질하시며 징벌을 내리시는 것이라고 말한다면, 그들이 시민들을 온전히 그들 마음대로 할 수 있는 것이 아니라면, 이것은 한 자루의 가루를 빻는 데 삯을 두 번 받는 식이고, 같은 입으로 더운 김과 찬 김을 뿜어내는 수작이라고 생각하기에 알맞은 일이다.[160] … 우리는 태양이 광선을 통해서 우리에게 보내주는 대로의 빛에 만족해야만 한다. 그리고 누구든지 태양의 실체에서 바로 빛을 얻으려고 눈을 쳐드는 자는, 그 오만의 죄과로 시력을 잃는다고 해도 이상한 일로 보아서는 안 된다. "인간들 중에 신의 의도를 누가 알 수 있으며, 주께서 원하시는 바를 누가 추측할 수 있을 것인가?"(묵시록)[161]

르네상스 회의주의를 이끌었던 몽테뉴의 새로운 피론주의는 고대 피론주의를 계승하면서도 그것과는 차별화된 독창적인 면을 보여줬다. 팝킨이 잘 분석했듯이, 몽테뉴의 회의주의는 가톨릭주의와 강력한 친화력을 형성하면서 '피론주의적 가톨릭주의'라는 새로운 회의주의의 모델을 만들어냈다.[162] 그의 이러한 회의주의는 그가 독실한 신앙주의자였다는 이유로 평가절하돼서는 안 된다. 그는 당대의 독단주의적 종교인들이 보여준 광기와 폭력을 비판하고, 이성과 관용을 갖춘 온건한 신앙주의자로 살아갔기 때문이다. 몽테뉴는 온건한 신앙주의자의 관점에서 회의주의와 신앙주의의 융합 가능성을 현실화시켰다.[163]

하느님이 이 인간 지식의 구조를 뒤섞어 놓으시는 것은 유익한 일이다. 만일 우리가 지식의 한 낱말이라도 갖게 된다면 누가 우리를 제어할 것인가?"우리에게 유익한 사물의 지식을 감추는 암흑은 겸양을 위한 훈련이며, 오만에 대한 재앙이다"(성 아우구스티누스)라는 성자의 말씀은 대단히 내 마음에 든다. 우리는 우리의 맹목과 야만적인 어리석음을 어느 정도의 오만과 자만으로 실행하지 않는가(지은이 수정)? … 하느님만이, 그리고 신앙만이 우리에게 그렇게 말했다고 솔직하게 고백하자. 왜냐하면 이것은 본성의, 그리고 우리 이성의 가르침은 아니기 때문이다. 그리고 이 거룩한 특권 없이 인간의 존재와 그의 힘을 안으로 밖으로 다시 시험해보는 자, 또 아첨하지 않고 인간을 똑바로 쳐다보는 자는 거기서 죽음과 흙냄새 외에 다른 것을 느끼게 하는 아무런 효율도 소질도 보지 못할 것이다. 우리가 하느님께 더 많이 바치고, 은혜를 입고, 갚아 드릴수록, 우리는 더욱 그리스도교인답게 행하는 것이다.[164]

나는 내가 경험한 바에 따라 인간의 무지를 강조한다.
그것은 인간이 학문을 통해 얻을 수 있는 가장 분명한 지식이다.
우리는 소크라테스의 의견을 따라 이 말을 인정해야 한다.
_미셸 드 몽테뉴

5부

21세기에 소환된
고대 회의주의

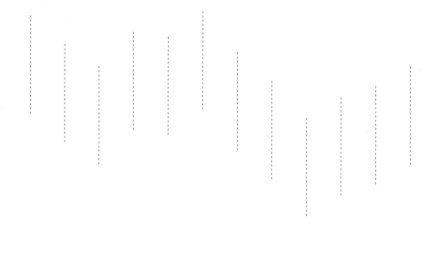

현대사회의 독단을 치유할 회의주의　　　　　　●

아카데미 회의주의와 피론주의를 포함한 고대 회의주의 철학은 공통적으로 '마음의 평안'과 '삶의 행복'을 지향했다. 그들은 '마음의 불안'과 '삶의 불행'의 원인이 됐던 독단과 아집 그리고 지적 교만으로부터 벗어나기 위한 삶의 지혜와 기술을 제시했다. 그들은 진리에 대한 충분한 탐구가 이루어지지 않은 상태에서는, 존재하거나 사유되는 모든 것에 대한 단정적인 판단을 유보한 채 겸손하게 살아갈 것을 권했다. 이러한 고대 회의주의 철학의 실천적인 사유는 오늘날 불안하고 불행한 삶을 살아가고 있는 현대인에게 새로운 평안과 행복의 가치를 선사할 것이다.

　이 책은 현대사회가 교만과 독단에 갇힌 채 불안과 불행의 끈을 놓지 못하고 있다고 진단하고, 그에 대한 하나의 대안으로서 고대 그리스의 회의주의적인 삶의 지혜와 기술을 비롯해 '호모 두비탄스'라는 새로운 인간상을 제시하고자 했다. 그렇다고 고대 회의주의 철학이 현대인의 불안과 불행을 완전히 종식시킬 수 있는 유일한 대안이라는 주장은 아니다. 다만 서구 철학사에 엄연히 존재해온 고대 회의주의의 역사와 그 영향을 적극적으로 고찰하여, 현대인에게 필요한 마음의 평안과 행복, 그리고 그에 필요한 삶의 자세란 무엇인지 어렴풋이나마 전달하고자 했다.

이 책에서는 고대 그리스의 아카데미 회의주의자들과 피론주의자들, 그리고 그들의 영향하에 있었던 중세의 아우구스티누스와 르네상스 시기의 몽테뉴를 소개했다. 아카데미 회의주의는 아카데미의 6대 원장이었던 아르케실라오스에 의해 시작됐고, 7대 원장이었던 카르네아데스에 의해 전성기를 구가했다. 그런데 그들은 모두 아카데미 회의주의의 뿌리가 실제적으로 소크라테스와 플라톤에게 있다고 주장했다. 피론주의는 기원전 4~3세기의 피론과 제자 티몬으로부터 출발했으나, 학파로서의 완전한 모습은 기원전 1세기 아이네시데모스로 인해 갖추게 됐다. 그 후 피론주의는 아그리파를 거쳐 섹스투스에 와서 전성기를 맞이했다. 중세 초기에는 교부철학자 아우구스티누스가 아카데미 회의주의에 대한 분석과 비판을 수행하면서 아카데미 회의주의를 큰 위기에 빠뜨렸으나, 그의 철학적 사유 곳곳에는 회의주의적 요소가 포함되어 있었다. 이 책은 그것을 '새로운 형태의 회의주의'라는 측면에서 고찰했다. 비록 아우구스티누스 이후에는 고대 회의주의에 대한 연구가 저조했으나, 르네상스 시기를 거치면서 많은 문헌학자들과 철학자들의 노력으로 피론주의가 부활할 수 있었다. 하지만 고대 피론주의의 완전한 부활은 몽테뉴로 인해 가능해졌다. 그는 당대 문헌학자들과 철학자들의 연구 성과에 힘입어 전통적인 피론주의와 연속하면서도 불연속하는 새로운 피론주의 철학을 세상에 내놓았다. 특히 그는 온건한 신앙주의자의 관점에서 회의주의가 신앙주의와 매개될 수 있는 가능성을 현실화시켰다. 이처럼 고대 회의주의는 피론에서 몽테뉴에 이르는 긴 세월 동안 수많은 천재 철학자들의 마음을 사로잡았던 서구 철학사의 중요한 흐름이었다.

몽테뉴 이후 회의주의는 어떻게 발전했나　　●

몽테뉴가 발전시켰던 새로운 피론주의는 '확실성'을 추구했던 근대철학자들의 강력한 도전에 직면했다. 그 중심에는 데카르트와 그의 후계자들이 있었다. 물론 데카르트도 자신의 철학 안에 회의주의적 방법론을 적극적으로 활용했다. 하지만 그는 확실성이라는 화두에 매달려 회의주의를 방법론적으로 적용시키는 데 그쳤다. 스피노자Baruch de Spinoza도 회의주의에 관한 데카르트의 논의를 수용해 종교에 적용시켰다. 그 결과 근대 계몽주의의 발전을 가능케 했던 새로운 형태의 회의주의가 제시됐다. 그 후 대표적인 근대철학자들이라고 할 수 있는 존 로크John Locke와 니콜라 말브랑슈Nicolas Malebranche 그리고 고트프리트 빌헬름 라이프니츠Gottfried Wilhelm Leibniz 등도 회의주의를 철학의 중요한 문제로 다루었다.[1] 이처럼 근대철학은 몽테뉴가 뿌린 회의주의라는 화두를 수용하고 변형하는 과정에서 발전했다.

　1621년 피론주의자 섹스투스의 저작들이 그리스어로 처음 출간되었다. 그로부터 약 20년이 지난 1641년, 데카르트는 자신의 주저인《성찰》 초판본을 출간했다.[2] 이 책에서 그는 '방법론적 회의'를 언급했다. 하지만 데카르트의 주된 관심은 지식의 토대에 대한 탐구에 있었다. 그는 회의주의 자체에 대한 탐구보다는 방법론적 회의를 매개로 하여 지식의 확실성을 탐구하는 데 더 많은 관심을 기울였다. 회의주의를 윤리학적인 관점에서 고찰했던 고대 회의주의자들이나, 그리스도교적인 관점에서 조망했던 몽테뉴와 달리, 그는 순수하게 인식론적인 관점에서 회의주의를 조망하고자 했다. 다시 말해 삶의 불행으로부터 벗어나는 방법을 연구했던 고대 회의주의자들과 달리, 데카르트는 '방법론적 회의를 통한 확실성 추구'라는 인식론적인 문제에만 집중했다. 이 같은 회의주의에 대한 데카르트의 문제의식은 철학적 패러다임의 거대한 변화를 낳았고, 근대철학의 탄생을 위한 기수 역할을 했다.

대륙 합리론의 전통과는 다르게, 경험을 소중히 여겼던 영국 경험론의 전통에서는 회의주의가 부흥할 수 있는 요소가 다수 내재되어 있었다. 잘 알려져 있듯이 데이비드 흄David Hume은 경험론에 내재되어 있던 회의주의적 요소를 극한으로 밀고 나감으로써, 고대 회의주의의 논리적 전통을 부활시켰다. 물론 그의 회의주의 철학은 칸트와 헤겔을 비롯한 독일 관념론자들의 공격을 받았지만, 그가 근대 회의주의 철학사에서 이루어낸 업적이 결코 적다고 할 수는 없을 것이다.

흄 이후 소강상태에 있던 고대 회의주의를 부활시킨 철학자는 누구보다도 고대 회의주의의 지혜를 잘 파악하고 있었던 프리드리히 니체였다. 그는 자신의 저서《안티크리스트》에서 고대 회의주의자들이 지향했던 회의주의적 지혜를 보여줬다. 여기서 그는 위대한 지성인들은 모두 회의주의자였고, 인간 최고의 가치인 자유는 회의를 통해서 입증되며, 독단주의자들이 말하는 확신은 곧 감옥이라는 대담한 주장을 전개했다.[3] 니체의 이러한 언급들은 고대 회의주의의 지혜에 대한 정확한 파악이라 할 수 있다. 다음은 회의주의에 대한 그의 언급이다.

> 기만당해서는 안 된다. **위대한 지성인들은 모두 회의가**懷疑家**다.** 차라투스트라도 회의가다. 정신의 강함, 정신의 힘과 정신의 넘치는 힘으로부터 비롯되는 **자유는 회의를 통해서 입증된다.** 확신Überzeugung을 가진 사람들은 가치와 무가치에 관련된 근본적인 모든 것을 전혀 고려하지 않는다. **확신이란 감옥이다.** 그것은 멀리도 보지 못하고 자기 아래도 보지 못한다. 그러나 가치와 무가치에 대해서 이야기할 자격을 갖추기 위해서는 자기 아래에—그리고 자기 뒤에—500가지나 되는 확신들을 봐야 한다. … 위대한 일을 하고자 하는 정신, 그리고 그것을 실현하기 위한 수단을 바라는 정신은 회의가가 되지 않을 수 없다. 모든 종류의 확신으로부터의 해방, 자유롭게 볼 수 있는 능력은 강한 힘의 특성이다. … 회의가의 존재 근거이자 존재의 힘인 위대한 정열, 곧 회의가 자신보다도 훨씬 더 개명되고 훨씬 더 전제적인 위대한 정열은 회의가의 지성 전체를 수단으로 이용한다. 그것이 회의가를 대담무쌍하게 만든다.[4]

동서고금의 저변에 흐르는 회의주의 ●

고대 회의주의자들의 이러한 지혜는 기원전 4세기 고대 중국의 철학자 장자莊子에게서도 발견된다. 장자 철학의 정수가 담긴 《장자》 "제물론편

齊物論篇"에서 장자는 설결齧缺과 그의 스승 왕예王倪의 이야기를 통해, 서구의 회의주의자들이 지향했던 고대 회의주의와 일맥상통하는 철학을 보여줬다. 다음은 장자의 회의주의적 사유가 잘 드러나는 구절이다.

> 설결이 물었다. "너는 모든 사물이 다 같이 옳다는 것을 아는가?"
>
> 왕예가 대답했다. "내가 어찌 알겠는가?"
>
> 설결이 물었다. "너는 네가 그 알지 못하는 까닭을 아는가?"
>
> 왕예가 대답했다. "내가 어찌 알겠는가?"
>
> 설결이 물었다. "그러면 사물이란 것은 본래 알 수 없는 것인가?"
>
> 왕예가 대답했다. "내가 어떻게 알겠는가? 그러나 한 번 시험 삼아 말해본다면, 나의 안다고 하는 것이 진정 모르는 것이 아닌 줄 어떻게 알겠으며, 나의 모른다는 것이 진정 아는 것이 아닌 줄 어떻게 알 수 있겠는가?" 5

이종성은 설결과 왕예의 대화에서 설결은 왕예에게 이 세상 모든 것이 다 옳다고 인정하는 것과 자신이 모른다는 사실 자체를 아느냐고 물었지만, 왕예는 일체의 질문에 대해 '알 수 없다' 내지는 '모른다'고 답변한다고 분석하면서, 왕예의 이러한 답변 방식은 인간의 지적 능력에 대한 의문을 제시하는 지적 회의론의 태도를 보여준다고 평가했다.6

불교에서도 고대 회의주의와 통하는 회의주의적 방법론이 있었다. 중관학파中觀學派의 창시자였던 나가르주나Nagarjuna, 龍樹는 피론주의자 섹스투스와 비슷한 시기인 2~3세기에 활동했다. 그는 자신의 주저인《근본중송根本中頌》제15장 제10게송에서 '있다'는 것은 상주常住에 집착하는 것이고, '없다'는 것은 단멸斷滅의 견해이기에, 총명한 사람은 '있다'거나 '없다'는 깃에 매달리지 않는다고 언급했는데,[7] 이는 그리스의 고대 회의주의자들이 보여준 태도와 유사했다.[8] 이처럼 동서고금의 위대한 지성인들은 모두 회의주의적 지혜와 정신을 공유했고, 우리는 그것을 니체와 장자 그리고 나가르주나를 통해 확인할 수 있다.

스스로 부딪혀야 알 수 있는 삶의 기술　　　　　　　　●

이 책은 처음부터 끝까지 고대 회의주의자들이 가진 지혜와 정신이 유의미하다는 것을 입증하는 데 집중했다. 이런 논의를 전개하는 내내 지은이는 '21세기에도 고대 회의주의는 유의미할까?'라는 질문에 매달렸다. 그리고 집필이 끝날 즈음에 '그렇다'는 결론에 도달했다. 일찍이 섹스투스는 회의주의가 인간의 병든 영혼을 치유할 수 있는 대안이 될 수 있다고 주장했다. 그의 이러한 통찰은 지금 우리에게도 유의미하다고 생각한다. 섹스투스는 회의주의자는 인류를 사랑하기에, 능력이 미치는 한 논변을 통해 독단주의자들의 자만과 성급함을 치유하려 한다고 언급하면서, 회의주의가 인간이 가진 '지적 자만심'과 '심적 조급증'을 치유할 수 있다고 강조했다. 이런 점에서 회의주의자는 의사로 비유될 수 있다. 육체적인 질병을 치료하는 의사가 다양한 치료법을 가지고 있어서, 중한 증상을 보이는 환자에게는 중한 치료법을, 가벼운 증상을 보이는 환자에게는 좀 더 가벼운 치료법을 처방하듯이, 회의주의자들도 다양한 논증방식을 사용하여 독단주의자들의 지적 자만심과 심적 조급증을 치유할 수 있다.[9] 다음은 섹스투스의 말이다.

회의주의자 또한 이와 같이 효력에 있어서 다양한 논변들을 제기하는 것이다. 그래서 (독단주의적) 성급함에 의해 심하게 고통받는 자들에게, 회의주의자는 무게 있고, 독단주의자들의 자만 증상을 강력하게 제거해줄 수 있는 논변을 사용한다. 반면 자만의 증상이 피상적이고 쉽게 치료 가능한 경우, 그리고 가벼운 설득(혹은 개연성)에 의해 (그런 증상이) 제거 가능한 경우에는, 회의주의자는 좀 더 가벼운 논변을 사용한다. 따라서 회의주의를 신봉하는 자(혹은 회의주의적 충동을 가지는 자)는 어떤 때에는 그럴듯함에 있어서 무게 있는 논변들을 사용하는 반면, 다른 경우에는 미약해 보이는 논변들을 제기하는 데 주저하지 않는다. 그리고 그는 일부러 그렇게 한다. 왜냐하면 많은 경우 그의 앞에 놓인 목표를 달성하는 데, 약한 논변만으로 충분하기 때문이다.[10]

지금까지 동서양 철학사에 등장하는 대부분의 철학자들은 존재하는 모든 것에는 본성이 있고, 우리는 그것을 파악할 수 있다는 확신 아래 그들의 철학적 사유를 전개해왔다. 하지만 과유불급이란 말이 있듯이, 본성과 확실성에 대한 철학자들의 과도한 열망과 확신은 종종 그들의 사유를 독단으로 만들고 화석화시켰다. 그러한 독단이 종교적 광기나 정치적 폭력과 결합되면서 인류 역사의 갖가지 비극들이 양산되기도 했다. 우리는 그것을 중세의 십자군 전쟁(11~14세기)이나 근대의 30년 전쟁(1618~1648) 등을 통해 목격했다. 이 책에서 천착된 고대 회의주의는 본성과 확실성을 찾기 위해 앞으로만 나아갔던 기존 철학에 대한 전면적인 반성을 요구한다. 그러한 요구는 단순히 우리 삶의 일부분에 그치지 않고, 우리가 확실하다고 여기는 모든 것으로 확장된다.[11] 그리하여 만약 회의주의적 삶의 태도와 방법이 우리 삶의 중심을 차지하게 된다면, 마음의 평안과 삶의 행복은 자연스럽게 도래할 것이다.

피론주의자 섹스투스는 회의주의적 삶의 기술이 일반적인 의미의 기술과는 차별화된다고 주장했다. 그가 보기에 회의주의적 삶의 기술은 가르침이나 배움에 의해서 획득되지 않기 때문이다. 그럼 회의주의자의 삶의 기술은 우리에게 어떻게 알려질 수 있는가? 어쩌면 그것은 우리에게 알려지지 않을 수도 있다. 왜냐하면 섹스투스는 우리에게 가르침이 가능하기 위해서는 세 가지, 즉 '가르쳐지는 대상', '가르치는 자와 배우는 자', 그리고 '배움의 방법'이 존재해야 하는데, 이 중 아무것도 존재하지 않고 가르침 또한 존재하지 않는다고 주장했기 때문이다.[12] 그럼에도 우리는 회의주의적인 삶의 기술을 배우고 싶어 한다. 어떻게 배워야 할까?

사실 삶의 기술은 누구로부터 배워서 알 수 있는 건 아닐 것이다. 오히려 그것은 우리의 마음을 지배하고 있던 비인간적인 믿음의 대상들이 반박되고 부정되는 순간에 드러나는 통찰 같은 것일 수 있다. 비록 진리로 가는 길에는 많은 장애물이 있겠지만, 그러한 장애물들이 진리로의 여행 자체를 불가능하게 만들지는 않는다. 소크라테스와 피론으로부터 몽테뉴에 이르는 수많은 회의주의자들이 진리로 향해 가는 여행의 가능성을 보여줬다. 그들은 그 길을 따라 여행을 했고, 그 길 위에서 진리와 조우했다. 이제 우리에게 남은 것은 선배 회의주의자들이 남겨 놓은 길을 따라 진리를 향해 뚜벅뚜벅 나아가는 것이다.

진실에 대한 탐구는 그 전까지 '진실'이라고 믿던
모든 것에 대한 의심으로부터 시작된다.

_프리드리히 니체

주석 ●

약어표		
PP.	Aristocles, *Peri philosophias (On Philosophy)*	아리스토클레스,《철학에 대하여》
Epist.	Augustinus, *Epistulae 1 to Hermogenianus*	아우구스티누스,《서간 1: 헤르모게니아누스에게》
Conf.	Augustinus, *Confessiones*	아우구스티누스,《고백록》
C.Acad.	Augustinus, *Contra Academicos*	아우구스티누스,《아카데미아 학파 반박》
C.Dei.	Augustinus, *De Civitate Dei*	아우구스티누스,《신국론》
Retract.	Augustinus, *Retractationes*	아우구스티누스,《재론고》
Acad.	Cicero, *Academica*	키케로,《아카데미카》
Div.	Cicero, *De Divinatione*	키케로,《점성술》
Fin.	Cicero, *De Finibus*	키케로,《최고선악론》
Leg.	Cicero, *De Legibus*	키케로,《법률론》
ND.	Cicero, *De Natura Deorum*	키케로,《신들의 본성에 관하여》
Off.	Cicero, *De Officiis*	키케로,《의무론》
De Or.	Cicero, *De Oratore*	키케로,《웅변가론》
Tusc.	Cicero, *Tusculane Disputationes*	키케로,《투스쿨룸 대화》
DK.	Diels-Kranz, *Fragmente der Vorsokratiker*	딜스-크란츠,《소크라테스 이전 철학자들의 단편 선집》
DL.	Diogenes Laertius, *Bioi kai gnōmai tōn en philosophia eudochimē santōn*	디오게네스 라에르티오스,《유명한 철학자들의 생애와 사상》
Prep. evang.	Eusebius, *Euangelikē proparaskeuē*	에우세비오스,《복음의 준비》
The.	Hesiodos, *Theogonia*	헤시오도스,《신통기》
Essais.	Michel de Montaigue, *Les Essais*	몽테뉴,《수상록》
Bibl.	Photius, *Bibliotheca*	포티우스,《도서관》
Ap.	Platon, *Apologia Sokratous*	플라톤,《소크라테스의 변명》
Gorg.	Platon, *Gorgias*	플라톤,《고르기아스》
Rep.	Platon, *Politeia*	플라톤,《국가》
Col.	Plutarch, *Adversus Colotem*	플루타르코스,《콜로테스에 대하여》
M.	Sextus Empiricus, *Adversus Mathematicos*	섹스투스 엠피리쿠스,《학자들에 반대하여》
PH.	Sextus Empiricus, *Pyrrhōneioi hypotypōseis*	섹스투스 엠피리쿠스,《피론주의 개요》

들어가는 글

1 프리드리히 니체, 박찬국 옮김,《안티크리스트》, 아카넷, 2013, 133.

1부 고대 회의주의의 의미

1 〈요한복음〉20:24~29(새번역)에는 이와 연관된 이야기가 나온다. 도마는 "나는 내 눈으로 그의 손에 있는 못자국을 보고, 내 손가락을 그 못자국에 넣어보고, 또 내 손을 그의 옆구리에 넣어보지 않고서는 믿지 못하겠소!"(20:25)라고 말하고, 이에 예수는 "네 손가락을 이리 내밀어서 내 손을 만져보고, 네 손을 내 옆구리에 넣어 보아라. 그래서 의심을 떨쳐버리고 믿음을 가져라"(20:27)라고 답한다.

2 교부시대의 전통을 잘 간직하고 있는 동방 정교회와 달리, 서방 교회는 로마 가톨 릭과 프로테스탄트 그리고 성공회 등으로 나뉜다. 이 책에서는 로마 가톨릭은 '가 톨릭' 또는 '그리스도교'로, 칼뱅주의를 포함한 개신교는 '기독교'로 표기했다. 4부 에서는 몽테뉴의 'Christian Pyrrhonism' 개념을 '그리스도교적 피론주의'로 옮겼 다. '기독교적 피론주의'로 옮기지 않은 이유는 그가 가톨릭 신자로서 가톨릭주의 와 피론주의의 융합을 시도했기 때문이다.

3 A. U. 좀머, 최철 옮김,《의심의 기술》, 산해, 2006, 13.

4 같은 책, 12.

5 *PH.* 1. 7. 섹스투스의《피론주의 개요》는 오유석의 번역본(《피론주의 개요》, 지만지, 2008)을 참고했다. 그런데 오유석의 번역본은 완역본이 아니기에 많은 부분이 누 락되어 있다. 누락된 부분 중 논의에 필요한 내용은 지은이가 번역하여 실었다.

6 *PH.* 1. 8.

7 *PH.* 1. 28~30.

8 *PH.* 1. 7~10.

9 *PH.* 1. 23.

10 *PH.* 1. 27.

11 *PH.* 1. 23의 각주 26.

12 *PH.* 1. 23.

13 *Ap.* 38a.

14 DK. 21B14~21B16.

15 *M.* 7. 65~86=82B3.

16 고르기아스에게서 고대 회의주의의 기원을 찾으려는 시도는 박승권의 다음 논문을 참고하라. 박승권, "고대 회의주의의 기원으로서 고르기아스:《…이지 않음에 관하여》와 섹스투스의 고르기아스 평가를 중심으로",《범한철학》91, 2018, 103~126.

17 *Ap.* 21b.

18 DL. 4. 28; *Acad.* 1. 45.

19 아그리파(Agrippa)는 5개의 논증방식을 소개한다. (1) 의견들의 상이성에 기인한 논증, (2) 무한소급에 기인한 논증, (3) 상대성에 기인한 논증, (4) 독단적 전제 설정에 기인한 논증, (5) 순환논증에 기인한 논증이 그것들이다(*PH.* 1. 164~177; DL. 9. 88~89). 섹스투스의 10개의 논증방식과 상충되기도 하지만, 이 5개의 논증방식은 논증이나 증거에 관한 것들이다(말테 호셀펠더·볼프강 뢰트 2011).

20 *PH.* 1. 200.

21 'isostheneia' 개념은 '힘에 있어서의 평형'이라는 뜻을 가지고 있다. 지은이는 이 개념을 문맥에 따라 '등치의 방법' 또는 '양립의 기술'로도 번역했다.

22 서양사에서 고대 후기는 보통 기원후 2~8세기를 말한다.

2부 아카데미 학파의 회의주의

1장 아르케실라오스

1 아카데미 학파의 아르케실라오스와 카르네아데스의 회의주의의 중요 주제들과 연관된 지은이의 논문들로는 다음이 있다. 박규철, "회의냐 독단이냐?: 중기 아카데미 학파의 아르케실라오스의 회의주의",《대동철학》제64집, 2013a; 박규철, "카르네아데스는 과연 판단유보의 원리를 망각하였는가?: 카르네아데스에 대한 섹스투스 엠피리쿠스의 비판과 섹스투스 엠피리쿠스 비판에 대한 재비판을 중심으로",《철학·사상·문화》제28호, 2018a; 박규철, "카르네아데스의 '개연적인 감각표상'과 '행위 가능성'의 문제: 스토아 학파의 '파악표상'과 '현자' 개념에 대한 비판을 중심으로",《철학탐구》제52집, 2018b.

2 아르케실라오스의 회의주의 철학을 해석하는 두 가지 접근 방법이 있다. 하나

는 변증법적 해석이고, 다른 하나는 반변증법적 해석이다. 전자의 입장을 따르고 있는 학자로는 Couissin(1983), Cooper(2004b), Ioppolo(2000), Frede(1984), Schofield(1999) 등이 있으며, 후자의 입장을 지지하는 학자들로는 Bett(1989), Brittain(2001) 그리고 오유석(2005) 등이 있다.

3 섹스투스는 아카데미 회의주의를 플라톤의 아카데미, 아르케실라오스의 중간 아카데미, 카르네아데스와 클레이토마코스의 신아카데미, 필론과 카르미다스의 제4아카데미, 그리고 안티오코스의 제5아카데미로 나눴다(*PH.* 1. 220).

4 호메로스, 천병희 옮김,《일리아스》, 숲, 2015, 193.

5 *The.* 321~322. 헤시오도스, 천병희 옮김,《신통기》, 한길사, 2004, 48.

6 DL. 4. 33. 디오게네스 라에르티오스의《유명한 철학자들의 생애와 사상》에 대해서는 다음 책들을 참조했다. 디오게네스 라에르티오스, 김주일·김인곤·김재홍·이정호 옮김,《유명한 철학자들의 생애와 사상 1》, 나남, 2021; 디오게네스 라에르티오스, 김주일·김인곤·김재홍·이정호 옮김,《유명한 철학자들의 생애와 사상 2》, 나남, 2021.

7 아리스톤은 아르케실라오스에 대해 그와 대립적인 입장을 가진 플라톤과 피론을 디오도로스의 변증법에 따라 한데 묶어서 묘사했다. 그의 이러한 설명은 그 자체로 일종의 모독이었다.

8 DL. 4. 33.

9 같은 책.

10 제논은 기원전 334년에 태어났고, 아르케실라오스는 기원전 315~316년에 태어났으며, 아리스톤은 기원전 300년경에 태어났다. 아르케실라오스는 제논보다 약 20살 정도 젊었고, 아리스톤보다 약 14~15살 정도 선배였던 것으로 보인다.

11 아폴로도로스가《연대기》 3권에서 말하는 바에 따르면 아르케실라오스는 스키테스의 아들이라고 한다. DL. 4. 28 참조.

12 DL. 4. 28.

13 DL. 4. 30.

14 DL. 4. 28.

15 DL. 4. 37.

16 DL. 4. 42.

17 *PH.* 1. 232.

18 중기 플라톤주의자 누메니오스 역시 아르케실라오스가 존재하는 모든 것에 대한

판단을 유보했다는 점을 들어, 그를 피론의 추종자였다고 말한다(*Prep.evang.* 14. 6. 5).

19 Thorsurd, 2010 참조.

20 *PH.* 1. 234

21 같은 책.

22 *Acad.* 1. 15~17.

23 키케로는 아르케실라오스의 파악 불가능성 개념을 교리적으로 이해하는 것을 금지했다. 그것을 교리적으로 이해하는 순간, 판단유보의 본래 정신과 불일치하게 되기 때문이었다(*Acad.* 1. 45).

24 DL. 4. 28.

25 DL. 4. 32.

26 키케로는 아르케실라오스 회의주의의 기원이 소크라테스 이전에도 있었다고 언급한다. 그에 의하면 소크라테스 이전 철학자들도 '사물들의 모호성'과, '인간의 마음과 감각의 제한성', 그리고 '삶의 유한성' 등을 들며 회의주의적 입장을 피력했다(*Acad.* 1. 44~45).

27 *Ap.* 21b.

28 DL. 4. 28; *Acad.* 1. 45.

29 소크라테스는 논박법을 통해 대화 상대의 거짓된 생각을 논파하고, 그들을 참된 인식의 세계로 인도하고자 노력했다. 그와 논쟁한 대담자들은 자신이 알고 있는 것이 전복되는 아포리아의 상태를 경험했으며, 그 어떤 것도 확실하게 알 수 없다는 사실을 깨달았다. 그러나 소크라테스의 논박법에는 그의 고유한 철학적 입장들이 최소한으로나마 전제되어 있다고도 볼 수 있는데, 그것은 다음 두 가지다. 첫째, 지식은 덕과 일치되어야 하며, 덕이란 훌륭한 삶을 살아가기 위한 필수적 요소다(*Ap.* 20c, 21b). 둘째, 만일 누군가가 이러한 지식을 가지고 있다면, 그는 절대로 논박당하지 않을 것이다(*Gorg.* 473b).

30 John Dillon, *The Heirs of Plato: A Study of the Old Academy(347-274 BC)*, Oxford University Press, Oxford: Clarendon Press, 2003.

31 같은 책, 236~237 참조.

32 DL. 7. 1~25; Dillon 2003, 235.

33 제논이 강조하는 파악표상의 세 가지 조건은 다음과 같다. (1) 파악표상은 존재하는 것으로부터 발생한다. (2) 파악표상은 실재하는 그대로 각인되고 흔적을 남기며 형성된다(*Acad.* 2. 77). (3) 파악표상은 존재하지 않는 것으로부터는 발생하지 않

는다(*Acad.* 2. 77; *M.* 7. 252). 제논은 파악에 따라 현자와 우자를 구분했다(*Acad.* 1. 42).

34 *Acad.* 1. 40~42.

35 제논은 파악표상에 의한 지식의 형성을 강조하나, 아르케실라오스는 파악표상이 비파악적인 인상과 구별 불가능하다고 주장한다. 이후 그들의 논쟁은 크리시포스와 카르네아데스까지 확장된다.

36 키케로에 의하면, 제논은 학적 지식을 확보하는 과정을 다음과 같은 비유로 설명하기도 한다. 손바닥을 펼친 상태는 '인상', 손가락을 조금 굽힌 상태는 '동의', 주먹을 쥔 상태는 '파악표상' 그리고 주먹을 쥔 손을 다른 손으로 감싸 안는 것은 '학적 지식'이라는 것이다(*Acad.* 2. 145). DL. 7. 1~160 참조.

37 *M.* 7. 150~159; *Acad.* 2. 66~67.

38 *Acad.* 2. 77.

39 *Acad.* 2. 47~53, 88~90.

40 *Acad.* 2. 89.

41 에우리피데스, 천병희 옮김,《에우리피데스 비극 전집 1》, 숲, 2009, 465~466.

42 *Acad.* 2. 51.

43 *Acad.* 2. 54~58; *M.* 7. 408~410.

44 *PH.* 1. 233; Thorsrud 2010 참조.

45 *Acad.* 2. 57~58, 2. 85~86; *M.* 7. 252.

46 *Acad.* 2. 57, 59, 145.

47 "이와 같이 착각에 빠지는 경우는 결코 배제될 수 없고, 더더구나 단순한 이성, 곧 이미 그 자체에 모순을 안고 있으면서 동시에 감각적인 기관에 의존하는 이성을 통해서는 도저히 극복될 수 없다고 보았다."(말테 호센펠더·볼프강 뢰트 2011, 467); *Acad.* 2. 77, 99, 84, 103; *M.* 7. 164, 402.

48 *Acad.* 2. 53, 107.

49 Thorsrud 2010 참조.

50 에피쿠로스의 제자였던 람프사쿠스의 콜로테스(Colotes)는 스토아 학파의 논리를 이용하여 아르케실라오스를 공격했다. 이에 플루타르코스(Plutarchos)는 콜로테스에 맞서 아르케실라오스의 논리를 옹호했다. 특히 그는 아르케실라오스가 판단유보, 즉 에포케(epochē)를 독단적인 테제로 설정하지 않았다고 강조했다.

51 Thorsrud 2010 참조.

52 'to eulogon'은 '그럴듯함'(오유석, 2005), '합리적인 감각표상'(오유석, 2011), '이성(합

리)적인 것'(조규홍, 2011) 등으로 번역된다. 지은이는 이 개념의 원래 의미를 되살려 '합리적이라고 간주되는 감각표상'으로 옮겼다.

53 표상(phantasia), *Acad.* 2. 18, 1. 40; 충동(hormē), *Acad.* 2. 24; 승인(sunkatathesis), *Acad.* 2. 37, 145.

54 *Col.* 1122a~d.

55 같은 책.

56 Thorsrud 2010 참조.

57 *Acad.* 2. 38.

58 아르케실라오스에게 '동의의 유보'는 학적 지식이나 철학적 논쟁점들을 구성하는 경우로 한정지어 이해되어야 한다. 즉 그에게 동의의 유보란 우리의 신념을 이론 이나 테제로 고착화시키는 경우에 한해 실행되어야 하는 것이었다. 회의주의자인 아르케실라오스에게도 일상적인 삶이나 행위 그리고 행복은 가능한 것이었기 때 문이다.

59 *Acad.* 1. 37.

60 같은 책.

61 아르케실라오스는 자신의 전제를 제시하지 않은 채, 스토아적인 전제에 입각해서 그들의 한계점을 노출시켰다. 그렇기에 Striker(1983b)도 지적하듯이, 아카데미 학 파의 모든 논증은 파악 불가능성이나 판단유보에 대한 증명의 방식으로서가 아니 라, 스토아 학파의 철학적 전제를 비판하기 위한 의도에서 제공됐다(말테 호센펠더· 볼프강 뢰트 2011, 472 참조).

62 DL. 7. 76.

63 Brittain 2005 참조.

64 실천의 문제에 대한 섹스투스의 논의는 《피론주의 개요》 제1권 23에 나타나 있다.

65 말테 호센펠더·볼프강 뢰트 2011, 483~484.

66 같은 책, 457.

67 같은 책, 482.

68 같은 책, 457.

69 같은 책, 482.

70 Thorsrud 2010 참조.

71 피론주의자 섹스투스도 행복에 대한 아르케실라오스의 논의에 대해서는 긍정적 으로 평가했다. 다음은 아르케실라오스의 행복론에 대한 그의 언급이다. "행복은

프로네시스(Phronesis), 곧 '지혜'의 산물이요, 지혜는 카토르토마타(Katorthomata), 곧 '완전한 행위들' 안에 내재해 있으며, 그 완전한 행위란 그것이 행해질 때 그 자체를 위해서 하나의 이성적 정당성을 갖는 행위를 함의한다."(M. 7. 158; 말테 호센펠더·볼프강 뢰트 2011, 481 재인용)

72 M. 7. 158, Long and Sedley 1987, 69b에서 재인용.

73 섹스투스는 아르케실라오스가 피론주의적 회의주의와 밀접한 연관을 가지고 있다고 언급한다(PH. 1. 232).

74 줄스 에반스 2012, 201.

2장 카르네아데스

1 말테 호센펠더·볼프강 뢰트(2011, 464)는 카르네아데스와 크리시포스 간의 철학적 주도권 쟁탈전에 관해 이렇게 말한다. "신아카데미 학파는 무엇보다도 스토아 학파의 입장과 대립했고, 그래서 스토아 학파가 사용하는 개념들을 본질적으로 수정했으리라는 점이다. 신아카데미 학파가 '회의' 개념을 옹호하고 나선 사실에 알맞은 설명은, 아마도 그들이 이미 같은 소크라테스적 전통 아래 서 있는 스토아 학파와의 불가피한 경쟁 상황을 맞아 '인식 불가능에 무방비하게 노출된 입장' 이외에는 그들을 대적할 수 있는 더 이상의 해결 방안을 알지 못했으리라는 것이다."

2 아르케실라오스의 스토아 학파 비판은 대담했지만 섬세하지는 못했다. 즉 아르케실라오스는 스토아 학파의 인식론에 맞서, 감각과 충동만으로도 인간 행동이 가능하다는 것을 보여주었다. 하지만 그의 반론은 충분히 설득력 있지는 못했다. 이에 카르네아데스는 스토아 철학을 효과적으로 제압하기 위해서 아카데미 회의주의를 좀 더 세련된 형태로 구성하고자 했다.

3 PH. 1. 1.

4 아카데미 학파는 모든 대상이 인식 불가능하다고 주장한다(PH. 1. 226). 하지만 섹스투스에 따르면 회의주의자는 어떤 대상이 인식될 가능성이 있다고 본다(PH. 1. 226). 섹스투스가 보기에, 인식 불가능성에 대한 아카데미 학파의 언급은 부정적 독단주의에 불과했다.

5 PH. 1. 220.

6 PH. 1. 1.

7 PH. 1. 227 참고.

8 아카데미 철학자들은 어떤 감각표상들은 개연적(pithanon)이지만 다른 감각표상들

은 개연적이지 않으며, 개연적인 감각표상들 사이에도 차이가 있다고 주장한다. 즉 어떤 감각표상(phantasia)은 단순히 개연적이지만, 다른 감각표상은 개연적인 동시에 철저히 검토된 것(dieksōdeumenē)이며, 또 다른 감각표상은 그에 더해 의심의 여지가 없기(aperispastos)까지 하다는 것이다(PH. 1. 227).

9 *PH.* 1. 226.

10 *PH.* 1. 230.

11 섹스투스는 판단유보의 원리를 포기하지 않더라도 일상적인 삶을 가능하게 해주는 것으로 법률, 관습, 자연적인 느낌 등을 강조했다(PH. 1. 231).

12 *PH.* 1. 232.

13 섹스투스는 아르케실라오스가 처음 보기에는 피론주의자인 듯하지만, 실제로는 독단주의자라고 비판한다(PH. 1. 234). 아르케실라오스의 철학이 독단주의와 회의주의가 결합된 기이한 철학이라는 것이다. 또한 아리스톤의 말을 따라, 아르케실리오스를 앞은 플라톤, 뒤는 피론, 그리고 중간은 디오도로스라고 묘사하기도 했다. 아르케실라오스가 디오도로스의 변증술을 차용했으면서도, 공공연하게 플라톤주의자로 행세했다는 혹평이었다(PH. 1.234).

14 *PH.* 1. 232 참고.

15 고대 회의주의와 카르네아데스 철학 전반에 대한 언급은 다음 책을 참고하라. 카차 포그트, 김은정·박승권·신우승 외 3인 옮김, 《고대 회의주의》, 전기가오리, 2018.

16 지은이와 다른 시각에서 카르네아데스와 피론주의에 대해 고찰한 논문으로는 박승권과 황설중의 다음 논문을 참고하라. 박승권, "스토아 학파의 진리의 기준: 파악과 파악표상의 대립을 중심으로", 《철학논총》 제77집, 새한철학회, 2014; 박승권, "진리의 기준에 대한 피론 학파의 논박", 《범한철학》 제86집, 범한철학회, 2017; 황설중, "피론주의와 불교", 《철학·사상·문화》 제21집, 동국대학교 동서사상연구소, 2016a; 황설중, "누가 회의주의자인가?: 아카데미 학파와 피론주의의 진리론의 차이를 중심으로", 《범한철학》 제81집, 범한철학회, 2016b; 황설중, "신아카데미학파와 피론주의의 차이에 관하여", 《철학논총》 제91집, 새한철학회, 2018.

17 섹스투스는 아카데미 학파의 회의주의를 플라톤의 아카데미, 아르케실라오스의 중간 아카데미, 카르네아데스와 클레이토마코스의 신아카데미, 필론과 카르미다스의 제4아카데미, 그리고 안티오코스의 제5아카데미로 나누었다(PH. 1. 220).

18 DL. 4. 62.

19 DL. 4. 65. 카르네아데스는 소크라테스, 아르케실라오스와 같이 철학과 연관된 어떠한 글도 남기지 않았다. 다만 그가 카파도키아의 왕 아리아라테스에게 보낸 편지들과, 그의 제자들의 기록만 전해진다(DL. 4. 65).

20 카르네아데스는 평소에 합성된 존재는 또한 해체될 것이라고 자주 이야기했다고 하는데(DL. 4. 64), 이로 미루어볼 때 그는 죽음을 상당히 두려워했던 것으로 추정된다.

21 DL. 4. 62.

22 *ND.* 1. 11. 이 책에 관한 번역은 강대진의 번역본을 참조했다. 키케로의《투스쿨룸 대화》에 따르면, 소크라테스가 자신의 의견은 감춘 채 상대방을 오류로부터 해방시키며 모든 논쟁에서 가장 개연적인 것을 찾는 방식을 가장 정교하고도 풍부하게 유지한 이가 카르네아데스였다(*Tusc.* 5.11).

23 DL. 4. 62.

24 DL. 4. 63.

25 로마의 감찰관(Censor)이었던 대(大)카토(Cato the Elder, Marcus Porcius Cato)는 카르네아데스의 회의주의적 논변이 지닌 위험성을 간파하고, 그를 로마에서 추방시켜야 한다고 주장했다. 카르네아데스의 회의주의적인 사고가 로마의 젊은이에게 좋지 않은 영향을 끼칠 수 있다고 생각했기 때문이다. 하지만 카르네아데스의 진의는 그런 것이 아니었다. 우리는 그 진의를 아카데미 회의주의에 대한 그의 생각을 통해서 확인할 수 있다(말테 호젠펠더, 볼프강 뢰트 엮음, 조규홍 옮김,《헬레니즘 철학사》, 459~460 참조).

26 섹스투스의 *PH.*1. 220 이하에 의하면, 900년간 전개된 아카데미의 역사 속에서 회의주의는 크게 다섯 단계로 이해된다. 즉 아카데미 회의주의는 플라톤의 아카데미, 아르케실라오스의 중간 아카데미, 카르네아데스와 클레이토마코스의 신아카데미, 필론과 카르미다스의 제4아카데미, 그리고 안티오코스의 제5아카데미로 나뉜다. 아르케실라오스를 시초로 하는 아카데미 회의주의는 카르네아데스로 인해 최전성기를 구가한다. 하지만 제자였던 필론과 그의 문하생인 안티오코스는 회의주의적인 전통을 포기하게 된다. 즉 필론은 아카데미 회의주의의 핵심 원리인 파악 가능성과 판단유보의 유보를 주장한다. 나아가 안티오코스는 필론마저 거부하면서, 회의주의 이전의 아카데미로 회귀하는 경향을 보인다. 하지만 안티오코스의 행보는 아카데미의 논적이었던 스토아 학파의 독단주의 철학으로 회귀하

는 역설적인 상황으로 귀결되고 만다. 그 결과 아카데미 회의주의는 종언을 고하게 된다. 이러한 아카데미 회의주의의 변천사 가운데서도, 카르네아데스를 중심으로 하는 신아카데미 학파는 아카데미 학파의 구성원이었던 아이네시데모스가 피론을 시조로 하는 새로운 철학, 즉 '피론주의적 회의주의'를 수립하기 전까지 가장 완성도 높은 회의주의 철학으로 자리 잡고 있었다.

27 *Acad.* 2. 76.

28 카르네아데스의 고유성에 대한 논의는 다음 논문을 참고하라. H. Thorsrud, "Arcesilaus and Carneades," *in The Cambridge Companion to Ancient Scepticism*, R. Bett (ed.), 2010, Cambridge University Press, 2010, 58~80.

29 키케로는 아카데미 회의주의자들의 논증의 특징을 "모든 것을 지지하는 논증이 필요하면서도, 모든 것을 반대하는 논증을 펴는 것도 필요하다"(*Acad.* 2. 60)라고 요약한다. 특히 키케로는 카르네아데스가 "그 어떤 (철학적 정의나 추론과 같은) 것도 참이 아닌 만큼 거짓도 아님을 소리 높여 공표한다"(*Acad.* 2. 43)고 보고함으로써, 카르네아데스의 회의주의적 정신을 잘 보여주고 있다.

30 *ND.* 1. 11.

31 DL. 4. 28.

32 DL. 4. 32. "누군가는 그가 모든 문제에 관해 판단을 중지했기 때문에 한 권의 책도 쓰지 않았다고 말한다. 하지만 다른 사람들에 따르면 그는 어떤 책을 교정보다가 들켰다고 하며, 또 어떤 사람들은 그가 그 글들을 세상에 내놓았다고 말하는가 하면, 어떤 사람들은 태워버렸다고 한다. 그는 또한 플라톤을 찬양한 것 같으며, 그의 책을 소유하고 있었다."

33 키케로는 파악 불가능성 개념이 독단적으로 이해되는 것을 거부한다. 왜냐하면 그것을 독단적으로 이해하는 순간, 판단유보의 본래 정신이 훼손되기 때문이다 (*Acad.* 1. 45; *PH.* 1. 234).

34 *PH.* 1. 227.

35 신에 대한 카르네아데스의 전반적인 비판은 *M.* 9. 146~147, 182~184; *De Or.* 3. 38; *ND.* 1. 4, 3. 44 등을, 진리의 기준(critērion) 문제에 대해서는 *M.* 7. 159 등을 참고하라.

36 DL. 4. 62.

37 *PH.* 1. 1. 카르네아데스를 비롯한 아카데미 회의주의자들의 철학이 진리에 대한 인식 불가능성을 주장한다고 규정하는 섹스투스의 언급은 상당 부분 *Acad.*에 나

타난 키케로의 보고에 근거해 있다. 키케로는 스토아 학파의 인식론에 대한 아카데미 학파의 반박을 다음과 같이 정리한다(*Acad.* 2. 40, 41~42, 83). 첫째, "어떤 표상들은 참되고, 다른 표상들은 거짓되다". 그리고 둘째, "거짓된 표상들은 파악되지 않는다". 하지만 셋째, "모든 참된 표상은 그것과 똑같은 거짓 표상을 가질 수 있는 종류의 것이다". 그리고 넷째, "두 표상들이 서로 아무런 차이가 나지 않는 경우, 그것들 중 하나가 파악 불가능할 때, 다른 하나가 파악 가능한 일은 있을 수 없다". 그렇기에 다섯 번째, "어떠한 표상도 파악 가능하지 않다"(*Acad.* 2.40). 그런데 섹스투스의 주장, 즉 카르네아데스의 철학이 진리의 인식 불가능성을 주장했던 부정적 독단주의자라는 언급은 "어떠한 표상도 파악 가능하지 않다"라고 했던 키케로의 다섯 번째 명제를 그대로 수용한 결과다.

38 *PH.* 1. 226.

39 *PH.* 1. 230 참고.

40 *ND.* 참고.

41 *M.* 9. 182~184.

42 《학자들에 반대하여》에는 다음과 같은 언급이 있다. "만약 신이 감각을 가지고 있다면, 신은 변화한다. 만약 신이 변화한다면, 신은 변화를 수용해 변할 것이다. 변화를 수용한다면, 신은 더 나쁜 쪽으로의 변화도 수용할 것이다. 만약 그러하다면, 그는 소멸할 것이다. 하지만 신이 소멸된다고 말하는 것은 부조리하다. 그러므로 신이 존재하다고 주장하는 것은 불합리하다."(*M.* 9. 146~147)

43 *ND.* 2. 16.

44 *ND.* 1. 4 참조.

45 *ND.* 3. 29~64.

46 *ND.* 3. 44.

47 *M.* 7. 166.

48 고대 회의주의 전반에 대한 간략한 소개는 박규철(2013b)의 논문과 카차 포그트 (2018)의 《고대 회의주의》를 참고하라.

49 로렌조 코르티 2018.

50 DL. 7. 46 참조.

51 *Acad.* 2. 99~104; *M.* 7. 166~175.

52 행위 가능성의 근거로 아르케실라오스는 '합리적이라고 간주되는 감각표상'(*M.* 7. 158)이라는 개념을, 카르네아데스는 '개연적인 감각표상'이라는 개념을 제시했던

것이다.

53 *Acad.* 2. 32. 그리고 감각표상에 대한 카르네아데스의 설명과 구분은 *Acad.* 2. 99~104와 *M.* 7. 166~175를 참고하라.

54 *PH.* 1. 231.

55 카르네아데스는 '개연적인 것'이란 개념을 3단계로 구분하여 이해한다. "그들(아카데미)은 서로 다른 문제에 대해서 서로 다른 표상을 사용하는 것처럼, 서로 다른 상황하에서 같은 표상을 따르지 않는다. 일상생활에서 사소한 문제를 탐구할 때 우리는 하나의 증거만을 구하지만, 더 중요한 문제에 있어서는 몇 개의 증거를 두루 참고해서 증거 각각을 비교 조사한다."(*M.* 7. 185) 즉 그는 관련되는 감각표상의 관계를 고찰하면서, 그 사이에 모순이 없고 정합적이면 그것을 따를 것을 권한다. "아카데미 학파도 감각표상의 정합성을 통해 참과 거짓을 판단한다. 또한 서로 일치하는 감각표상들 중 어떤 것도 그에게 의심을 불러일으키지 않는다면, 그는 이 감각이 참이라고 말한다."(*M.* 7. 179)

56 *PH.* 1. 230~231.

57 카르네아데스에 대한 섹스투스의 비판은 PH. 1. 1~4와 1. 226에 등장한다. 섹스투스에 따르면, 아카데미 학파는 좋은 것과 나쁜 것의 판단에 있어서 피론 학파와 명백히 다르다. 아카데미 학파의 철학자들은 자신이 좋거나 나쁘다고 말하는 대상이 그와 반대되는 대상보다 실제로 좋거나 나쁠 '개연성'이 크다고 믿는다는 것이다(*PH.* 1. 226).

58 *Acad.* 2. 77에는 파악표상 개념의 특징이 다음과 같이 언급된다. (1) 파악표상은 존재하는 것으로부터 발생한다. (2) 파악표상은 실재하는 그대로 각인되고, 흔적을 남기며, 형성되어진다. (3) 파악표상은 존재하지 않는 것으로부터는 발생하지 않는다(*M.* 7. 252에도 등장). 그리고 이러한 파악표상 개념은 현자 개념과 연관된다(*Acad.* 1. 42에도 등장). 스토아 학파의 진리 개념에 관해서는 박승권(2014)과 오유석(2009, 2010) 등의 논문을 참고하라.

59 *M.* 7. 402~410.

60 *M.* 7. 244~245. 스토아 학파의 진리 기준은 파악표상이다. 그들이 보기에 파악표상이 존재하지 않는다면, 모든 것은 불명확하다. 물론 이 점에 있어서는 카르네아데스도 스토아 학파와 생각의 궤를 같이 한다. 하지만 스토아 학파와 달리, 그는 파악표상이 부재하는 가운데에서도 개연적인 감각표상이 진리의 기준이 될 수 있다고 주장한다. 이 지점에서 카르네아데스는 스토아 학파와 갈라진다.

61 키케로에 의하면, 제논은 파악이란 개념을 설명하면서 '표상'은 손가락을 다 펼치는 것과, '동의'는 손가락을 약간 굽힌 것과, '파악'은 주먹을 꼭 쥔 것과 같다고 했다(*Acad.* 2. 145).

62 *M.* 7. 150~156.

63 DL. 7. 54.

64 DL. 7. 46.

65 DL. 4. 62 참조.

66 DL. 7. 49.

67 *Acad.* 2. 40. 키케로와 아카데미 회의주의 전반에 대한 이해는 김용민의 다음 논문을 참고하라. 김용민, "키케로와 헬레니즘 철학:《아카데미 회의주의에 대하여》에 나타난 인식론을 중심으로",《한국정치연구》제18집, 서울대학교 한국정치연구소, 2009.

68 *M.* 7. 402~405.

69 *M.* 7. 244~245.

70 에우리피데스, 천병희 옮김,《에우리피데스 비극 전집 2》,〈오레스테스〉, 264~265행.

71 *M.* 7. 244~245.

72 *M.* 7. 408~410과 *Acad.* 2. 54~58에는 이와 유사한 다른 사례들로 '거의 똑같은 정도로 비슷한 쌍둥이'와 '서로 구별되지 않는 두 개의 달걀'이 등장한다. 쌍둥이 A와 B가 있을 때, 쌍둥이를 처음 본 사람들은 A와 B 중 누가 형이나 언니이고 누가 동생인지를 잘 구분할 수가 없을 것이다. 그리고 구별하기 힘들 정도로 서로 비슷한 달걀 C와 D가 있을 때도, 어떤 것이 C이고 어떤 것이 D인지를 구분해내기란 그리 쉽지 않을 것이다.

73 *Acad.* 2. 78.

74 이에 대해서는 다음을 참조하라. *Acad.* 2. 59, 99, 108, 67, 78, 112, 6, 16, 24, 78.

75 Thorsrud 2010 참조.

76 Thorsrud 2010; Obdrzalek 2006 참고. 카르네아데스는 '오류 가능주의자(a fallibilst)'로 이해될 수 있다. 물론 그를 오류 가능주의자로 단정하기에는 더 많은 논의가 필요하나, 적어도 현실의 구체적이고도 실제적인 문제들과 관련해서 그가 오류 가능주의적 경향을 보이고 있는 것만은 확실해 보인다.

77 *Acad.* 2. 104.

78 카르네아데스가 말하는 동의에서 독단적 동의나 무분별한 오류 같은 것은 처음부터 배제된다. 주목받는 것은 감각표상들 중에서 설득력 있는 것을 지향하는 긍정적인 태도와 같은 것이다.

79 *M. 7. 187; PH. 1. 227.*

80 '당대불패'는 한국의 경주마다. 2009년 9월 데뷔해 2013년 11월 10일 마지막 경주를 치르기까지 총 32전 19승으로 승률 59.4퍼센트라는 기록을 남겼다. '대통령배(GI) 3연패'라는 업적도 가지고 있다.

81 Thorsrud 2010 참조.

82 카르네아데스와 피론주의자들에 대한 비교연구로는 황설중(2016, 2018)의 논문들을 참고하라.

83 *M. 7. 187.*

84 *Acad.* 2. 100, 109.

85 DL. 7. 46.

86 '현자'는 스토아 학파의 인식론을 설명하는 데 있어 핵심적인 개념으로 등장한다.

87 *M. 7. 432.*

88 카르네아데스는 스토아 학파의 파악표상들이 존재하지 않는다는 것을 논증하는 가운데, 그들에게 하나의 심각한 딜레마를 안겨주었다. 즉 스토아적인 현자는 명석판명한 파악적 감각표상을 획득하고자 노력하나, 실상은 그가 믿고 의지할 만한 파악표상이란 존재하지도 발견되지도 않기에, 파악표상을 찾는 것 자체를 포기해야 하거나, 아니면 진리는 아니더라도 '비파악적 감각표상(non-kataleptic impression)', 즉 '개연적인 감각표상'에 동의를 함으로써 개인적인 '단순한 억견'을 갖는 것에 만족해야 한다는 것이다(*Acad.* 2. 67).

89 *Acad.* 2. 67.

90 키케로는 스토아 학파의 현자 개념에 대한 서로 다른 두 가지 설명을 동시에 제공한다. *Acad.* 2. 99~104에서는 클레이토마코스의 견해가 옳다고 보고하고 있으며, *Acad.* 2. 7, 60, 78, 148 등에서는 필론과 메트로도로스의 견해에 동조하는 입장을 선보이고 있다. 이는 키케로 시대에도 현자 개념에 관한 논의가 분분했다는 것을 방증한다. 지은이는 필론과 메트로도로스를 따라 카르네아데스를 완화된 회의주의자로 보았다.

91 "회의주의자의 동의나 믿음은 독단주의자의 그것과 다르다. 독단주의자의 동의는 판단뿐만 아니라 행동도 결정한다. 하지만 카르네아데스는 판단과 행동의 문제

를 분리한다. 개연적인 믿음은 확실하지는 않지만, 행동을 가능하게 하기 때문이다."(*Acad.* 2. 103~104; *Acad.* 2. 78, 59, 67, 148 참고).

92 *Acad.* 2. 67.

3부 피론 학파의 회의주의

1장 피론

1 피론 학파의 피론과 티몬 그리고 아이네시데모스와 섹스투스의 회의주의의 중요 주제들과 연관된 지은이의 논문들로는 다음이 있다. 박규철, "섹스투스 엠피리쿠스의 회의주의", 《동서철학연구》 제85호, 2017a; 박규철, "아이네시데모스의 회의주의", 《철학논총》 제90집, 2017b; 박규철, "피론의 회의주의는 피론주의와 연속하는가?", 《철학논총》 제96집, 2019.

2 DL. 9. 61.

3 DL. 9. 67.

4 DL. 9. 58~59. 알렉산드로스를 수행하기도 했던 그는 140회 올림피아기에 전성기였던 키프로스의 참주 니코크레온을 적대시했다. 언젠가 향연에서 알렉산드로스가 그에게 만찬이 어떤지 묻자, '왕이시여, 모든 것이 호사스럽습니다. 남은 것은 어떤 총독의 머리를 장만하는 것입니다'라고 답했다고 한다. 니코크레온에게 한 방 날린 것이다. 니코크레온은 잊지 않고 있다가, 왕이 죽은 뒤 아낙사르코스를 절구에 던져 쇠절구 공이로 치라고 명령했다. 그러나 아낙사르코스는 형벌에 개의치 않고, 니코크레온에게 인구에 회자되는 말을 했다. '아낙사르코스의 자루를 가루로 내보시게. 하지만 아낙사르코스를 가루로 내지는 못할 거라네.' 다른 이야기에 따르면 니코크레온이 아낙사르코스의 혀를 잘라내라고 명령하자, 아낙사르코스는 스스로의 혀를 물어 끊어 그에게 내뱉었다고 한다.

5 DL. 9. 61. 여기에서 언급되는 '마고스들'은 '페르시아의 박사들(magi)'을 말한다.

6 동방의 영향을 받았을 가능성에 대해서는 E. 플린토프(Flintoff 1980)를 참고하라.

7 DL. 9. 61.

8 카차 포그트 2018, 54.

9 DL. 9. 62~63. "그는 삶에서도 시종일관하여 어떤 것에서도 비켜서지 않고 경계하지도 않았으며, 어떤 일이 일어나도, 설사 그것이 벼랑이든 개이든 그와 유사한

어떤 것이든 모든 것을 마주하면서 전혀 감각에 의존하지 않았다. 하지만 카리스토스 사람 안티고노스가 말하는 바에 따르면, 곁을 따르는 제자들이 그를 구했다고 한다. … 그리고 언젠가는 아낙사르코스가 물웅덩이에 빠졌는데, 그가 옆을 지나면서도 도와주지 않았다고 한다. 어떤 사람들은 그를 비난했지만, 아낙사르코스 자신은 그의 무차별심과 무심함을 칭찬했다."

10 로렌조 코르티, 2018 참조.

11 G. A. Ferrari, "L'immagine dell'equilibrio" in G. Giannantori(ed.), *Lo scetticismo antico*, Naples: Bibliopolis, 1981, 339~343. 오유석, "피론은 회의주의자였는가?", 《동서철학연구》 70호, 한국동서철학회, 2013 참조.

12 중기 플라톤주의는 1~2세기에 유행했던 플라톤주의의 한 유형이다. 이 학파는 플로티노스의 신플라톤주의 형성에 큰 역할을 담당했으며, 철학적으로 절충주의적 경향을 선보였다. 즉 그들의 철학에서는 전통적인 플라톤 철학에 피타고라스주의와 스토아 철학 그리고 아리스토텔레스 철학 등이 혼합되었다. 이 학파에 속하는 인물로는 플루타르코스, 가이우스, 알비누스, 아플레이오스, 아티코스 그리고 본문에서 언급된 누메니오스 등이 있다.

13 DL. 9. 68.

14 Bett 2000 참조.

15 지은이가 아는 한, 피론을 독단주의자로 언급하는 것은 누메니오스가 유일하다.

16 DL. 9. 70.

17 피론과 후대의 피론주의자들 사이에 존재하는 철학적 연속성에도 불구하고, 그들 사이에 철학적 불연속성이 존재한다는 입장도 있을 수 있다. 피론에 대한 문헌이 부족하고 증언이 불충분하다는 사실뿐만 아니라, 후대의 문헌과 증언 속에서 발견되는 그에 대한 모순된 언급들로 인해 불연속성 논의에 힘이 실리기도 했다. 그런데 이러한 입장은 모두 가설적 성격을 띠고 있다. 하지만 지은이는 피론의 회의주의와 아이네시데모스의 피론주의 그리고 섹스투스의 피론주의 간에는 강력한 연속성이 존재한다고 생각한다. 이 책은 이러한 전제하에서 논의를 전개했다.

18 DL. 9. 105.

19 피론이 알렉산드로스 대왕의 동방원정에 참가해 인도의 나체 현자들로부터 회의주의와 연관된 제반 이론들을 배웠다는 기록이 있기는 하나, 카차 포그트(2018) 등은 이러한 언급에 대해 부정적이다. 이에 대한 본격적인 분석은 다음 기회로 미루고자 한다.

20 피론주의 전반에 대한 연구로는 박승권과 황설중의 다음 논문을 참고하라. 박
    승권, "진리의 기준에 대한 피론 학파의 논박",《범한철학》제86집, 범한철학회,
    2014; 황설중, "누가 회의주의자인가?: 아카데미 학파와 피론주의의 진리론의 차
    이를 중심으로",《범한철학》제81집, 범한철학회, 2016; 황설중, "신아카데미학파
    와 피론주의의 차이에 관하여",《철학논총》제91집, 새한철학회, 2018.

21 섹스투스는 피론이 이전의 그 누구보다 열정적이고 분명하게 스스로를 회의주의
    에 귀속시켰다면서, 자신의 회의주의가 피론주의적이라고 말한다(*PH*. 9. 105).

22 현상에 대해서는 라에르티오스의 다음 언급도 참고할 만하다. "이런 근거로 티몬
    역시《퓌톤》에서 자신이 관습을 벗어난 게 아니라고 말한다. 또한《현상》에서 이
    렇게 말한다. '하지만 나타나는 것은 그것이 가는 모든 방향에서 힘을 갖는다.' 그
    리고《지각에 대하여》에서는 '나는 꿀이 달콤하다고 간주하지 않지만, 그렇게 나
    타난다는 데는 동의한다'고 말한다."(DL. 9. 105)

23 DL. 9. 106 참고.

24 *M*. 11. 20.

25 DL. 9. 101.

26 카차 포크트 2018.

27 DL. 9. 106.

28 *PH*. 1. 7.

29 DL. 9. 65.

30 DL. 9. 66

31 DL. 9. 62

32 DL. 9. 63. 후기의 피론주의자들은 역사적 피론에 대한 기이한 일화들을 의도적
    으로 축소시키고자 했다. 그 일화들을 보면, 그 안에는 경험을 수용하는 피론과 경
    험을 거부하는 피론이 공존함을 알 수 있다.

33 Flintoff 1980 참조.

34 카차 포크트 2018 참조.

35 DL. 9. 66.

36 DL. 9. 67.

37 이문열의 소설《필론의 돼지》에서 다루는 주제도 '마음의 초연함' 내지는 '마음의
    평안'이다. 지은이가 보기에 이문열은 회의주의 철학자 피론(Pyrrhon)을 알렉산드
    리아 출신의 유대인 철학자 필론(Philon)으로 잘못 표기하지 않았나 싶다. 이는 작

가가 기억에 의존해서 글을 쓰는 과정에서 발생한 오류로 짐작된다.

38 DL. 9. 68. "그리고 그는 인간의 불안정과 헛된 열정, 유치한 짓을 대상으로 삼는 모든 구절을 인용하곤 했다고 한다. 한편 포세이도니오스 또한 그와 관련하여 그런 것을 상세히 설명한다. 그는 자신과 함께 탄 승객들이 폭풍으로 인해 낯빛이 흐려지자, 영혼에 힘을 북돋우며 먹이를 먹고 있는 돼지를 가리켜 현자는 이와 같은 평정심 가운데 자신을 유지해야 한다고 말했다고 한다."

39 DL. 9. 66.

40 아리스토클레스는 소요학파의 일원이었기에 피론이나 피론 학파에 대해서 부정적이었을 것으로 판단된다. 당연히 피론에 대한 그의 해석도 비판적으로 언급되었을 것이다. 아리스토클레스는 많은 주장을 티몬의 입장으로 소개하는데, 지은이는 그의 해석을 비판적으로 수용했다.

41 *Prep.evang.* 14. 18. 1~5.

42 지은이는 C. 페린(Perin 2018)의 분석에 기대어 논의를 전개했다. 번역문은 오유석의 아래 논문에 포함되어 있는 것을 참조했다. 오유석, "피론은 회의주의자였는가", 《동서철학연구》 제70호, 2013.

43 "무엇보다도 우리 자신의 지식을 고찰하는 일이 필수적이다. 만약 아무것도 알지 못하는 것이 우리의 본성이라면, 다른 사물을 더 탐구할 필요가 없을 테니까 말이다. … 엘리스의 피론은 그러한 입장을 강력히 옹호한 사람이기도 했다."(카차 포그트 2018)

44 "ta men oun pragmata phesin auton apophainein ep' ises adiaphora kai astathmeta kai anepikrita."

45 "dia touto mete tas aistheseis mete doxas aletheuein e pseudesthai" 그런데 J. 브룬지윅(Brunschwig 1994)은 이것이 티몬의 견해라고 한다. 그는 피론의 논증은 원래 윤리학적이었으나, 티몬이 이를 인식론적 요소로 변환시켰다고 주장한다. 오유석(2013)은 (3)~(4)에 대해서는 객관적 해석이, (5)~(6)에 대해서는 주관적(인식론적) 해석이 더 부합된다고 봤다.

46 "dia touto oun mede pisteuein autais dein, all' adoxastous kai aklineis kai akradantous einai, peri henos hekastou legontas hoti ou mallon estin e ouk estin e kai esti kai ouk estin e oute estin oute ouk estin."

47 섹스투스에 따르면, 단언하지 않음이란 긍정과 부정을 포괄하는 광의의 일반적인 주장을 삼가는 것이다. 따라서 우리는 어떤 것도 긍정하거나 부정하지 않는다(*PH.*

1. 192). 우리는 불분명한 대상에 대한 독단적인 주장을 긍정도 부정도 하지 않는
다. 그저 우리의 느낌이나 감정을 촉발하여 우리를 강제적으로 동의로 이끄는 것
들에 따를 뿐이다(PH. 1. 193).

48 "kephalaia ton legomenon."

49 "meden pephykamen gnorizein."

50 Perin 2018 참조.

51 소요학파 출신이었던 아리스토클레스는 원래 피론이나 피론 학파와는 경쟁 관계 내
지는 반목 관계에 있었으며, 그의 서술 역시 이런 부정적 관점이 반영된 결과라고 봐
야 한다. 이러한 배경하에서, 우리는 아리스토클레스가 피론의 철학을 왜 그 렇게 불
친절하고 불명확하게 서술했는지 그 이유를 미루어 짐작할 수 있다(Perin 2018 참조).

52 Perin 2018 참조.

53 첫 번째 질문에 대한 답변으로는 주관적 해석과 객관적 해석이 존재할 수 있는데,
전자는 인식론적 해석이고 후자는 형이상학적 해석이다.

54 스바바르손에 따르면(Svavarsson 2010), (3)은 결정성(decidability)과 현실성(reality) 간
의 관계에 대한 견해에 근거해서 살펴볼 수 있다. 피론은 섹스투스를 비롯한 모든
피론 학파의 회의주의자들과 한 가지 공통점을 갖는데, 그것은 우리에게는 사물
들이 어떻게 존재하는가 결정할 수 있는 능력이 없다고 강조한다는 점이다.

55 R. Bett, *Pyrrho, His Antecedents, and His Legacy,* Oxford: Oxford University Press,
2000, 19.

56 여기에 포함되는 대표적인 학자로는 E. 젤러가 있다. E. Zeller, *Die Philosophie der
Griechen in ihrer geschichtlichen Entwicklung,* 3 volumes, III. 1, Leipzig: Reisland, 1923,
514~546.

57 Bett 2000, 36.

58 Bett 2000, 18~29 참조.

59 Perin 2018 참조.

60 (5)에 대한 해석에서 베트는 제2질문에 대한 답변은 제1답변을 형이상학적인 주
장으로 간주해야 성립 가능하다고 주장했다.

61 DL. 9. 62. 65. 66.

62 "adoxastōs", *PH.* 1. 7.

63 *PH.* 1. 28; *PH.* 1. 25 참조.

64 *PH.* 1. 10.

65 *PH.* 1. 192~193 참조.

66 피론이 말하기 자체를 부정하는 것은 아니다. 단지 말을 할 때, 사물의 비결정적 본성을 파악하고자 하는 태도를 강조한다. 그래서 그는 '우 말론(ou mallon)(~인 것은 아니다)'(*PH.* 1. 188)이라는 표현법을 강조하는 것이다.

67 피론이 말하는 '단언하지 않음(aphasia)'에는 섹스투스적인 판단유보와는 불연속하는 측면도 있다. 섹스투스는 서로 대립되는 사태들이나 진술들이 힘에 있어서 평형을 이루기 때문에, 우리는 판단유보에 이를 수 있으며, 그 후에 마음의 평안에 이르게 된다고 말한다(*PH.* 1. 25). 이처럼 섹스투스는 '평형'에 근거해서 단언하지 않음을 이해하는 것이다. 이에 반해 피론은 평형 개념을 상정하지 않은 채 단언하지 지 않음을 언급한다.

68 *PH.* 1. 192.

69 *PH.* 1. 193 참조.

2장 아이네시데모스

1 *PH.* 1. 10.

2 아르케실라오스에 관해서는 졸고를 참고하라. 박규철, "회의냐 독단이냐?: 중기 아카데미 학파의 아르케실라오스의 회의주의",《대동철학》 64집, 2013.

3 아카데미 회의주의의 전개와 쇠퇴에 관해서는 C. 레비의 다음 논문을 참고하라. C. Levy, "The sceptical Academy: decline and afterlife", *The Cambridge Companion to Ancient Scepticism*, Cambridge University Press, 2010.

4 아이네시데모스의 주저는《피론의 논변》(*Pyrrhoneia: Pyrrhonian Discourses* 또는 *Pyrrhonian Principles.*《피론의 담화》로도 번역됨)이다. 여기서 그는 인간이 가진 인식론적 한계와 그로 인한 판단유보를 주장했다.

5 *Pyrrhōneioi hypotypōseis.*

6 포티우스의 *Bibliotheca*(*Bibliothēkē*)는 기원전 5세기부터 9세기까지의 그리스도교 및 비그리스도교 문헌 280권을 요약하고 분석한 책이다. 이 요약 과정에서 포티우스는 아이네시데모스의 *Pyrrhoneia*를 부정적으로 요약한다. 왜냐하면 아이네시데모스의 회의주의가 그리스도교의 신앙과 교리를 이해하는 데 별 도움이 되지 않는다고 판단했기 때문이다(*Bibl.* 170b 39~40 참조). 언급되는 280여 권의 문헌 중에서 거의 절반이 현존하지 않는다. 백과사전적 성격의 책으로는 당대 최초의 저작이며, "포티우스가 서평의 발명가임을 보여주는 매혹적인 저작"(Reynolds 1991)이라

는 칭찬도 존재한다. 포티우스에 대해서는 N. G. 윌슨이 번역한 다음 책을 참고하
라. N. G. Wilson, *Photius: The Bibliotheca(Selected Works)*, Bristol Classical Press, 1994.

7   Hankinson 2010 참조.

8   *Praeparatio evangelica.* 에우세비오스의 《복음의 준비》에 나오는 아리스토클레스의
단편들에 대해서는 다음 책을 참고하라. R. Polito, *Aenesidemus of Cnossus:Testimonia*,
Cambridge University Press, 2014.

9   *Bioi kai gnōmai tōn en philosophia eudokimēsaniōn.*

10 이에 대해서는 오유석의 다음 논문을 참고하라. 오유석, "피론은 회의주의자였는
가", 《동서철학연구》 제70호, 한국동서철학회, 2013.

11 DL. 9. 107.

12 DL. 9. 62.

13 *Bibl.* 169b.

14 DL. 9. 106.

15 *PH.* 1. 8.

16 같은 책.

17 섹스투스는 아이네시데모스의 대립적 사유 속에 존재하는 판단들 간의 갈등 상황
을 "모든 사람은 자신에게 좋게 다가오는 것을 좋은 것으로 여기는 반면, 그렇게
여겨지는 대상이 구체적으로 무엇이든지 간에, 그 대상에 대한 각자 개인들의 고
유한 판단은 (동일하지 않기에) 서로 갈등을 일으킨다는 점을 지적하는 것으로 충분
하다"(*M.* 11. 42)라고 언급한다.

18 *Bibl.* 169b40~170a14.

19 "ouden horisteon", *PH.* 1. 197, 206, 2. 188; *M.* 8. 480.

20 DL. 9. 78.

21 Hankinson 2010 참조.

22 DL. 9. 62. 이 외에 "아이네시데모스는 피론이 판단유보의 원칙에 따라 철학을 했
지만, 매사의 일을 예측할 수 없게 행동한 것은 아니었다"(DL. IX 62)라는 언급도
있다.

23 DL. 9. 108. 섹스투스는 *M.* 8. 215~216에서 아이네시데모스의 《피론의 논변》
제4권의 내용을 다음과 같이 정리한다. "만약 '분명한 사물들'이 유사한 조건에
서 모두에게 똑같은 것으로 나타나고 또한 그 표현법들이 분명하다면, 표현법들
은 유사한 조건에서 모두에게 똑같은 것으로 나타날 것이다. 하지만 분명한 사물

이 유사한 조건에서 모두에게 똑같은 것으로 나타난다고 해도, 표현법들은 유사한 조건에서 모두에게 똑같은 것으로 나타나는 것은 아니다. 그러므로 표현법들이라는 것은 분명하지 않은 것이다." 그런데 여기서 아이네시데모스가 말하는 "분명한 사물들"이란 개념은 인간의 지각을 통해 인지된 사물의 현상들을 말하기에, 현상의 표상들에 국한된다. 섹스투스는 희다는 표상이나 달다는 표상과 같은 분명한 사물들이 유사한 조건하에서 모든 사물들에 동일한 것으로 나타난다고 해도, 그것이 동일한 것은 아니라고 주장한다(M. 8. 217~219). 예를 들어 똑같이 열이나는 환자들의 경우, 겉으로 드러나는 증상은 유사해 보여도 실제로 그 환자가 아픈 원인은 각기 다를 수 있는 것과 마찬가지이다(M. 8. 220). 이러한 인식하에 아이네시데모스는 지각 가능한 현상들의 영역에서 발견되는 분명한 사물들에 주목한다(Hankinson 2010).

24 P. 우드러프(Woodruff, 1988)와 R. 베트(Bett, 2000)는 아이네시데모스의 회의주의와 섹스투스의 회의주의의 차별성을 강조한다(Hankinson 2010). 피론주의의 창시자인 아이네시데모스의 회의주의와 섹스투스의 저작을 통해서 발견되는 후기의 성숙한 피론주의는 구별되어야 한다는 것이다. 그리고 그들은 아이네시데모스의 논증들이 상충되는 현상들과 그 현상들의 동등한 힘에 근거하여 판단유보를 목표로하기보다는, 아포리아적인 부정적 결론을 이끌어내는 것을 목표로 한다고 주장한다. 피론주의가 '유보적(ephetic)' 피론주의, '아포리아적(aporetic)' 피론주의 그리고 '탐구적(zetetic)' 피론주의로 분류된다고 했을 때, 아이네시데모스의 회의주의는 아포리아적 피론주의에 집중한다는 뜻이다. 하지만 지은이는 그들과 달리 아이네시데모스의 회의주의와 섹스투스의 회의주의의 연속성을 강조한다. 그들의 견해는 다음 자료들을 참고하라. P. Woodruff, "Aporetic Pyrrhonism", *Oxford Studies in Ancient Philosophy 6:1988*, 139~168; R. Bett, *Pyrrho, His Antecedents, and His Legacy*, Oxford University Press, 2000.

25 *PH.* 1. 8.

26 *PH.* 1. 10.

27 Striker 1983a. 카차 포그트(2018)에 따르면, 10개의 논증방식은 라에르티오스 (DL. 9.78~9.88), 알렉산드리아의 필론(《술취함에 관하여》 169~202), 섹스투스 등 세 사람의 저술에 남아 있다. 10개의 논증방식에 대한 라에르티오스의 설명은 섹스투스의 설명보다 나중에 쓰인 듯하다. 섹스투스는 광범위한 예증을 제시하며, 10가지 논증방식을 피론주의에 대한 자신의 일반적 설명에 통합시킨다(《개

요》1. 36~163; 10개의 논변 형식을 고안한 사람이 아이네시데모스라는 것과 관련해서는 《반박》 7. 345 참조). 이에 대해서는 다음 논문을 참고하라. G. Striker, "The ten tropes of Aenesidemus", in Burnyeat (ed.), *The Skeptical Tradition*, 1983.

28 카차 포그트(2018)는 이에 대해 다음과 같이 해석한다.

(1) 대립을 상충하는 현상에 의한 것으로 보는 해석(Conflicting Appearances Interpretation): X는 A라는 동물종(예컨대 인간)에게 F로 현상하며, B라는 동물종에게 F*로 현상한다(여기서 F와 F*는 대립하거나 양립 불가능한 속성을 말한다). 우리는 스스로가 논쟁 당사자이기 때문에, X가 정말로 어떠한지 판단할 수 없다.

(2) 대립을 인과 불변성에 의거하여 설명하는 해석(Causal Invariance Interpretation): 무언가가 '정말로' F라면, 각기 다른 것들에게 F로서 일관된 영향을 주어야 하겠다. 하지만 각기 다른 동물의 서로 다른 구조는 같은 사물에 대해 다른 인상을 야기한다. 서로 다른 동물에게 그 무언가는 F이자 F*이다. 그러므로 사물이 정말로 F이거나 F*인 것 같지는 않다.

해석 (1)에서 초점은 지각하고 생각하는 동물은 여러 지각하고 생각하는 동물들 중 하나일 뿐이라는 점이다. 대상은 특정한 관점에서 지각되거나 고찰된다. 모든 이가 논쟁의 당사자이기에, '관점을 벗어난 관점'이란 없다. 따라서 논쟁에 대한 결정도 있을 수 없다.

해석 (2)는 결정 가능성(decidability)에 초점을 맞춘다. 이러한 해석에 따르면 아이네시데모스는 다음과 같은 생각을 지지했던 듯하다. 만약 X가 본성상 F라면, X는 모든 이에게 F로서 영향을 미칠 것이다. 만약 X가 상이한 이들에게 F이자 F*로 영향을 미친다면, X는 본성상 F도 아니고 F*도 아니다. 예컨대 X가 A에게 해롭고 B에게 이롭다면, X는 본성상 해롭지도 이롭지도 않다(Woodruff 2010; Bett 2000). 10가지 논증방식은 현상들 사이의 상충으로, 혹은 인과 불변성에 의거한 것으로 해석될 수 있다.

29 아이네시데모스는 사물은 변하고 인간은 모두 상대적인 지식을 가지고 있기에, 인간에게 완전한 지식은 불가능하다고 보았다. 그래서 그가 할 수 있는 작업은 감각에 의해 수집된 데이터를 자신만의 방법으로 정리하는 것이었다. 이렇게 10개의 논증방식은 등장했다.

30 DL. 9. 107.

31 《피론주의 개요》 제1권 35~163과 《학자들에 반대하여》 제7권 345, 그리고 《유명한 철학자들의 생애와 사상》 제9권 79~88 등에서 언급됐다.

32 *PH.* 1. 38.

33 *PH.* 1. 39.

34 이에 대한 구체적인 분석은 3부의 4장 "피론주의의 논증방식"에서 상세하게 논의한다.

35 *Prep.evang.* 14. 18. 12.

36 같은 책.

37 *PH.* 1. 197.

38 섹스투스에 따르면 독단적 견해는 불분명한 대상에 대한 동의를 의미한다. 더구나 회의주의자는 불분명한 대상에 대해서 회의주의적 표현법들을 사용할 경우에도 독단적 견해를 가지지 않는다. 독단적 견해를 가지는 사람은 자신이 믿고 있다고 말하는 대상을 실제적인 것으로 상정하는 오류를 범하나, 회의주의자는 자신의 표현이 반드시 실제와 일치한다고 간주하지 않는 현명한 태도를 견지한다. 회의주의적 표현법들에 대해서도 같은 입장을 적용할 수 있다. 즉 독단주의자들은 자신이 믿고 있는 바를 실제적인 것으로 놓는 반면, 회의주의자는 자신의 진술이 암묵적으로 그 스스로의 진리성을 무효화하도록 의사를 표현한다. 즉 회의주의자들은 회의적 표현을 진술하면서 자신에게 보이는 것을 기술하고, 독단적 믿음을 가지지 않고서 자신이 느끼는 바를 보고하며, 외부 대상에 관해서는 결코 확언하지 않는 것이다(*PH.* 1. 13~15).

39 *Bibl.* 169b.

40 "피론의 추종자들도, 그리고 다른 철학자들도 존재하는 사물의 진리에 관해서는 알지 못한다. 하지만 다른 학파의 지지자들은 자신의 일반적인 무지도 모르고 있고, 그들이 계속 시간을 헛되이 보내며 고통 속에 낭비하고 있다는 것도 모른다. 즉 그들은 자신이 이해할 수 있는 것처럼 보이는 개념을 진정으로 파악하지 못했다는 것을 알지 못하는 것이다. 다른 한편으로 피론의 추종자들은 완전한 행복을 즐기며, 어떠한 확실한 지식도 가지고 있지 않다는 신념을 통하여 지혜를 획득한다. 그는 자신이 가지고 있는 그러한 앎에 관하여, 그것을 부정할 수도 없듯이 긍정할 수도 없는 것이다."(*Bibl.* 169b3~12)

41 *Bibl.* 169b~170a.

42 *PH.* 1. 197.

43 *PH.* 1. 197, 206, 2. 188; *M.* 8. 480.

44 *PH.* 1. 197.

45 *PH.* 1. 187~208 참조.

46 Hankinson 2010; DL. 9. 74; *PH.* 1. 202~205 참조.

47 *Bibl.* 170b.

48 같은 책.

49 같은 책.

50 *Bibl.* 170b~171a.

51 같은 책.

52 섹스투스의 *PH.* 1. 187~196에도 회의주의적 표현법이 세 가지 형태로 언급된다. (1) 하나도 더 …하지 않는다. (2) 한편으로는 아마도 어떠어떠하며, 다른 한편으로 아마도 어떠어떠하지 않다. (3) 한편으로는 어떠어떠함이 가능하며, 다른 한편으로 어떠어떠하지 않음이 가능하다.

53 *Bibl.* 169b~170a; Hankinson 2010, 107 참조. 포티우스에 따르면 피론주의자들은 회의주의자이고 어떤 도그마에 얽매이지 않는다. 그들 중 어느 누구도 모든 것이 이해 가능하다거나 이해 가능하지 않다고 말하지 않으며, 오히려 그것들은 이것이 아니듯이 저것도 아니라고, 또는 가끔은 이런 방식이지만 가끔은 그렇지 않다고, 또는 어떤 사람에게는 그러한 것이고 다른 사람에게는 그렇지 않은 것이며 또 다른 제3자에게는 전혀 존재감이 없는 것일 수 있다고 말한다. 또한 그들은 일반적으로 모든 사물이나 그중의 일부는 우리에게 접근 가능하나 다른 일부는 그렇지 않다고 말하지 않고, 오히려 사물들은 접근 가능한 것도 아니고 접근 불가능한 것도 아니라고, 혹은 가끔은 접근 가능하나 가끔은 그렇지 않다고, 혹은 어떤 사람들에게는 접근 가능하나 또 다른 사람들에게는 그렇지 않다고 말한다. 더 나아가 그들은 어떤 것이 참되거나 거짓되다고, 또는 그럴듯하거나 그럴듯하지 않다고, 또는 존재하거나 존재하지 않는다고 말하지 않는다.

54 *PH.* 1. 188.

55 *PH.* 1. 194.

56 같은 책.

57 DL. 9. 61.

58 *PH.* 1. 190.

59 회의주의와 상대주의에 대한 부연 설명은 다음 책을 참고하라. J. Annas and J. Barnes, *The Modes of Scepticism: Ancient Texts and Modern Interpretations*, Cambridge University Press, 1985; P. Pellegrin, *Sextus Empiricus: Esquisses Pyrrhoniennes*,

Contemporary French Fiction, 1997.

60 *Bibl.* 169b~170a.

61 DL. 9. 106~107 참조.

62 *PH.* 1. 195.

63 Hankinson 2010 참조.

3장 섹스투스 엠피리쿠스

1 카차 포그트(2018)에 따르면 섹스투스의 저술은 한편으로는 단일한 철학적 견지의 일관성을, 다른 한편으로는 모든 반박에 대응한다는 일관성을 목표로 삼는다. 이 두 목표는 상당 부분 겹치지만 서로 구분되기도 한다. 어떤 회의주의적 논변은 회의주의에 대한 특정 비판을 논박할 수 있다. 그리고 이런 회의주의적 논변의 기원은 피론주의의 다양한 초기 형태로 거슬러 올라갈 수 있으며, 또한 그 논변이 논박한 회의주의에 대한 비판도 세기를 걸쳐 형성된 독단적 이론으로 거슬러 올라갈 수 있다. 결과적으로 섹스투스의 저술에 담긴 논변은 그가 염두에 둔 어떤 반박을 논박하기에 효과적일 것이다. 이는 회의주의자를 독단적 비판으로부터 보호한다는 의미에서 일관성을 띤다.

하지만 동시에 이 논변에는 섹스투스가 다른 구절에서 회의주의를 설명하는 방식과 긴장 상태를 이루는 함의가 담겨 있을 수도 있다. 이런 긴장은 섹스투스가 핵심 개념을 사용하는 방식과 관련하여 대단히 중요하다. 예컨대 섹스투스가 현상(phainomena) 개념을 일관되게 사용하는지는 분명하지 않다. 때때로 섹스투스는 현상과 사유(noumena)를 대비시키지만, 대부분 현상 개념은 지각에서든 사유에서든 무언가가 회의주의자에게 이러저러하게 보이는 모든 경우를 지시한다. 어떤 문맥에서 섹스투스는 인상이 수동적이라는 독단적 가정을 언급하면서 현상이 곧 인상이라고 말하지만, 다른 문맥에서는 현상이 완전히 수동적으로 경험된다고 보지 않는다.

따라서 섹스투스의 피론주의를 둘러싼 해석은 상당히 논쟁적이다. 회의주의자가 어떤 믿음을 품는지, 혹은 어떠한 종류든 믿음을 품기는 하는지에 관한 물음은 특히 논쟁적이다. 지난 30년간 연구자들은 특히 이 물음에 주목했다. 원문에 상이한 내용이 담겨 있기에, 해석은 얼마간 우리가 어떤 철학적 관심을 갖는지에 따라 형성된다. 여기서 두 가지 방향이 특히 두드러진다. 첫째, 몇몇 연구자는 섹스투스에게서 행위 주체성(agency)에 관한 고대와 근대의 표준 이론에 도전하는 행위 이론을 발견한다. 표준 이론은 모든 행위가 이러저러한 것이 좋다는 믿음을 포함하기라도 하는 듯, 보통의 행위자(agent)를 지나치게 이성적인 존재로 묘사한다. 이 연구자들은 섹스투스가 말하는 회의주의자의 삶, 즉 현상이 인도하는 삶이 일상적 삶인지를 물으며, 우리가 어느 정도까지 섹스투스에 기댈 수 있는지를 탐구한다. 둘째, 다른 연구자들은 섹스투스의 원문에서 피론주의를 일상적 삶과 근본적으로 구별되게 하는 지점을 뽑아낸다. 이러한 관점에서 보자면, 섹스투스의 저술은 믿음 없이 사는 일이 가능한지에 관해 숙고하게 한다.

2 Bett 1996; Brunschwig 1980; Vogt 2012a, 6장.

3 Deichgräber 1965, 40~41. 카차 포그트(2018)에 따르면 섹스투스의 '엠피리쿠스'라는 별칭은 섹스투스가 적어도 삶의 몇몇 순간에는 경험주의적인 의학 학파에 속했음을 알려준다. 경험주의적 의학 학파는 치료의 근간이 되는 인과적 설명을 제시하려는 이성주의적 경향에 반대한다. 이성주의와 달리 경험주의는 관찰과 기억을 벗어나지 않는다. 엠피리쿠스라는 별칭을 감안하면 다소 헷갈리지만, 섹스투스는 피론주의와 경험주의의 차이점을 논하고서, 경험주의보다는 회의주의가 의학적 방법주의(medical methodism)에 가깝다고 말한다. 방법주의는 현상을 따르며, 그 현상에서 유익해 보이는 바를 도출한다. 어떤 설명도, 어떤 기저의 실체도, 어떤 규칙성도 없다. 이 세 가지는 방법주의와 경험주의가 공히 반대하는 이성주의적 방법의 일부다. 그렇다고 방법주의가 그런 설명이나 기저의 실체 혹은 규칙성이 존재하지 않는다고 주장진 않는다. 섹스투스에 따르면, 이와 달리 경험주의는 그렇게 주장한다.

4 Pellegrin 2010 참조.

5 Popkin 2003 참조.

6 *M.* 1에서는 문법학, *M.* 2에서는 수사학, *M.* 3에서는 기하학, *M.* 4에서는 산술학, *M.* 5에서는 천문학 그리고 *M.* 6에서는 음악학이 비판적으로 음미되고 있다.

7 Janáček 2008

8 Bett 1996, 2010; Pellegrin 2010.

9 Brunschwig 1980.

10 *M.* 제1~6권과 제11권에서 언급되는 부정적 독단주의자들의 주장이란 '확실한 것은 파악될 수 없다'는 내용을 말한다.

11 Annas and Barnes 2000 참조.

12 *PH.* 1. 5

13 *PH.* 1. 13~17.

14 *PH.* 1. 18~28.

15 *PH.* 1. 29~235.

16 *PH.* 1. 5.

17 같은 책.

18 *PH.* 1. 5~6.

19 Pellegrin 2010 참조.

20 *PH.* 1. 8.

21 같은 책.

22 *PH.* 1. 9~10. 섹스투스는 '서로 상충하는 진술 대신 대립되는 진술들'을 사용하자고 제안한다.

23 *PH.* 1. 10.

24 *PH.* 1. 12.

25 *PH.* 1. 13. 카차 포그트(2018)에 따르면, *PH.* 1. 13에서 회의주의자가 어떻게 독단하지 않는지를 설명하는 가운데, 섹스투스는 특정한 쟁점 하나를 염두에 두고 있는 듯하다. 그 쟁점이란 어떤 회의적 표현은 학설처럼 보이며, 그 표현을 독단적으로 보이게 하는 표층 구조로 말미암아 그와 같은 표현이 전통적으로 자기 논박적이라고 간주된다는 것이다(Vogt 2012b). 가령 '모든 것은 비(非)결정적이다'는 누구에게나 독단적 진술로 보인다. 이러한 선언의 본성을 설명함으로써, 이 선언이 더 이상 스스로를 약화시키지 않도록 하려는 회의주의의 시도에는 오랜 역사가 있다. 섹스투스가 이 문제에 대한 해결책을 여럿 언급한다는 점은 분명하다(*PH.* 1. 13~15와 187~209; Pellegrin 2010 참조).

26 카차 포그트(2018)에 따르면, 프레데를 따라 몇몇 연구자는 회의적 믿음을 논하면서《피론주의 개요》1. 13에 주목한다. 그들은 이 구절에서 섹스투스가 두 종류의 믿음을 명백히 구분한다고 본다. 즉 두 믿음 중 하나는 회의주의자의 삶에 금지하고, 다른 하나는 회의주의자의 삶에 들어와도 된다고 생각한다. 조너선 반스는 투박한 회의주의(rustic skepticism)와 세련된 회의주의(urbane skepticism)를 구별한다. 투박한 회의주의는 모든 사안을 유보하는 반면에, 세련된 회의주의는 학문적으로는 유보하되 일상적 믿음은 유지한다.《피론주의 개요》1. 13에 담긴 '학문들에서 탐구된 자명하지 않은 사안'이라는 표현은 세련된 회의주의적 해석을 위한 참조점으로 삼을 만하다. 하지만 반스는 그럴 수 없다고 지적한다. 모든 것은 (심지어 꿀이

달콤한지조차) 자명하지 않다고 간주될 수 있다.

27 *PH*. 1. 13.

28 *PH*. 1. 15.

29 *PH*. 1. 13.

30 *PH*. 1. 202, 204.

31 *PH*. 1. 204의 각주 102 참조.

32 *PH*. 1. 203.

33 *PH*. 1. 204~205.

34 *PH*. 1. 196.

35 *PH*. 3. 29.

36 *PH*. 1. 232.

37 *PH*. 1. 234.

38 *PH*. 1. 233의 각주 109 참조.

39 *PH*. 1. 233.

40 *PH*. 1. 1~4.

41 *PH*. 1. 3.

42 아르케실라오스는 판단유보란 개념을 가지고 자신의 논적인 스토아 학파를 비판한다. 하지만 섹스투스가 보기에, 그는 판단유보의 본래 정신을 잘 살리지 못하고 있다. 아이네시데모스 또한 예외는 아니다. 비록 그는 신아카데미 학파와 같이 사물들이 인식 불가능하다고 독단적으로 주장하지는 않았으나, 사물들의 본성이 실재하고 있다는 점에는 긍정적이었는데, 이는 섹스투스가 수용할 수 없는 입장이었다. 왜냐하면 어떠한 의심도 없이 사물의 본성에 대해 긍정하고 동의하는 것은 그 자체로 하나의 독단적인 입장이었기 때문이다. 이 부분에 대해서는 *PH*. 1. 220~235를 참조하고, 아이네시데모스의 회의주의에 대해서는 로버트 J. 핸킨슨의 다음 논문을 참조하라. R. J. Hankinson, "Aenesidemus and the rebirth of Pyrrhonism", *The Cambridge Companion to Ancient Scepticism*, Cambridge: Cambridge University Press, 2010.

43 *PH*. 1. 196.

44 *PH*. 1. 4.

45 *PH*. 1. 7. 카차 포그트(2018)에 따르면 섹스투스의 철학에서 우선적으로 강조되어야 할 개념은 바로 '탐구'이다. 그에게 탐구는 진리를 찾는 일련의 과정을 의미한

다. 만약 탐구가 진리를 목표로 하지 않는다면, 그것은 참된 탐구의 과정이라고 할 수 없을 것이다. 구체적으로 참된 탐구의 과정은 참된 것을 수용하고, 거짓된 것을 회피하는 것을 주된 목표로 한다. 이처럼 참을 추구하고 거짓을 회피하고자 하는 회의주의자의 노력은 그가 진정한 탐구자임을 보여준다.

46 *PH*. 1. 7.

47 *PH*. 1. 192.

48 *PH*. 1. 192~193.

49 독단주의자들의 공격에 맞서, 섹스투스는 독단주의자들의 관점을 받아들이는 동시에 그들의 입장을 논박하는 이중적인 전략을 구사한다(*PH*. 2. 188). 따라서 회의주의자는 자신이 논박하기 위한 논쟁들을 수집하는 과정에서는 의도적으로 독단주의자의 입장을 취하고, 그런 다음 그 모순점을 고발할 수 있다. 즉 독단주의자의 입장에서 독단주의자들을 비판하는 것이다(*PH*. 2. 192).

50 섹스투스의 '파토스(pathos)'(*PH*. 1. 15, 192) 개념은 '행동 불가 논변', 즉 회의주의를 향한 전통적인 비판에 대한 재비판의 성격을 띤다. 철학사적으로 볼 때, 모든 것에 대해 판단을 유보하면서도 행동이 가능하다는 회의주의자들의 주장은 그 반대론자들에 의해서 '행동 불가(apraxia)'(*PH*. 1. 23)라는 비판을 받아왔던 것이 사실이다. 회의주의의 입장에서 이를 옹호하는 것은 그리 쉬운 일이 아니다. 이러한 난점을 해결하기 위해서 반스(Barnes 1990a)는 회의주의를 '세련된 회의주의(도회지풍 회의주의)'와 '투박한 회의주의(시골풍 회의주의)'로 나누어 이해한다. 여기에서 '세련된 회의주의'란 철학이나 과학, 수학, 예술 분야에서는 믿음을 갖기를 중지하지만, 일상생활의 상식적 믿음에 대해서는 믿음을 중지하지 않은 이론을 말하고, '투박한 회의주의'란 모든 것에 대해 믿음이나 의견을 갖는 것을 반대하는 강력한 회의주의를 말한다. 전자의 입장을 지지하는 이들은 로버트 포겔린(Fogelin 1994)과 미하엘 프레데(Frede 1987)이고, 후자의 입장을 지지하는 이들은 조너선 반스와 마일스 버니엣(Burnyeat 1983, 117~148)이다. 이에 대해서는 다음의 글들을 참고하라. 남기창, "비트겐슈타인과 고대 회의주의", 《철학적 분석》 6호, 2002; 남기창, "비트겐슈타인과 피론", 《신학과 철학》 5호, 2003. K. M. Vogt, "Scepticism and action", *The Cambridge Companion to Ancient Scepticism*, Cambridge: Cambridge University Press, 2010.

51 *PH*. 1. 193.

52 *PH*. 1. 187.

53 *PH.* 1. 188.

54 *PH.* 1. 194. 피론에 따르면, 회의주의자에게 '아마도'와 '아마도 아니하다'는 '한편으로 아마도 어떠어떠하고, 다른 한편으로 아마도 어떠어떠하지 않다'라는 의미이다. '가능하다'와 '…아님이 가능하다'는 '한편으로 어떠어떠함이 가능하고, 다른 한편으로 어떠어떠하지 않음이 가능하다'를 대신한다. '…임이 그럴 법하다'와 '…아님이 그럴 법하다'는 '한편으로 어떠어떠함이 그럴 법하며, 다른 한편으로 어떠어떠하지 않음이 그럴 법하다' 대신 사용한다. 따라서 회의주의자는 '어떠어떠하지 않음이 가능하다' 대신 '…아님이 가능하다'를 쓰며, '어떠어떠하지 않음이 그럴 법하다' 대신 '…아님이 그럴 법하다'를 사용하고, '아마도 어떠어떠하지 않다' 대신 '아마도 아니하다'를 쓴다.

55 *PH.* 1. 196.

56 *PH.* 1. 197.

57 *PH.* 1. 14~15.

58 *PH.* 1. 188~191.

59 섹스투스는 *PH.* 1. 14~15에서 '더 …하지 않는다'나 '아무것도 결정하지 않는다'라는 언급을 통해 자기표현의 진리성마저 무효화하는 자세를 보이고 있다. 그런데 회의적 표현법들은 우리를 우리가 표현하고자 했던 것과는 정반대의 결과에 직면하게 만들 수 있다. 그러므로 비트겐슈타인의 언급과 비슷하게, 회의주의자에게 회의적 표현법들은 사다리와 같다고 간주될 수 있다. 즉 일단 올라가면 사다리는 버려야 하듯이, 회의적 표현법들 역시 역할이 끝나고 나면 버려야 한다(*M.* 8. 481 참조).

60 *PH.* 1. 197.

61 카차 포그트(2018)는 섹스투스의 회의적 표현과 언어에 관한 논의를 이렇게 정리한다. 현재로서 회의적 언어를 다룬 단행본은 'Corti 2009'가 유일하며, 믿음을 주제로 하되 언어에 초점을 맞춘 논문으로 'Vogt 1998'이 있다. 두 연구는 회의주의자의 발화를 언명(avowal)과 비교한 'Barnes 1982(1997)'를 깊게 파고든다. 회의주의자는 자기 마음의 상태를 드러내고, 그것을 알리거나 보고한다(apangellein). 그러려면 회의주의자는 언어를 오용하게 된다(Burnyeat 1984). 회의주의자가 주장을 피하기 위한 몇몇 전략은 회의적 표현('단언하지 않음', '나는 아무것도 결정하지 않는다' 등)을 통해 드러난다.

62 *PH.* 1. 198.

63 여기서 섹스투스가 언급하는 '외부 대상'이란 '물리적인 외적 대상들', 우리가 형성하는 '개념들', 그리고 그러한 대상과 개념들에 대해 내리는 '판단들' 일체를 포함한다.

64 *PH*. 1. 15.

65 *PH*. 1. 25~29의 내용.

66 *PH*. 1. 206.

67 같은 책.

68 말테 호센펠더·볼프강 뢰트, 2011 참조.

69 *PH*. 1. 29.

70 감각표상들과 연관된 상반된 주장들은 동일한 설득력을 지닌 채 우리 앞에 나타나기에, 회의주의자는 논의 대상에 대한 판단을 유보해야 한다. 나아가 이러한 판단유보를 통해 회의주의자는 역설적으로 믿음과 관련하여 마음의 평안을 얻는다 (*PH*. 1. 26). 그리고 회의주의자는 일반인처럼 정념(pathos) 자체 때문에 괴로워하고 (*PH*. 1. 30), 이에 못지않게 자신이 본성적으로 나쁜 상황에 처했다는 생각 때문에 더욱 괴로워하지만, 그럼에도 정념과 연관된 것들이 본성적으로 나쁘다는 불필요한 믿음을 버렸기 때문에(*PH*. 1. 30), 어려운 상황에 처하더라도 좀 더 온건하게 (metriōteron) 위기를 모면할 수 있다(*PH*. 1. 30).

71 *M*. 11. 1.

72 Svavarsson 2010 참조.

73 아펠레스는 기원전 4세기 헬레니즘 초기에 활동했던 그리스의 화가로, 알렉산드로스 대왕의 궁정화가였다. 당대 최고의 화가로 평가받았지만, 현재는 그의 작품이 남아 있지 않다.

74 *PH*. 1. 28~29.

75 *PH*. 1. 29.

76 *PH*. 1. 29의 각주 27 참고.

77 *PH*. 1. 23.

78 *PH*. 1. 23~24.

79 *PH*. 1. 238.

80 *PH*. 3. 2.

81 Pellegrin 2010.

82 *PH*. 2. 102.

83 Pellegrin 2010.

4장 피론주의의 논증방식

1 카차 포그트 2018.

2 *PH*. 1. 36

3 카차 포그트(2018)에 따르면 아그리파에 대해서는 알려진 바가 없지만, 섹스투스
가 말하는 5가지 논증방식은 아그리파의 것으로 간주된다. 이는 고대 회의주의에
서 가장 잘 알려진 논증방식으로 볼 수 있다.

(1) 불일치(Diaphōnia): 우리에게 제시되는 어떤 사안에는, 결정되지 않은
(anepikriton) 상충이 있다. 이런 상충은 일상적 삶에 관한 견해뿐만 아니라, 철학자
의 견해에서도 발견된다. 이런 상충 때문에 우리는 하나를 선택하거나 기각할 수
없으며, 따라서 판단유보에 기댈 수밖에 없다.

(2) 무한소급(Eis apeiron ekballonta): 무한 배진(regress)으로 빠지는 논변이다. 어떤 사
안을 믿을 만하게 만들고자 제기된 것은, 그것을 믿을 만하게 만들 또 다른 무언
가를 필요로 한다. 이는 무한히(ad infinitum) 이어진다. 논변의 출발점으로 삼을 만
한 것은 없으며, 따라서 판단유보가 뒤따른다.

(3) 상대성(Pros ti): X는 판단하는 주관과의 관계에서만, 또 함께 관찰되는 사물과
의 관계에서만 이러저러하게 현상한다. X가 진정으로 어떠한지에 관해서는 판단
유보해야 한다.

(4) 가정(Hypothesis): 논변을 내놓지 않으면서 무언가를 가정하는 것이다. 독단주
의자는 자신의 논변이 무한 배진에 빠지면, 논변을 내놓지 않은 채(anapodeiktôs) 그
냥 무언가를 출발점으로 가정한다. 회의주의자는 한낱 가정을 내놓는 일도 유보
한다. 그 가정이 거짓이거나, 대립하는 가정이 만들어질 수도 있으니 말이다.

(5) 순환성(Ton diallêlon): 이 논증방식은 탐구 대상으로 주어진 사안을 확증해야 하
는 바가 그 사안으로부터의 확증(pistis)을 요구할 때 사용된다. 하나를 확립하고자
다른 하나를 가정할 수는 없다. 그러니 둘 모두에 대해 판단을 유보한다.

4 카차 포그트 2018, 70.

5 같은 책.

6 아그리파는 5개의 논증방식을 소개한다. (1) 의견들의 상이성에 기인한 논증, (2)
무한소급에 기인한 논증, (3) 상대성에 기인한 논증, (4) 독단적 전제 설정에 기
인한 논증, (5) 순환논증에 기인한 논증(PH. 1. 164~177; DL. 9. 88~89). 섹스투스의

10개의 논증방식이 상충되는 현상들과 관련된다면, 5개의 논증방식은 논증이나 증거에 관한 것이다(말테 호센펠더·볼프강 뢰트 2011).

7   *PH.* 1. 40.

8   *PH.* 1. 58.

9   *PH.* 1. 59. 카차 포크트(2018)가 설명하는 제1논증방식은 3부 2장 "아이네시데모스" 주석 28을 참고하라.

10   *PH.* 1. 40.

11   *PH.* 1. 41~43.

12   *PH.* 1. 40.

13   *PH.* 1. 44.

14   *PH.* 1. 44~49.

15   *PH.* 1. 49.

16   *PH.* 1. 50~54.

17   *PH.* 1. 54.

18   *PH.* 1. 55~56.

19   *PH.* 1. 58.

20   *PH.* 1. 59~61.

21   *PH.* 1. 62와 오유석의 각주 40.

22   *PH.* 1. 63.

23   호메로스, 천병희 옮김,《오뒷세이아》, 숲, 2015, 415~416.

24   *PH.* 1. 68.

25   *PH.* 1. 70~71 참고.

26   *PH.* 1. 69.

27   개는 그리스어로 'kuōn'이며, 이와 연관된 학파로는 견유학파(kunikoi)가 있다. 이 학파에 속한 철학자들은 개처럼 길에서 먹고 잤던 것으로 유명했다(DL. 6. 13).

28   *PH.* 1. 73~74 참고.

29   *PH.* 1. 75~76.

30   *PH.* 1. 77.

31   *PH.* 1. 78.

32   *PH.* 1. 79.

33   *PH.* 1. 87.

34 *PH.* 1. 79.

35 *PH.* 1. 80.

36 1dram(dracham)은 대략 1/8 온스 정도다. *PH.* 1. 81의 각주 58 참조.

37 *PH.* 1. 81~82.

38 *PH.*1. 85.

39 *PH.* 1. 86의 각주 60; H. Machler(post B. Snell), *Pindari carmina cum fragmantis*, pt. 2, 4th ed(Leipzig: Teubner, 1975), Fr. 221.

40 *PH.* 1. 86의 각주 61; Homer, *Odyssea* 14.228; Virgil, *Eclogae* 2.65도 참고.

41 *PH.* 1. 86의 각주 64; August Nayck, *Fragmenta Tragicorum Graecorum*, (Leipzig: Teubner, 1889), adesp, 462.

42 *PH.*1. 87~89.

43 PH. 1. 90의 각주 65 참조.

44 섹스투스는 *PH.* 2. 38~39에서 독단주의자들이 생각하는 현자에 대한 비판적 접근을 시도한다. 독단주의자들은 현자를 따라야 한다고 주장하지만, 도대체 어떤 현자를 따라야 하는지는 답하지 못한다. 에피쿠로스의 현자인가, 스토아 학파의 현자인가? 아니면 키레네 학파나 견유학파의 현자인가? 또한 만약 현자는 제쳐두고 모든 사람 중에 가장 총명한 자(sunetoteros)를 믿으라고 하더라고, 독단주의자들은 누가 가장 총명한지 논쟁을 벌일 것이다. 설령 어떤 사람이 과거부터 현재까지 존재했던 모든 사람보다 총명하다는 만장일치의 합의에 도달하더라도, 그는 믿을 만하지 않다. 이해력의 진보나 감퇴에 따라, 차후에는 다른 사람이 더 총명해질 수도 있기 때문이다. 게다가 미래에는 그보다 더 총명한 자가 나타나리라고 기대하는 게 마땅하다. 그리고 이는 무한 반복될 것이다(PH. 2. 38~39).

45 *PH.* 1. 91과 각주 67.

46 *PH.* 1. 92.

47 *PH.* 1. 92~93.

48 *PH.* 1. 94.

49 *PH.* 1. 95~98.

50 *PH.* 1. 99.

51 *PH.* 1. 100.

52 *PH.* 1. 101~107.

53 *PH.* 1. 108.

54 *PH*. 1. 109~111.

55 *PH*. 1. 112.

56 *PH*. 1. 112~116.

57 *PH*. 1. 117~118.

58 *PH*. 1. 117.

59 *PH*. 1. 118~120.

60 같은 책.

61 *PH*. 1. 121.

62 *PH*. 1. 121~122.

63 *PH*. 1. 123.

64 *PH*. 1. 124

65 *PH*. 1. 124~127.

66 *PH*. 1. 127~128.

67 *PH*. 1. 129.

68 *PH*. 1. 130~131.

69 *PH*. 1. 131.

70 *PH*. 1. 134.

71 *PH*. 1. 132~134.

72 *PH*. 1. 135.

73 같은 책.

74 *PH*. 1. 135~136.

75 *PH*. 1. 137~139.

76 *PH*. 1. 140.

77 *PH*. 1. 141.

78 *PH*. 1. 141~143.

79 *PH*. 1. 144.

80 *PH*. 1. 145.

81 *PH*. 1. 147.

82 *PH*. 1. 145~147.

83 호메로스 2011 참조.

84 *PH*. 1. 148~151.

85 *PH.* 1. 152~163 참조.

86 DL. 9. 88.

87 Barnes 1990a; Hankinson 2010 참조.

88 황설중 2019, 76.

89 안드레아스 우르스 좀머 2006, 26.

90 *PH.* 1. 36의 '과거의 회의주의자들'과 대비되는 말로, 아그리파를 가리킨다.

91 *PH.* 1. 164.

92 카차 포그트(2018, 68)에 따르면, 아그리파의 첫 번째 논증방식에 관한 해석은 '안
에피크리톤(anepikriton)'을 '결정되지 않은'과 '결정될 수 없는' 중에서 무엇으로 번
역해야 하는지에 달려 있다. 사안이 결정될 수 없다는 주장은 독단적이다. 피론주
의자는 (이런 독단적인 주장 대신) 적어도 지금까지는 사안이 결정되지 않았다고 생각
해야 한다. 이는 사안을 결정할 무언가가 있는지를 묻는 일이며, 또 다른 논증방식
의 적용으로 이어진다.

93 *PH.* 1. 165

94 *PH.* 1. 166

95 카차 포그트(2018, 69)에 따르면, 연구자들은 아그리파의 세 번째 논증방식인 '상
대성의 논증방식'이 5가지 논증방식에 딱 들어맞진 않는다는 점을 발견했다. 하지
만 5가지 논증방식은 10가지 논증방식을 대체하고 포함하기 위해 설계되었을 것
이며, 따라서 세 번째 논증방식은 10가지 논증방식의 공통 요소를 포착한다고 볼
수 있다. 세 번째 논증방식을 통해 회의주의자는 이론가들이 활용하는 전제들이
특정한 관점이나 맥락에서 만들어졌다고 주장할 수 있다.

96 *PH.* 1. 167.

97 *PH.* 1. 168.

98 황설중 2019, 81.

99 *PH.* 1. 169

100 카차 포그트 2018, 70.

101 *PH.* 1. 35~186.

102 *PH.* 1. 178~179.

103 *PH.* 1. 178.

104 Barnes 1990a, 213.

105 Barnes 1990a, 215.

106 Barnes 1990a, 116~119.

107 *PH.* 1. 180~185 참조.

5장 피론 학파와 아카데미 학파의 차이

1 *PH.* 1. 1~4.

2 *PH.* 1. 1.

3 아카데미 학파에 대한 섹스투스의 비판이 지니는 문제점은 이미 아카데미 학파를 논하는 장에서 충분히 설명했다고 본다. 그러므로 여기서 이 문제에 대한 논의는 더 이상 진행하지 않겠다.

4 *PH.* 1. 220.

5 지은이는 찰스 칸(2015)의 입장을 따르고 있다.

6 *PH.* 1. 221~222.

7 *PH.* 1. 222~225.

8 *PH.* 1. 222.

9 *PH.* 1. 222~225.

10 *PH.* 1. 232.

11 같은 책.

12 *PH.* 1. 234.

13 같은 책. 디오도로스(Diodoros Cronos)는 메가라 학파의 철학자로 변증술에 능했으며 논리학을 혁신한 철학자로 알려져 있으나, 현존하는 그의 저작은 없다. 그의 스승은 키레네의 철학자인 아폴로니오스로, 그들은 에우불리데스와 함께 메가라 학파의 논리학 발전에 큰 기여를 했다. 라에르티오스에 따르면, 그는 철학자 스틸폰이 낸 논리학 문제를 풀지 못한 데 부끄러움을 느껴 죽었다고 한다(BC 307년 경).

14 *PH.* 1. 234.

15 같은 책.

16 *PH.* 1. 229~230.

17 *PH.* 1. 231.

18 *PH.* 1. 235.

19 같은 책.

20 Pellegrin 2010 참조.

21 *M.* 11. 42.

22 Pellegrin 2010 참조.

23 이 부분은 수의 힘에 대한 피타고라스적 이해의 특이한 견해들을 요약한다. 여기
    서 그의 결론은 "하지만 수가 덧셈이나 뺄셈에 의해 구성되는 것으로 간주된다면,
    그리고 언급했듯이 이것들 중의 어느 것도 존재하지 않는다는 걸 보여준다면, 우
    리는 수는 존재하지 않는다고 천명해야 한다"(*M.* 4. 34)는 것이다.

24 *M.* 5. 1~2.

25 *M.* 6. 7~37.

26 *M.* 6. 36~68.

27 *M.* 6. 64.

28 *M.* 6. 5.

29 *M.* 6. 4~5.

30 Bett 2006d; Pellegrin 2010 참조.

31 P. 펠레그린(Pellegrin 2010)에 따르면, 선악의 개념이 개인이나 상황에 따라 상대적
    이라고 언급하는 *M.* 11은 섹스투스 회의주의의 고유한 입장을 나타내기보다는,
    피론주의의 선구자인 아이네시데모스의 입장을 반영한다. 아울러 그는 이에 대한
    분석 논문으로 R. Bett의 다음 논문을 추천한다. R. Bett, "La double 'schizophrénie'
    de M. 1-6 et ses origines historiques", *Sur le Contre les professeurs de Sextus Empiricus*,
    Villeneuve d'Ascq: L'Université Charles-de-Gaulle, Lille 3, 2006.

4부 아우구스티누스와 몽테뉴의 새로운 회의주의

1장 아우구스티누스의 새로운 회의주의

1   Diego E. Macuca, "Introduction: Medieval and Renaissance Skepticism", Edited
    by Diego E. Machuca and Baron Reed, *Skepticism:From Antiquity to the Present*, New
    York: Bloomsbury, 2018, 165~174.

2   아우구스티누스라는 이름은 '덕망 있는' 또는 '좋은 징표의'란 뜻을 함축하고 있
    는 '아우구스툼(Augustum)'에서 유래했다고 전해진다.

3   Stephane Marchand, "Augustine and Skepticism", Edited by Diego E. Machuca
    and Baron Reed, *Skepticism:From Antiquity to the Present*, New York: Bloomsbury,
    2018, 175~185.

4　아우구스티누스가 회의주의를 진지하게 지지했다는 마르샹의 주장과는 다르게, 아우구스티누스의 회의주의에 대해서 강한 의문을 표시하는 학자들로는 Alfaric(1918), Besnier(1993) 그리고 Testard(1958) 등이 있다. (1) Prosper Alfaric, *L'évolution intellectuelle de Saint Augustin: Du manichéisme au néoplatonisme*. Paris: E. Nourry, 1918. (2) Bernard Besnier, "La Nouvelle Académie selon le point de vue de Philon de Larisse," In B. Besnier (ed.), *Scepticisme et exégèse: Hommage à Camille Pernot*, Fontenay-aux-Roses: ENS Fontenay/Saint-Cloud, 1993, 85~163 (3) Maurice Testard, *Saint Augustin et Cicéron: Cicéron dans la formation et dans l'œuvre de Saint Agustin*, Paris: Etudes Augustiniennes, 1958.

5　아우구스티누스의 《아카데미아 학파 반박》 또는 그의 회의주의와 연관된 국내 논문으로는 다음이 있다. (1) 오유석, "적인가 동지인가?: *Contra Academicos*에 나타난 아우구스티누스의 아카데미아학파 이해를 중심으로", 《철학논집》 제26집, 2011, 123~163. 이 논문에서 오유석은 아우구스티누스에게 회의주의가 가지는 이중성, 즉 극복해야 할 대상인 동시에 포용해야 할 대상으로서의 성격을 언급하고 있다. (2) 신경수, "아우구스티누스 자유교육의 인식론적 근거: 《콘트라 아카데미코스》를 중심으로", 《철학논총》 제89집, 2017, 135~155. 이 논문에서 신경수는 《아카데미아 학파 반박》을 중심으로 아우구스티누스의 자유교육, 즉 진리 교육과 종교 교육의 연관성을 밝히고 있다. (3) 신경수, "아우구스티누스의 자유교육론에서 권위에 의한 앎의 가치", 《현상과 인식》 2018, 143~162. 이 논문에서 신경수는 《아카데미아 학파 반박》을 중심으로 아우구스티누스의 교육론을 분석하고 있다. (4) 배성진, "성 아우구스티누스의 초기 대화편에 나타난 INTENTIO의 근본 의미: 《아카데미아 학파 반박》과 《행복론》을 중심으로", 《중세철학》 제25호, 2019, 43~112. 이 논문에서 배성진은 《아카데미아 학파 반박》에 나타난 'intentio' 개념에 대한 인식론적·존재론적 분석을 시도하고 있다.

6　신경수 2017, 141.

7　Marchand 2018, 175.

8　같은 책.

9　마시모 파로디에 따르면, 아우구스티누스의 글에는 다음과 같은 특징이 있다. "그의 글에서는 어떤 성찰의 최종적인 결과처럼 보이는 이야기들도 다시 논의의 대상이 되곤 한다. 결론들을 다른 차원에서 바라보거나, 삶의 또 다른 상황에 비추어 보았을 때 항상 새로운 문제, 새로운 질문과 새로운 연구과제가 제기됐기 때문

이다." 마시모 파로디, "끝없는 탐구: 아우구스티누스의 사유", 움베르토 에코, 리카르도 패드리가 편저, 윤병언 옮김,《경이로운 철학의 역사: 고대~중세 편》, 아르테, 2018, 558~574.

10 Marchand 2018, 175.

11 오유석, "적인가 동지인가?: *Contra Academicos*에 나타난 아우구스티누스의 아카데미아 학파 이해를 중심으로",《철학논집》26권, 2011, 123~163.

12 오유석 2011, 158.

13 《아카데미아 학파 반박》은 성염(2016b)의 번역을 참조했다. 성염은 아우구스티누스의 이 난해한 저작을 꼼꼼하고도 정확하게 번역하고 있다. 지은이는 본문에서 성염이 '아카데미아 학파'로 옮기고 있는 'the Academics'를 가독성 차원에서 '아카데미 학파'라 옮겼다. 하지만 책 제목과 인용문에는 '아카데미아 학파'로 그대로 썼다. 그 외 아우구스티누스의 원전들 중《고백록》,《재론고》,《신국론》,《서간 1: 헤르모게니어누스에게》 그리고《영혼의 위대함》 등도 모두 성염의 번역을 참조했다.

14 "알기 위해서 믿어라(crede ut intellegas, *Tractates on John's Gospel*, 29, 6)"라는 아우구스티누스의 명제는, 그 뒤 "알기 위해서 믿는다(credo ut intelligam, *Proslogion*, 1)"라는 안셀무스의 명제로 정형화된다.

15 페니키아 계열의 사람들이 북아프리카 해안에 식민도시를 건설하면서 '히포'라는 이름을 붙였으며, 이후 누미디아 왕이 히포를 수도로 삼으면서 라틴어로 '왕의'라는 뜻을 지닌 '레기우스'가 뒤에 붙었다. 기원전 46년, 이 도시는 로마에 정복되어 식민도시가 되었다. 아우구스티누스는 관례상 이 도시의 이름을 따서 '히포의 아우구스티누스'로 불린다.

16 *Conf.* 3, 4, 7.

17 4세기 마니교의 대표적인 교사이자 설교가인 파우스투스는 누미디아 밀레비스(현재 알제리의 밀라) 출신이었다. 파우스투스에 대한 비판을 담은 책이 바로《마니교도 파우스투스 반박》이다.

18 *Conf.* 5, 7, 13.

19 마시모 파로디 2018, 560~561.

20 *Conf.* 4, 1, 1.

21 *Conf.* 5, 11, 21.

22 《마니교도 파우스투스 반박》 외에 마니교에 대한 아우구스티누스의 반박서로는

《마니교도 펠릭스 반박》과《마니교도 포르투니투스 반박》 등이 있다.

23 *C.Acad.* 1, 1, 3.

24 *Conf.* 5, 10, 19; 5, 14, 25.

25 아우구스티누스는 스토아 학파와 플라톤주의 그리고 신플라톤주의의 영향을 많이 받았는데, 그중에서도 가장 많은 영향을 받았던 것은 신플라톤주의였다.

26 아우구스티누스는 베르길리우스와 키케로 그리고 아리스토텔레스의 영향도 많이 받았다. 그가 수사학과 논리학에 탁월한 능력을 보였던 것은 모두 이런 학자들의 영향 때문이었다.

27 *Conf.* 7, 10, 16.

28 《신국론》 11. 26. 아우구스티누스의 이 명제는 근대철학자 데카르트의 '나는 생각한다. 그러므로 나는 존재한다'라는 명제와 유사하다. 데카르트 역시 회의주의로부터 벗어나고자 했던 자신의 철학적 입장을 이 명제를 통해 보여주었다. 그런 점에서 그도 아우구스티누스의 후예라 할 수 있다.

29 *C.Acad.* 2, 1, 1~3, 9.

30 성염 "해제",《아카데미아 학파 반박》, 분도출판사, 2016, 15~49 참조.

31 같은 글, 33 참조.

32 아빠스는 대수도원의 수장에 대한 호칭이자 직함이다. 동방 수도원에서 영적 스승을 '아빠'(abba)라고 부르던 데서 유래했다고 한다. 특히 성 베네딕토의 수도회칙에 따라 서방 수도원에 소개됐다. 우리나라 왜관의 분도 수도원에도 아빠스가 있다.

33 *Conf.* 8, 12, 29.

34 《신국론》은 아우구스티누스가 413년에 집필을 시작하여 426년에 끝낸 대작으로, 총 22권으로 구성되어 있다.

35 《삼위일체론》은 아우구스티누스의 말년, 그러니까 400~428년에 집필된 대작으로, 총 15권으로 구성되어 있다.

36 이 절을 구성하면서《아카데미아 학파 반박》의 번역자인 성염의 해제(15~47쪽)를 참고했다.

37 《아카데미아 학파 반박》을 집필한 뒤, 아우구스티누스는《행복한 삶(De Vita Beata)》,《질서론(De Ordine)》,《독백(Soliloquiorum libri duo)》 그리고《영혼불멸(De immortalitate animae)》이라는 초기 대화편들을 완성했으며, 그다음에는《영혼의 크기(De quantitate animae)》,《자유의지론(De libero arbitrio)》 그리고《교사론(De magistro)》 등을 완성했다.

38 형식적으로는 자신의 후원자였던 로마니아누스(Romanianus)에게 이 책을 헌정하고 있다.

39 리켄티우스는 이 책을 헌정받은 로마니아누스의 아들이다. 그는 '철학에 갓 입문한 불안정하고 충동적이며 야심 찬 젊은이'로 묘사되고 있다.

40 *Conf.* 5, 7, 12; 5, 10, 18; 5, 13, 23; 6, 1, 1에는 인식론적 회의주의와 그것에 수반된 심리학적 좌절감이 드러난다.

41 *C.Acad.* 3, 20, 43.

42 *Retract.* 1, 1, 1.

43 "우리가 권위와 이성이라는 쌍둥이의 균형을 잡고서 무엇을 배우도록 충동받는다는 사실은 누구도 의심치 않는다."(*C.Acad.* 3, 20, 43)

44 Marchand 2018, 178.

45 *Acad.* 2, 35, 113; *C. Acad.* 3, 9, 18.

46 *C.Acad.* 2, 5, 11.

47 *C.Acad.* 2, 6, 14.

48 "내가 아카데미아 학파를 제압한다는 사실은 나를 즐겁게 해주는 것이 아니라, 나를 옥죄던 극히 가증스러운 옥쇄를 부숴버리는 것입니다. 진리를 (발견하지 못하리라는) 절망으로 인해서, 정신의 자양분이라고 할 철학의 젖가슴으로부터 나를 억지로 떼어놓는 그 족쇄 말입니다."(*Epist.* 3)

49 《아카데미아 학파 반박》 제1~3권의 구조를 정리하면 다음과 같다.

제1권	진리 탐구와 행복에 대하여(1, 2, 5-4, 12) 어떤 사물에 관한 지식이 지혜인가에 대하여(1, 5, 13-8, 23)
제2권	신아카데미 학파의 주장에 대하여(2, 4, 10-6, 15) 진리근사치에 대하여(2, 7, 16-13, 30)
제3권	현자에 대하여, 지혜에 대한 동의에 대하여(3, 3, 5-6, 13) 진리 파악에 대하여(3, 7, 15-9, 21) 지성에 의해 파악되는 것에 대하여(3, 10, 22-13, 29) 동의와 승인에 대하여(3, 14, 30-16, 36) 아카데미 회의주의의 숨은 의도에 대하여(3, 17, 37-20, 43)

50 *C.Acad.* 1, 3, 7. "현자란 모든 면에서 완전해서 행복하다는 말이다. 그런데 아직 뭔가 찾고 있다면 완전하지 못하다. 그런 사람이 어떻게 행복하다고 네가 우기는

지 나는 도저히 수긍 못하겠다."

51   *C. Acad.* 1, 4, 10.

52   *C. Acad.* 1, 4, 11. "진리를 항상 추구해야 마땅하다고 생각하는 사람은 결코 오류에 떨어지지 않는다. 그런데 아무것도 시인하지 않는 사람은 허위를 시인할 수 없다. 그러니 오류를 범하지 않는다. 그 밖에도 그런 사람은 아주 쉽게 행복한 사람이 될 수 있다."

53   *C. Acad.* 1, 3, 9.

54   *C. Acad.* 2, 5, 12.

55   *C. Acad.* 1, 12, 44~46.

56   *C. Acad.* 2, 6, 14. "그런 사상은 소크라테스와 플라톤 그리고 다른 고대인들의 권위로도 입증해내기 쉬우며, 그렇게 해서 그들은 사람이 함부로 동의에 허심하지 않음으로써 오류로부터 자신을 보호할 수 있다고 믿었던 것이다."

      C. Acad. 2, 6, 15. "필론의 청강자 중에 안티오쿠스라는 사람이 있었다. 그자는 적지 않은 사람들의 눈에 진리의 추종자라기보다는 영예의 추종자로 보였으며, 두 아카데미아 학파의 사상을 적대 관계로 몰아붙였다. 그는 신아카데미아 학파가 매우 생소하고 옛 사람들의 생각에서 아주 동떨어진 사상을 이끌어내려고 시도했다는 말을 하고 다녔다. 그는 자기주장을 펴면서 고대 자연학자들과 다른 위대한 철학자들의 신빙성까지 끌어들였으며, 아카데미아 학파마저 공격했다. 자기들은 진리 자체를 모른다고 말하면서 진리의 근사치를 따른다고 자처한다는 것이 그 이유였다. … '현자는 진리를 파악할 수 있다'는 명제보다 그가 열렬하게 옹호한 것은 없다. 나는 이것이 신아카데미아 학파와 구아카데미아 학파 사이에 논쟁점이었다고 본다."

57   *C. Acad.* 2, 1, 1. "지혜가 발견되기야 한다면야 아카데미아 학파의 온갖 궤변이나 완고한 집념, 그리고 내가 자주 머리에 떠올리는 얘기지만, 시대에 영합하려는 그들의 명분일랑 땅속에 묻혀 버렸어야 할 것입니다. 그 시대와 더불어, 카르네아데스와 키케로의 몸뚱이와 더불어. 그렇지만 사람들은 열심히 지혜를 찾지도 않을 뿐더러, 찾고 있는 사람들마저도 자칫하면 찾겠다는 의지를 등지고 맙니다. 이는 인생의 많고도 다양한 우여곡절 때문이기도 하고,—로마니아누스, 그 곡절은 당신도 지금 겪고 있습니다—재능의 미비함과 우둔함이라든가 혼미한 인간들의 게으름 때문이기도 하며, 그렇지 않으면 차마 지혜를 발견할 수 있을까 하는 절망감 때문이기도 하고,—하기야 지혜의 성좌가 인간 지성에 마치 육안에 보이는 저 빛

처럼 그렇게 쉽사리 떠오를 리가 없습니다—전적으로 인간의 잘못이겠지만 스스로 진리를 찾아냈노라는 거짓된 주장 때문이기도 할 것입니다. 그렇다 보니 지식이라는 것이 드물게 그것도 소수에게만 도달하는 현상이 생깁니다. 그뿐 아니라 이러저러한 핑계들과 더불어 아카데미아 학파의 무기까지 손에 닿으면, 그건 도저히 이길 수 없는 무기, 마치 불카누스가 만든 무기처럼 보입니다. 그것도 어중간한 사람들에게만 그런 게 아니라, 예리하고 잘 숙련된 사람들에게도 그렇게 보입니다. 따라서 운명의 저 파도와 폭풍에 맞서 온갖 덕목의 노를 꼭 붙들어야 할 뿐 아니라, 무엇보다도 경건과 신심을 다하여 신적인 도움을 애원해야 합니다."

58 같은 책.

59 *C. Acad.* 2, 6, 15.

60 *C. Acad.* 2, 9, 23. "아카데미아 학파의 이론을 상대하여 힘을 써볼 작정이네. 당장에는 그들과 나 사이에 아무런 차이가 없는 것처럼 보여도 말일세. 그들한테는 진리를 발견할 수 없다는 것이 개연성 있어 보였고, 나한테는 진리를 발견할 수 있다는 것이 개연성 있어 보인다는 점만 차이 나지. 왜냐하면 그들이 진리를 알면서도 모른다고 시늉해왔다면, 진리에 대한 무지가 나에게만 특이한 것이거나, 그렇지 않다면 양편에 공통되거나, 둘 중 하나네."

61 "아카데미아 학파가 개연성 내지 진리의 근사치라고 일컫는 것은 우리가 무엇에 동의하지 않은 채 행동하라는 초대일 수 있다. 동의하지 않은 채라고 내가 말했는데, 이는 우리가 행동하는 그것이 진리라는 의견을 내지도 않고 진리를 알지 못한다고 판단하지도 않은 채로 행동한다는 뜻이다."(*C. Acad.* 2, 11, 26) "아카데미아 학파는 이런 말을 했다. 나한테는 모든 것이 그렇다고 보인다. 나는 그런 것을 개연적이라거나 진리와 근사한 것이라고 불러야 한다는 생각이다. 그것을 당신이 다른 용어로 부르고 싶다면, 나로서는 조금도 반대하지 않겠다. 내가 무슨 말을 했는지 당신이 잘 알아들었다면, 즉 내가 이 용어를 어떤 내용에다 부여했는지 알아들었다면, 나로서는 그것으로 충분하다. 무릇 현자란 용어를 만들어내는 장인이라기보다는 내용을 탐구하는 연구가라야만 합당하다."(*C. Acad.* 2, 11, 26)

62 *C. Acad.* 2, 12, 27.

63 같은 책.

64 *C. Acad.* 3, 3, 5, 6. "나와 아카데미아 학파 사이에는 이런 차이가 있다고 내가 말한 적 있네. 그들에게는 진리를 파악할 수 없다는 명제가 개연성 있는 것으로 보였고, 나한테는 진리가 비록 나에게 아직 발견되지 않았더라도 현자에 의해서 발견되는

일은 가능해 보인다는 점이지."

65 *C. Acad.* 3, 1, 1. "아카데미아 학파를 빼놓고, 나머지 철학자들은 자기네 현자가 진리를 발견했다고 여겼다. 아카데미아 학파 역시 자기네 현자는 최상의 노력을 기울여 진리를 발견해야 한다고 공언했고, 현자는 열심히 그렇게 행동해야 마땅하다고 믿었으며, 진리가 파묻혀서 숨어 있거나 혼재하여 드러나지 않으므로 현자가 삶을 영위하려면 개연적이거나 진리의 근사치로 드러나는 것을 따른다고 주장했다."

66 아우구스티누스는 동의의 문제, 즉 '어느 사안에도 동의해서는 안 된다'라는 명제도 비중 있게 다룬다. 아카데미 학파에는 '합의된 명제마저 동의하는 일을 삼가라'는 충고가 존재하는데, 이에 대해 아우구스티누스는 "그렇더라도 우리 인간은 무엇을 승인하지 않으면 안 된다, 즉 진리에 동의하지 않으면 안 된다"(*C. Acad.* 3. 5. 12)라고 주장하면서, 아카데미 학파의 동의 개념을 비판한다.

67 *C. Acad.* 3, 7, 14.

68 *C. Acad,* 3, 9, 18, 19. "아카데미아 학파는 무엇을 알 수 있다는 것을 부인한다. 학구열이 대단하고 지극히 박식한 분들이여, 대체 어쩌다 이런 명제를 만들어낼 마음이 생겼다는 얘기요? 그러면 이렇게들 말한다. 제논의 정의가 우리더러 그렇게 하라고 충고했소. … 그럼 제논이 뭐라고 했는지 살펴보자. 허위와 공통된 표지를 가지고 있지 않은 표상이라면 확실하게 포착하거나 파악할 수 있다. 플라톤의 사람(아카데미아 학파)이여, 이 말이 당신을 움직였단 말인가?"

69 헬레니즘 시기의 3대 학파인 아카데미 학파와 스토아 학파 그리고 에피쿠로스 학파의 관계에 대한 간략한 정보가 있어야 한다. 이 세 학파들은 서로 대립하고 갈등했는데, 지은이가 여기서 강조하려는 것은 각각의 학파가 다른 학파들에 대해서 어떻게 평가하고 있는가이다. 먼저 아카데미 학파는 자신들이 첫째고, 나머지 두 학파는 동일하게 둘째라고 평가했다. 다음으로 스토아 학파는 자기들이 첫째고, 아카데미 학파가 둘째며, 에피쿠로스 학파는 셋째라고 평가했다. 마지막으로 에피쿠로스 학파는 자기들이 첫째고, 아카데미 학파가 둘째며, 스토아 학파가 셋째라고 평가했다. 이처럼 헬레니즘 시기의 세 학파들은 대립과 갈등 속에서 자신들의 철학적 우월성을 입증하는 데 주력했는데, 아카데미 학파 역시 그러한 흐름 속에 있었던 것이다.

70 *C. Acad.* 3, 9, 21.

71 *C. Acad.* 3, 10, 22.

72 같은 책. "아카데미아 학파가 내세우는 논지가 둘 있다. 우리는 반대 입장에서 우리 힘이 미치는 한에서 따져 보기로 작정했다. 그들의 논지란 '아무것도 파악할 수 없다', '아무것에도 동의해서는 안 된다'는 두 명제이다. 동의하는 문제는 조금 있다가 논의하기로 한다. 당장은 확실한 파악에 관해서 몇 마디만 하겠다. 정말 여러분은 무엇이든지 아무것도 파악하지 못한다고 말하는가? … 카르네아데스, 그러니까 너는 네가 사람인지 개미인지 모른다고 할 셈이냐? 그렇지 않았다가는 크리시포스가 너를 두고 개선 행진을 할 텐데 말이다. … 그대에게는 회의론이라는 소굴이 있어, 조심하지 않고 그곳을 지나가려는 자들을 그대는 거기서부터 사정없이 공격하고 덮칠 것이다. 하지만 어느 헤라클레스가 등장하여 그대의 굴 속에서 반인의 괴물을 처치하듯이 그대를 목 졸라 죽일 것이고, 그자의 몸뚱이를 갖고서 그대를 짓누를 것이다. 그렇게 해서 그대에게 가르칠 것이다."

73 *C. Acad.* 3, 10, 23.

74 *C. Acad.* 3, 11, 25. "나는 감관이라는 것을 옹호해서도, 아카데미아 학파에게 비판을 받지 않은 범위 내에서 많은 얘기를 할 수 있다고 본다. 나는 광기에 사로잡힌 사람들이 거짓 영상을 겪는다거나, 우리가 꿈에 거짓 영상을 본다고 해서 감관이 비난받아서는 안 된다고 믿는다. 깨어 있고 정신이 온전한 사람들에게 감관이 참된 것을 알려준다면, 잠자는 사람이나 정신 나간 사람의 지성이 상상해낸 바를 두고 감관을 탓해서는 안 된다."

75 *C. Acad.* 3, 11, 26. "감관이 무엇을 전달한다면, 과연 참된 것을 전달하느냐는 물음이 남아 있다."

76 같은 책; *Retract.* 1, 1, 4.

77 *C. Acad.* 3, 13, 29. "우리가 얘기하고 있는 저 현자는 이 명제들에 관한 시비를 아예 무시해버렸거나, 완벽한 변증은 진리에 관한 학문이라고 하는 이상 변증술을 철저하게 알고 있거나, 둘 중 하나일 것이다. 후자의 경우라면 저자들의 거짓말 또는 가장 고약한 궤변, 곧 측은해서가 아니라 멸시하여 저따위 궤변은 아예 아사시키고 말 것이다. 나는 이상으로 확실한 파악에 관한 설명은 충분하다고 여긴다."

78 *C. Acad.* 3, 14, 31. 아우구스티누스에 따르면 "지혜로운 사람은 지혜에 동의하리라는 것"을 확인할 수 있다. 그는 지혜가 어디에서 발견되는가에 대해, "지혜로운 사람 내면에서" 발견된다고 답변한다.

79 *C. Acad.* 2, 20, 66.

80 *C. Acad.* 3, 14, 32.

81 무엇보다도 아카데미 학파에 가해진 최대의 비판은 행위 불가능성 문제다. 아우
    구스티누스는 그것을 "'아무것도 승인하지 않는 사람은 아무 행동도 하지 않는다'
    라는 명제다"(*C.Acad.* 3, 15, 33)라고 언급했다.

82 *C.Acad.* 3, 17, 37.

83 *C.Acad.* 3, 17, 38.

84 *C.Acad.* 3, 17, 38, 39. 아르케실라오스의 학문적 방법론은 분명했다. 그는 "가르
    침을 받기에 유순하지 못하다고 여겨지는 사람들을 가르치는 일보다는, 잘못 가
    르침을 받은 사람들을 잘못된 가르침에서 벗어나게" 하는 데 더 많은 노력을 기울
    였다.

85 *C.Acad.* 3, 18, 40, 41.

86 *C.Acad.* 3, 20, 43.

87 *C.Acad.* 3, 18, 40.

88 *Retract.* 1, 1, 4.

89 파로디가 언급한 아우구스티누스의 글의 특징은 4부 1장의 주석 9를 참고하라.

90 Marchand 2018, 175.

91 Carlos Levy, "The sceptical Academy: decline and afterlife", in Edited by Richard
    Bett, *The Cambridge Companion to Ancient Scepticism*, New York: Cambridge University
    Press, 2010, 81~104.

92 *C.Acad.* 1, 2, 5.

93 Marchand 2018, 176.

94 일반적으로 언급되는 회의주의자들은 두 가지 범주로 나누어 생각해 볼 수 있다.
    하나는 회의주의자인 양 가장할 뿐 실제로는 회의주의자로 행동하지 않은 부류이
    고, 다른 하나는 진짜 회의주의자이며 실제로도 그렇게 행동하는 부류다.

95 *C.Acad.* 3, 20, 43.

96 황설중,《고대 회의주의와 근대철학》, 철학과현실사, 2019, 27. 황설중의 이 책은
    피론 이후의 고대 회의주의와, 헤겔까지의 근대 회의주의, 그리고 중관학과 회의
    주의 등 회의주의 철학 전반에 대한 성실한 연구의 결과물을 종합한 책이다. 서구
    회의주의 철학 전반에 대한 자료가 충실하게 정리되어 있다.

97 *C.Acad.* 3, 17, 37-3, 20, 43.

98 S. Squires, "Contra Academicos as autobiography: a critique of the historiography
    on Augustine's first extant dialogue", *Scottish Journal of Theology*, 2011, 250; 신경수

2017, 142에서 재인용.

99 Marchand 2018, 176.

100 아우구스티누스의 인식론적 비판에 대해 부정적인 입장을 가지고 있는 연구자로
는 J. J. 오마라의 다음 책이 있다. 관심 있는 연구자들은 참고하기 바란다. John J.
O'meara, *St.Augustine:Against the Academics*, Westminster: The Newman Press, 1950.

101 아우구스티누스의《삼위일체론》15, 12, 21의 구절은 데카르트의《성찰》의 '제1
성찰'과 유사하다. P. V. 스페이드는 이렇게 분석한다. "실제로 아우구스티누스의
《삼위일체론》의 한 구절은 데카르트의《성찰》의 첫 번째 성찰과 유사한데, 이는
단순한 우연이 아니라 그 이상이다. 아우구스티누스는 감각상의 착각, 꿈, 광기에
근거한 회의주의의 논변들을 고려하면서, 그것들에 관해 데카르트와 똑같은 이야
기를 상당히 많이 하고 있다. 그러나 여기에는 중요한 차이가 있다. 아우구스티누
스는 데카르트와 마찬가지로, 마음은 그 자신과 자신의 활동 그리고 자신의 감각
상에 대하여 확실한 지식을 가질 수 있을 뿐만 아니라, 결코 '마음에 관한 사실'이
아닌 진리와 우리가 감각을 통해서는 얻을 수 없는 진리에 관해서도 확실한 지식
을 가질 수 있다는 것을 깨닫게 된다. 예를 들면 수학의 진리들과 '악보다 선이 더
애호되어야 한다' 같은 가치에 관한 선험적 진리들이 (데카르트가 아니라 아우구스티누
스에게) 그런 것들이다(《의지의 자유로운 선택에 대하여》, 2)." 이에 대해서는 다음을 참고
하라. 폴 빈센트 스페이드, 채이병 옮김, 2장 "중세철학", 앤소니 케니 편, 김영건
외 옮김,《서양철학사》, 이제이북스, 2004, 106.

102 *C.Acad.* 3, 11, 24~25.

103 John Heil, "Augustine's Attack on Skepticism: The Contra Academicos," *The
Harvard Theological Review 65:99~116*, 1972, 109;《독백》1, 7 참조.

104 Marchand 2018, 177.

105 *C.Acad.* 2, 9, 23.

106 Marchand 2018, 175.

107 Marchand 2018, 181.

108 파로디에 따르면, 아우구스티누스의 철학적 여정은 이렇게 설명될 수 있다. "먼저
외부에서 유래하는 감각적인 세계에서 진실과 행복을 탐색하는 고유의 내면 세계
로 나아가는 움직임이 있다. 이런 식으로 외부에서 내부로 향하는 움직임은 동시
에 아래에서 위로 향하는 움직임, 즉 영혼의 탐구가 피조물과 세상이라는 '하등한'
단계에서 궁극적인 논리와 답을 찾아야 할 공간으로서의 내면이라는 '우월한' 단

계로 나아가는 움직임을 동반한다."(마시모 파로디 2018, 558)

109 아우구스티누스는 《아카데미아 학파 반박》에서 데카르트가 그의 '제1성찰'에서 사용한 것과 비슷한 논증들을 제시했는데, 여기서 그는 (수학적 지식과 같은) 종류의 지식이 '꿈 논증'에 저항한다는 것을 보여주었다(Marchand 2018, 181).

110 《삼위일체론》 10, 4, 6. 내면적 자아가 존재하는 방식은 일반적인 사물들이 존재하는 방식과 다르고, 내면적 자아를 아는 것은 자신의 존재성과 실체성을 파악하는 것이다.

111 황설중 2019, 27.

112 *C. Dei.* 11. 26.

113 같은 책.

114 《삼위일체론》 10, 10, 16.

115 폴 빈센트 스페이드 2004, 106.

116 Marchand 2018, 181.

117 Marchand 2018, 182.

118 *Conf.* 10, 6, 9.

119 《참된 종교》 39, 72.

120 Marchand 2018, 181.

121 마시모 파로디 2018, 562. 파로디는 지성과 믿음의 공존의 문제를 이렇게 정리한다. "진리를 탐구하는 두 가지 방식, 즉 지성을 토대로 하는 방식과 믿음의 권위를 토대로 하는 방식이 공존하는 특성은, 아우구스티누스가 플라톤주의 철학 전통의 회의주의적인 입장을 다루는 《아카데미아 학파 반박》의 논쟁 구도 속에도 그대로 남아 있다. 그는 행복에 도달하기 위해 진리를 추구할 필요가 있는가, 아니면 진리를 전적으로 소유하겠다는 억측을 부리지 말고 관심을 기울이는 것만으로도 충분한가라는 질문을 토대로 회의주의적인 의혹을 비판하면서, 현실과 주체의 존재마저도 의혹하는 회의주의를 근본적인 차원에서는 인정하기 힘들며, 이는 불확실한 결론에 섣불리 동의하는 입장을 인정할 수 없는 것과 마찬가지라는 논리를 펼쳤다."

122 Marchand 2018, 181.

123 아먼드 A. 마우러, 조흥만 옮김, 《중세철학》, 서광사, 2007, 29.

124 Marchand 2018, 182.

125 Marchand 2018, 181 참조.

126 《아카데미아 학파 반박》은 후반부에 그리스도의 이름이 조금 언급될 뿐, 철저하게 철학적 인식론의 문제만을 다루고 있다.

127 헤르모게니아누스(Aurelius Hermogenianus)는 고대 로마의 디오클레티아누스 황제 시대의 법학자이자 공직자였다.

128 Levy 2010, 98~99.

129 *Epist.* 1. 1.

130 *Epist.* 1. 3. "옥죄던 극히 가증스러운 족쇄"라는 표현도 있다.

131 *Enchiridion.* 7. 20. 《신앙핸드북》즉 *Enchiridion:on Faith, Hope and Love*은 420년 성 히에로니무스가 사망한 직후 라우렌티우스(Laurentius)라는 사람의 요청에 대한 응답으로 작성된 그리스도교 신앙에 대한 간단한 안내서다. 제목에서도 알 수 있듯이, 그리스도교 예배에 필요한 세 가지 요소인 믿음, 소망, 사랑에 관한 논문들이 수록되어 있다.

132 〈갈라디아서〉 3:11.

133 Levy 2010, 99 참조.

134 클라우스 리젠후버 2007, 76.

135 Floridi 2010, 267~283.

136 Marchand 2018, 178 참조.

137 아먼드 A. 마우러, 조흥만 옮김, 《중세철학》, 서광사, 2007, 26.

138 *Conf.* 6, 5, 7.

139 Luciano Floridi, "The rediscovery and posthumous influence", in Edited by Richard Bett, *The Cambridge Companion to Ancient Scepticism*, New York: Cambridge University Press, 2010, 267~287 참조.

140 Floridi 2010, 267~283 참조.

141 이성이나 회의가 신앙이나 믿음을 강화하는 데 필요한 지적 도구 내지는 장치라는 것은 분명해 보인다. 하지만 신앙주의자들은 회의주의와는 전혀 다른 시각에서 세계를 이해하고 있기에, 그들이 회의주의의 고유한 가치와 의미를 파악하고 있었다고 평가하기에는 무리가 있다. 또한 중세 사회의 그리스도교의 교리나 신앙과 연관된 문제에 있어서 회의주의적 논증은 신앙주의와 연관된 신학적 논쟁의 부속 정도로 취급되는 것이 사실이다.

142 Alfaric(1918), Testard(1958), Besnier(1993) 등은 아우구스티누스가 진지하게 회의주의를 지지했다는 것에 강한 의문을 표한다. 하지만 그가 회의주의를 심각한 문

제로 다루었다는 것은 의심할 여지가 없다.

143 Marchand 2018, 175.

144 중세 시기 3인의 회의주의자들에 대한 본격적인 논의는 지은이의 다음 논문을 참고하라. 박규철, "중세에는 회의주의자가 없었는가?: 11~14세기 솔즈베리의 요하네스와 오트르쿠르의 니콜라우스 그리고 알 가잘리의 회의주의를 중심으로",《동서철학연구》제100호, 한국동서철학회, 2021a, 255~271.

2장 몽테뉴의 새로운 피론주의

1 디에고 E. 마츄카(Machuca 2018, 166)에 의하면, 섹스투스의《피론주의 개요》에 관한 라틴어 필사본이 3개 존재했던 것으로 알려져 있다. 14세기 니콜로 다 레지오(Niccolo da Reggio)의 필사본도 그중 하나로 간주된다. 레지오는 섹스투스의《학자들에 반대하여》3~5권 필사본도 부분 번역했다고 전해지고,《학자들에 반대하여》1~4권 필사본은 15세기 지오반니 로렌치(Giovanni Lorenzi)에 의해서 부분 번역됐다고 한다(Machuca 2018, 170).

2 Paganini 2018, 365~366.

3 앞의 세 철학자들에 대한 더 자세한 사항은 지은이의 논문을 참고하라. 박규철, "피에르 샤롱은 피론주의자인가, 아닌가?",《철학논총》제105집, 2021b, 107~122; 박규철, "장-피에르 카뮈는 피론주의자인가?:《회의적 에세이》에 나타난 '그리스도교적 피론주의'를 중심으로",《동서철학연구》제101호, 2021d, 389~406; 박규철, "프란치스코 산체스는 피론주의자인가, 아닌가?",《철학탐구》제63집, 2021c, 29~51.

4 몽테뉴에 관한 국내 학자들의 연구로는 다음의 책과 논문들이 있다. (1) 박규철, "몽테뉴는 피론주의자인가?",《동서철학연구》제98호, 2020, 283~302. 지은이는 이 논문에서 섹스투스의 전통적인 피론주의와 차별화되는 몽테뉴의 피론주의의 새로움을 천착했다. (2) 이환,《몽테뉴와 파스칼》, 민음사, 2007. 이환은 몽테뉴를 인문주의자 관점에서 분석하고 있다. (3) 황설중, "몽테뉴와 피론주의",《고대 회의주의와 근대철학》, 철학과현실사, 2019. 황설중은 이 논문에서 몽테뉴의 회의주의와 신앙주의 간의 관계를 분석하고 있다. (4) 임건태, "니체의 몽테뉴 회의주의 수용과 변형",《니체연구》제27권, 2015, 167~203. 임건태는 이 논문에서 니체 철학의 뿌리로서 몽테뉴 철학을 분석하고 있다. (5) 이용철, "몽테뉴의 종교관에 관한 연구",《프랑스학 연구》제51집, 2010, 127~157. 이용철은 이 논문

에서 가톨릭 신자인 몽테뉴의 종교적 태도에 대해 분석하고 있다. (6) 백주진, "몽테뉴《수상록》2부 12장 '레이몽 스봉을 위한 변론'에서의 판단 이론", 《철학논집》 제15집, 51~78, 2008. 백주진은 이 논문에서 판단 이론을 중심으로 몽테뉴의 인식론을 분석하고 있다.

5 Popkin 2003, 56. 반그리스도교 계열의 철학자인 흄과 볼테르는 몽테뉴의 철학에서 회의주의는 수용했으나 신앙주의는 배제하는 경향을 보였다.

6 같은 책. 몽테뉴는 온건한 신앙주의자였다. 그는 당대 프랑스 종교개혁자들이 보여준 '광신주의'에 대해 분명한 반대 의견을 표했다. 하지만 이와 동시에 그는 성 프랑수아 드 살(St. François de Sales), 베륄 추기경(Pierre de Bérulle) 또는 성 뱅상 드 폴(St. Vincent de Paul)과 같은 반종교개혁자들이 보여준 부족한 영적 자질에 대해서도 비판적인 입장을 표했다.

7 섹스투스는 회의주의를 어떤 방식으로든 보이는 것들과 사유된 것들을 대립시키는 능력으로 규정하면서(PH. 1. 8), 회의주의자는 보이는 것들과 생각되는 것들의 불규칙성을 해소하여 마음의 평안을 얻어야 한다고 말한다(PH. 1. 25). 이처럼 섹스투스는 현상을 단지 감각지각적인 것으로만 한정하지는 않는다.

8 Machuca 2018, 170.

9 몽테뉴의 회의주의 철학을 하나의 이론으로 체계적으로 설명하는 것은 불가능하다. 이 문제에 대한 임건태의 다음 지적은 적절해 보인다. "사실 몽테뉴의 사상을 체계적으로 서술한다는 것은 거의 불가능하다. 왜냐하면 니체와 마찬가지로 정신적 자유와 독립을 매우 소중하게 여겼으며, 모든 독단론을 거부했던 몽테뉴는 애당초 그러한 이론적 체계를 구성하기를 결코 원하지 않았기 때문이다."(임건태 2015, 175)

10 Machuca 2018, 165.

11 Gianni Paganini, "Michel de Montaigne" Edited by Diego E. Machuca and Baron Reed, *Skepticism:From Antiquity to the Present*, New York: Bloomsbury, 2018, 232.

12 1543년은 코페르니쿠스가 지동설을 주장한 해였는데, 몽테뉴는 그해에 태어났다. 16세기 말은 가톨릭과 개신교의 대립이 극한을 치닫고 있을 때였다. 물론 1555년 신성로마제국의 카를 5세 황제는 아우크스부르크에서 종교평화협정을 체결했으나, 1572년 프랑스에서는 가톨릭 세력이 개신교도인 위그노를 습격해 수천 명을 살해했던 '성 바르톨로메오 축일의 대학살'이 발발했다. 이 때문에 잠시 휴전 상태였던 위그노 전쟁은 다시 격화됐다. 이 내전은 1598년에 종식됐으나,

몽테뉴는 전쟁이 끝나기 전인 1592년에 사망했다.

13 Popkin 2003, 44 참조.

14 Popkin(2003, 45)에 따르면 피에르 에켐은 지적인 욕구도 강해 당대의 다양한 종교 적·신학적 흐름에도 관심이 많았다. 그는 종교적 이해와 평화를 찾기 위해 레이 몽 스봉(Raimond Sebond)의 《자연철학(Theologia naturalis)》을 읽기도 했다. 이 책을 읽 고 감명을 받았던 피에르 에켐은 아들 몽테뉴에게 이 책의 번역을 권했고, 몽테뉴 는 흔쾌히 따랐다고 한다.

15 Popkin 2003, 45; Paganini 2018, 232 참조.

16 Paganini 2018, 232.

17 몽테뉴가 르네상스 시기에 주목할 만한 철학적 업적을 남겼던 이유로 그의 아버 지 피에르 에켐의 열정적인 교육열을 들 수 있다. 그는 몽테뉴가 당대 최고의 학 자들에게 교육받을 수 있게 했다. 어릴 때부터 라틴어 교육을 집중적으로 시켰으 며, 그리스어 공부도 열심히 하게 했다(Paganini 2018, 232; Popkin 2003).

18 몽테뉴가 교육받은 보르도와 툴루즈는 초기 개신교 사상의 중심지로 널리 알려져 있었다.

19 Popkin 2003, 45~46. 몽테뉴는 1539년에 기엔 학교에 입학하여 6~7년 정도를 보냈다. 이 학교는 보르도의 부유한 상인들과 프랑스에서 무역을 하는 포르투갈 의 개신교인들이 힘을 합쳐 세운 곳이었다. 이 학교를 이끌고 있던 두 명의 지도 자는 안드레 데 구베아(Andre de Gouvea)와 조지 뷰캐넌이었다. 구베아 가족은 포르 투갈계 개신교 신자들로, 프랑스에 정착해 파리의 생 드 바베 대학(College de Sainte- Barbe)의 지도자가 됐다. 그들은 스코틀랜드의 라틴계 시인인 조지 뷰캐넌을 모셔 와 학생들을 가르치게 했다. 뷰캐넌의 학생들 중에는 이그나티우스 로욜라(Ignatius Loyola)와 장 칼뱅(John Calvin)도 있었다. 또한 이 학교는 포르투갈의 개신교 신자들 의 자제들을 위한 센터 역할을 하기도 했다. 그런데 1548~1549년 포르투갈의 종 교재판소가 이단자들을 검거하는 과정에서 안드레 데 구베아와 조지 뷰캐넌이 체 포되어 기소되기도 했다. 구베아와 뷰캐넌에 대한 적대감은 예수회에 의해 형성 되기도 했다. 예수회가 코임브라 대학교를 인수하여 스콜라주의의 요새로 만들자, 뷰캐넌은 그곳을 떠나 프랑스와 스코틀랜드로 갔으며 나중에는 제임스 6세(후에 잉글랜드에서 제임스 1세가 되는 인물)의 스승이 됐다.

20 Popkin 2003, 46.

21 Paganini 2018, 233.

22 리하르트 다비트 프레히트 2018b, 150.

23 Paganini 2018, 233.

24 앙리 4세는 부르봉가 출신으로는 최초로 프랑스 왕이 됐다. 그는 생각이 깊은 리더는 아니었으나, 탁월한 정치적 통찰력을 가지고 나라를 효율적으로 다스린 것으로 유명하다.

25 로마 가톨릭 교회에서 부제와 사제를 도와 전례의식, 특히 영성체 집행을 돕는 사람을 말한다. 그리스어로 봉사자 또는 시종을 뜻하는 'akolouthos'에서 유래했다.

26 Paganini 2018, 233.

27 16세기 유럽 사회는 종교전쟁의 소용돌이 속에서 독단과 반이성이 지배하던 시대였다. 가톨릭과 개신교의 대립, 그리고 개신교 내부에서 루터파와 칼뱅파의 대립 등으로, 프랑스 사회는 광기와 폭력의 소용돌이 속에 있었다. 몽테뉴는 프랑스 왕실의 관료로서 현실 정치에 밀접하게 관계되어 있었지만, 실제로 일어나는 정치적 논쟁이나 싸움과는 어느 정도 거리를 유지했다.

28 1598년 4월 13일 선포된 낭트칙령으로 인해 프랑스의 개신교인 위그노 세력은 한 세기 동안 광범위한 종교적 자유와 경제적 자유를 누릴 수 있게 됐다. 하지만 그들의 정치적·경제적 세력이 커지면서 크고 작은 문제들이 불거져 또다시 프랑스 사회가 혼란스러워지고, 그 틈을 이용해 절대왕권을 강화시키고자 했던 루이 14세는 낭트칙령을 폐지해버린다(1685년).

29 Popkin 2003, 47 참조.

30 이용철 2010, 128.

31 Paganini 2018, 233~234.

32 Paganini 2018, 235.

33 몽테뉴의《수상록》에 대한 번역은 손우성의 번역본을 참조했다. 몽테뉴, 손우성 옮김,《몽테뉴 수상록》, 동서문화사, 2015, 545.

34 Paganini 2018, 234.

35 Paganini 2018, 236.

36 몽테뉴 2015, 543.

37 앙리 에스티엔과 같은 입장을 가진 개신교 변증가들로는 다비드-르노 불리에(David-Renaud Boullier)와 장 라 플라세트(Jean La Placette) 등이 있다.

38 1562년 앙리 에스티엔이 섹스투스의《피론주의 개요》의 라틴어 번역본을 출간하고, 1569년 젠티앙 에르베가《학자들에 반대하여》와《독단주의자에 대항하여》의

라틴어 번역본을 출간함으로써, 섹스투스의 모든 저작에 대한 번역은 마무리된다
(Machuca 2018, 169). 곧이어 1570년 디오게네스 라에르티오스의《유명한 철학자들
의 생애와 사상》이 번역되고, 1621년에는 섹스투스의 그리스어 텍스트 초판본도
출간됐다(Paganini 2018, 236).

39 Paganini 2018, 236.

40 Machuca 2018, 169.

41 '에세'는 형식에 얽매이지 않은 짧은 글로 자신의 생각을 표현하는 새로운 문학
양식이었다. 이 개념과 밀접한 연관을 가지고 있는 프랑스어는 '시도하다'를 뜻하
는 'essayer'다.

42 리처드 팝킨(Popkin, 2003, 47)과 피에르 빌리(Villey 1908)의 분석에 따르면, 몽테뉴
는 섹스투스의 저술을 통해 고대 피론주의를 흡수해 새로운 피론주의를 만들었
다. 특히 빌리는 "레이몽 스봉의 변호" 대부분이 1575~1576년(몽테뉴의 나이 42~43
세)에 작성됐으며, "나는 무엇을 아는가?"라는 몽테뉴의 좌우명도 이 시기에 채택
됐다고 한다. "레이몽 스봉의 변호"에서 몽테뉴는 다소 산만하고 무질서한 스타일
로 논의를 전개하나, 자신의 회의주의와 '가톨릭 피론주의'에 대해서는 옹호하는
자세를 견지한다. 몽테뉴에 대한 피에르 빌리의 분석은 다음 책을 참고하라. Pierre
Villey. *Les Sources et l'Evolution des Essais de Montaigne*, Paris: Hachette, 1908.

43 몽테뉴 2015, 1195~1196.

44 리하르트 다비트 프레히트, 박종대 옮김, 《너 자신을 알라》, 열린책들, 2018b. 스
페인 카탈루냐 출신의 철학자 라몬 륄은 제임스 2세(James II)의 스승으로, 그리스
도교와 이슬람 사상에 두루 조예가 깊었으며, 종교와 철학 등을 아우르는 저작
《하나님에 대한 명상의 책(Llibre de contemplació en Déu)》을 남긴 인물로 알려져 있다.

45 백주진은 몽테뉴의 "회의주의는 인간의 자유를 지향한다는 점에서 마음의 평정을
지향했던 고대 회의주의와 근본적으로 구별된다"(백주진 2008, 52)고 언급하는데,
이는 지은이의 논지와 일맥상통한다. 그의 다음 논문을 참고하라. 백주진, "몽테뉴
《수상록》 2부 12장 '레이몽 스봉을 위한 변론'에서의 판단 이론", 《철학논집》 제
15집, 2008, 51~78.

46 몽테뉴의 아버지는 피에르 부넬(Pierre Bunel)로부터 레이몽 스봉의 《자연신학》의
복사본을 전달받고, 그 번역을 아들 몽테뉴한테 맡겼다. 사본을 받아든 몽테뉴는
원본은 스페인어로 되어 있고 끝부분은 라틴어로 되어 있다는 농담을 하면서 아
버지를 놀렸다고 한다(Popkin 2003, 46~48 참조).

47 몽테뉴 2015, 467 참조.

48 몽테뉴 2015, 476 참조.

49 몽테뉴 2015, 468.

50 같은 책.

51 Popkin 2003, 47.

52 몽테뉴 2015, 476~477.

53 몽테뉴 2015, 724.

54 몽테뉴 2015, 478.

55 몽테뉴 2015, 587 참조.

56 몽테뉴 2015, 546.

57 아카데미 학파는 개연성 있는 지식은 확보될 수 있다고 여기지만, 몽테뉴는 이에 대해 부정적이다. 몽테뉴는 진리 자체에 대한 이해가 결여된 상황에서는 진리의 개연성에 대한 언급 역시 무의미하다고 비판한다. 따라서 그는 이처럼 개연성을 강조하는 아카데미 학파 역시 진리를 탐구하는 데 불완전한 이론이라 규정한다. 몽테뉴 2015, 614~615 참고.

58 몽테뉴 2015, 546.

59 몽테뉴 2015, 571.

60 몽테뉴 2015, 604.

61 몽테뉴 2015, 583.

62 Popkin 2003, 51.

63 몽테뉴 2015, 583~584

64 몽테뉴에 따르면, 스콜라 학파에서 아리스토텔레스는 학문의 신이며, 그의 학설은 우리를 지배하는 법이 된다(몽테뉴 2015, 587).

65 몽테뉴 2015, 588.

66 같은 책.

67 몽테뉴 2015, 594.

68 몽테뉴의 신앙주의는 가톨릭주의이며, 반종교개혁적이다. "하늘에서 우리에게 오는 사물들만이 설복시킬 권한과 권위를 갖는다. 그런 것만이 진리의 표징이다. 그 진리도 우리 눈으로 보는 것이 아니고, 우리 방법으로 받는 것이 아니다. 이 거룩하고 위대한 심상은, 하느님이 용도를 마련해주지 않는다면, 또 하느님이 그의 특수하고도 초자연적인 혜택과 은총으로 만들어주고 강화해주지 않는다면, 이렇게

도 약한 거처(인간) 속에 들어앉지도 못할 것이다."(몽테뉴 2015, 617), "나는 택할 능력이 없기 때문에 남이 택해준 것을 잡고, 하느님이 나를 두신 자리를 지킨다. 그렇지 않으면 나는 끊임없이 흘러 돌아다니는 신세를 면치 못할 것이다. 그래서 하느님 덕택으로 나는 양심의 동요 없이 이 시대가 만들어낸 수많은 종파와 분열을 통해, 우리 종교의 옛 신앙을 온전히 지켜왔다."(몽테뉴 2015, 624)

69 몽테뉴 2015, 588.

70 몽테뉴 2015, 604.

71 같은 책.

72 회의주의에 기반한 몽테뉴의 정치적 사유에 대해서는 다음 책을 참고하라. John Christian Laursen, *The Politics of Skepticism in the Ancients, Montaigue, Hume, and Kant*, Leiden, New York and Köln: Brill, 1992.

73 Popkin 2003, 52.

74 몽테뉴 2015, 624.

75 *PH*. 1. 23.

76 몽테뉴 2015, 543~544.

77 Popkin 2003, 51.

78 몽테뉴 2015, 545.

79 몽테뉴 2015, 535.

80 몽테뉴 2015, 46, 645.

81 몽테뉴 2015, 646.

82 몽테뉴 2015, 648.

83 몽테뉴 2015, 649.

84 몽테뉴 2015, 656.

85 같은 책.

86 몽테뉴 2015, 656~657.

87 몽테뉴 2015, 657.

88 몽테뉴 2015, 659.

89 같은 책.

90 몽테뉴 2015, 660~661. "어느 것이건 우리의 감각에 의해서 변질되고 변형되지 않고는 우리에게 오지 않기 때문이다. 컴퍼스나 각도기나 자가 바르지 못한 때에는 그것으로 잰 모든 비율, 그것으로 재어서 지은 모든 건축 역시 결함이 있고 불

완전하다. 우리 감각의 불확실성은 그들이 만들어내는 모든 것을 불확실하게 만든다."

91 몽테뉴 2015, 661.

92 몽테뉴 2015, 661~662.

93 몽테뉴 2015, 662~663.

94 몽테뉴 2015, 665~666.

95 Popkin 2003, 54~55.

96 몽테뉴의 종교적 고백과 연관된 주제에 대해서는 다음을 참고하라. Vincent Carraud, and Jean-Luc Marion (eds.). *Montaigne: scepticisme, métaphysique, théologie,* Paris: Presses Universitaires de France, 2004; Philippe Desan, *Montaigne: Les formes du monde et de l'esprit,* Paris: PUPS, 2008.

97 몽테뉴 2015, 666.

98 Paganini 2018, 241.

99 Popkin 2003, 56.

100 르네상스와 근대의 회의주의를 연구하기 위해서는 우선 리처드 팝킨의 다음 책을 참고하라. (1) Richard Popkin, *The History of Scepticism from Savonarola to Bayle,* Oxford: Oxford University Press, 2003. 보다 심화된 연구를 위해서는 잔니 파가니니의 다음 글들을 참고하라. (2) Gianni Paganini, "Hobbes Among Ancient and Modern Sceptics: Phenomena and Bodies." In Paganini (ed.), *The Return of Scepticism: From Hobbes and Descartes to Bayle,* 3~35, Dordrecht, Boston and London: Kluwer, 2003. (3) Gianni Paganini, "The Quarrel over Ancient and Modern Scepticism: Some Reflections on Descartes and His Context." In J. Popkin (ed.), *The Legacies of Richard Popkin,* 174~194, Dordrecht: Springer, 2008. 르네상스 시기의 회의주의 연구를 위해서는 팝킨과 호세 R. 마이아 네토의 다음 책을 참고하라. (4) Richard Popkin and José R. Maia Neto (eds.). *Skepticism in Renaissance and Post-Renaissance Thought. New Interpretations.* Amherst: Humanity Books, 2004. (5) Gianni Paganini and José R. Maia Neto. *Renaissance Scepticisms,* Dordrecht: Springer, 2008. 근대철학 분야에서의 회의주의 연구를 위해서는 존 라우르센과 피에르 프랑수아 모로의 다음 책을 참고하라. (6) John Christian Laursen, *The Politics of Skepticism in the Ancients, Montaigue, Hume, and Kant,* Leiden, New York and Köln: Brill, 1992. (7) Pierre-François Moreau(ed.). *Le scepticisme au XVIe et au XVIIe siècle,* Paris: Albin Michel,

2001.

101 Paganini 2018, 364.

102 앙리 에스티엔에 따르면 'apparentia'의 동의어는 'phainomena'이다. 이 개념은 '현상'과 같은 의미이며, 호환하여 사용 가능하다(Paganini 2018, 237).

103 몽테뉴에게는 현상과 본질의 틈이 벌어져 있기에, 이 둘 사이의 관계를 매개할 수 있는 '제3의 장치'에 대한 논의가 필수적으로 요구된다. 하지만 앞에서도 언급한 '차이점을 판단할 자', '심판자'에 대한 논의, 즉 제3의 장치를 찾고자 하는 노력은 필연적으로 우리를 논리적 함정에 빠뜨리고 말 것이다(몽테뉴 2015, 661).

104 섹스투스는 아카데미 학파의 이론을 부정적 독단주의라 비판했다. 하지만 그의 비판은 객관성을 결여하고 있다. 이와 관련해서는 이 책의 2부 "아카데미 학파의 회의주의"를 참고하라.

105 Paganini 2018, 239.

106 몽테뉴 2015, 546.

107 Paganini 2018, 237~238.

108 몽테뉴 2015, 660.

109 몽테뉴 철학의 철학사적 영향력에 대한 연구는 많은 학자에 의해서 이루어졌다. 그중에서도 가장 먼저 언급되어야 할 인물은 레옹 브륑슈비크인데, 본격적인 연구를 위해서는 다음 책을 참고하라(Paganini 2018, 237~239 참조). (1) Léon Brunschvicg, *Descartes et Pascal lecteurs de Montaigne*, Neuchâtel: La Baconnière, 1942. 그의 연구 이후에 주목해야 할 연구자들이 많은데, 보다 심화된 연구를 위해서는 다음 책을 참고하라. (2) Dudley Marchi, *Montaigne Among the Moderns: Receptions of the Essais*, Providence: Berghahn, 1995. (3) Martin Gessmann, *Montaigne und die Moderne. Zu den philosophischen Grundlagen einer Epochenwende*, Hamburg: Felix Meiner Verlag, 1997. (4) Hassan Melehy, *Writing Cogito: Montaigne, Descartes, and the Institution of the Modern Subject*, New York: State University of New York Press, 1997. (5) Ann Hartle, *Montaigne and the Origins of Modern Philosophy*, Evanston: Northwestern University Press, 2013. (6) Nicola Panichi and Maria Franca Spallanzani, *Montaigne and Descartes: A Philosophical Genealogy*, Special issue of Montaigne Studies 25, 2013.

110 Paganini 2018, 366.

111 Paganini 2018, 241; 리하르트 다비트 프레히트 2018b, 152.

112 리하르트 다비트 프레히트 2018b, 152.

113 몽테뉴 2015, 727.

114 몽테뉴 2015, 399. 몽테뉴《수상록》의 회의주의적 내용을 형성하는 데 고대 회의주의가 어떤 영향을 끼쳤는지에 관한 연구는 크게 2가지 경향, 즉 Friedrich(1947) 같은 피론주의적 입장에서의 접근과 Schmitt(1972) 같은 아카데미 학파, 특히 키케로의 개연주의를 중심으로 한 접근이 있다. 이 글을 구성하면서 지은이는 피론주의적 입장에서 몽테뉴의 회의주의에 접근하고자 한다. 이 두 명의 연구자들의 입장에 대한 상세한 언급은 다음 책들을 참고하라. (1) Hugo Friedrich, *Montaigne*, Bern: Francke, 1947, (2) Charles B. Schmitt, *Cicero Scepticus. International Archives of the History of Ideas,* The Hague: Nijhoff, 1972.

115 몽테뉴 2015, 399~400.

116 "process of falsification" Paganini 2018, 238.

117 몽테뉴 2015, 571.

118 Paganini 2018, 241.

119 Paganini 2018, 363.

120 몽테뉴 2015, 369.

121 몽테뉴 2015, 546.

122 몽테뉴 2015, 571.

123 Paganini 2018, 365.

124 Ann Hartle, "Montaigne and skepticism", in *The Cambridge Companion to Montaigne*, Ullich Langer edited. Cambridge: Cambridge University Press, 2005, 187 참조.

125 몽테뉴 2015, 604.

126 Paganini 2018, 242 참조.

127 몽테뉴 2015, 603~604.

128 몽테뉴 2015, 589.

129 몽테뉴 2015, 477.

130 몽테뉴 2015, 589.

131 몽테뉴 2015, 666.

132 몽테뉴 2015, 604.

133 리하르트 다비트 프레히트 2018, 148

134 Paganini 2018, 240~241 참조.

135 Paganini 2018, 240.

136 Paganini 2018, 368.

137 Paganini 2018, 240.

138 몽테뉴 2015, 619 참고.

139 디에고 E. 마추카(Machuca, 2018, 240)에 따르면, 몽테뉴의 회의주의가 이러한 특징을 가지게 된 데는 앙리 에스티엔의 영향이 컸다. 앙리 에스티엔은 다양한 의미를 지닌 그리스어 동사 '아포레인(aporein)'보다 하나의 의미를 가진 라틴어 동사 '두비타레(dubitare)'를 더 많이 사용했는데, 몽테뉴는 바로 그로부터 영향을 받았던 것이다.

140 가톨릭주의를 신봉하는 가톨릭 신자임에도 불구하고, 몽테뉴의 종교관을 한마디로 규정하기는 힘들다. 그가 "가톨릭교의 진정한 신봉자인가, 아니면 겉으로만 가톨릭교인인 척하는 무신론자인가, 혹은 신앙절대주의자인가?"(이용철 2010, 127)를 묻는 논쟁이 진행 중이기 때문이다. 하지만 지은이는 몽테뉴를 가톨릭주의자로 규정한 채 논의를 진행했다. 그의 종교관에 대해서는 이용철의 다음 논문을 참고하라. 이용철, "몽테뉴의 종교관에 관한 연구", 《프랑스학 연구》 51집, 2010, 127~157.

141 Popkin 2003, 54~55.

142 Hartle 2005, 204.

143 몽테뉴 2015, 662.

144 몽테뉴 2015, 666.

145 몽테뉴 2015, 572.

146 황설중 2019, 156.

147 몽테뉴 2015, 537.

148 몽테뉴 2015, 527.

149 몽테뉴 2015, 535.

150 몽테뉴는 그들이 한평생을 아무런 학문, 법, 임금, 종교도 없이 놀라운 단순성과 무지 속에 보내기에, 모든 고뇌와 사상 그리고 마음을 긴장시키는 불쾌한 일에 시달리지 않으며, 따라서 그들의 마음이 명랑하고 고요하다고 말한다(몽테뉴 2015, 527).

151 몽테뉴 2015, 534.

152 〈고린도 전서〉 1:19~21에 대한 정확한 번역은 다음과 같다. "기록된 바 내가 지혜 있는 자들의 지혜를 멸하고 총명한 자들의 총명을 폐하리라 했으니 지혜 있는

자가 어디 있느냐? 선비가 어디 있느냐? 이 세대에 변론가가 어디 있느냐? 하나님께서 이 세상의 지혜를 미련하게 하신 것이 아니냐? 하나님의 지혜에 있어서는 이세상이 자기 지혜로 하나님을 알지 못하므로 하나님께서 전도의 미련한 것으로 믿는 자들을 구원하시기를 기뻐하셨도다."

153 몽테뉴 2015, 537.

154 Popkin 2003, 49.

155 Paganini 2018, 239~240 참조.

156 《수상록》제1권 16장(79~80), 32장(238~240) 그리고 제2권 19장(738~742) 등에서 현실 종교에 대한 비판이 전개되고 있다.

157 1569년 5월 전투.

158 1569년 10월 전투.

159 1569년 3월 전투.

160 이 인용문은《수상록》제1권 32장에 나온다. 1569년 3월의 자르나크 전투에서는 가톨릭 측이 승리했고, 1569년 5월의 라로슈-라베이유 전투에서는 개신교 측이, 1569년 10월의 몽콩투르 전투에서는 다시 가톨릭 측이 승리했다(몽테뉴 2015, 239).

161 몽테뉴 2015, 240.

162 Popkin 2003, 50.

163 몽테뉴의 회의주의는 매우 흥미롭게도 19세기 기독교 철학자인 키르케고르를 포함한 유럽 사상가들에게도 영향을 미쳤다.

164 몽테뉴 2015, 604~605.

5부 21세기에 소환된 고대 회의주의

1 Popkin 2003, xx.

2 Floridi 2010, 283~284.

3 프리드리히 니체 2013, 133.

4 프리드리히 니체 2013, 133~134.

5 《장자》제물론 91~92; 이종성 2017, 307에서 재인용. "齧缺問乎王倪曰 子知物之所同是乎 曰 吾惡乎知之 子知子之所不知邪 曰 吾惡乎知之 然則物無知邪 曰 吾

惡乎知之 雖然 嘗試言之 庸詎知吾所謂知之非不知邪 庸詎知吾所謂不知之非知邪."

6   이종성 2017, 325.

7   나가르주나 2012, 82.

8   초기 불교경전 중의 하나인《숫타니파타(Sutta Nipāta)》의 8게송에도 인간의 편협한
    시각과 지적 독단주의를 부정하는 회의주의적 태도가 잘 드러나 있다. "그는 지식
    과 도덕률로써 자신의 견해를 제시하지 않는다. 그는 평등을 주장하지도 않고, 우
    월함과 열등함도 보이지 않는다. 그는 하나의 견해를 취하면서 다른 견해를 버리
    는 행위를 하지 않는다. 그는 그가 알고 있는 것으로 규정지을 수 없는 사람이다.
    그는 다툼을 반대하는 것에 동참하지도 않는다. 그는 어떠한 견해도 취하지 않는
    다. 그는 유무(有無), 피안차안(彼岸此岸)이라는 어리석은 조합적 개념에 빠지지 않
    는다. 사람들이 생각하고 붙잡고 있는 교리에 몰두하지 않기 때문이다."

9   PH. 3. 280.

10 같은 책.

11 안드레아스 우르스 좀머 2006, 9.

12 PH. 3. 252.

1. 한국어 논문

- 강철웅, "기원전 1세기 아카데미의 플라톤주의 수용", 《서양고전학연구》 37권, 2009.
- 김용민, "키케로와 헬레니즘 철학: 《아카데미의 회의주의에 관하여》에 나타난 인식론을 중심으로", 《한국정치연구》 제18집, 2009.
- 남기창, "비트겐슈타인과 고대 회의주의", 《철학적 분석》 6호, 2002.
- 남기창, "비트겐슈타인과 피론", 《신학과 철학》 5호, 2003.
- 박규철, "회의냐 독단이냐?: 중기 아카데미 학파의 아르케실라오스의 회의주의", 《대동철학》 64집, 2013a.
- 박규철, "고대 회의주의의 변천과 재발견", 《철학논총》 74집, 2013b.
- 박규철, "섹스투스 엠피리쿠스의 회의주의", 《동서철학연구》 제85호, 2017a.
- 박규철, "아이네시데모스의 회의주의", 《철학논총》 제90집, 2017b.
- 박규철, "카르네아데스는 과연 판단유보의 원리를 망각했는가?: 카르네아데스에 대한 섹스투스 엠피리쿠스의 비판과 섹스투스 엠피리쿠스 비판에 대한 재비판을 중심으로", 《철학·사상·문화》 제28호, 2018a.
- 박규철, "카르네아데스의 '개연적인 감각표상'과 '행위 가능성'의 문제: 스토아 학파의 파악표상과 현자 개념에 대한 비판을 중심으로", 《철학탐구》 제52집, 2018b.
- 박규철, "피론의 회의주의는 피론주의와 연속하는가?", 《철학논총》 제96집, 2019.
- 박규철, "몽테뉴는 피론주의자인가?", 《동서철학연구》 제98호, 2020.
- 박규철, "중세에는 회의주의자가 없었는가?: 11~14세기 솔즈베리의 요하네스와 오트르쿠르의 니콜라우스 그리고 알 가잘리의 회의주의를 중심으로", 《동서철학연구》 제100호, 2021a.
- 박규철, "피에르 샤롱은 피론주의자인가, 아닌가?", 《철학논총》 제105집, 2021b,

107~122.

- 박규철, "프란치스코 산체스는 피론주의자인가, 아닌가?",《철학탐구》제63집, 2021c, 29~51.
- 박규철, "장-피에르 카뮈는 피론주의자인가?:《회의적 에세이》에 나타난 '그리스 도교적 피론주의'를 중심으로",《동서철학연구》제101호, 2021d, 389~406.
- 박승권, "스토아학파의 진리의 기준(kritērion tēs alētheias): 파악(katalēpsis)과 파악표상 (katalēptikē phantasia)의 대립을 중심으로",《철학논총》77, 2014, 141~160.
- 박승권,《피론학파의 회의주의 연구: '탐구(zētēsis)' 개념을 중심으로》, 박사학위논 문, 연세대학교 대학원, 철학과, 2016.
- 박승권, "진리의 기준에 대한 피론 학파의 논박",《범한철학》제86집, 범한철학회, 2017.
- 배성진, "성 아우구스티누스의 초기 대화편에 나타난 INTENTIO의 근본 의미: 《아카데미아 학파 반박》과《행복론》을 중심으로",《중세철학》제25호, 2019, 43~112.
- 백주진, "몽테뉴《수상록》2부 12장 "레이몽 스봉을 위한 변론"에서의 판단 이 론",《철학논집》제15집, 2008, 51~78.
- 신경수, "아우구스티누스 자유교육의 인식론적 근거:《콘트라 아카데미코스》를 중심으로",《철학논총》제89집, 2017, 135~155.
- 신경수, "아우구스티누스의 자유교육론에서 권위에 의한 앎의 가치",《현상과 인 식》2018, 143~162.
- 안재원, "키케로(Cicero, 기원전 106년~43년)의 쟁점 구성 이론(status)에 대하여: 쿠리 우스 소송(causa curiana)을 중심으로",《서울대학교 법학》51권, 2010, 37~68.
- 오유석, "회의주의자와 doxa: 아르케실라오스와 카르네아데스의 입장",《철학》제 83집, 2005.
- 오유석, "스토아 학파에 있어서 진리의 기준",《지중해지역연구》11권(2호), 2009, 35~64.
- 오유석, "내재주의인가 외재주의인가: 스토아 학파와 아카데미아 회의주의의 논 쟁을 중심으로",《동서철학연구》제58호, 2010.
- 오유석, "적인가 동지인가?: *Contra Academicos*에 나타난 아우구스티누스의 아카데 미아 학파 이해를 중심으로",《철학논집》제26집, 2011.
- 오유석, "피론은 회의주의자였는가",《동서철학연구》70호, 2013, 237~261.

- 이용철, "몽테뉴의 종교관에 관한 연구",《프랑스학 연구》 51집, 2010, 127~157.
- 이태수, "회의주의적 태도의 일관성: 자기논박 논변에 대한 피론 회의주의의 대응",《서양고전학연구》 31권, 2008.
- 임건태, "니체의 몽테뉴 회의주의 수용과 변형",《니체연구》 제27권, 2015, 167~203.
- 임홍빈, "헤겔철학에서 피로니즘과 정신현상학의 이념",《철학》 62집, 2000.
- 장경춘, "헬레니즘 시대의 피론학파 논의: 에포케를 중심으로",《서양고전학연구》 30권, 2007.
- 조규홍, "참으로 회의한다는 것: Skepsis에 관한 개념연구",《동서철학연구》 17권, 1999.
- 황설중,《피론주의와 사변철학: 아그리파의 회의적 논변들에 대한 헤겔의 대응을 중심으로》, 박사학위논문, 고려대학교 대학원, 철학과, 1997a.
- 황설중, "피론주의와 헤겔의 사변철학",《시대와 철학》 8집 2호, 1997b.
- 황설중, "피론주의에 대한 몇몇 철학적 대응들과 그것들에 대한 정당성의 물음",《철학연구》 57집, 2002.
- 황설중, "철학에서 최후의 근거설정의 물음에 대한 비판적 고찰: 헤겔의 사변철학을 중심으로",《철학》 72집, 2002.
- 황설중, "논리와 예술: 회의주의는 무제한적인 효력을 갖는가? 헤겔의 피론주의의 논변형식들에 대한 비판을 중심으로",《헤겔연구》 15집, 2004.
- 황설중, "인간의 삶에서 회의주의의 역할은 무엇인가",《헤겔연구》 17집, 2005a.
- 황설중, "흄의 회의주의와 피론주의",《철학》 82집, 2005b.
- 황설중, "피론주의와 근세의 신앙주의: 몽테뉴의《레이몽 스봉의 변호》를 중심으로",《철학사상》 28집, 2008.
- 황설중, "피론주의와 불교",《철학·사상·문화》 제21호, 동국대학교 동서사상연구소, 2016a.
- 황설중, "누가 회의주의자인가?: 아카데미학파와 피론주의의 진리론의 차이를 중심으로",《범한철학》 81호, 2016b, 29~58.
- 황설중, "신(新)아카데미학파와 피론주의의 차이에 관하여: 실천이론을 중심으로",《철학논총》 91집, 2018, 355~384.

2. 국내저서 및 번역서

- 《성경전서》(새번역)
- E. M. 커리, 문성학 옮김, 《데카르트와 회의주의》, 고려원, 1993.
- 나가르주나, 이태승 옮김, 《근본중송(根本中頌)》, 지식을만드는지식, 2012.
- 데이비드 흄, 이준호 옮김, 《오성에 관하여》, 서광사, 1994.
- 디오게네스 라에르티오스, 김주일·김인곤·김재홍·이정호 옮김, 《유명한 철학자들의 생애와 사상 1》, 나남, 2021.
- 디오게네스 라에르티오스, 김주일·김인곤·김재홍·이정호 옮김, 《유명한 철학자들의 생애와 사상 2》, 나남, 2021.
- 로렌조 코르티, "지식, 의혹, 확신: 고대의 회의주의", 움베르토 에코·리카르도 페드리가 편저, 윤병언 옮김, 《경이로운 철학의 역사 1》, 아르테, 2018.
- 르네 데카르트, 원석영 옮김, 《성찰 1》, 나남, 2012a.
- 르네 데카르트, 원석영 옮김, 《성찰 2》, 나남, 2012b.
- 리하르트 다비트 프레히트, 박종대 옮김, 《세상을 알라》, 열린책들, 2018a.
- 리하르트 다비트 프레히트, 박종대 옮김, 《너 자신을 알라》, 열린책들, 2018b.
- 마시모 파로디, 윤병언 옮김, "끝없는 탐구: 아우구스티누스의 사유", 움베르토 에코·리카르도 페드리가 편저, 《경이로운 철학의 역사 1》, 아르테, 2018, 558~574.
- 말테 호셀펠더·볼프강 뢰트, 조규홍 옮김, 《헬레니즘 철학사》, 한길사, 2011.
- 몽테뉴, 손우성 옮김, 《몽테뉴 수상록》, 동서문화사, 2015.
- 베오니오 브로치에리, "존 솔즈베리의 논리학 옹호론", 움베르토 에코·리카르도 페드리가 편저, 윤병언 옮김, 《경이로운 철학의 역사 1》, 아르테, 2018, 668.
- 사무엘 M. 즈웨머, 김대옥·전병희 옮김, 《하나님을 추구한 무슬림》, 기독교문서선교회, 2019.
- 세네카, 김경숙 옮김, 《화에 대하여》, 사이, 2013.
- 섹스투스 엠피리쿠스, 오유석 옮김, 《피론주의 개요》, 지만지고전천줄, 2008.
- 슈테판 츠바이크, 안인희 옮김, 《위로하는 정신: 체념과 물러섬의 대가 몽테뉴》, 유유, 2012.
- 아먼드 A. 마우러, 조흥만 옮김, 《중세철학》, 서광사, 2007.
- 아우구스티누스, 성염 역주, 《신국론 제1~10권》, 분도출판사, 2004a.
- 아우구스티누스, 성염 역주, 《신국론 제11-18권》, 분도출판사, 2004b.

- 아우구스티누스, 성염 역주,《신국론 제19—22권》, 분도출판사, 2004c.
- 아우구스티누스, 성염 역주,《참된 종교》, 분도출판사, 2011.
- 아우구스티누스, 성염 역주,《삼위일체론》, 분도출판사, 2015.
- 아우구스티누스, 성염 역주,《고백록》, 경세원, 2016a.
- 아우구스티누스, 성염 역주,《아카데미아 학파 반박》, 분도출판사, 2016b.
- 아우구스티누스, 성염 역주,《독백》, 분도출판사, 2018.
- 아우구스티누스, 성염 역주,《영혼의 위대함》, 분도출판사, 2019.
- 안드레아스 우르스 좀머, 최철 옮김,《의심의 기술》, 산해, 2006.
- 안토니오 클레리쿠지오, "점성술과 별들의 영향력", 움베르토 에코·리카르도 페드리가 편저, 윤병언 옮김,《경이로운 철학의 역사 2》, 아르테, 2019, 214~218.
- 안톤 지저벨트·피터 버거, 함규진 옮김,《의심에 대한 옹호》, 웅진씽크빅, 2011.
- 이종성,《맨얼굴의 장자: 혼탁한 세상을 살아가는 지혜》, 동과서, 2017
- 이환,《몽테뉴와 파스칼》, 민음사, 2007.
- 잔니 파가니니, "몽테뉴에서 벨에 이르는 근대 회의주의", 움베르토 에코·리카르도 페드리가 편저, 윤병언 옮김,《경이로운 철학의 역사 2》, 아르테, 2019.
- 제니퍼 마이클 헥트, 김태철·이강훈 옮김,《의심의 역사》, 이마고, 2011.
- 줄스 에반스, 서영조 옮김,《철학을 권하다》, 더퀘스트, 2012.
- 찰스 칸, 박규철·김진성·서영식·김덕천·조흥만 옮김,《플라톤과 소크라테스적 대화》, 세창출판사, 2015.
- 체칠리아 마르티니 보나데오, "이슬람의 철학", 움베르토 에코·리카르도 페드리가 편저, 윤병언 옮김,《경이로운 철학의 역사 1》, 아르테, 2018, 704~723.
- 카차 포그트, 김은정·박승권·신우승 외 3인 옮김,《고대회의주의》, 전기가오리, 서울, 2018.
- 클라우스 리젠후버, 이용주 옮김,《중세사상사》, 열린책들, 2007.
- 키케로, 김창성 옮김,《키케로의 최고선악론》, 서광사, 1999.
- 키케로, 천병희 옮김,《인생이 왜 짧은가》, 숲, 2005.
- 키케로, 성염 옮김,《법률론》, 한길사, 2007.
- 키케로, 천병희 옮김,《노년에 관하여/우정에 관하여》, 숲, 2011
- 키케로, 강대진 옮김,《신들의 본성에 관하여》, 그린비, 2019.
- 키케로, 양호영 옮김,《아카데미아 학파》, 아카넷, 2021.
- 폴 빈센트 스페이드, 채이병 옮김, "중세철학", 앤소니 케니 편저, 김영건 외 옮김,

《서양철학사》, 이제이북스, 2004, 93~164.
- 프리드리히 니체, 박찬국 옮김, 《안티크리스트》, 아카넷, 2013.
- 플라톤, 박종현 옮김, 《에우티프론, 소크라테스의 변론, 크리톤, 파이돈: 플라톤의
  네 대화편》, 서광사, 2003.
- 플라톤, 박종현 옮김, 《플라톤의 국가·정체(政體)》, 서광사, 2005.
- 플라톤, 강철웅 옮김, 《소크라테스의 변명》, 이제이북스, 2014.
- 플루타르코스, 천병희 옮김, 《수다에 관하여》, 숲, 2010.
- 헤시오도스, 천병희 옮김, 《신통기》, 한길사, 2004.
- 호메로스, 천병희 옮김, 《일리아스》, 숲, 2011.
- 호메로스, 천병희 옮김, 《오뒷세이아》, 숲, 2015.
- 황설중, 《고대 회의주의와 근대철학》, 철학과현실사, 2019.

3. 해외논문 및 저서

- Ainslie, D. C., "Hume's Scepticism and Ancient Scepticisms," in *Hellenistic and Early Modern Philosophy*, J. Miller and B. Inwood (eds.), Cambridge: Cambridge University Press, 2003, 251~273.
- Annas, J., and Barnes, J., *Sextus Empiricus, Outlines of Scepticism,* Cambridge: Cambridge University Press, 2000.
- Alfaric, Prosper, *L'évolution intellectuelle de Saint Augustin: Du manichéisme au néoplatonisme.* Paris: E. Nourry, 1918.
- Algra, K., "Chrysippus, Carneades, Cicero: the ethical divisiones in Cicero's Lucullus," in Inwood and Mansfeld 1997.
- Algra, K., Barnes, J., Mansfeld, J. and Schofield, M. (eds.), *The Cambridge History of Hellenistic Philosophy*, Cambridge: Cambridge University Press, 1999.
- Allen, J., "Academic probabilism and Stoic epistemology," *Classical Quarterly* (N.S.), 44: 1994, 85~113.
- Allen, J., "Carneadean argument in Cicero's Academic books," in Inwood and Mansfeld, 1997.

- Allen, J., "Why there are ends of both goods and evils in ancient ethical theory," in *Strategies of Argument:Essays in Ancient Ethics,Epistemology and Logic*, M. Lee (ed.), New York: Oxford University Press, 2014, 231~254.

- Annas, J. and J. Barnes, *The Modes of Scepticism:Ancient Texts and Modern Interpretations*, Cambridge: Cambridge University Press, 1985.

- Annas, J., "Scepticism, Old and New," in *Rationality in Greek Thought*, M. Frede and G. Striker (eds.), Oxford: Oxford University Press, 239~254, 1996.

- Annas, J., "Hume and Scepticism," in *Ancient Scepticism and the Sceptical Tradition* (Acta Philosophica Fennica, Volume. 66), J. Sihvola (ed.), Helsinki: Academic Bookstore, 2000, 271~285.

- Annas, J., "Carneades' Classification of Ethical Theories," in *Pyrrhonists, Patricians, Platonizers:Hellenistic Philosophy in the Period 155~86 B.C.*, A. M. Ioppolo, D. N. Sedley (eds.), Naples: Bibliopolis, 2007.

- Arnim, H. von, "Karneades" in G. Wissowa et al. (eds.), *Realencyclopädie der classischen Altertumswissenschaft*, Stuttgart: J. B. Metzler, Volume X, Part 2, Columns 1964~1985, 1919.

- Aulus Gellius, Attic Nights, Volume I, Books 1~5, Loeb Classical Library, 1927.

- Aulus Gellius, Attic Nights, Volume III, Books 14~20, Loeb Classical Library, 1927.

- Ayers, Michael, "Popkin's Revised Scepticism," *British Journal for the History of Philosophy* 12: 2004, 319~332.

- Bailey, A., *Sextus Empiricus and Pyrrhonean Scepticism*, Oxford: Oxford University Press, 2002.

- Barnes, J., "The beliefs of a Pyrrhonist," *Proceedings of the Cambridge Philological Society* , n. 28 (1982): 1~29. Reprinted in M. Burnyeat and M. Frede, 1997, 58~91.

- Barnes, J., "Ancient Skepticism and Causation," in *The Skeptical Tradition*, M. Burnyeat (ed.), Berkeley: University of California Press, 1983, 149~203.

- Barnes, J., "Pyrrhonism, Belief and Causation: Observations on the Scepticism of Sextus Empiricus," *Ausstieg und Niedergang der Römischen Welt* 2.36.4, Berlin: de Gruyter, 1990a

- Barnes, J., "Some Ways of scepticism," in S. Everson (ed.), *Epistemology* (Companions to

Ancient Thought I), Cambridge: Cambridge University Press, 1990b, 204~224.

- Barnes, J., "Logic in Academica I and Lucullus," in Inwood and Mansfeld 1997.

- Barney, R., "Impressions and Appearances," *Phronesis*, 37 (3), 1992, 283~313.

- Berry, J., *Nietzsche and the Ancient Skeptical Tradition*. Oxford: Oxford University Press, 2011.

- Besnier, Bernard, "La Nouvelle Académie selon le point de vue de Philon de Larisse," In B. Besnier (ed.), *Scepticisme et exégèse: Hommage à Camille Pernot*, Fontenay-aux-Roses: ENS Fontenay/Saint-Cloud, 1993, 85~163.

- Bett, R., "Carneades' Pithanon: A reappraisal of its Role and Status," *Oxford Studies in Ancient Philosophy*, 7: 1989, 59~94.

- Bett, R., "Carneades' Distinction between Assent and Approval," Monist 73: 1990, 3~20.

- Bett, R., *Sextus Empiricus: Against the Ethicists*, Clarendon Press, 1996.

- Bett, R., *Pyrrho, His Antecedents, and His Legacy*, Oxford: Oxford University Press, 2000.

- Bett, R., "Pyrrho," *The Stanford Encyclopedia of Philosophy* (Summer 2006 edition), Edward N. Zalta (ed.), URL = ⟨https://plato.stanford.edu/archives/sum2006/entries/pyrrho/⟩, 2006a.

- Bett, R., "Timon of Phlius," *The Stanford Encyclopedia of Philosophy* (Summer 2006 edition), Edward N. Zalta (ed.), URL=⟨https://plato.stanford.edu/archives/sum2006/entries/timon-phlius/⟩, 2006b.

- Bett, R., "Socrates and the Sceptics," in *A Companion to Socrates*, S. Ahbel-Rappe and R. Kamtekar (eds.), Oxford: Oxford University Press, 298~311, 2006c.

- Bett, R., "La double 'schizophrénie' de M 1-6 et ses origines historiques," *Sur le* Contre les professeurs *de Sextus Empiricus*, Villeneuve d'Ascq: L'Université Charles-de-Gaulle, Lille 3, 2006d.

- Bett, R., ed., *The Cambridge Companion to Ancient Scepticism*, Cambridge: Cambridge University Press, 2010.

- Bett, R., "How Ethical Can an Ancient Sceptic Be?," in *Pyrrhonism in Ancient, Modern, and Contemporary Philosophy*, Diego Machuca (ed.), Dordrecht: Springer, 2011, 3~17.

- Bett, R., "The Pyrrhonist's Dilemma: What to Write if you Have Nothing to Say," in *Argument und Literarischer Form in antiker Philosophie*, Akten des 3. Kongresses der Gesellschaft für antike Philosophie 2010, Michael Erler & Jan Erik Hessler (eds.), Berlin: De Gruyter, 2013a, 389~410.

- Bett, R., "Ancient Scepticism," in *Oxford Handbook of the History of Ethics*, Roger Crisp (ed.), Oxford: Oxford University Press, 2013b, 112~128.

- Brittain, C., *Philo of Larissa:The Last of the Academic Sceptics*, Oxford: Oxford University Press, 2001.

- Brittain, C., "Arcesilaus," *The Stanford Encyclopedia of Philosophy* (Spring 2005 Edition), Edward N. Zalta (ed.), URL =⟨https://plato.stanford.edu/archives/spr2005/entries/arcesilaus/⟩, 2005.

- Brittain, C., and J. Palmer, "The New Academy's Appeals to the Presocratics," *Phronesis* 46, 2001, 38~72.

- Broughton, J., *Descartes' Method of Doubt*, Princeton: Princeton University Press, 2002.

- Brunschwig, Jacques., "Proof Defined," *Doubt and Dogmatism: Studies in Hellenistic Epistemology*, 1980.

- Brunschwig, "Sextus Empiricus on the kriterion: the Sceptic as Conceptual Legatee," *The Question of 'Eclecticism': Studies in Later Greek Philosophy*, Berkeley/Los Angeles:University of California Press, 1988.

- Brunschwig, "La formule hoson epi tôi logôi chez Sextus Empiricus," in *Le Scepticisme Antique, Cahier de la Revue de Théologie et de Philosophie*, 15: 107~121, A. - J. Voelke (ed.). English translation in J. Brunschwig, 1994, *Papers in Hellenistic Philosophy*, Cambridge: Cambridge University Press, 1990, 244~258.

- Brunschvicg, Léon, *Descartes et Pascal lecteurs de Montaigne*. Neuchâtel: La Baconnière, 1942.

- Burnyeat, M., "Protagoras and Self-Refutation in Later Greek Philosophy," *Philosophical Review*, 135: 1976, 44~69.

- Burnyeat, M., "The Upside-Down Back-to-Front Sceptic of Lucretius IV 472," *Philologus*, 122: 1978, 197~206.

- Burnyeat, M., "Can the Sceptic Live his Scepticism," *Doubt and Dogmatism: Studies in*

HellenisticEpistemology, Oxford: Oxford Univ. Press, 1980a.

- Burnyeat, M., "Tranquillity without a Stop: Timon, Frag. 68," *Classical Quarterly* 30, 1980b, 86~93.

- Burnyeat, M., ed. *The Skeptical Tradition,* Berkeley: University of California Press, 1983.

- Burnyeat, M., "The sceptic in his place and time," in *Philosophy in History,* R. Rorty, J.B. Schneewind, and Q. Skinner (eds.), Cambridge: Cambridge University Press, 1984, 225~254. Reprinted in Burnyeat and Frede (eds.), 1997, 92~126.

- Burnyeat, M., and M. Frede (eds.), *The Original Sceptics,* Indianapolis and Cambridge, Mass.: Hackett, 1997.

- Burnyeat, M., "All the World's a Stage-Painting: Scenery, Optics, and Greek Epistemology," *Oxford Studies in Ancient Philosophy,* 52, 2017, 33~75.

- Busson, Henri, *Le Rationalisme dans la litterature françeise de la Renaissance*(1533~1601). Paris: J. Vrin, 1957. This is the revised edition of *Les sources et le developpment*(1922).

- Carraud, Vincent and Jean-Luc Marion (eds.). *Montaigne: scepticisme, métaphysique, théologie.* Paris: Presses Universitaires de France, 2004. Philippe Desan, *Montaigne:Les formes du monde et de l'esprit.* Paris: PUPS, 2008.

- Castagnoli, L., "Self-Bracketing Pyrrhonism," *Oxford Studies in Ancient Philosophy* 18, 2000, 263~328.

- Castagnoli, L., *Ancient Self-Refutation:The Logic and History of the Self-Refutation Argument from Democritus to Augustine,* Cambridge: Cambridge University Press, 2010.

- Chiesara, M. L., *Aristocles of Messene: Testimonia and Fragments,* Oxford: Oxford University Press, 2001.

- Cicero, *De Officiis,* Loeb Classical Library, 1913.

- Cicero, *De finibus,* Loeb Classical Library, 1914.

- Cicero, *De senectute,De amicitia,De divinatione,* Loeb Classical Library, 1923.

- Cicero,*De re Publica,De Legibus,* Loeb Classical Library, 1928.

- Cicero,*De natura deorum / Academica,* Loeb Classical Library, 1933.

- Cicero, *De oratore,Bk. III,De fato,Paradoxa stoicorum,De partitione oratoria,* Loeb Classical Library, 1977

- Cicero, *On Academic Scepticism,* C. Brittain (trans.), Indianapolis: Hackett, 2006.

- Citti, V. and Mastandrea, P. (eds.), *Cicerone 'De fato'* (Seminario Internationzionale, Venezia 10~12 Luglio 2006 a cura di S. Maso), *Lexis*, 25, 2007.

- Cooper, J., "Method and Science in On Ancient Medicine," in *Interpretation and Argument*, H. Linneweber-Lammerskitten and G. Mohr (eds.), Würzburg: Königshausen und Neumann, 2002. Reprinted in Cooper 2004a, 3~42.

- Cooper, J., *Knowledge, Nature, and the Good: Essays on Ancient Philosophy*, Princeton: Princeton University Press, 2004a.

- Cooper, J., "Arcesilaus: Socratic and Sceptic," in Year of Socrates 2001— Proceedings, V. Karasmanis (ed.), *Athens: European Cultural Center of Delphi*. Reprinted in Cooper 2004a, 2004b, 81~103.

- Cooper, J., *Pursuits of Wisdom: Six Ways of Life in Ancient Philosophy from Socrates to Plotinus*, Princeton: Princeton University Press, 2012.

- Corti, L., "L'Origine et l'evolution de l'epoché," *Revue des études grecques* 42, 1929, 373~397.

- Corti, L., "Les Sorites de Carnéade contre le polythéisme," *Revue des Etudes Grecques* 54, 1941, 43~57.

- Corti, L., "The Stoicism of the New Academy" (1929b), repr. and trans. in *The Skeptical Tradition*, M. Burnyeat (ed.), Berkeley: University of California Press, 1983.

- Corti, L., *Scepticisme et langage*, Paris: Vrin, 2009.

- Corti, L., "Scepticisme sans doute," in *Quid est veritas? Hommage à Jonathan Barnes*, A. Longo and M. Bonelli (eds.), Naples: Bibliopolis, 2010, 157~177.

- Corti, L., "Skepticism and Hypothetical Method," *Elenchos: Argument from Hypothesis in Ancient Philosophy*, Angela Longo and Davide del Forno (eds.), Naples: Bibliopolis, 2011, 281~302.

- Corti, L., "Hidden Causes: Ancient Skeptics and Doctors and Modern Thinkers on the Perceivability of Causal Links," in *Le débat sur les causes à l'âge hellénistique et imperial*, C. Natali and C. Viano (eds.), Louvain-la-Neuve, Peeters, 2014, 95~117.

- Corti, L., "DL IX 74 – 77: Mind and Language of the Laërtian Pyrrhonist," in K. Vogt (ed.), 2015a, 123~145.

- Corti, L., "Scepticism, number and appearances: The ἀριθμητικὴ τέχνη and Sextus' targets in M I~VI," *Philosophie Antique* 15, 2015b, 123~147.

- Corti, L., "Sextus, the number two and the Phaedo," in *Ancient Readings of Plato's Phaedo*, S. Delcomminette et al. (eds.), Leiden: Brill, 2015c, 90~106.

- Couissin, P., "The Stoicism of the New Academy," in Burnyeat(ed.), *The Skeptical Tradition*, Univ. of Califonia Press, 1983.

- Curley, Augustine J., *Augustine's Critique of Skepticism: A Study of Contra Academicos*, New York: Peter Lang, 1996.

- Decleva Caizzi, F., "Aenesidemus and the Academy," *Classical Quarterly* 42, 1992, 176~189.

- Deichgräber, Karl, *Die griechische Empirikerschule: Sammlung der Fragmente und Darstellung der Lehre*, Weidmannsche Verlagsbuchhandlung, 1965.

- Delattre, J., ed, *Sur le* Contre les professeurs *de Sextus Empiricus*, Villeneuve d´Ascq: L´Université Charles–de–Gaulle, Lille 3, 2006.

- Diels, H. and W. Kranz (eds.), *Die Fragmente der Vorsokratiker,* 3 volumes., reprint of sixth edition (Berlin 1996), Berlin: Weidmann [= DK], 1996.

- Dillon, J., and Long, A., eds., *The Question of 'Eclecticism': Studies in Later Greek Philosophy*, Berkeley/Los Angeles: University of California Press, 1988.

- Dillon, J., *The Heirs of Plato: A Study of the Old Academy(347~274 BC)*, Oxford University Press, Oxford: Clarendon Press, 2003.

- Diogenes Laertius, *Lives of Eminent Philosophers,* 2 vols., R.D. Hicks (trans.), Cambridge, MA: Harvard University Press, 1931, Bk. 4.62 – 6.

- Diogenes Laertius, *Lives of Eminent Philosophers,* J. Miller (ed.), P. Mensch (trans.), Oxford: Oxford University Press, 2018.

- Eusebius, *The Preparation for the Gospel,* London: Aeterna Press, 2015.

- Flintoff, Everard, "Pyrrho and India," Phronesis 25(1), 1980, 88~108.

- Floridi, Luciano, *Sextus Empiricus: The Transmission and Recovery of Pyrrhonism.* New York: Oxford University Press, 2002.

- Floridi, Luciano, "The rediscovery and posthumous influence," *The Cambridge Companion to Ancient Scepticism,* Cambridge: Cambridge University Press, 2010.

- Fogelin, R., *Pyrrhonian Reflections on Knowledge and Justification,* Oxford: Oxford University Press, 1994.

- Frede, M., "Des Skeptikers Meinungen," *Neue Hefte für Philosophie*, 15/16, 1979,

102~129. Reprinted as "The Sceptic's Beliefs," in Burnyeat and Frede (eds.) 1997, 1~24.

- Frede, M., "The Sceptic's Two Kinds of Assent and the Question of the Possibility of Knowledge," In R. Rorty, J. Schneewind, and Q. Skinner (eds.), *Philosophy in History,* 255~278, Cambridge: Cambridge University Press, 1984.

- Frede, M., *Essays in Ancient Philosophy,* Oxford: Clarendon Press, 1987.

- Frede, M., "The Sceptics" in D. Furley(ed), *Routledge History of Philosophy* Ⅱ:*From Aristotle to Augustine,* London: Routledge, 1999a.

- Frede, M., "Stoic Epistemology," in Algra, Barnes, Mansfeld and Schofield, 1999b.

- Friedrich, Hugo, *Montaigne,* Bern: Francke, 1947.

- Gessmann, Martin, *Montaigne und die Moderne. Zu den philosophischen Grundlagen einer Epochenwende.* Hamburg: Felix Meiner Verlag, 1997.

- Görler, Woldemar, "Silencing the Troublemaker: *De Legibus* Ⅰ.39 and the Continuity of Cicero's Scepticism" J.G.F. Powell, ed, *Cicero the Philosopher: Twelve Papers,* Oxford: Clarenden Press, 1995.

- Hankinson, R. J., "Causes and Empiricism: A Problem in the Interpretation of Later Greek Medical Method," *Phronesis* 32, 1987, 329~348.

- Hankinson, R. J., (ed.), *Method, Medicine and Metaphysics: Studies in the Philosophy of Ancient Science, Apeiron,* XXI (2), 1988.

- Hankinson, R. J., "Values, objectivity and dialectic: the sceptical attack on ethics: its methods, aims and success," *Phronesis* 49, 1994, 45~46.

- Hankinson, R. J., *The Sceptics,* London/New York: Routledge, 1995.

- Hankinson, R. J., "Aenesidemus and the rebirth of Pyrrhonism," *The Cambridge Companion to Ancient Scepticism,* Cambridge: Cambridge University Press, 2010.

- Hartle, Ann, "Montaigne and skepticism," in *The Cambridge Companion to Montaigne,* Ullich Langer edited. Cambridge: Cambridge University Press, 2005.

- Heil, John, "Augustine's Attack on Skepticism: The Contra Academicos," *The Harvard Theological Review* 65, 1972, 99~116.

- Inwood, B. and J. Mansfeld (eds.), *Assent and Argument: Studies in Cicero's Academic Books,* Utrecht: Brill, 1997.

- Ioppolo, A. M., "Su alcune recenti interpretationi dello scetticismo dell'Accademia.

Plutarch. *Adv. Col.* 26, 1121f~1122f: una testimonia su Arcesilao" *Elenchos* 21, 2000. 333~360.

- Ioppolo, A. M., "La Critica di Carneade al concetto stoico di causa in Cic. de fato 31~37," in Citti, V. and Mastandrea, P.(eds), *Cicerone De fato*, 2007.

- Ioppolo, A. M., "Clitomachus on what it means to follow the 'probable'," in *For a Skeptical Peripatetic:Festschrift in Honour of John Glucker*, Y. Z. Lieversohn, I. Ludlam (eds.), Sankt Augustin: Academia Verlag, 2017, 190~217.

- Janáček, K., *Prolegomena to Sextus Empiricus*, Olomouc: Nákladem Palackého University, 1948.

- Janáček, K., Sextus Empiricus' Sceptical Methods, Prague: Universita Karlova, 1972.

- Janáček, K., *Studien zu Sextus Empiricus, Diogenes Laertius und zur pyrrhonischen Skepsis*, (edited by Jan Janda and Filip Karfik), Walter de Gruyter, 2008.

- Khalidi, M.A., K. Ameriks, and D. Clarke (eds.), *Medieval Islamic Philosophical Writings*, Cambridge: Cambridge University Press, 2005.

- Kurtz, P., *In Defence of Secular Humanism,* Promethcus Books, 1983.

- Kurtz, P., *Skepticism and Humanism: The New Paradigm,* Transaction Publisher, 2001.

- Kurtz, P., *What is Secular Skepticism,* Prometheus Books, 2007.

- Laursen, John Christian, *The Politics of Skepticism in the Ancients, Montaigue, Hume, and Kant.* Leiden, New York and Köln: Brill, 1992.

- Lee, Mi-Kyoung, "Antecedents in Early Greek Philosophy," *The Cambridge Companion to Ancient Scepticism,* Cambridge: Cambridge University Press, 2010.

- Levy, Carlos, "The sceptical Academy: decline and afterlife," in Edited by Richard Bett, *The Cambridge Companion to Ancient Scepticism*, New York: Cambridge University Press, 2010, 81~104.

- Long, A. A., "Carneades and the Stoic Telos," *Phronesis* 12, 1967, 59~90.

- Long, A. A., and D. N. Sedley (eds. and trans.), *The Hellenistic Philosophers,* 2 vols., Cambridge: Cambridge University Press, 1987.

- Marchand, Stephane, "Augustine and Skepticism," Edited by Diego E. Machuca and Baron Reed, *Skepticism:From Antiquity to the Present,* New York: Bloomsbury, 2018, 175~185.

- Marchi, Dudley, *Montaigne Among the Moderns: Receptions of the Essais.* Providence: Berghahn, 1995.

- Machuca, Diego E. ed., *Pyrrhonism in Ancient, Modern, and Contemporary Philosophy,* New York: Springer, 2011.

- Machuca, Diego E., "Introduction: Medieval and Renaissance Skepticism," Edited by Diego E. Machuca and Baron Reed, *Skepticism: From Antiquity to the Present,* New York: Bloomsbury, 2018, 165~174.

- Mansfeld, J., "Aenesidemus and the Academics," in L. Ayres ed., *The Passionate Intellect,* New Brunswick/London: Transaction Publishers, 1995.

- Mates, B., *The Skeptic Way: Sextus Empiricus' Outlines of Pyrrhonism,* New York: Oxford University Press, 1996.

- McPherran, M., "Sceptical Homeopathy and Self-Refutation," *Phronesis* 32, 1987, 290~328.

- MaKenna, S., *St. Augustine: Against the Academics,* Westminster: The Newman Press, 1950.

- Melehy, Hassan *Writing Cogito: Montaigne, Descartes, and the Institution of the Modern Subject.* New York: State University of New York Press, 1997.

- Moreau, Pierre-François (ed.). *Le scepticisme au XVIe et au XVIIe siècle.* Paris: Albin Michel, 2001.

- Morelaon, R., and Hasanawi, A., eds *De Zénon d'Élée à Ponicaré. Receuil d'études en hommage à Roshdi Rashed,* Louvain/Paris: Peeters, 2004.

- Obdrzalek, S., "Living in Doubt: Carneades' Pithanon Reconsidered," *Oxford Studies in Ancient Philosophy* 31: 2006, 243~280.

- O'mera, John J., *St. Augustine: Against the Academics,* Westerminster: The Newman Press, 1950.

- Paganini, Gianni, "Hobbes Among Ancient and Modern Sceptics: Phenomena and Bodies." In G. Paganini (ed.), *The Return of Scepticism: From Hobbes and Descartes to Bayle,* Dordrecht, Boston and London: Kluwer, 2003, 3~35.

- Paganini, Gianni, "The Quarrel over Ancient and Modern Scepticism: Some Reflections on Descartes and His Context." In J. Popkin (ed.), *The Legacies of Richard Popkin,* Dordrecht: Springer, 2008a, 174~194.

- Paganini, Gianni and José R. Maia Neto. *Renaissance Scepticisms.* Dordrecht: Springer, 2008b.

- Paganini, Gianni, "Michel de Montaigne" Edited by Diego E. Machuca and Baron Reed, *Skepticism: From Antiquity to the Present,* New York: Bloomsbury, 2018, 232~246.

- Panichi, Nicola and Maria Franca Spallanzani, *Montaigne and Descartes: A Philosophical Genealogy,* Special issue of *Montaigne Studies* 25, 2013.

- Pellegrin, Pierre, "Scepticisme et sémiologie médicale," *De Zénon d'Élée à Ponicaré. Receuil d'études en hommage à Roshdi Rashed,* Louvain/Paris: Peeters, 2004.

- Pellegrin, Pierre, "Sextus Empiricus," *The Cambridge Companion to Ancient Scepticism,* Cambridge: Cambridge University Press, 2010.

- Perin, Casey, *Pyrrho and Timon, in Skepticism: From Antiquity to the Present,* New York: Bloomsbury, 2018, 24~35.

- Perler, Dominik, "Was There a 'Pyrrhonian Crisis' in Early Modern Philosophy? A Critical Notice of Richard H. Popkin," *Archiv fur Geschichte der Philosophie* 86, 2004, 209~220.

- Philostratus, Eunapius, *Lives of the Philosophers and Sophists,* Loeb Classical Library, 1921.

- Polito, Roberto, *The Sceptical Road: Aenesidemus' Appropriation of Heraclitus,* Leiden/Boston: Brill, 2004.

- Polito, Roberto, *Aenesidemus of Cnossus: Testimonia,* Cambridge: Cambridge University Press, 2014.

- Popkin, Richard, *The History of Scepticism: From Savonarola to Bayle,* New York: Oxford University Press, 2003.

- Plutarch, *Adversus Colotem* (Moralia vol 14), B. Einarson, P.H. De Lacy (eds.), Cambridge, MA: Harvard University Press, 1967.

- Powell, J. G. F. ed, *Cicero the Philosopher: Twelve Papers,* Oxford: Clarenden Press, 1995.

- Powell, J. G. F., "The Embassy of the Three Philosophers to Rome in 155 BC," in *Hellenistic Oratory: Continuity and Change,* C. Kremmydas, K. Tempest (eds.), Oxford: Oxford University Press, 2013, 219~248.

- Reinhardt, T., "Pithana and Probabilia," in *Dialectic after Plato and Aristotle*, T. Benatouil, K. Ierodiakonou (eds.), Cambridge: Cambridge University Press, 2018, 218~253.

- Reynolds, Leighton Durham, *Scribes and Scholars: A Guide to the Transmission of Greek and Latin Literature*, Clarendon Press, 1991.

- Richard Popkin and José R. Maia Neto (eds.). *Skepticism in Renaissance and Post-Renaissance Thought. New Interpretations*. Amherst: Humanity Books, 2004.

- Richard Popkin and José R. Maia Neto, *Skepticism: An Anthology, Prometheus Books*, 2007.

- Richard Popkin and José R. Maia Neto, *The History Of Scepticism From Erasmus To Descartes,* Grierson Press, 2011.

- Schlapbach, K., *Augustin Contra Academicos,* Buch 1, Berlin: Walter de Gruyter, 2003.

- Schmitt C. B., *Cicero Scepticus*. International Archives of the History of Ideas. The Hague: Nijhoff, 1972.

- Schmitt C. B., "The Rediscovery of Ancient Skepticism in Modern Times," in *The Skeptical Tradition*, ed. by M. Burnyeat, Berkeley/Los Angeles: University of California Press, 1983.

- Schofield, M., Burnyeat, M., and Barnes, J., eds., *Doubt and Dogmatism: Studies in Hellenistic Epistemology,* Oxford: Oxford Univ. Press, 1980.

- Schofield, M., Burnyeat, M., and Barnes, J., eds., "Academic Epistemology," in Algra, Barnes, Mansfeld and Schofield, 1999.

- Sedley, D., "Zeno's Definition of Kataleptike Phantasia," in *The Philosophy of Zeno*, T. Scaltsas, A. Mason (eds.), Larnaca: the municipality of Larnaca, 2002, 133~154.

- Sedley, D., "Verità futura e causalità nel De fato di Cicerone," in *La Catena delle Cause: Determinismo e antideterminismo nel pensiero antico e contemporaneo*, C. Natali and S. Maso (eds.), Amsterdam: Hakkert, 2005, 241~254.

- Sedley, D., "Carneades theological arguments," in *Plato's Academy: Its workings and its history*, P. Kalligas, C. Balla, E. Baziotoulou, V. Karasmanis (eds.), Cambridge: Cambridge University Press, 2020, 220~241.

- Sextus Empiricus, *Against the Professors*. Loeb Classical Library, 1936.

- Sextus Empiricus, *Against the Logicians*. Loeb Classical Library, 1967.

- Sextus Empiricus, *Against the Physicists*. Loeb Classical Library, 1968a.

- Sextus Empiricus, *Against the Ethicists*. Loeb Classical Library, 1968b.

- Sextus Empiricus, *Outlines of Pyrrhonism*. Loeb Classical Library, 1976.

- Spade, Paul Vincent, "Medieval philosophy," *Stanford Encyclopedia of Philosophy*, 2008.

- Squires, Stuart, "*Contra Academicos* as autobiography: a critique of the historiography on Augustine's first extant dialogue," *Scottish Journal of Theology*, 2011, 151~264.

- Striker, G., "The ten tropes of Aenesidemus," in Burnyeat (ed.), *The Skeptical Tradition*, 1983a.

- Striker, G., "The role of oikeiōsis in Stoic ethics," in *Oxford Studies in Ancient Philosophy 1*, 1983b, 145~167.

- Striker, G., "Sceptical Strategies," M. Schofield (ed), *Doubt and Dogmatism*, London: Clarenden, 1989.

- Striker, G., "Academics fighting Academics," Inwood, B & Mansfield, J. (eds), *Assent and Argument: studies in Cicero's academic books*, Leiden; New York: Brill, 1997

- Svavarsson, S. H., "Pyrrho and Early Pyrrhonism," *The Cambridge Companion to Ancient Scepticism*, Cambridge: Cambridge University Press, 2010.

- Tarrant, H., *Scepticism or Platonism? The Philosophy of the Fourth Academy*, Cambridge: Cambridge University Press, 1985.

- Testard, Maurice, *Saint Augustin et Cicéron : Cicéron dans la formation et dans l'œuvre de Saint Agustin*. Paris: Etudes Augustiniennes, 1958.

- Thorsrud, H., *Ancient Scepticism*, Berkeley: University of California Press, 2009.

- Thorsrud, H., "Arcesilaus and Carneades," *The Cambridge Companion to Ancient Scepticism*. Cambridge: Cambridge University Press, 2010, 58~80.

- Vander Waerdt, P., "Carneades' Challenge to the Stoic Theory of Natural Law," *Politeia* 1, 2019, 123~157.

- Villey, Pierre, *Les Sources et l'Evolution des Essais de Montaigne*. Paris: Hachette, 1908.

- Villey, Pierre, *Montaigne devant la posterite*. Paris: Ancienne Librairie Fume, 1935.

- Vogt, K., *Skepsis und Lebenspraxis*, Stuttgart: Alber Verlag, 1998.

- Vogt, K., *Law, Reason, and the Cosmic City: Political Philosophy in the Early Stoa*, New York: Oxford University Press, 2008.

- Vogt, K., "Scepticism and Action," in Bett (ed.) *The Cambridge Companion to Ancient Scepticism*, Cambridge: Cambridge University Press, 2010, 165~180.

- Vogt, K., *Belief and Truth: A Skeptic Reading of Plato*, New York: Oxford University Press, 2012a.

- Vogt, K., "Appearances and Assent: Skeptical Belief Reconsidered," *Classical Quarterly* 62, 2012b, 648~663.

- Vogt, K., "The Hellenistic Academy," in *Routledge Companion to Ancient Philosophy*, Frisbee Sheffield and James Warren (eds.), Routledge: New York and London, 2013, 482~495.

- Vogt, K., "From Investigation to Doubt: The Beginnings of Modern Skepticism," in Roman Reflections: Essays on Latin Philosophy, G. Williams and K. Volk (eds.), Oxford: Oxford University Press, 2015a, 260~274.

- Vogt, K., "Ancient Skepticism," in Cambridge History of Moral Philosophy, Sacha Golob and Jens Timmermann (eds.), Cambridge: Cambridge University Press, 2016, 88~99.

- Vogt, K., "All Sense-Perceptions are True: Epicurean Responses to Skepticism and Relativism," in Lucretius and Modernity, Jacques Lezra (ed.), London: Palgrave, 2017. 145~159.

- Vogt, K. (ed.) (co-trans. and co-commentator), *Pyrrhonian Skepticism in Diogenes Laertius* (SAPERE: Volume 25), Tübingen: Mohr Siebeck, 2015.

- Wilson, N. G., *Photius: The Bibliotheca(Selected Works)*, Bristol: Bristol Classical Press, 1994.

- Woodruff, Paul, "Aporetic Pyrrhonism," *Oxford Studies in Ancient Philosophy* 6, 1988, 139~168.

- Woodruff, Paul, "The Pyrrhonian Modes," *in The Cambridge Companion to Ancient Scepticism*, New York: Cambridge University Press, 2010, 208~231.

- Zeller, E., *Die Philosophie der Griechen in ihrer geschichtlichen Entwicklung*, Leipzig: Reisland, 3 volumes, III. 1, 1923, 514~546.

확증편향의 시대, 인간에 대한 새롭고 오래된 대답

의심하는 인간

1판 1쇄 인쇄 2022년 6월 22일
1판 1쇄 발행 2022년 6월 29일

지은이 박규철
펴낸이 고병욱

기획편집실장 윤현주 **책임편집** 김경수
마케팅 이일권, 김윤성, 김도연, 김재욱, 이애주, 오정민
디자인 공희, 진미나, 백은주 **외서기획** 김혜은
제작 김기창 **관리** 주동은, 조재언 **총무** 문준기, 노재경, 송민진

펴낸곳 청림출판(주)
등록 제1989-000026호

본사 06048 서울시 강남구 도산대로 38길 11 청림출판(주)
제2사옥 10881 경기도 파주시 회동길 173 청림아트스페이스
전화 02-546-4341 **팩스** 02-546-8053

홈페이지 www.chungrim.com
이메일 cr2@chungrim.com

ⓒ 박규철, 2022

ISBN 979-11-5540-205-4 93100